A ARMADILHA DA IDENTIDADE

YASCHA MOUNK

A ARMADILHA DA IDENTIDADE

UMA HISTÓRIA DAS IDEIAS E DO PODER EM NOSSO TEMPO

The Identity Trap
Copyright © Yascha Mounk, 2023
All rights reserved

A armadilha da identidade
© Almedina, 2024

AUTOR: Yascha Mounk

DIRETOR DA ALMEDINA BRASIL: Rodrigo Mentz
EDITOR: Marco Pace
EDITORA DE DESENVOLVIMENTO: Luna Bolina
PRODUTORA EDITORIAL: Erika Alonso
ASSISTENTES EDITORIAIS: Laura Pereira, Patrícia Romero e Tacila Souza
REVISÃO: Clara Diament

DIAGRAMAÇÃO: Almedina
DESIGN DE CAPA:

ISBN: 978-65-5427-277-3
Julho, 2024

Dados Internacionais de Catalogação na Publicação (CIP)
(Câmara Brasileira do Livro, SP, Brasil)

Mounk, Yascha
A armadilha da identidade : uma história das ideias e do poder
em nosso tempo / Yascha Mounk ; tradução Roger Trimer.
1.ª ed. – São Paulo : Edições 70, 2024.

Título original: The identity trap.
ISBN 978-65-5427-277-3

1. Ciências sociais 2. Direita e esquerda (Ciência política)
3. Identidade 4. Política – Aspectos sociais
5. Pós-modernismo – Aspectos sociais 6. Sociologia I. Título.

24-204848   CDD-301

Índices para catálogo sistemático:

1. Sociologia 301

Aline Graziele Benitez – Bibliotecária – CRB-1/3129

Este livro segue as regras do novo Acordo Ortográfico da Língua Portuguesa (1990).

Todos os direitos reservados. Nenhuma parte deste livro, protegido por copyright, pode ser reproduzida, armazenada ou transmitida de alguma forma ou por algum meio, seja eletrônico ou mecânico, inclusive fotocópia, gravação ou qualquer sistema de armazenagem de informações, sem a permissão expressa e por escrito da editora.

EDITORA: Almedina Brasil
Rua José Maria Lisboa, 860, Conj. 131 e 132, Jardim Paulista | 01423-001 São Paulo | Brasil
www.almedina.com.br

Para Ala.

SUMÁRIO

PREFÁCIO
O NERVO DA POLÍTICA CONTEMPORÂNEA 15

INTRODUÇÃO
A ISCA E A ARMADILHA 25
    Os Riscos São Altos 29
    A Síntese de Identidades 33
    A Isca 35
    A Armadilha 38
    Por que a Armadilha da Identidade Merece Ser Pensada
    (e Escrita) 42
    A Grande Fuga 45

PARTE I
AS ORIGENS DA SÍNTESE DE IDENTIDADES 49

1   PARIS PÓS-GUERRA E O JULGAMENTO DA VERDADE 51
    A Falsa Promessa do Progresso 53
    A Rejeição da Identidade 58
    Recusa da Política 60

2   O FIM DO IMPÉRIO E A ADOÇÃO DO "ESSENCIALISMO
    ESTRATÉGICO" 63
    Lutar contra o Poder (das Palavras) 65
    Trazendo a Política de Volta 67
    O Acolhimento do Essencialismo Estratégico 69

3   A REJEIÇÃO AO MOVIMENTO PELOS DIREITOS CIVIS E O
    SURGIMENTO DA TEORIA CRÍTICA DA RAÇA 73
    O Argumento de Derrick Bell contra a Dessegregação 76
    A (Suposta) Permanência do Racismo 79

A Armadilha da Identidade

A Invenção da Interseccionalidade 82

A Interseccionalidade Ganha Vida Própria 85

4 A SÍNTESE DE IDENTIDADES 89

Os Principais Temas da Síntese de Identidades 91

    1. Ceticismo sobre a verdade objetiva. 92

    2. Análise do discurso para fins políticos. 93

    3. Reforçando a identidade. 94

    4. Pessimismo orgulhoso 96

    5. Legislação sensível à identidade 97

    6. O imperativo da interseccionalidade. 98

    7. Teoria do ponto de vista 99

Cuidado com o que Você Deseja. 100

PARTE II

A VITÓRIA DA SÍNTESE DE IDENTIDADES 105

5 A SÍNTESE DE IDENTIDADES VIRA *MAINSTREAM* 109

Como uma Plataforma Esquecida Ajudou a Dar à Luz uma

    Nova Cultura Política. 111

Novas Plataformas de Mídia Acolhem a Ideologia do Tumblr 114

A Transformação do *Mainstream* 117

O Grande "Despertar" 120

6 A CURTA MARCHA PELAS INSTITUIÇÕES 125

O Campo de Treinamento 127

A Síntese de Identidades Domina as Organizações sem Fins

    Lucrativos. 130

A Síntese de Identidade Chega ao Alto Escalão. 136

7 DESACORDO DESENCORAJADO 143

Uma Ortodoxia de Identidades Desce sobre as Instituições

    Progressistas. 145

Pressão dos Pares e a Radicalização de Grupos. 148

Os Executores Intelectuais da Ortodoxia Identitária 153

Sumário

PARTE III
AS FALHAS DA SÍNTESE DE IDENTIDADES 159

8 COMO NOS ENTENDERMOS 163
As Origens da Teoria do Ponto de Vista 166
Por que a Teoria do Ponto de Vista É Má Filosofia 168
Por que a Teoria do Ponto de Vista Conduz a uma Má
Política 172
Somente a Empatia Duramente Conquistada Pode
Fundamentar uma Solidariedade Real 175

9 AS VANTAGENS DA INFLUÊNCIA MÚTUA 179
Como a Esquerda Passou a se Preocupar com a Apropriação
Cultural 181
Os Problemas com a "Apropriação Cultural" 184
O Problema da Propriedade Original 185
O Problema da Associação Grupal 187
Uma Maneira Melhor de Expressar o que Está Errado 189

10 FALE LIVREMENTE 195
As Raízes da Rejeição "Progressista" da Liberdade de
Expressão 200
Por que Restringir a Fala É Tão Perigoso 203
Empoderando os Poderosos 205
Aumentando o Risco das Eleições 207
Fechando a Válvula de Segurança 208
Princípios de Livre Expressão para uma Sociedade Livre .. 209
O Governo Não Deve Ter o Direito de Prender Você por
Aquilo que Diz 211
Deve Haver Limites ao Poder de Instituições Privadas de
Censurar o Debate Político 212
Construir uma Cultura de Liberdade de Expressão 215

11 O ARGUMENTO A FAVOR DA INTEGRAÇÃO 221
O Surgimento do Separatismo Progressista 223
Os Progressistas que Defendem a Identidade Branca 227

12 · A Armadilha da Identidade

O que a Ciência Social Pode nos Ensinar sobre como
Promover Empatia e Coesão........................... 229
O Ser Humano É Inerentemente Grupal.................. 230
A Promessa do Contato entre Grupos.................... 231
Quando o Contato entre Grupos Funciona (E Quando Não
Funciona)... 232
Por que as Práticas Propostas pelos Separatistas Pro-
gressistas São Contraproducentes..................... 233
Por que Incentivar Brancos a Abraçar a Raça Provavelmente
Dará Errado... 236
O Argumento a Favor da Integração..................... 239

12 O CAMINHO PARA A IGUALDADE....................... 245
O Surgimento da Equidade e a Aceitação de Políticas
Públicas Sensíveis à Identidade...................... 249
A Diferença entre Ser Cego para a Raça e Ser Cego para o
Racismo.. 253
Políticas Neutras em Relação à Raça Podem Ajudar a
Combater a Desigualdade Racial...................... 255
Por que a Equidade Falha na Teoria.................... 258
Por que a Equidade Falha na Prática.................. 260
Imperfeito, Excepcional e Raro....................... 263

13 RACISMO ESTRUTURAL, GÊNERO E MERITOCRACIA..... 269
Racismo Estrutural................................... 270
Sexo, Gênero e o Debate sobre os Direitos Transgêneros... 272
Meritocracia... 275

PARTE IV
EM DEFESA DO UNIVERSALISMO........................... 281

14 UMA RESPOSTA À SÍNTESE DE IDENTIDADES............ 285
O Cerne do Argumento contra o Liberalismo.............. 286
A Resposta Liberal à Síntese de Identidades.............. 290

Sumário 13

15 UMA BREVE DEFESA DA ALTERNATIVA LIBERAL 299
Os Princípios Essenciais do Liberalismo 301
Por que os Princípios Fundamentais do Liberalismo
Ajudam a Criar Sociedades Prósperas 304
O Sucesso das Democracias Liberais 307

CONCLUSÃO
COMO ESCAPAR DA ARMADILHA DA IDENTIDADE 311
Três Futuros Possíveis para a Armadilha da Identidade .. 314
Como Argumentar contra a Armadilha da Identidade 318
1. Reivindique a posição moralmente superior 319
2. Não vilipendie quem discorda 321
3. Lembre-se de que os adversários de hoje podem se
tornar os aliados de amanhã 321
4. Apele para a maioria sensata 323
5. Seja solidário com outros opositores da síntese de
identidades... 325
...mas não se torne um reacionário 328
Como as Organizações Podem Escapar da Armadilha da
Identidade 329
O que Perdemos se Cairmos na Armadilha da Identidade .. 333

APÊNDICE
POR QUE A SÍNTESE DE IDENTIDADES NÃO É MARXISTA 337

AGRADECIMENTOS 343

NOTAS 347

Prefácio

O Nervo da Política Contemporânea

"Meus filhos podem ser amigos de pessoas brancas?", estampava o título de um artigo no *The New York Times*, em novembro de 2017. Seu autor, um professor da Yeshiva University, chamado Ekow N. Yankah, debita boa parte de sua "suspeição" à eleição de Donald Trump, no ano anterior, e diz que irá ensinar a seus filhos "desconfiança". E que, "muito mais cedo do que pensei, terei que discutir com meus meninos se eles podem realmente ser amigos dos brancos". O texto do professor Yankah não é um fato isolado, ou alguma ideia excêntrica. Ele vai em linha com o que se passa em boa parte da América corporativa. Mounk menciona, em seu livro, um treinamento "antirracista", dado pela Coca-Cola, apelando para que as pessoas tentassem ser "menos brancas", o que significaria, segundo o manual do curso, ser "menos opressivo", "menos arrogante", "menos ignorante", e por aí afora.

A Armadilha da Identidade é antes de tudo um manifesto de incômodo, com essas ideias. Logo na abertura do livro, ele faz um relato algo brutal sobre as novas formas de segregação "positiva" que vêm se tornando comuns em cidades, escolas e universidades, em especial nos Estados Unidos. No estado de Nova York, "o Departamento de Saúde sugeriu que os médicos prescrevessem medicamentos escassos como o Paxlovid para membros de grupos étnicos minoritários", mesmo que tivessem menos de sessenta e cinco anos e não sofressem de doenças preexistentes", relata Mounk. "Cidadãos brancos, em

16   **A Armadilha da Identidade**

idênticas condições, as diretrizes eram claras, não devem ser considerados uma prioridade". Contar essas histórias, pouco a pouco, permite a Mounk desenhar um amplo painel em torno dos temas identitários, em nossas democracias. As histórias produzem desconforto. E a partir daí se desenha, com algum cuidado, o esforço reflexivo.

O primeiro passo é dizer, simplesmente: há um problema. Não se trata apenas de retórica, nem tampouco de um problema anedótico, feito de um punhado de excessos e situações variadas, em escolas, universidades e empresas em que se passou do ponto. As histórias atendem também a uma estratégia: Mounk sabe que dialoga com um leitor eventualmente cético ou relutante em relação a esses temas, e por isso avança lentamente, ilustrando cada um de seus argumentos. O livro parece se dirigir a um leitor preferencial: ativistas, intelectuais e simpatizantes da esquerda. Pode ser um jovem universitário seduzido por alguma vertente *woke*, um progressista mais tradicional, interessado em compreender o que se passa na esquerda atual. Ou ainda um profissional das áreas de diversidade, equidade e inclusão, nas empresas e organizações, que direta ou indiretamente, fazem avançar a pauta identitária, por vezes sem muita informação sobre sua natureza e sua história recente. De um modo geral, Mounk parece dizer o seguinte: "eu venho da tradição da esquerda, compartilho muitos de seus valores, entendo as demandas e frustrações das pessoas que hoje conduzem movimentos identitários. Apenas não concordo com os fundamentos de sua visão política e penso que seus resultados serão desastrosos".

Mounk busca um conceito unificador para o que entende ser um problema central da democracia atual. Ele poderia adotar a expressão *woke*, mas sugere que ela terminou politicamente contaminada. Sua pretensão é buscar um conceito que possa aproximar os campos em disputa, e a partir daí define sua "síntese de identidades". A ideia de síntese sugere uma dimensão temporal. Há um conjunto de ideias, originárias da crítica ao marxismo, no universo da esquerda, o pós-modernismo, as teses sobre a "descolonização" e a evolução crítica sobre os limites do movimento pelos direitos civis, que em um certo momento ingressam no *mainstream* da cultura. Na vida das universidades, empresas e no debate público mais amplo. Sua linha de força é amplamente conhecida: a identificação dos temas de gênero, raça e orientação sexual não apenas como centrais na vida social e política contemporânea, mas como base normativa para a formulação de políticas públicas e redesenho de organizações privadas.

Em que momento, exatamente, a esquerda teria dado sua virada, abandonando o foco nos temas tradicionais da "luta de classes" e da "construção do socialismo? Uma via, diz Mounk, refere-se à crítica de Foucault às estruturas binárias de poder e ao que se convencionou chamar de "grandes narrativas" da modernidade. Socialismo e capitalismo liberal aí incluídos. O aspecto mais interessante, porém, talvez venha das mutações do pensamento negro americano, no período posterior à afirmação dos direitos civis. Mounk amplia sua lente sobre um personagem central nesse processo, o professor e ativista Derrick Bell. Sua trajetória marca precisamente essa transição do movimento pelos direitos civis à abordagem identitária muito mais ampla, e sem dúvida muito mais radical, na visão de Mounk, pautada pelo que hoje conhecemos a partir dos conceitos da teoria crítica da raça. Bell foi originalmente um advogado associado à NAACP (National Association for the Advancement of Colored People), concentrando sua ação na disputa jurídica nos estados em favor da dessegregação das escolas. Com o tempo, passou a uma visão crítica dos próprios pressupostos da luta pelos direitos civis. A ideia de que haveria uma promessa não plenamente cumprida no desenho da nação americana, feito pelos pais fundadores, e que de algum modo completa essa tarefa, seria o principal desafio histórico enfrentado pelos movimentos civis. Na visão de Bell, o problema era bastante mais complicado, situando-se o racismo como "um componente integral, permanente e indestrutível" da formação americana. A essa visão acentuadamente mais crítica somava-se uma leitura menos otimista sobre o atual momento americano, meio século após os direitos civis. A ideia de que "barreiras de cor podem ser hoje menos visíveis" do que foram no passado, "mas isso não significa que elas são menos reais, ou menos opressivas", do que à época do reverendo Martin Luther King. Vai aí o que Mounk chama de "pessimismo orgulhoso", e que funcionaria como uma das bases de sua

18 **A Armadilha da Identidade**

síntese de identidades. Visão distinta, nesse plano, seria apresentada por Barack Obama, em seu histórico discurso nos 50 anos da Marcha de Selma, dizendo que "prestamos um desserviço à causa da justiça quando sugerimos que o preconceito e a discriminação são imutáveis, que a divisão racial é inerente à América. Se você acha que nada mudou nos últimos 50 anos, pergunte a alguém que viveu na Selma, na Chicago ou na Los Angeles da década de 1950". A fala de Obama sintetiza muito da abordagem sugerida pelo próprio Mounk. A visão da "grande promessa" da democracia americana e sua realização progressiva, e por certo sempre incompleta. Uma visão cuja ênfase se coloca menos sobre o conflito e a "exclusão estrutural" e mais sobre valores compartilhados e a busca sempre renovada por novos consensos. O avesso da síntese identitária. De um modo geral, o recado de Mounk é: a visão moderada e gradualista de Obama perdeu o jogo, na última década. Mas ele acerta, fundamentalmente, e é preciso resgatar suas lições.

Mounk conta a história de seus pais e avós. Sua experiência trágica com o tema da segregação racial, suas decepções com a velha esquerda e a conversão para a moderna social-democracia. Desse longo aprendizado ele extrai, e faz questão de deixar clara, sua própria identidade política. "Estar à esquerda era acreditar que os seres humanos são igualmente importantes, independentemente do grupo a que pertencem; que deveríamos procurar formas de solidariedade política que transcendam as identidades de grupo enraizadas na raça ou na religião". A partir daí fará sua defesa dos "ideais universais como justiça e igualdade". Seu livro, em última instância, opõe dois modelos: de um lado, o universalismo de direitos. A ideia de que todos, indistintamente, devem ser tratados com isonomia. E que medidas de justiça, transferências ou suportes de qualquer tipo devem ser aportados a partir de critérios que não distingam grupos específicos de identidade, mas a partir das necessidades ou carecimentos das pessoas. Algo próximo à crítica feita por Mark Lillá, em *The Once and Future Liberal*. De outro, as teses que ele associa a um "separatismo identitário", cuja visão se orienta precisamente para a quebra das regras e valores universalistas.

"Não se transforme em um reacionário", recomenda Mounk. Isso pode significar muitas coisas. Entre elas, reconhecer que há demandas

Prefácio

históricas bastante reais que inspiram movimentos identitários. Há injustiças ainda hoje cometidas, e há um imperativo de justiça a ser perseguido. O ponto é que o separatismo identitário é um mau caminho para que isso seja feito. "Ao se colocarem identidades étnicas ou culturais em um pedestal", diz, "encorajam-se as pessoas a valorizar seu grupo acima dos direitos dos demais ou dos valores da solidariedade humana." O resultado é a conversão da interação social em um jogo de soma zero entre diferentes grupos de identidade. Um segundo aspecto trata da perspectiva crescente e sombria de um amplo contingente de pessoas "sem identidade". Pessoas são diversas, podem viver segundo traços muito distintos de autorrepresentação. Isso envolve crenças religiosas, visões de mundo, pertencimento cultural ou nacional e uma infinidade de traços éticos e estéticos. Há ainda o problema das identidades destinadas à "não expressão". A igualdade de consideração é um valor entranhado no coração da tradição moderna. Simplesmente não seria plausível, em nossas sociedades marcadas pelo "fato do pluralismo", imaginar que certos grupos de identidade devam merecer sistematicamente um tratamento diferenciado, seja no plano dos direitos, seja no plano mais geral do reconhecimento social.

Há uma premissa epistemológica na base da síntese identitária. A ideia de que há um tipo de conhecimento apenas alcançável, ou quem sabe "legítimo", se partir de pessoas ou grupos que compartilham certas identidades. Mounk enxerga aí um reflexo distante das relativizações e do ceticismo pós-moderno com as "grandes narrativas". O que não deixa de ser paradoxal. Por um lado, a relativização. O conhecimento que advém de um "lugar de fala". Ato seguinte, o giro dogmático. A visão de mundo que nasce de uma relativização passa a funcionar, ela mesma, como a "grande narrativa". Surgiria aí um evidente problema de representação. Mounk é particularmente crítico e lança mão de alguma ironia, aqui. Mesmo que os integrantes de "grupos privilegiados" aceitassem se comportar acriticamente, aceitando o conhecimento advindo da "experiência" dos grupos marginalizados, e mesmo que resolvessem aderir e replicar suas agendas, restaria o problema sobre "quem eles deveriam considerar uma verdadeira voz negra ou parda ou muçulmana ou queer", provoca. Com o detalhe de que "muito provavelmente, cada um definirá como porta-vozes legítimos aqueles com os quais suas próprias visões políticas coincidem". Mounk cita o exemplo da representação negra no Congresso norte-americano. Há parlamentares em uma posição bastante à esquerda, há parlamentares moderados e vozes negras conservadoras. Todos com forte apoio em suas comunidades e buscando falar em nome das pessoas que compartilham de sua identidade.

Um dos aspectos mais interessantes da tese de Mounk diz respeito ao que ele chama de "marcha para as instituições". A ideia de que os temas da síntese identitária, antes basicamente restritos ao espaço acadêmico e do ativismo, foram gradualmente ampliando seu raio de influência. Seja sobre o mercado, o jornalismo ou nos chamados meios de opinião. Isso acontece, em parte, pelo simples fato de que a nova geração de jovens formados pelas universidades americanas, com sua forte cultura identitária, ingressou no mercado de trabalho. Há, igualmente, o peso das redes sociais. Mounk exemplifica esse fenômeno com as histórias do Tumblr, primeiro, e depois da revista digital *Vox*, e sua afirmação como hubs digitais da cultura *woke*. O aspecto central diz respeito a como o conteúdo digital é acessado e compartilhado. "Os utilizadores das redes tendem a seguir pessoas por critério de afinidade, especialmente em dimensões como antecedentes culturais e orientação sexual". Isso incentivou uma mecânica de "seleção pela capacidade de engajamento". Simplesmente se tornou confortável falar para uma audiência cativa, assegurando que um certo conteúdo seja compartilhado por tribos de afinidade, na internet. Um tipo de seleção adversa, que premia não os melhores argumentos, ou ao menos algum senso de equilíbrio e moderação, mas a estridência. Uma enorme engrenagem que sistematicamente desincentiva conteúdos reflexivos em favor de matérias de "combate", capazes de mobilizar seguidores e ativistas digitais.

A síntese identitária, segundo Mounk, alcança seu canto de cisne com um argumento perfeitamente falacioso, apresentado em um dos grandes best-sellers norte-americanos de 2020, *Fragilidade Branca*. O argumento apela a uma espécie de falácia do ônus da prova, sugerindo que "se você é uma pessoa branca, nos Estados Unidos" [...] você é um racista, pura e simplesmente". O argumento carrega um certo apelo emocional e se fundamenta em uma coleção de frases de efeito e recortes da vida norte-americana, ao final, diz Mounk, termina como uma tese perfeitamente não falseável, no sentido popperiano. A tese segundo a qual "todos os brancos são racistas. E se você discordar, isso apenas prova o quão racista você é".

A Armadilha da Identidade toca no nervo da política contemporânea. É tanto uma obra de investigação história como um texto de intervenção política. Ao final, há um apelo bastante explícito para que a síntese identitária seja combatida pelos intelectuais, líderes públicos e empresariais. Mounk deseja afetar, de algum modo, o destino que nossa cultura e nossas democracias darão ao tema identitário. A escritora Zoe Williams, no *The Guardian*, talvez tenha dado a senha de uma das críticas mais constantes ao livro. A ideia de que "Mounk procura examinar a armadilha identitária e sua fuga isoladamente, sem contexto". E explica: "é como se Elon Musk e o Twitter e Donald Trump e a insurreição do Capitólio nunca tivessem acontecido". Ela parece dizer: "O.k., é possível que existam exageros, aqui e ali, nos movimentos e políticas de identidade, mas a verdade é que o momento é impróprio". Nesse prisma, a correção de injustiças históricas justificaria a quebra de certos valores universalistas, mesmo que isso produza alguns efeitos colaterais indesejáveis. Isso além do fato de que, nesse exato momento histórico, travamos uma guerra surda sobre o destino de nossas democracias. Há gente inaceitável circulando por aí, e é preciso rever algumas de nossas antigas crenças sobre valores liberais e democráticos. É possível que Williams, em sua crítica, termine por cometer o mesmo pecado que atribui a Mounk. O vezo de reunir fragmentos de nossa vida política, como a invasão do Capitólio, misturar com um punhado de personagens controversos, como Musk e o empreendedor serial Peter Thiel, e a partir daí extrair suas conclusões. Quem teria razão nesse debate? Não há, nem pode haver, uma resposta definitiva a uma questão como essa, pois se trata, em última instância, de uma disputa sobre valores.

Mounk alinha-se entre um crescente universo de intelectuais que percebe a fragilização de um valor essencial em nossas democracias liberais: a liberdade de expressão. "Ao invés de vivermos com medo de extremistas", diz, "deveríamos confiar que podemos combatê-los sem abrir mão do direito à liberdade de expressão." Nesse tema, é evidente sua cisão com a esquerda identitária, e sob certo aspecto com os movimentos de esquerda, em geral. "Uma ampla parcela da esquerda americana se tornou abertamente contra o ideal da livre expressão", diz Mounk. Mesmo instituições tradicionais na defesa dos valores da Primeira Emenda, como a ACLU, que cumpriram um papel histórico em casos como Brandenburg *vs.* Ohio, em 1969, flexibilizaram a defesa de seus princípios em favor da defesa da agenda "progressista". Mounk lamenta essa virada e fundamenta sua visão em uma defesa de valores liberais clássicos e na cultura que sustenta a Primeira Emenda. Não por acaso, recorre a Mill. De um lado, diz, seria um erro imaginar que uma certa geração possa estabelecer certos valores e proposições como verdadeiros, e a partir daí banir sua contestação, mesmo em se tratando de ideias tidas a cada momento como absurdas e sem sentido. É perfeitamente possível que, em duas ou três gerações, muito do que hoje consideramos ideias bem estabelecidas seja visto como ultrapassado. Porque esse é o movimento da vida. A vida como "experimento", na conhecida expressão de Oliver Holmes na decisão de Abrams *vs.* Estados Unidos, em 1919. Vem aí o segundo argumento clássico de Mill, enfatizado por Mounk, sustentando que a garantia do direito ao erro, à expressão das ideias "inaceitáveis" e "absurdas", cumpre a função de manter a verdade sob pressão. De evitar que ela se transforme em algum tipo de dogma ou "formulário", na expressão usada por Mill. Afora isso, a garantia do direito ao erro seria, em última instância, a única forma de preservar um critério que todos nós prezamos.

O que Mounk propõe, aí, é o projeto de uma esquerda iluminista. Uma esquerda que incorpora plenamente valores universalistas originários da grande tradição liberal, da qual ela mesma faz parte. Os princípios do que ele chama de "liberalismo filosófico", cujas ideias de respeito à autonomia e à liberdade individual, a isonomia diante da lei e o livre pensamento formam a base sobre a qual se erguem as sociedades que de fato produziram equidade e as melhores perspectivas de emancipação humana, na era moderna. Vivemos em uma época de

Prefácio

polarização política aguda. As guerras culturais dão o tom da vida políticas e um difuso desejo de controle da opinião parece estar na ordem do dia. Mounk navega contra a correnteza, com este livro instigante. E com isso cumpre, com indiscutíveis elegância e erudição, o melhor papel que cabe a um intelectual público, em nossa cultura.

FERNANDO SCHÜLLER
Doutor em Filosofia (UFRGS) e Professor do Insper

Introdução | A Isca e a Armadilha

No final do verão de 2020, Kila Posey perguntou à diretora da Escola Primária Mary Lin, nos subúrbios ricos de Atlanta, se ela poderia solicitar uma professora específica para sua filha de 7 anos. "Sem problemas", respondeu a diretora a princípio. "Apenas me envie o nome da professora." Mas quando Posey enviou seu pedido por e-mail, a diretora continuou sugerindo que outra professora seria mais adequada. Posey, que é negra, por fim exigiu saber por que sua filha não poderia ter sua primeira escolha. "Bem", admitiu a diretora, "essa não é a turma negra."

A história soa depressivamente familiar. Lembra a longa e brutal história da segregação, evocando visões de pais brancos horrorizados com a perspectiva de seus filhos terem colegas de turma negros. Mas há uma reviravolta perversa: a diretora, Sharyn Briscoe, também é negra. Como Posey contou ao *Atlanta Black Star*, ela ficou "incrédula por estar tendo essa conversa em 2020 com uma pessoa que se parece exatamente comigo – uma mulher negra. Está segregando salas de aula. Você não pode segregar salas de aula. Você não pode fazer isso".

Os eventos na Escola Primária Mary Lin, descobre-se, não são a continuação de uma história antiga e familiar; fazem parte de uma nova tendência ideológica. Em um número crescente de escolas por todos os Estados Unidos, educadores que acreditam estar lutando pela justiça racial estão separando crianças umas das outras com base em sua cor de pele.

26   A Armadilha da Identidade

Algumas escolas públicas começaram a segregar disciplinas específicas. A Escola Secundária Evanston Township, nos subúrbios de Chicago, agora oferece aulas de cálculo reservadas para estudantes que "se identificam como negros". Muitas mais estão adotando "grupos de afinidade" segregados por raça. Um distrito escolar em Wellesley, Massachusetts, por exemplo, recentemente sediou um "Espaço de Cura para Estudantes Asiáticos e Asiático-Americanos". Como um convite por e-mail enfatizou, "Esse é um espaço seguro para nossos alunos asiáticos/asiático-americanos e estudantes de cor, *não* para alunos que se identificam apenas como brancos".

A Décima Quarta Emenda e o histórico decisivo da Suprema Corte no caso Brown *v.* Board of Education estabelecem limites estreitos quanto à extensão em que as instituições estatais podem discriminar entre cidadãos com base em sua cor de pele. Como resultado, a adoção de salas de aula racialmente segregadas e espaços seguros em escolas públicas inspirou desafios legais e até mesmo uma investigação federal. Mas o que aconteceu em Atlanta, Evanston e Wellesley há muito tempo se tornou prática comum em escolas particulares, que estão sujeitas a restrições menos rigorosas.

Em algumas das escolas mais elitistas dos EUA, de Boston a Los Angeles, os professores agora rotineiramente dividem os alunos em diferentes grupos com base em sua raça ou etnia. Em muitos casos, tais grupos são efetivamente obrigatórios. Em alguns, os alunos são tão jovens que seus professores precisam dizer a eles em qual grupo ingressar. Na Gordon, uma renomada escola privada em Rhode Island, os professores começam a dividir as crianças em grupos de afinidade – que se encontram toda semana e são divididos por raça – no jardim da infância. "Um currículo baseado em brincadeiras que afirma explicitamente a identidade racial", escreveu Julie Parsons, uma professora de longa data da Gordon, que recentemente foi homenageada por seus esforços em diversidade, equidade e inclusão pela Associação Nacional de Escolas Independentes, é especialmente importante "para os aprendizes mais jovens."

A Dalton, uma escola prestigiada no Upper East Side de Nova York que educa os filhos da elite da cidade, fez questão de explicar os

Introdução   **27**

objetivos pedagógicos que estimulam tais práticas. De acordo com declarações e recursos externos hospedados no site da Dalton, instituições antirracistas devem ajudar seus alunos a alcançar a identidade racial correta. Uma conversa entre especialistas convocada por uma organização proeminente que trabalhou em estreita colaboração com a escola e é apropriadamente chamada de EmbraceRace aponta que, quando os alunos são jovens, "mesmo uma pessoa não branca ou pessoa negra pode dizer: não me vejo como um ser racial. Sou apenas humano". A tarefa de uma boa educação é mudar essa atitude: "Somos seres raciais". E o primeiro passo para esse objetivo é rejeitar a "ideia de cegueira para a cor" de que nossas semelhanças são mais importantes do que nossas diferenças.

Recentemente, algumas escolas até começaram a incentivar seus alunos brancos a se definirem em termos raciais. A Escola Bank Street for Children, no Upper West Side de Nova York, por exemplo, é uma das instituições de educação infantil mais renomadas do país. Orgulhosa por estar na vanguarda da pedagogia progressista, ela atua tanto como uma escola primária quanto como uma faculdade de educação que prepara centenas de futuros professores a cada ano. Há bem pouco tempo, a Bank Street começou a dividir seus alunos em um "Grupo de Afinidade de Crianças Não Brancas" e um (todo branco) "Grupo de Defesa". O objetivo do grupo branco, explica um slide da escola, é "aumentar a conscientização sobre a prevalência da branquitude e do privilégio", incentivando os alunos a "aceitarem" sua "ancestralidade europeia".

É essa nova abordagem pedagógica que inspirou Sharyn Briscoe, a diretora da Escola Primária Mary Lin, a criar uma "turma negra". Briscoe cresceu nos subúrbios da Filadélfia, frequentando uma escola particular predominantemente branca em que muitas vezes se sentiu isolada. Quando obteve um diploma em educação na Spelman College, ela absorveu um novo conjunto de ideias que deveriam salvar as crianças do destino que ela mesma havia sofrido. Como Beverly Daniel Tatum, uma renomada estudiosa da educação e ex-presidente da Spelman, pergunta em um livro altamente influente: "Se um jovem encontrou um nicho em um círculo de amigos brancos, é realmente necessário estabelecer um grupo de pares negros?". Respondendo

28 **A Armadilha da Identidade**

afirmativamente, Tatum recomenda que as escolas garantam que todos os alunos façam amizades dentro de seu próprio grupo racial, "separando os alunos negros" por pelo menos parte de cada semana.

Kila Posey discorda fortemente dessa ideia. Ela mesma uma educadora, acredita que "colocar minhas filhas em uma turma com um monte de pessoas que se parecem com elas não necessariamente lhes dará comunidade". Escolher com quais colegas de classe suas duas filhas devem fazer amizade com base na cor da pele, ela disse a Briscoe em um de seus primeiros encontros, "não é seu trabalho".

Quando entrevistei Posey sobre sua batalha de vários anos com o distrito escolar de Atlanta, ela falou com grande serenidade, lembrando fatos e números com a precisão de alguém que se entregou a uma causa justa. Somente quando perguntei a ela quais esperanças ela nutre para o futuro de suas filhas, sua voz traiu suas emoções. "Para minhas meninas, o céu é o limite. Elas podem fazer e ser o que quiserem", disse ela com um leve tremor na voz. Depois que suas filhas assistiram à posse de Kamala Harris como vice-presidente dos Estados Unidos, elas ficaram determinadas a seguir seus passos. Mas, independentemente do que escolherem fazer no final, Posey insistiu: "Elas terão seu lugar garantido à mesa. E precisam ser capazes de se dar bem com todos".

A profunda discordância entre Kila Posey e Sharyn Briscoe é apenas uma pequena escaramuça em uma batalha muito maior de ideias. Em vez de universalismo, partes do *mainstream* norte-americano estão rapidamente adotando uma forma de separatismo progressista. Escolas e universidades, fundações e algumas corporações parecem acreditar que devem incentivar ativamente as pessoas a se conceberem como "seres raciais". Cada vez mais, estão aplicando o mesmo modelo a outras formas de identidade, incentivando as pessoas a pensarem em seu gênero, sua origem cultural ou sua orientação sexual como seu atributo definidor. E, ultimamente, muitas instituições deram mais um passo: concluíram que é seu dever fazer com que a mancira como tratam as pessoas dependa dos grupos aos quais pertencem – mesmo quando se trata de decisões existenciais como quem priorizar para medicamentos que salvam vidas.

Introdução

Os Riscos São Altos

No final de dezembro de 2021, um médico na cidade de Nova York prescreveu uma receita urgente para um paciente que havia acabado de testar positivo para covid. Era para um novo medicamento, chamado Paxlovid, que prometia reduzir drasticamente a probabilidade de morrer da doença. Antes de aviar a receita, a farmacêutica fez uma pergunta. Qual é a raça do paciente? O médico ficou atordoado. "Em meus trinta anos como médico", ele disse, "nunca me fizeram essa pergunta quando prescrevi qualquer tratamento."

No outono do segundo ano da pandemia, as vacinas estavam ampla-mente disponíveis. Opções de tratamento de alta qualidade estavam sendo enviadas para hospitais e consultórios médicos pela primeira vez. O fim da pandemia, afinal, parecia próximo. Justo então, a rápida disseminação da variante Ômicron levou a um aumento perigoso nas infecções. Médicos enfrentaram escolhas difíceis sobre como alocar recursos escassos: quem deveria ter prioridade para novos medi-camentos salvadores de vidas como o Paxlovid e tratamentos com anticorpos como o Sotrovimab até que pudessem ser produzidos em números suficientemente grandes para que todos os pacientes tivessem acesso?

Princípios de triagem de longa data sugeriam que as autori-dades médicas deveriam buscar um objetivo simples ao formular sua resposta: salvar o maior número possível de vidas. Durante a pandemia, a maioria dos países fora dos Estados Unidos seguiu alguma versão dessa máxima. Esperando canalizar medicamentos para os pacientes que tinham mais chances de serem salvos, autori-dades de saúde pública consideraram fatores como idade avançada ou a presença de condições preexistentes que são conhecidas por tornar a covid muito mais mortal. Ao longo da última década, contudo, alguns médicos, ativistas e especialistas influentes têm pressionado para tomar decisões de triagem com base em uma consideração diferente: equidade racial.

Há boas razões para os médicos levarem a sério as disparidades entre diferentes grupos demográficos. Uma série de estudos mostrou

30   **A Armadilha da Identidade**

que comunidades historicamente marginalizadas, como os afro-
-americanos nos Estados Unidos e alguns grupos de asiáticos britânicos no Reino Unido, têm piores resultados de saúde. Em vez de
remediar essas injustiças subjacentes, no entanto, garantindo que
todos os pacientes recebam a mesma qualidade de cuidados, independentemente de sua raça, grande parte da profissão médica concluiu que
deveria tratar explicitamente membros de diferentes grupos étnicos de
maneira diferente.

Em uma série influente de artigos, dois médicos proeminentes do
Brigham and Women's, um dos principais hospitais do mundo, descre-
veram como estão colocando essa ideia em prática. Bram Wispelwey e
Michelle Morse demonstraram que pacientes não brancos haviam sido
discriminados no passado quando decisões eram tomadas sobre quem
admitir na superlotada unidade de cardiologia do hospital. Mas em vez
de compensar essas injustiças tomando as medidas necessárias para
garantir que no futuro hospital tratasse igualmente pacientes brancos
e negros, sua "medida de implementação para alcançar equidade"
consistiu em "uma opção de admissão preferencial para pacientes
negros e latinos com insuficiência cardíaca".

Alguns acadêmicos de destaque até sugeriram que devemos priorizar a equidade racial sob o imperativo de salvar vidas de pacientes.
Como Lori Bruce, diretora associada do Centro de Bioética da
Universidade de Yale, argumentou recentemente no *Journal of Medical
Ethics*, protocolos sobre quem priorizar quando os recursos médicos
são escassos "devem ser avaliados por uma lente mais ampla do que
meramente a medida simplista do número de vidas salvas". Em vez
disso, os médicos devem tentar reduzir as disparidades entre diferentes grupos demográficos implementando "um protocolo de triagem
racialmente equitativo", prestando atenção especial a questões
como "se as famílias se lembrarão de ter tido tratamento negado ou
garantido".

Essas ideias e práticas ajudam a explicar como os funcionários abor-
daram decisões-chave durante a pandemia. Quando as autoridades
de saúde pública nos Estados Unidos foram encarregadas de descobrir quem priorizar para tratamentos escassos de covid, elas também

rejeitaram padrões "neutros em relação à raça" que levariam em conta apenas fatores de risco como idade ou condições preexistentes. O estado de Nova York, por exemplo, comprometeu-se a adotar políticas médicas que promovessem "equidade racial e justiça social" em 2021, observando explicitamente que isso "não significaria simplesmente tratar todos com igualdade". Orientados por esses objetivos, o Departamento de Saúde do Estado de Nova York sugeriu que os médicos pudessem prescrever medicamentos escassos como Paxlovid para membros de grupos étnicos minoritários mesmo que tivessem menos de 65 anos e não sofressem de condições preexistentes. Nova-iorquinos brancos em idêntica situação, deixaram claro as diretrizes, não deveriam ser considerados uma prioridade.

As diretrizes adotadas pelo estado de Nova York fazem parte de uma tendência mais ampla. No início de 2021, quando as vacinas estavam sendo disponibilizadas pela primeira vez, Vermont incentivou pacientes jovens e não brancos sem condições preexistentes a se vacinarem antes de permitir que pacientes brancos, de características demográficas idênticas, o fizessem. E mesmo que seus próprios modelos mostrassem que tal curso de ação provavelmente resultaria em um número maior de mortes, os Centros de Controle e Prevenção de Doenças (CDCs) instaram os estados a darem acesso à vacina aos trabalhadores essenciais antes dos idosos, sob o argumento de que os idosos norte-americanos são desproporcionalmente brancos. Quando um processo judicial tentou acabar com tais práticas, duas dezenas de instituições proeminentes, incluindo a Associação Norte-Americana de Saúde Pública, o Colégio Norte-Americano de Médicos e a Associação Norte-Americana de Medicina, apresentaram um parecer *amicus curiae* do tribunal defendendo-os.

O novo paradigma também se aplica longe da raça ou da medicina. Instituições estatais começaram a adotar um afastamento semelhante das regras neutras que visam tratar todos os cidadãos igualmente, quaisquer que sejam os grupos de identidade a que pertencem, em uma ampla variedade de contextos. Agora, elas de modo explícito condicionam o recebimento de diversos benefícios governamentais a fatores como gênero, orientação sexual e raça.

Quando o governo federal disponibilizou fundos de emergência para pequenas empresas que estavam em risco de falir devido à perda de receita causada pela pandemia, por exemplo, ele favoreceu explicitamente aquelas de propriedade de mulheres em relação às de propriedade de homens. Enquanto isso, a cidade de São Francisco anunciava recentemente um esquema de renda básica que forneceria aos moradores de baixa renda 1.200 dólares por mês. A única condição era que a elegibilidade para o programa fosse restrita a membros de um grupo: aqueles que se identificam como trans.

As preocupações sobre o papel que a identidade agora desempenha em países do Reino Unido aos Estados Unidos muitas vezes são ridicularizadas como uma obsessão doentia com batalhas culturais nas redes sociais. Há um elemento de verdade nisso. X (ex-Twitter) e Facebook realmente fornecem sua dose diária de indignação a um público cada vez mais polarizado. E algumas pessoas que se envolveram em comportamentos profundamente repreensíveis de fato se fingem de vítimas de uma "turba de cancelamento". Mas o fato de algumas das queixas sobre essas transformações recentes serem insinceras não torna o fenômeno subjacente menos real.

Uma nova maneira de pensar sobre identidade ganhou tremenda influência no Canadá, na Grã-Bretanha e nos Estados Unidos. Pressupostos fundamentais sobre justiça, o valor da igualdade e a importância da identidade mudaram de maneiras profundamente significativas. E, embora seja prematuro concluir que essa ideologia obteve uma vitória completa, ela já molda as ações de instituições *mainstream*, da Associated Press ao Instituto de Tecnologia de Massachusetts, da União Norte-Americana pelas Liberdades Civis à Coca-Cola Company, e do Serviço Nacional de Saúde Britânico ao Centro Nacional de Artes do Canadá. O que está em jogo é nada mais nada menos do que as regras básicas, princípios e pressupostos de fundo que estruturarão nossas sociedades nas próximas décadas. Em vez de fingirmos que essas mudanças são irrelevantes ou imaginárias, precisamos analisá-las e avaliá-las de maneira séria.

A Síntese de Identidades

As raízes da nova ideologia que está mudando as regras e normas-chave das instituições *mainstream* residem na transformação dos compromissos centrais de muitos autoproclamados progressistas. A esquerda historicamente tem sido caracterizada por suas aspirações universalistas. Estar à esquerda significava insistir que os seres humanos não são definidos por sua religião ou cor da pele, por sua criação ou orientação sexual. Um objetivo-chave da política era criar um mundo em que coletivamente percebêssemos que as coisas que compartilhamos entre linhas de identidade são mais importantes do que aquelas que nos dividem, permitindo-nos superar as muitas formas de opressão que marcaram a cruel história da humanidade. Ao longo das últimas seis décadas, contudo, o pensamento da esquerda sobre identidade – por razões em muitos aspectos compreensíveis – passou por uma mudança profunda.

Nas décadas de 1960 e 1970, um número crescente de esquerdistas argumentou que um compromisso teórico com o universalismo muitas vezes existia lado a lado com sérias discriminações por motivos raciais ou religiosos. Eles também apontaram que muitos movimentos de esquerda há muito tempo eram hostis às minorias étnicas e sexuais. À medida que a consciência e o entendimento da opressão histórica de vários grupos de identidade cresceram, algumas partes da esquerda passaram a abraçar a ideia de que a solução deveria residir em encorajar novas formas de ativismo e orgulho de grupo. Se algumas pessoas sofreram sérios desfavorecimentos por serem gays ou negras, então fazia sentido encorajar indivíduos gays ou negros a se identificarem com esses grupos marginalizados – e lutar por sua libertação coletiva.

Com o tempo, esse imperativo estratégico percebido de reforçar a identidade transformou-se em novas ideias sobre os objetivos finais pelos quais a esquerda deveria lutar. Grandes partes do movimento progressista começaram a descartar como *kitsch* ingênuo a aspiração por um futuro mais harmonioso em que "meninos e meninas negros e brancos estarão de mãos dadas", como Martin Luther King Jr. colocou no clímax de seu discurso mais famoso. Em seu lugar, eles

34 **A Armadilha da Identidade**

abraçaram cada vez mais uma visão de futuro em que a sociedade seria para sempre profundamente definida por sua divisão em grupos de identidade distintos. Se, argumentaram, quisermos garantir que cada comunidade étnica, religiosa ou sexual desfrute de uma parcela proporcional de renda e riqueza, tanto os atores privados quanto as instituições públicas devem fazer com que a maneira como tratam as pessoas dependa dos grupos aos quais pertencem. Uma nova ideologia nascia.

Dez anos atrás, artigos de jornal que discutiam o surgimento dessa nova ideologia frequentemente falavam sobre "política de identidade". Até cinco anos atrás, muitas das pessoas que a abraçaram orgulhosamente se descreveriam como *"woke"*[1] ("desperto"). Mas o uso de ambos os termos desde então se tornou profundamente polarizador. Hoje, qualquer pessoa que fale sobre política de identidade ou descreva um ativista como *woke* corre o risco de ser percebida como fora da realidade. Nenhum termo geralmente aceito apareceu até agora para substituir esses rótulos anteriores.

Isso é um problema. É difícil ter um debate produtivo sobre uma ideologia quando nem mesmo se consegue concordar sobre como chamá-la. Portanto, seria útil chegar a um nome aceitável tanto para seus apoiadores quanto para seus críticos. Eu tenho uma sugestão. Esse conjunto de ideias baseia-se em uma ampla variedade de tradições intelectuais e está centralmente preocupado com o papel que categorias de identidade como raça, gênero e orientação sexual desempenham no mundo. Portanto, vou me referir a ele, em sua maior parte, como "síntese de identidades".

A síntese de identidades preocupa-se com muitos tipos diferentes de grupos, incluindo (mas não se limitando a) aqueles baseados em raça, gênero, religião, orientação sexual e deficiência. É produto de um rico conjunto de influências intelectuais, incluindo o pós-modernismo, o

---

[1] *"Woke"* é um termo em inglês usado para descrever uma pessoa que está politicamente consciente ou alerta para questões sociais, especialmente relacionadas à justiça social e à igualdade racial. Ser *woke* significa estar atento às injustiças e desigualdades sociais, e muitas vezes está associado a estar engajado em movimentos sociais progressistas. (N. T.)

pós-colonialismo e a teoria crítica da raça. Pode ser forçado a serviço de diversas causas políticas, desde uma rejeição radical do capitalismo até uma aliança tácita com os EUA corporativos.

Tudo isso torna tentador estabelecer que a síntese de identidades carece de coerência, ou até mesmo descartar o conjunto todo como uma *vibe* cultural vaga que logo vai se dissipar. De fato, praticamente tudo o que foi escrito sobre esse tópico até agora enquadra-se em um dos dois campos. Ou celebra acriticamente as ideias centrais da síntese de identidades como um tônico necessário para as injustiças do mundo, ou as descarta sumariamente como uma moda que não precisa ser levada a sério do ponto de vista intelectual. Mas, examinando mais de perto, a ideologia que não ousa falar seu nome revela uma natureza muito real. É hora de dissecá-la de maneira séria. E para fazer isso, primeiro precisamos entender por que ela se mostrou tão atrativa.

A Isca

Muitos defensores da síntese de identidades são impulsionados por uma ambição nobre: remediar as graves injustiças que continuam a caracterizar todos os países do mundo, incluindo os Estados Unidos. Essas injustiças são indubitavelmente reais. Membros de grupos historicamente marginalizados sofreram terríveis formas de discriminação. Mesmo hoje, as mulheres enfrentam sérias desvantagens no local de trabalho. Pessoas com deficiência às vezes são ridicularizadas e frequentemente marginalizadas. Minorias étnicas enfrentam rancor declarado ou formas sutis de exclusão. O ódio violento contra homossexuais e pessoas trans persiste.

Grupos que sofreram as injustiças mais extremas no passado são especialmente propensos a continuar sofrendo as desvantagens mais persistentes hoje. A situação dos afro-americanos melhorou significativamente ao longo do último meio século. Restrições explícitas à sua capacidade de votar ou usar instalações públicas, iniciar negócios ou casar-se com alguém de raça diferente foram abolidas. Uma grande classe média negra se formou, e os afro-americanos agora

36 **A Armadilha da Identidade**

estão representados nos escalões mais altos de todos os campos. Mas a sombra do passado ainda não se dissipou. Em média, os afro--americanos continuam a ganhar menos e a possuir muito menos do que os brancos norte-americanos. Eles têm mais probabilidade de frequentar uma escola subfinanciada, de viver em um bairro profundamente desfavorecido, de passar mais tempo atrás das grades e de se tornarem vítimas de homicídios e tiroteios policiais. A promessa de igualdade plena tem se mostrado evasiva.

Mesmo membros altamente bem-sucedidos de grupos historicamente marginalizados às vezes são tratados como estrangeiros. Escolas e universidades, corporações e associações cívicas tornaram-se muito mais inclusivas ao longo das últimas décadas, mas membros de grupos que continuam sub-representados em organizações de prestígio como as universidades da Ivy League ou os andares executivos das empresas da *Fortune 500* muitas vezes têm boas razões para sentir que a exclusão simplesmente se transmutou em formas mais sutis. Eles recebem elogios falsos de colegas mais velhos ou enfrentam obstáculos estruturais, como estágios não remunerados, que dificultam para estudantes universitários de primeira geração ingressar em campos influentes, da política às artes.

É possível reconhecer essas injustiças e lutar contra elas sem aderir à síntese de identidades. Qualquer pessoa que saiba que seu país não está de acordo com ideais universalistas como tolerância e não discriminação deve advogar pelas mudanças culturais e pelas reformas políticas necessárias para corrigir essas deficiências. Apontar que membros de grupos minoritários às vezes são tratados injustamente e sugerir maneiras de abordar tais injustiças não torna ninguém *"woke"*, em nenhum sentido da palavra.

No entanto, embora os movimentos sociais e as reformas legislativas possam ajudar a abordar injustiças reais, raramente o fazem de forma tão rápida ou tão abrangente como se esperava. A política democrática, na famosa frase do sociólogo Max Weber, é o "furar forte e lento de tábuas duras". E assim, alguns daqueles que estão preocupados, justamente, com a persistência da injustiça concluem que precisamos de uma ruptura muito mais radical com o *statu quo*.

Introdução · 37

O apelo da síntese de identidades decorre exatamente disso. Ela afirma lançar as bases conceituais para remodelar o mundo, superando a reverência por princípios de longa data que supostamente limitam nossa capacidade de alcançar a verdadeira igualdade. Busca fazer isso movendo-se além – ou livrando-se completamente – de regras e normas tradicionais de democracias como Canadá, Reino Unido e Estados Unidos.

Defensores da síntese de identidades rejeitam valores universais e regras neutras como liberdade de expressão e igualdade de oportunidades como meras distrações que visam ocultar e perpetuar a marginalização de grupos minoritários. Tentar progredir em direção a uma sociedade mais justa redobrando os esforços para viver de acordo com tais ideais, afirmam seus defensores, é uma ilusão. Por isso, insistem em tornar formas de identidade grupal muito mais centrais, tanto para nossa compreensão do mundo quanto para nosso senso de como agir dentro dele.

O primeiro passo para superar as supostas deficiências de uma perspectiva universalista, argumentam, é reconhecer que só podemos entender o mundo ao vê-lo primeiramente através do prisma de categorias de identidade como raça, gênero e orientação sexual. Nessa visão, mesmo situações que aparentemente não têm nada a ver com identidade, como uma disputa comum entre dois amigos, precisam ser analisadas pela lente do poder social relativo de que cada um deles desfruta em virtude dos respectivos grupos de identidade aos quais pertencem. Devido a esse foco na identidade como forma de interpretar a realidade social, partes da esquerda agora são mais propensas a evocar novos conceitos como "microagressões" e "viés implícito" do que conceitos mais antigos como classe social.

Em um segundo passo, a rejeição de valores universais e regras neutras também implica um conjunto muito diferente de opiniões sobre como corrigir injustiças persistentes. Uma vez que regras neutras como leis de não discriminação são supostamente insuficientes para fazer diferença, os defensores da síntese de identidades insistem que precisamos de normas sociais e políticas públicas que façam explicitamente com que a maneira como o Estado trata seus cidadãos – e como

38 **A Armadilha da Identidade**

todos nós tratamos uns aos outros – dependa do grupo de identidade ao qual pertencem. Se queremos superar o longo legado de discriminação, afirmam, é imperativo que membros de grupos marginalizados sejam tratados com consideração especial.

A síntese de identidades chama a atenção para injustiças reais. Ela dá às pessoas que se sentem marginalizadas ou maltratadas uma linguagem para expressar suas experiências e proporciona aos seus seguidores a sensação de fazer parte de um grande movimento histórico que tornará o mundo um lugar melhor. Tudo isso ajuda a explicar por que é tão atraente, especialmente para os jovens e idealistas.

Infelizmente, porém, a síntese de identidades acabará sendo contraproducente. Apesar das boas intenções de seus proponentes, ela mina o progresso em direção à verdadeira igualdade entre membros de diferentes grupos. No processo, também subverte outros objetivos pelos quais todos temos razões para nos importar, como a estabilidade de democracias diversas. Apesar de sua atratividade, a síntese de identidades acaba sendo uma armadilha.

A Armadilha

Seria um erro descartar a síntese de identidades como incoerente, e mais ainda considerar imorais aqueles que a defendem. O novo foco em categorias de identidade de grupo como raça, gênero e orientação sexual é motivado pela decepção e raiva com a persistência de injustiças reais. A maioria das pessoas que a abraçam genuinamente aspira a tornar o mundo um lugar melhor.

E ainda assim, estou cada vez mais convencido de que a síntese de identidades se provará profundamente contraproducente. As razões para seu surgimento podem ser compreensíveis e os motivos de seus defensores, impecáveis. Mas mesmo as melhores pessoas podem inadvertidamente causar danos reais – e a influência real dessa nova ideologia provavelmente não nos guiará em direção ao tipo de sociedade ao qual todos temos razões para aspirar, mas nos afastará dele.

Como os psicólogos sociais demonstraram repetidas vezes, traçar linhas entre diferentes grupos parece vir naturalmente aos membros de nossa espécie. Somos capazes de grande coragem e altruísmo quando chamados a ajudar membros de nosso próprio grupo, mas também de desconsideração e crueldade aterrorizantes quando confrontados com pessoas que consideramos membros de outro grupo. Qualquer ideologia decente deve ter uma explicação de como atenuar os efeitos nocivos de tais conflitos. Um problema-chave com a síntese de identidades é que ela não tem.

Embora os humanos sempre retenham uma tendência a traçar distinções entre "nós" e "eles", os critérios para quem é incluído no grupo e como os membros do grupo externo são tratados são profundamente dependentes do contexto. Quando encontro alguém que vem de um grupo étnico diferente, nasceu em uma comunidade religiosa diferente e vive em uma parte diferente do país, posso pensar nela como não tendo nada em comum comigo. Mas também posso reconhecer que somos compatriotas, concordar em ideais políticos importantes e compartilhar nossa humanidade. Somente se a maioria das pessoas escolher o último caminho as sociedades diversas serão capazes de sustentar solidariedade suficiente para tratar todos os seus membros com respeito e consideração.

As ideologias de extrema direita são tão perigosas porque desencorajam as pessoas de ampliar seu círculo de simpatia dessa maneira. Ao colocar identidades étnicas ou culturais específicas em um pedestal, incentivam seus seguidores a valorizar seu grupo em detrimento dos direitos dos estrangeiros ou das reivindicações da solidariedade humana universal. Minha preocupação quanto à síntese de identidades é que, de sua própria maneira, também torna mais difícil para as pessoas ampliarem suas lealdades além de uma identidade específica, de forma a sustentar estabilidade, solidariedade e justiça social.

Abordagens pedagógicas como a exortação na moda para "acolher a raça" incentivam os jovens a se definirem em termos dos distintos grupos raciais, religiosos e sexuais nos quais nascem. Enquanto isso, políticas públicas como os protocolos "sensíveis à raça" para triagem médica dão aos cidadãos um forte incentivo para lutar pelos interesses

40   **A Armadilha da Identidade**

coletivos de seus próprios grupos. Juntas, essas normas e políticas provavelmente criarão uma sociedade composta de tribos em guerra em vez de compatriotas cooperativos, com cada grupo envolvido em uma competição de soma zero com todos os outros grupos.

A síntese de identidades é uma armadilha política que torna mais difícil sustentar sociedades diversas cujos cidadãos confiam uns nos outros e se respeitam. Também é uma armadilha pessoal, que faz promessas enganosas sobre como obter o senso de pertencimento e reconhecimento social que a maioria dos seres humanos naturalmente busca. Em uma sociedade composta de comunidades étnicas, de gênero e sexuais rígidas, a pressão para as pessoas se definirem em virtude do grupo de identidade ao qual supostamente pertencem será enorme. Mas a promessa de reconhecimento vai se mostrar ilusória para muitas pessoas.

Uma sociedade que incentiva todos nós a vermos o mundo através do sempre presente prisma da identidade tornará especialmente difícil para pessoas que não se encaixam perfeitamente em um grupo étnico ou cultural desenvolver um senso de pertencimento. O número rapidamente crescente de pessoas de raças mistas nos Estados Unidos, no Reino Unido e em muitas outras democracias, por exemplo, pode descobrir que nenhuma das comunidades das quais descendem as considera membros "reais" ou "autênticos".

Outros sentirão desconforto com as expectativas de tal sociedade porque não desejam ser membros de algum grupo que não consideram tão central para sua autopercepção. Eles podem, por exemplo, se definir em termos de seus gostos e temperamentos individuais, suas predileções artísticas ou seu senso de dever moral para com toda a humanidade. Pessoas com uma ampla variedade de crenças pessoais e convicções religiosas provavelmente se sentirão alienadas em uma sociedade que valoriza mais uma forma de identificação incerta com algum grupo em que nasceram.

Outros ainda vão responder com grande entusiasmo ao chamado para se conceberem, em primeiro lugar, como membros de algum grupo étnico, de gênero ou sexual, esperando que isso lhes permita serem reconhecidos e apreciados pelo que realmente são. No entanto,

Introdução 41

como todos somos bem mais do que a matriz de nossas identidades de grupo específicas, muitos provavelmente se sentirão decepcionados. Isso porque uma cultura que pensa nas pessoas principalmente em relação a algum coletivo é incapaz de ver e afirmar seus membros em toda a sua gloriosa individualidade. Certamente é necessário que uma sociedade comunique respeito por todos os seus membros, independentemente de sua raça ou origem, para que sintam um senso de pertencimento e reconhecimento social. Mas isso não significa que a maioria das pessoas terá sucesso em obter tal senso de pertencimento e reconhecimento social ao tornar central para sua autopercepção pessoal seu pertencimento a esses tipos de grupos de identidade.

A síntese de identidades passou a exercer uma influência tremenda em um período incrivelmente curto de tempo. Como resultado, as críticas mais comuns a ela concentram-se em seus excessos. Muitas pessoas estão indignadas com uma cultura cada vez mais censora que sufoca nossa capacidade de ter debates sérios sobre questões sociais e culturais urgentes. Acusações nas redes sociais são compartilhadas por milhões de pessoas antes que alguém tenha tempo de verificar sua veracidade. Especialmente quando as pessoas contrariam a maneira "correta" de falar sobre identidades de grupo – incluindo gênero, deficiência e orientação sexual, assim como raça –, podem ser humilhadas ou demitidas sem que se analise se suas ações foram terríveis ou triviais, deliberadas ou inadvertidas. E, embora as histórias que chamam a atenção dos principais veículos de mídia geralmente envolvam celebridades, as vítimas são na maioria pessoas comuns que nunca buscaram polêmica.

Compartilho dessas preocupações, mas, no nível mais fundamental, minha preocupação com a síntese de identidades não está em como ela "foi longe demais". Em vez disso, minha preocupação é que a síntese de identidades, mesmo em sua melhor forma, provavelmente levará a uma sociedade que viola fundamentalmente meus valores mais essenciais e minhas aspirações mais ardentes para o futuro. A isca que atrai tantas pessoas para a síntese de identidades é o desejo de superar injustiças persistentes e criar uma sociedade de verdadeiros iguais. No entanto, o resultado provável da implementação dessa ideologia é uma sociedade na qual um enfático destaque de nossas diferenças coloca grupos de identidade rígidos uns contra os outros em uma batalha de soma zero por recursos e reconhecimento – uma sociedade na qual todos nós somos, quer queiramos, quer não, forçados a nos definir pelos grupos nos quais nascemos. É isso que torna a síntese de identidades uma armadilha.

Uma armadilha tem três atributos-chave. Geralmente contém algum tipo de atrativo. Quase sempre é capaz de enredar pessoas mesmo que sejam inteligentes ou nobres. E costuma subverter os objetivos daqueles que se envolvem com ela, tornando-se-lhes impossível realizar o que se propuseram a fazer.

As novas ideias sobre identidade compartilham todos os três atributos. São tão atraentes porque prometem combater a injustiça. Enredam pessoas inteligentes cheias de boas intenções. E ainda assim, é provável que tornem o mundo um lugar pior – tanto para membros de grupos historicamente dominantes quanto para membros de grupos historicamente marginalizados.

Por que a Armadilha da Identidade Merece Ser Pensada (e Escrita)

O desenvolvimento político mais marcante da última década foi o surgimento da direita iliberal. Como narrei em meus dois últimos livros, *O povo contra a democracia* e *O grande experimento*, os partidos de direita que antes prestavam homenagem às regras e às normas básicas das democracias constitucionais gradualmente abraçaram uma forma de populismo autoritário que representa um perigo agudo para a sobrevivência de nosso sistema político. Hoje, demagogos perigosos continuam representando uma ameaça existencial para democracias da Índia à Hungria e aos Estados Unidos.

Então, por que alguém deveria se importar com a disseminação de uma ideologia bem-intencionada, como a síntese de identidades, que tem como objetivo declarado a luta contra injustiças que são muito reais? O assunto deste livro não parece insignificante em comparação com a urgência de combater demagogos como Narendra Modi e Donald

Trump? E será que alertas sobre os perigos da armadilha da identidade não poderiam dar apoio àqueles que representam uma ameaça muito maior, especialmente porque muitos deles já exploram medos sobre "ativistas *woke*"? Essas são questões importantes, e eu pensei seriamente sobre elas antes de embarcar neste projeto. No entanto, quatro razões me convenceram da urgência de escrever *A armadilha da identidade*.

Por muito tempo, a ascensão da extrema direita foi amplamente ignorada. Desde 2016, no entanto, ela passou a ocupar o centro do discurso público em todas as democracias ocidentais. Ao longo da última década, houve um dilúvio de trabalhos acadêmicos e jornalísticos sobre todos os aspectos do populismo de direita. Eu mesmo dediquei ao tema um documentário de rádio, dois livros, uma dúzia de artigos acadêmicos e relatórios políticos, cerca de cem episódios do meu *podcast* e bem mais de mil artigos de opinião, reportagens, discursos de destaque e entrevistas na televisão. Embora longe de ser derrotado, o fenômeno está, agora, razoavelmente compreendido. Por outro lado, a síntese de identidades permanece estranhamente um território inexplorado. Há muitos debates sobre isso nas redes sociais e na televisão a cabo. Até agora, no entanto, há surpreendentemente poucos trabalhos que contem a história de sua ascensão, expliquem as razões de seu apelo e avaliem seriamente o impacto que está tendo no mundo. A aspiração de mudar isso foi meu primeiro impulso para escrever este livro.

Em segundo lugar, as questões levantadas pelo debate sobre a síntese de identidades importam por si mesmas. Faz uma grande diferença se o esquema intelectual dominante para entender o mundo esclarece ou semeia confusão. É importante ver como as crianças que pertencem a um grupo de identidade são ensinadas a perceber aqueles que pertencem a outros grupos de identidade. E dificilmente é trivial se, no meio de uma pandemia que ocorre uma vez em um século, o Estado prioriza a adesão às normas de uma ideologia nova e não testada em vez de salvar vidas.

Em terceiro lugar, a síntese de identidades provavelmente será contraproducente para muitas das causas pelas quais seus defensores têm boas razões para se importar. Um clima de reverência equivocada pelos principais argumentos dessa nova ideologia dificulta para críticos bem-intencionados apontarem casos em que suas soluções sugeridas causam danos reais – seja diretamente, porque as políticas que ela encoraja são suscetíveis de piorar o destino dos mais desfavorecidos, seja indiretamente, porque a formulação confrontacional que ela encoraja dificulta a sustentação do apoio público a políticas que realmente melhoram a vida das pessoas.

E, por fim, o populismo de direita e a armadilha da identidade alimentam-se mutuamente. O horror generalizado com a eleição de Donald Trump acelerou a tomada da síntese de identidades em muitas instituições de elite. Contudo, os demagogos prosperam quando as sociedades estão profundamente polarizadas e os tomadores de decisão estão desconectados das opiniões dos cidadãos comuns. Enquanto os defensores da síntese de identidades com frequência apontam problemas sérios que realmente precisam ser remediados, os princípios que eles defendem e as soluções que oferecem provavelmente levarão mais eleitores aos braços dos extremistas.

Tanto os demagogos que conquistaram muito poder político ao longo da última década quanto os defensores da síntese de identidades que ganharam muito poder cultural estão buscando uma vitória total. É improvável, porém, que os populistas de extrema direita ganhem o controle de universidades, grandes fundações ou estúdios de cinema. E é igualmente improvável que fervorosos defensores da síntese de identidades ganhem maioria no parlamento ou sejam eleitos para a Casa Branca. E assim, a crescente dominação da síntese de identidades nas instituições culturais das democracias desenvolvidas provavelmente caminhará de mãos dadas com o crescente poder dos demagogos perigosos na política eleitoral.

Populistas de direita e defensores da síntese de identidades veem-se como inimigos mortais. Na verdade, cada um é o *yin* do *yang* do outro. A melhor maneira de vencer um é opor-se ao outro, e é por isso que todos que se preocupam com a sobrevivência das sociedades livres devem jurar lutar contra ambos.

A Grande Fuga

Uma vez preso em uma armadilha, torna-se difícil sair. Felizmente, a armadilha da identidade ainda não se fechou. Embora as ideias e os pressupostos da síntese de identidades tenham começado a influenciar as instituições regulares, muitas pessoas permanecem profundamente céticas em relação a elas. Há tempo suficiente para uma fuga. Meu objetivo neste livro é explicar a natureza da armadilha da identidade, expor por que é tão urgente que fujamos e mostrar como podemos fazê-lo.

Na primeira parte do livro, conto a história curiosa de como um conjunto de ideias aparentemente díspares veio a formar uma nova ideologia que, por volta de 2010, se mostraria altamente influente nas principais universidades. Muitos críticos da chamada "cultura *woke*" argumentaram que ela é uma forma de "marxismo cultural", mas a verdadeira história da síntese de identidades é mais surpreendente. Ela apresenta a rejeição de grandes narrativas, incluindo tanto o liberalismo quanto o marxismo, por pensadores pós-modernos como Michel Foucault; uma aceitação da necessidade de intelectuais falarem em nome de grupos oprimidos ao adotar uma forma de "essencialismo estratégico" por pensadores pós-coloniais como Gayatri Chakravorty Spivak, e a rejeição dos valores-chave do movimento pelos direitos civis, incluindo o objetivo da integração racial, por defensores da teoria crítica da raça como Derrick Bell.

Em 2010, a síntese de identidades tinha uma influência significativa nas universidades, mas tinha apenas uma importância marginal na cultura *mainstream*. Em 2020, ela já havia reformulado algumas das instituições mais poderosas do país. Na parte II, conto a história de como uma teoria acadêmica aparentemente de nicho poderia ganhar tanta influência ao longo de uma década. O crescimento das redes sociais inspirou o surgimento de uma versão popularizada da síntese de identidades que transformou as ideias de pensadores sérios em memes e slogans simplistas. Os incentivos criados por novas formas de distribuição transformaram os veículos de mídia tradicionais em alto-falantes para essa nova ideologia. Estudantes de graduação profundamente mergulhados em seus ideais espalharam a síntese de identidades para algumas das instituições mais poderosas do mundo como parte de uma "marcha rápida pelas instituições". E, finalmente, a eleição de Donald Trump impulsionou preocupações bem fundamentadas sobre ameaças a grupos minoritários, fazendo parecer desleal para progressistas criticar quaisquer ideias associadas à esquerda e tornando as críticas à síntese de identidades tabus em muitos ambientes.

À medida que a forma popularizada da síntese de identidades conquistava o *mainstream*, seus defensores começaram a pressionar por mudanças radicais em áreas-chave da vida pública. Eles argumentam que membros de diferentes grupos identitários nunca podem se entender completamente. Eles suspeitam quando membros de um grupo são inspirados pela cultura de outro grupo, denunciando tais casos como uma forma prejudicial de "apropriação cultural". Eles são profundamente céticos em relação a princípios de longa data, como a liberdade de expressão, insinuando que aqueles que defendem sua importância devem estar motivados pelo desejo de denegrir grupos minoritários. Eles abraçam uma forma de separatismo progressista, favorecendo a criação de espaços sociais nos quais membros de diferentes comunidades permanecem separados uns dos outros. E defendem políticas públicas que explicitamente fazem com que a maneira como o Estado trata as pessoas dependa de categorias de identidade grupal como raça, gênero e orientação sexual. Na parte III, argumento que essas aplicações da síntese de identidades provavelmente serão contraproducentes, erodindo os valores que tornam possível uma sociedade na qual todas as pessoas possam viver em busca livre de seu melhor eu. Submetendo cada uma dessas reivindicações a uma cuidadosa análise filosófica, argumento que existem maneiras melhores de lidar com as preocupações que as motivam.

Muitos defensores da síntese de identidades sentem uma raiva justa diante de injustiças genuínas, mas seus preceitos centrais equivalem a um ataque radical aos princípios de longa data que animam as democracias ao redor do mundo. Felizmente, existe uma alternativa consistente. Na parte IV, defendo os princípios fundamentais do liberalismo filosófico. Aqueles de nós que acreditam em valores universais e regras neutras podem formular uma crítica contundente à opressão histórica e à injustiça persistente em nossos próprios termos. Na verdade, nossas convicções, ao longo dos últimos cinquenta anos, já ajudaram a promover enormes progressos. Agora, elas animam as instituições centrais de sociedades que, apesar de suas falhas persistentes, fazem um trabalho melhor em evitar violência sectária e crueldade extrema do que qualquer outra na história. A chave para uma política aspiracional que possa realmente construir um mundo melhor está em viver de acordo com valores universais e regras neutras, e não em abandoná-los.

A luta pelo futuro da síntese de identidades será uma das lutas intelectuais definidoras das próximas décadas. Felizmente, indivíduos e organizações que entenderam os perigos que ela representa podem fazer uma grande diferença ao resistir a ela. Na conclusão, avalio o futuro provável da armadilha da identidade e mostro como oponentes coerentes da ideologia podem enfrentá-la sem arriscar as próprias carreiras e reputações.

Naturalmente, espero que você leia este livro na íntegra. Juntos, seus componentes explicam tanto a natureza da armadilha da identidade quanto como escapar dela. Mas também reconheço que você pode estar mais interessado em algumas partes do que em outras. Para aqueles que desejam entender a história intelectual da síntese de identidades, a parte I será de maior interesse. Para aqueles que desejam entender as razões políticas, sociológicas e tecnológicas que levaram essa ideologia a escapar do campus e conquistar o *mainstream*, a parte II será de maior interesse. Para aqueles que desejam entender por que as maneiras como essas ideias foram aplicadas a temas como liberdade de expressão e apropriação cultural provavelmente serão contraproducentes, a parte III será de maior interesse. E para aqueles que estão em busca de uma alternativa coerente à armadilha da identidade, a parte IV pode servir como guia.

Há boas razões pelas quais a armadilha da identidade tem sido tão sedutora. A resposta correta ao surgimento dessa nova ideologia não é nem rejeitá-la totalmente, nem adotar suas premissas-chave sem uma reflexão séria. É submeter a síntese de identidades a uma crítica séria – uma que esteja aberta a incorporar suas contribuições mais úteis, mas que, em última análise, insista em buscar uma visão mais ambiciosa e otimista do futuro.

PARTE I | # As Origens da Síntese de Identidades

Todos os meus quatro avós foram enviados para a prisão por suas crenças comunistas durante as décadas de 1920 ou 1930. Todos os quatro decidiram permanecer na Europa Central depois que a maioria de seus familiares foi assassinada no Holocausto porque estavam convencidos de que novos governos de esquerda tornariam o mundo um lugar melhor – conseguindo superar os preconceitos e os ódios tribais que, durante suas vidas, incendiaram o mundo duas vezes.

Enquanto eu crescia, nas décadas de 1980 e 1990, suas visões políticas haviam mudado fundamentalmente. Reconheceram tarde demais a crueldade do comunismo soviético. Em vez do marxismo revolucionário de sua juventude, eles agora estavam comprometidos com um credo reformista de social-democracia que tentava humanizar o capitalismo, misturando-lhe um forte Estado de bem-estar social.

Mas um compromisso permaneceu inabalável ao longo dessas décadas trágicas e turbulentas. Como na juventude, eles acreditavam que a missão histórica da esquerda consistia em expandir o círculo de simpatia humana para além das fronteiras de família, tribo, religião e etnia. Estar à esquerda era acreditar que os seres humanos têm igual importância, independentemente do grupo ao qual pertencem; que devemos buscar formas de solidariedade política que transcendam identidades de grupo enraizadas em raça ou religião; e que podemos nos unir em uma causa comum em busca de ideais universais como justiça e igualdade.

Esse é o esquerdismo universalista com que fui criado. É o esquerdismo universalista que, apesar de minha discordância com as visões comunistas que meus avós tinham quando eram jovens, continua a me inspirar. Mas não é mais a cepa dominante do esquerdismo hoje.

Em vez disso, ao longo das últimas cinco décadas, tornou-se marca de muitos movimentos de esquerda rejeitar a existência da verdade objetiva ou a esperança de uma sociedade mais harmoniosa que uma vez os inspirou; que eles abraçam orgulhosamente o apelo à etnia e à religião onde uma vez foram céticos em relação à força destrutiva que tais identidades de grupo poderiam ter no mundo; e até mesmo que rejeitam a possibilidade de que pessoas de diferentes países e culturas possam realmente chegar a se entender.

Na parte I, proponho-me a descobrir a história por trás dessa notável transformação. Por que a esquerda abandonou seu universalismo? E como ela passou a abraçar uma nova forma de tribalismo que parece diametralmente oposta ao seu núcleo histórico? Ao longo do caminho, tento desacreditar algumas das alegações mais sensacionalistas que estão sendo feitas sobre a natureza da virada identitária da esquerda – como a ideia de que é simplesmente uma forma de "marxismo cultural" – e fornecer as bases para uma crítica mais profunda a ela.

Paris Pós-Guerra e o Julgamento da Verdade

1

O fim da Segunda Guerra Mundial deixou a Europa em um estado precário. Não estava claro se países anteriormente fascistas como Itália e Alemanha teriam sucesso na construção de democracias estáveis. A União Soviética impunha regimes comunistas satélites na maioria das nações da Europa Central e Oriental. Potências coloniais enfraquecidas, da Bélgica à Grã-Bretanha, travavam batalhas brutais para manter o controle de seus domínios ultramarinos. O futuro parecia altamente incerto.

Diante desse sentimento de caos, os principais intelectuais da época recorreram a uma fé que havia muito inspirava a esquerda. Acreditavam que o capitalismo estava irrevogavelmente condenado; que a democracia parlamentar era apenas uma cortina de fumaça que distraía as pessoas da opressão que sofriam; que o proletariado acabaria por cumprir sua missão histórica de realizar revoluções violentas; e que o objetivo legítimo de todo escritor politicamente responsável era acelerar a chegada do comunismo. Como Tony Judt resumiu as correntes intelectuais daquela época em sua magistral história da Europa pós-guerra: "Quando se tratava de mudar o mundo, ainda havia apenas uma grande teoria que pretendia relacionar uma interpretação do mundo a um projeto abrangente de mudança; apenas uma Narrativa Mestra oferecendo sentido para tudo enquanto deixava um lugar aberto para a iniciativa humana: o projeto político do marxismo".

52 A Armadilha da Identidade

O apelo dessa narrativa mestra foi especialmente forte na França. *La Grande Nation* havia sofrido gravemente sob a ocupação nazista. Grande parte da liderança política do país havia colaborado com o Terceiro Reich. E, embora um oficial do Exército de patente relativamente baixa chamado Charles de Gaulle tenha conseguido se transformar no líder da França Livre por um ato de pura vontade, acabando por salvar a honra do país aos olhos do mundo, ele não pôde resgatar a legitimidade de seu sistema estabelecido na mente de seus intelectuais. Para eles, o *ethos* sobre o qual o país deveria se construir após sua libertação era o do movimento heroico de resistência, que contava com muitos comunistas entre seus membros.

Praticamente todos os principais intelectuais franceses do final dos anos 1940 e da década de 1950, de Simone de Beauvoir a Louis Althusser, tinham fortes simpatias comunistas. Jean-Paul Sartre, o mais famoso e influente, era um soldado especialmente fervoroso. O marxismo, ele afirmou em 1960, era "a filosofia insuperável de nosso tempo".

Mas um pequeno grupo de filósofos e cientistas sociais franceses logo começou a ter sérias dúvidas. Conforme a agitação dos anos pós-guerra diminuía, tornou-se cada vez mais óbvio que as revoluções prometidas, mais uma vez, não se materializaram na Europa Ocidental. A cada ano que passava, a fé que o marxismo científico havia investido no processo supostamente inevitável pelo qual o capitalismo sucumbiria às suas contradições internas parecia cada vez mais anacrônica.

A opressão violenta com que os líderes da União Soviética garantiam seu poder, tanto dentro do país quanto em suas nações vizinhas, também estava se tornando difícil de ignorar. Três anos após a morte de Joseph Stalin, em 1953, seu sucessor revelou em um discurso chocante a extensão com que as purgas haviam dizimado as fileiras do partido. "Dos 139 membros e candidatos do Comitê Central eleitos no 17º Congresso", que ocorreu em 1934, Nikita Khrushchev anunciou, "98 pessoas, ou seja, 70 por cento, foram presas e fuziladas." Quando transcrições vazadas do discurso foram publicadas em jornais ocidentais, dezenas de milhares de membros abandonaram os partidos comunistas, da França aos Estados Unidos.

Paris Pós-Guerra e o Julgamento da Verdade

No coração de Paris, um pequeno grupo de intelectuais começou a se perguntar onde havia errado. Por que, mesmo quando outros finalmente despertavam para as falhas da União Soviética, tantos de seus amigos e colegas continuavam a ser lealmente devotos ao Kremlin sem questionamentos? E como eles próprios poderiam ter se comprometido por tanto tempo com a promessa embriagadora de uma revolução violenta?

A resposta que uma nova geração de intelectuais, como Michel Foucault e Jean-François Lyotard, elaborou ao longo das décadas seguintes foi muito além de uma desconfiança do marxismo ortodoxo; ela rejeitou o domínio que todas as "grandes narrativas" têm sobre a imaginação humana. A verdadeira lição dos gulags e dos julgamentos de fachada, afirmavam eles, era desconfiar de qualquer ideologia que oferecesse uma visão abrangente do que faz o mundo funcionar e como melhorá-lo. Eles se propuseram a criticar qualquer conjunto de ideias que presumisse a existência de verdades universais, que alguns valores são objetivamente superiores a outros ou que possamos fazer um progresso genuíno em direção à construção de uma sociedade melhor.

A Falsa Promessa do Progresso

Michel Foucault foi uma criança profundamente infeliz. Nascido em uma casa abastada na cidade de Poitiers em 1926, ele era jovem demais para lutar contra os nazistas, mas velho demais para permanecer ignorante sobre os horrores da guerra. Em casa, ele lutava para lidar com sua homossexualidade e entrava em conflito com seu pai severo, que esperava que o filho seguisse a tradição familiar e se tornasse médico. Na escola, ele era solitário, sofrendo "em isolamento feroz e elevado". Uma das poucas fotografias sobreviventes de sua adolescência mostra seus colegas de classe no Collège Saint-Stanislas, a rígida escola católica à qual seu pai o enviou na esperança de que lhe ensinasse disciplina: "Os alunos posam contra uma rocha em duas fileiras harmônicas, acima das quais, seu corpo torcido como se recuando da câmera, seu

54 A Armadilha da Identidade

olhar inquiridor sob sobrancelhas erguidas, completamente sozinho e estranho, está o futuro autor de *História da loucura.*"

Os anos de Foucault na universidade foram igualmente deploráveis. Ele se matriculou na Henri IV, uma famosa escola preparatória, e foi devidamente admitido na École Normale Supérieure, a mais prestigiada instituição de ensino superior da França. Ele começou a passar suas noites explorando a cena gay em Paris, mas parecia ter poucos outros contatos sociais. Impopular entre seus colegas, ele certa vez perseguiu um colega de classe pelos corredores de seu dormitório com um punhal e tentou suicídio repetidamente.

Intelectualmente, Foucault foi de início moldado pelas narrativas grandiosas da época. Quando estudou com Jean Hyppolite, seguidor de Georg Wilhelm Friedrich Hegel, ele absorveu a ideia de que a história deveria ser entendida como a realização progressiva da liberdade no mundo. E quando passou a estudar com Althusser, que defendia uma leitura ortodoxa da obra de Marx e defendia apaixonadamente a União Soviética contra seus críticos, ele abraçou a esperança de que o proletariado finalmente estivesse prestes a realizar uma revolução mundial. Em 1950, Foucault ingressou no Partido Comunista Francês, que era inquestionavelmente leal a Joseph Stalin.

Diferentemente de muitos de seus contemporâneos, Foucault logo se irritou com a ortodoxia intelectual necessária para permanecer em boa situação com seus camaradas. Quando jornais soviéticos culpavam uma trama imaginária de médicos judeus pela doença de Stalin em 1953, inspirando uma campanha antissemita repugnante tanto na União Soviética quanto no Partido Comunista Francês, Foucault percebeu que não podia mais continuar. "Sobre qualquer um que pretendesse estar à esquerda", ele reclamaria mais tarde, o partido "estabelecia a lei. Ou se era a favor ou contra; um aliado ou um adversário". Daí em diante, ele seria um adversário.

Foucault permaneceu um esquerdista comprometido até sua morte. Muitas das posições que ele abraçou em sua vida posterior – de uma petição para abolir a idade de consentimento a comentários elogiosos sobre o aiatolá Khomeini, o Líder Supremo da República Islâmica do Irã – são horríveis, mas a natureza de seu ativismo sempre foi mais

Paris Pós-Guerra e o Julgamento da Verdade

idiossincrática do que a de seus contemporâneos. Ao contrário da maioria deles, por exemplo, ele apoiava entusiasticamente movimentos de oposição dentro do bloco oriental, incluindo o sindicato independente que feriu fatalmente o regime comunista da Polônia na década de 1980.

Essa combinação de um profundo comprometimento com ideais de esquerda e uma desconfiança duradoura em relação ao poder em todas as suas formas também constitui o cerne do trabalho de Foucault, que começou a se destacar ao longo da década de 1960. Em *História da loucura*, seu primeiro livro influente, Foucault começou a questionar narrativas convencionais de progresso moral e científico. Segundo relatos-padrão da psiquiatria, a história da medicina é de avanço constante em direção a uma compreensão científica maior e a um tratamento mais humano dos doentes mentais. Mas Foucault, que foi tanto paciente quanto depois uma espécie de praticante nos pavilhões de saúde mental de hospitais franceses, desconfiou dessa grande narrativa e de sua promessa de progresso moral. Noções de quem está saudável e quem está mentalmente doente, argumentou Foucault, não são determinadas por algum padrão objetivo de sanidade; ao contrário, comportamentos desviantes passam a ser considerados uma forma de loucura quando perturbam o funcionamento suave da ordem social. O verdadeiro objetivo das instituições mentais, sugeriu ele, não era curar; era excluir aqueles rotulados como aberrantes. A aparência de progresso científico era uma ilusão.

O tratamento de Foucault do segundo grande tema que ele estudou, o sistema de justiça criminal, segue uma lógica semelhante. A maneira como as sociedades passadas puniam os criminosos parece extremamente cruel do ponto de vista do final do século XX. Em alguns dos trechos mais vívidos de *Vigiar e punir*, Foucault descreveu as maneiras públicas e muitas vezes sangrentas pelas quais os criminosos eram torturados, cobertos de piche e penas e até decapitados diante de multidões festivas. Isso faz com que as práticas modernas, caracterizadas pelo encarceramento dos condenados em vez de seu castigo físico, pareçam muito mais humanas. Mas Foucault, como sempre, desconfiou da aparência de progresso. O propósito do sistema de justiça

56   A Armadilha da Identidade

criminal moderno, argumentou ele, é "punir menos, talvez; mas certamente punir melhor".

Foucault ilustrou isso discutindo projetos para um modelo de prisão no formato de um pan-óptico desenvolvido pelo filósofo utilitarista Jeremy Bentham. Nessa prisão, um guarda ficaria em uma torre no centro de um grande salão, com as celas dos prisioneiros dispostas em círculo completo ao redor dele. Embora nunca pudesse observar todos os prisioneiros de uma vez, ele poderia olhar para a cela de qualquer um deles a qualquer momento. Nunca tendo certeza se estão sendo observados, os prisioneiros começariam a regular seu próprio comportamento em um ato de obediência antecipatória. Esse ato de disciplina autoimposta, para Foucault, captura o verdadeiro propósito do sistema de justiça criminal moderno.

A interpretação de Foucault do pan-óptico também passou a servir como sua metáfora para o funcionamento de muitas outras instituições, de escolas a corporações. O objetivo primordial das sociedades modernas, argumentava ele, é garantir que o maior número possível de cidadãos siga suas normas. Elas alcançam esse objetivo criando condições que forçam os socialmente desviantes a se autodisciplinarem. O objetivo do Estado moderno, segundo Foucault, é "permitir um controle interno, articulado e detalhado – tornar visíveis aqueles que estão dentro dele". Assim como o pan-óptico, o Estado busca "transformar indivíduos: agir sobre aqueles que ele abriga, fornecer um controle sobre sua conduta, levar os efeitos do poder diretamente a eles".

Foucault completou seu ataque às narrativas convencionais de progresso quando voltou sua atenção para seu terceiro grande tema: sexo. De acordo com relatos-padrão da história da sexualidade, as sociedades europeias têm feito esforços vigorosos para reprimir tudo o que está relacionado ao sexo. Especialmente na era vitoriana, envolver--se em formas de desvio sexual, e até mesmo apenas falar sobre sexo, era tabu. Isso implicava uma solução que era amplamente defendida nos círculos de Foucault na época: se as instituições da sociedade burguesa haviam reprimido por muito tempo os desejos sexuais de seus membros, o progresso consistiria em quebrar tabus, evitar as normas

Paris Pós-Guerra e o Julgamento da Verdade

sexuais burguesas e praticar o amor livre. Era, muitos amigos e camaradas de Foucault acreditavam, hora de uma "libertação sexual".

Segundo Foucault, essa narrativa está totalmente errada. Longe de relutar em falar sobre sexo, os cientistas vitorianos estavam obcecados em catalogar o que consideravam formas perversas de sexualidade, criando muitos dos rótulos de identidade que ainda estruturam o pensamento contemporâneo sobre o tema. Enquanto sempre houve sexo gay, por exemplo, a ideia de um "homossexual" como um desviante definido por um conjunto estável de predisposições é, argumentou Foucault, distintamente moderna. "O prazer", insistiu Foucault uma vez em uma conferência, "é algo que passa de um indivíduo para outro; não é a secreção da identidade."

A rejeição de Foucault à ideia de que os vitorianos eram singularmente puritanos sobre sexo também o tornou cético em relação aos apelos pela libertação sexual em sua própria época. A ideia de que praticar nossa sexualidade com mais liberdade poderia levar à nossa libertação, ele escreveu, pressupunha a existência de um "eu real" que estava sendo oprimido pela moralidade convencional. Mas não há tal coisa. Em vez disso, a maneira como pensamos e experimentamos a sexualidade sempre dependeu de "discursos" predominantes – a maneira como as normas e os conceitos dominantes estruturam uma sociedade em um determinado momento – e sempre continuará a depender. Ao desafiarmos tais discursos, talvez possamos subverter os poderes opressores de um momento particular. Mas isso apenas nos levará a conceituar a sexualidade de novas maneiras, que provavelmente serão igualmente limitadoras.

Na tentativa de justificar essa conclusão, que decepcionou e até enfureceu muitos de seus seguidores na época, Foucault deu uma definição da natureza do poder que viria a ser profundamente influente. Filósofos clássicos como John Locke, ele argumentou, tendiam a entender o poder como uma ferramenta que o Estado pode empregar para garantir que os cidadãos sigam suas regras. Filósofos radicais pensavam nele como um sistema de dominação que subjugava sistematicamente uma categoria específica de pessoas, como o proletariado no pensamento marxista ou as mulheres no pensamento feminista.

58   A Armadilha da Identidade

No entanto, como Foucault passou a concebê-lo, o poder é muito mais fluido e variado. Como o poder real reside nos rótulos de identidade que usamos para dar sentido ao mundo e nas suposições normativas consagradas nos discursos que estruturam nossa sociedade, ele é "produzido de um momento para o outro, em cada ponto (...). O poder está em toda parte não porque abrange tudo, mas porque vem de toda parte".

A consequência dessa concepção de poder foi um ceticismo radical sobre a perfectibilidade do mundo social. As pessoas, Foucault acreditava, sempre se revoltariam contra a forma que o poder assume em sua conjuntura histórica particular: "Onde há poder, há resistência". No entanto, essa resistência em si mesma, se for bem-sucedida, imediatamente passará a exercer um poder próprio, porque a resistência "nunca está em posição de exterioridade em relação ao poder (...) não há um único *locus* de grande Recusa". Mesmo a luta mais nobre contra a opressão atual, Foucault advertia seus leitores, conteria em si mesma a semente para formas futuras de opressão igualmente limitadoras.

A Rejeição da Identidade

Foucault nunca pretendeu fundar uma escola intelectual rígida ou estabelecer um programa político concreto. No entanto, à medida que sua influência continuava a crescer ao longo das décadas de 1970 e 1980, primeiro na França e depois na América do Norte, aqueles que liam seu trabalho extraíam duas lições fundamentais.

A primeira foi transformar a desconfiança de Foucault em relação ao progresso em uma espécie de manifesto intelectual. A era moderna, argumentou Jean-François Lyotard em *A condição pós-moderna*, definia-se pelas grandes narrativas da história – desde o progresso em direção à razão e à racionalidade prometido pelo Iluminismo até o impulso inevitável em direção à revolução socialista proclamada pelo marxismo. Por outro lado, o dilema intelectual da segunda metade do século XX deveria ser caracterizado pelo reconhecimento

Paris Pós-Guerra e o Julgamento da Verdade 59

gradual da falsidade dessas grandes narrativas. "Simplificando ao extremo", escreveu Lyotard em uma linha que se mostraria altamente influente, "defino o *pós-moderno* como a incredulidade em relação às metanarrativas."

Para muitas pessoas que leram Foucault e Lyotard, essa incredulidade em relação às metanarrativas logo passou a se estender aos fundamentos essenciais com que entendemos o mundo. As metanarrativas dão às pessoas uma ideia dos objetivos morais ou políticos mais amplos que deveriam estar buscando realizar. O método científico – ele próprio uma metanarrativa de que se deve desconfiar, de acordo com Lyotard – dá às pessoas uma ideia dos critérios objetivos pelos quais podem avaliar a verdade ou a falsidade de uma afirmação. Aqueles que passam a acreditar que ambos são baseados em um grande equívoco são forçados a rejeitar as suposições mais fundamentais que embasam nossas práticas e instituições, da veracidade das descobertas científicas ao valor da democracia.

A segunda lição foi um ceticismo fundamental sobre categorias de identidade. Foucault argumentou que rótulos como "doença mental" e "homossexualidade" são ferramentas de poder em vez de descrições da realidade. Com o passar dos anos, pensadores pós-modernos aproveitaram essa ideia para desenvolver um ceticismo cada vez mais radical sobre a capacidade de alguém de fazer reivindicações em nome de um grupo definido por alguma identidade comum.

Em uma troca de ideias influente, Michel Foucault e outro famoso filósofo francês, Gilles Deleuze, argumentaram que os intelectuais de esquerda por muito tempo consideraram sua tarefa falar em nome dos grupos sociais oprimidos. Os marxistas sempre afirmaram representar o proletariado. As feministas sempre afirmaram lutar em nome das mulheres. Já na era do pós-modernismo, Deleuze concluía agora, "a representação não existe mais". Foucault concordou. Os intelectuais que compreenderam suas próprias limitações recusariam falar em nome dos oprimidos. Felizmente, contudo, "as massas não precisam mais [do intelectual] para adquirir conhecimento". Era hora de deixar as pessoas falarem por si mesmas.

Recusa da Política

Na noite de 22 de outubro de 1971, com Richard Nixon no poder nos Estados Unidos e uma guerra sangrenta ainda assolando o Vietnã, dois luminares da esquerda encontraram-se na Universidade de Tecnologia de Eindhoven, na Holanda, para um debate muito aguardado.

O primeiro debatedor, um norte-americano, parecia bastante convencional; vestindo um terno cinza, uma gravata escura e grandes óculos de aro de chifre, ele poderia ser um CEO a caminho de testemunhar no Congresso. Questionado sobre o tipo de sociedade que deveríamos almejar, Noam Chomsky ofereceu uma visão esperançosa para o futuro enraizada em uma narrativa progressista do que é ser humano. "A necessidade de trabalho criativo [e] investigação criativa", argumentou ele, é parte fundamental da natureza humana. A tarefa dos ativistas políticos é permitir que os seres humanos realizem sua natureza tentando superar os elementos de repressão, opressão, destruição e coerção que caracterizam as sociedades contemporâneas. A melhor maneira de realizar isso seria construir "um sistema federado, descentralizado de associações livres", também conhecido como uma forma de anarcossindicalismo.

O antagonista de Chomsky visivelmente vinha de um mundo diferente. De cabeça raspada, ele vestia uma malha de gola alta bege clara que viria a inspirar o traje característico de Steve Jobs. Michel Foucault, a princípio, respondeu às proposições de Chomsky com uma modéstia enganosa: "Admito não ser capaz de definir, nem, por razões ainda mais fortes, propor, um modelo social ideal para nossa sociedade". Então ele partiu para o ataque. Qualquer tentativa de "definir o perfil e a estrutura de uma sociedade futura sem ter criticado adequadamente todos os relacionamentos de violência política que caracterizam nossa sociedade", argumentou ele, "cria o risco de deixá-los se reconstituírem – mesmo que estejamos almejando tais ideais supostamente nobres e puros como o anarcossindicalismo".

Em vez de acolher metas políticas ambiciosas que correm o risco de se transformar em mais uma metanarrativa equivocada, Foucault concluiu que devemos limitar nossas aspirações: "Em uma sociedade

Paris Pós-Guerra e o Julgamento da Verdade **61**

como a nossa, a verdadeira tarefa política é criticar o jogo das instituições aparentemente mais neutras e independentes; criticá-las e atacá-las de tal maneira que a violência política, que exercem na obscuridade, seja desmascarada".

Chomsky ficou visivelmente desconcertado com a recusa de Foucault em acolher um programa político concreto. O ceticismo radical com que esse autodescrito militante de esquerda rejeitou a possibilidade de progresso o tem perturbado desde então. Quando o entrevistei no outono de 2021, meio século após o famoso debate deles, Chomsky continuava atônito com Foucault e a posição pós-modernista mais ampla que ele representa: "Nunca havia conhecido uma pessoa tão amoral – não imoral, amoral – em toda a minha vida".

Para a maioria dos presentes em Eindhoven, parecia provável que Chomsky se mostrasse mais politicamente influente. Afinal, ele era o único dos luminares de esquerda no palco a oferecer uma abordagem clara para a ação política. Como eles estavam errados. Apesar da recusa de Foucault em propor um modelo melhor para a sociedade, foi sua rejeição da verdade universal, seu ceticismo sobre a possibilidade de progresso e seus alertas sobre o poder dos discursos opressores que acabaram inspirando uma ideologia que conseguiu transformar a esquerda e obteve uma influência inesperada no *mainstream*: a síntese de identidades.

Principais Conclusões

- Para entender o surgimento da síntese de identidades, devemos voltar ao seu impulso original em Paris nas décadas de 1950 e 1960.
- Importantes teóricos "pós-modernos" como Michel Foucault estavam imersos em ideias comunistas, mas o cerne de sua filosofia consistia na rejeição de todas as "grandes narrativas", incluindo o marxismo.
- A rejeição das grandes narrativas levou os teóricos pós--modernos a se tornarem profundamente céticos em relação

às reivindicações de verdade objetiva e valores universais. Isso até os levou a rejeitar categorias de identidade estáveis, como "mulher" ou "proletário".

- Foucault argumentou contra a noção generalizada de que as sociedades democráticas se tornaram mais humanas em seu tratamento de criminosos, doentes mentais ou minorias sexuais. Na realidade, acreditava ele, as sociedades apenas encontraram maneiras mais sofisticadas de controlar o comportamento dos desviantes.

- Os filósofos tradicionalmente tinham como certo que instituições formais como Estados exercem poder de cima para baixo. Foucault argumentou, no entanto, que as sociedades modernas exercem controle social de maneira mais sutil. Para ele, são os "discursos" informais que determinam o que as pessoas podem fazer ou pensar. Isso questionava se uma rebelião contra as relações de poder existentes poderia realmente libertar as pessoas.

2

O Fim do Império e a Adoção do "Essencialismo Estratégico"

Por séculos, alguns países da Europa controlaram mais de quatro quintos da massa terrestre mundial e quase um terço de sua população. Às vésperas da Segunda Guerra Mundial, o Reino Unido ainda governava meio bilhão de pessoas, desde o Sudão, na África, até Mianmar, na Ásia. Mesmo nações europeias menores controlavam vastos territórios, impondo seu poder com crueldade implacável.

Esses impérios então ruíram ao longo de poucas décadas. Enfraquecidos pela Segunda Guerra Mundial, os poderes coloniais da Europa não conseguiram mais reunir os recursos necessários para impor sua vontade ao mundo. Pela primeira vez em séculos, o sol se pôs sobre o Império Britânico.

Durante a maior parte da vida, estudiosos e intelectuais das partes recém-libertadas do mundo haviam concentrado sua energia em lutar pela independência. Agora, enfrentavam um novo conjunto de desafios. Precisavam criar uma identidade nacional coesa em países dilacerados por antigas rivalidades religiosas ou étnicas. Precisavam concordar sobre as instituições econômicas e políticas que os governariam. E precisavam realizar tudo isso enquanto descartavam os vestígios de uma tradição intelectual ocidental que consideravam uma imposição estrangeira.

Esse processo de autorreinvenção foi ainda mais desafiador porque muitos líderes dos países anteriormente colonizados haviam

64   **A Armadilha da Identidade**

sido educados em escolas e universidades ocidentais. Intelectuais do Norte da África geralmente frequentavam liceus francófonos administrados por Paris (Frantz Fanon) e estudavam em instituições como a Sorbonne (Habib Bourguiba) ou a École Normale Supérieure (Assia Djebar). Intelectuais do subcontinente indiano ou das partes anglófonas da África subsaariana geralmente frequentavam escolas modeladas no sistema educacional britânico e prosseguiam seus estudos em Cambridge (Jawaharlal Nehru), em Oxford (Indira Gandhi), na Universidade de Londres (Jomo Kenyatta) ou nos Inns of Court (Mahatma Gandhi e Mohammed Ali Jinnah). Romper totalmente com as potências colonizadoras que exploraram brutalmente suas nações não foi tarefa fácil para uma geração de líderes profundamente moldada por suas ideias.

Muitos líderes pós-coloniais buscaram uma solução para seu dilema nos textos fundadores de ideologias de longa data. Alguns queriam basear suas novas sociedades na tradição nacionalista liberal a que os países recém-independentes na Europa haviam recorrido ao longo dos séculos XIX e XX. Muitos mais buscaram inspiração nas promessas revolucionárias do marxismo ou buscaram uma aliança com a União Soviética declaradamente anti-imperialista. Mas isso também lhes trouxe sérias dificuldades, já que alguns dos principais expoentes tanto do liberalismo quanto do socialismo haviam desculpado, ou até mesmo justificado, a empreitada colonial. Ambas as ideologias também eram construídas sobre um universalismo moral que, segundo importantes intelectuais pós-coloniais, não dava atenção suficiente às especificidades culturais do mundo além do Ocidente. Como concluiu Fanon: "Os países subdesenvolvidos devem fazer o máximo para encontrar seus próprios valores e métodos". Mas como?

Para uma multidão de pensadores pós-coloniais que se destacaram nas décadas de 1970 e 1980, uma grande parte da resposta veio de um lugar improvável: voltaram-se para as ideias em voga na Rue des Écoles e no Boulevard Saint-Michel, em Paris. O *ethos* pós-modernista de Foucault e de outros teóricos franceses, eles passaram a acreditar, poderia ajudá-los a desmantelar os "discursos" e "grandes narrativas" que haviam justificado a brutal colonização de seus países, preparando

O Fim do Império e a Adoção do "Essencialismo Estratégico"   **65**

o terreno para um entendimento mais autêntico de si mesmos. Para tornar essas ideias úteis para seus propósitos, contudo, eles primeiro precisavam torná-las capazes de direcionar uma ação política concreta.

Lutar contra o Poder (das Palavras)

Quando Hilda e Wadie Said deram as boas-vindas a seu primeiro filho em novembro de 1935, quiseram lhe dar um nome digno do herdeiro de uma próspera família de comerciantes. Sendo protestantes vivendo na Palestina sob mandato, que efetivamente permanecia sob domínio britânico, naturalmente buscaram inspiração em Londres. Assim, decidiram que o filho deles seria chamado Edward, assim como o Príncipe de Gales.

Edward VIII ascendeu ao trono em janeiro de 1936, quando seu distante homônimo palestino tinha menos de três meses de idade. Seu reinado, contudo, mostrou-se breve e infeliz. Até o final do ano, ele foi forçado a abdicar por sua determinação em se casar com Wallis Simpson, uma divorciada norte-americana. Caído em desgraça, viveu o resto da vida no exílio.

A estranha origem do nome de Edward Said acabou sendo profética de sua relação ambivalente com o Ocidente. Como tantos outros pensadores pós-coloniais, ele foi produto de escolas ocidentais e aspirações ocidentais. Na infância, frequentou o St. George's em Jerusalém e o Victoria College em Alexandria, seguindo um currículo britânico e desenvolvendo um gosto pela música clássica. Expulso do Victoria na adolescência por ser encrenqueiro, foi enviado para Northfield Mount Hermon, um rigoroso internato da Nova Inglaterra fundado por um pregador evangélico. Excelente academicamente, conquistou admissão em Princeton, onde escreveu uma tese de graduação sobre André Gide e Graham Greene, antes de prosseguir com seu doutorado em literatura inglesa em Harvard.

"Toda a minha educação", disse Said mais tarde, "foi anglocêntrica, tanto que eu sabia muito mais sobre história e geografia britânicas e até indianas (matérias obrigatórias) do que sobre a história e a geografia

66   A Armadilha da Identidade

do mundo árabe." Quando jovem, ele ainda permanecia "um produto de uma educação norte-americana e até mesmo de uma espécie de elite WASP". Nada indicava que ele estava prestes a se transformar em um dos críticos mais famosos do poder político ocidental. "Quando estudantes que protestavam contra a guerra do Vietnã interromperam uma de suas aulas", apontou ironicamente um crítico de esquerda, "ele chamou a segurança do campus."

Mas então as frustrações e humilhações que Said encontrou como americano-palestino com uma identidade ambígua começaram a se acumular. Ele lembrou de ser proibido de falar árabe quando estudante no Victoria College. Said se irritava com a representação do Oriente Médio em muitos dos textos clássicos do cânone ocidental que tinha de ensinar como jovem docente na Universidade de Columbia. E começou a sentir que a maioria de seus colegas e conhecidos em Nova York não entendia a justiça da causa palestina.

Pela primeira vez em sua vida, Said agora dedicava tanta energia à política quanto a seu avanço acadêmico ou a sua turbulenta vida amorosa. Ele visitava a Jordânia com frequência, estabelecendo conexões próximas com líderes políticos palestinos, incluindo Yasser Arafat. Em um período sabático no Líbano, ele lia vorazmente sobre história e literatura árabes. Baseando-se em seu novo interesse pelo Oriente Médio, gradualmente reuniu as ideias que, após a publicação de *Orientalismo*, em 1978, o transformariam de um obscuro professor em um famoso intelectual público.

Combinando seu profundo conhecimento do cânone ocidental com uma adesão aos métodos pós-modernos, Said argumentou que as antigas representações "ocidentais" do "Oriente" eram responsáveis por danos reais. Reconhecendo explicitamente sua dívida para com "a noção de um discurso de Michel Foucault", ele afirmou que a maneira como os escritores ocidentais haviam descrito o Oriente era uma condição fundamental para exercer poder sobre ele: "Sem examinar o orientalismo como um discurso não é possível entender a enormemente sistemática disciplina com que a cultura europeia foi capaz de gerenciar – e até mesmo produzir – o Oriente política, sociológica, militar, ideológica, científica e imaginativamente".

O Fim do Império e a Adoção do "Essencialismo Estratégico" **67**

Desde a Antiguidade, afirmou Said, pensadores ocidentais tentaram compreender um conjunto enormemente variado de países no Oriente Médio, no subcontinente indiano e no Extremo Oriente, referindo-se a eles sob a categoria simplificadora de "Oriente". Com o surgimento da academia moderna e seus departamentos de estudos orientais, essa tradição acadêmica passou a reivindicar para si uma espécie de neutralidade científica. No entanto, "o consenso liberal geral de que o conhecimento 'verdadeiro' é fundamentalmente não político obscurece as circunstâncias políticas altamente, embora obscuramente, organizadas que prevalecem quando o conhecimento é produzido". O objetivo de estudar as representações ocidentais das culturas orientais era revelar "que o imperialismo político governa todo um campo de estudo, imaginação e instituições acadêmicas".

As representações ocidentais do "Oriente", argumentou Said, têm um impacto político concreto. A visão reducionista de John Stuart Mill e Karl Marx sobre o Oriente uma vez tentou esses pensadores a abraçar grandes narrativas que aparentemente justificavam a necessidade temporária do colonialismo. Desde então, um novo conjunto de ideias sobre a "mente árabe" tem ajudado a motivar intervenções norte-americanas no Oriente Médio. O propósito central de *Orientalismo* era libertar seus leitores do poder pernicioso ainda conservado por esses discursos.

Trazendo a Política de Volta

Orientalismo foi um enorme sucesso. Ele vendeu centenas de milhares de exemplares desde sua primeira publicação, foi citado quase 80 mil vezes e influenciou acadêmicos em campos que vão desde estudos literários até antropologia, lançando Said como um dos intelectuais públicos mais famosos e na moda (ironicamente) no mundo ocidental. Contudo, enquanto nas páginas de *Orientalismo* Said deixa claro que sua dívida intelectual mais profunda é com Foucault, ele se voltou contra o pós-modernismo nos anos seguintes à sua publicação.

Durante a década de 1980, o pós-modernismo rapidamente ganhou popularidade na academia norte-americana, com teóricos franceses e seus discípulos dominando os departamentos de literatura em todo o país. O estilo de "teoria" que eles popularizaram, no entanto, era altamente autorreferencial e profundamente obscuro para os leigos. Com o tempo, Said ficou cada vez mais preocupado com a "institucionalização e profissionalização dos estudos literários", reclamando que seus colegas estavam fugindo da política para jogar jogos de palavras obscuros (ou, como ele colocou, "retirar-se para um labirinto de 'textualidade'").

Para Said, o famoso debate entre Foucault e Chomsky encapsulava perfeitamente essas deficiências. A tarefa de um crítico, ele passou a acreditar, era "comprometer-se com descrições de poder e opressão com alguma intenção de aliviar o sofrimento humano, a dor ou a esperança traída". Chomsky, com sua descrição clara da natureza humana e sua aceitação explícita de uma teoria sobre que tipo de sociedade almejar, foi capaz de se destacar. Foucault, no julgamento decepcionado de Said, não foi. Tendo abraçado a "visão muito simplificada" de que "o poder está em toda parte", Foucault passou a ver os poderosos como moralmente equivalentes aos sem poder e pensou que qualquer sociedade futura estaria fadada a ser tão opressiva quanto a presente. No final, disse Said, a explicação de Foucault sobre o poder serviu apenas para "justificar o quietismo político".

Essa crítica preparou o terreno para uma adaptação do pós-modernismo mais politicamente engajada. Para muitos dos leitores de *Orientalismo*, parecia claro que o objetivo da análise cultural deveria ser ajudar os oprimidos. A distinção de Said entre o Ocidente e o Oriente implicava uma distribuição clara de papéis morais. Havia um opressor (o Ocidente) e uma vítima (o Oriente). O objetivo era mudar o discurso dominante de modo a ajudar os oprimidos a resistir ao opressor. Isso era, em outras palavras, uma forma de análise do discurso com fins explicitamente políticos.

O crescente número de estudiosos pós-coloniais sendo contratados nos departamentos de humanidades das universidades norte-americanas rapidamente incorporou esse estilo político de análise

O Fim do Império e a Adoção do "Essencialismo Estratégico" **69**

de discurso. Logo depois, pesquisadores que estavam principalmente preocupados com temas como gênero, mídia ou as experiências de imigrantes e minorias étnicas também adotaram essas ideias. E assim, a nova forma de crítica do discurso rapidamente se tornou um modo dominante de investigação em disciplinas acadêmicas que vão desde sociologia até estudos de mídia.

O Acolhimento do Essencialismo Estratégico

Said e seus seguidores deram o primeiro passo para colocar o pós-modernismo a serviço dos oprimidos, dando à análise do discurso uma conotação mais explicitamente política, mas os pensadores pós-coloniais que queriam transformar essas ideias em uma arma que os "miseráveis da terra" pudessem usar contra seus opressores ainda enfrentavam um sério obstáculo: quando pensadores como Foucault atacaram as grandes narrativas, não apenas rejeitaram a ideia de valores universalistas ou verdades científicas; também argumentaram que é perigoso referir-se às pessoas em relação aos grupos de identidade a que pertencem. Rótulos como "mulheres", "proletários" ou "massas do Terceiro Mundo", argumentaram, são distorções essencializantes que só conseguirão perpetuar a opressão.

Muitos estudiosos pós-coloniais ficaram especialmente chocados quando Foucault, em seu diálogo com Deleuze, argumentou que os oprimidos não precisam de intelectuais para falar em seu nome. Como respondeu a estudiosa literária indiana Gayatri Chakravorty Spivak, filósofos como Foucault e Deleuze podiam dar como certo seu *status* social. Como resultado, eles não percebiam que as pessoas com quem ela se preocupava mais tinham menos recursos e menos reconhecimento social do que os tipos de trabalhadores brancos do sexo masculino que, na avaliação dos intelectuais parisienses, poderiam falar por si mesmos. Em países como a Índia, ela concluiu em seu artigo mais famoso, o subalterno não pode falar.

Isso apresentou a Spivak um dilema sério. Nascida em Calcutá em 1942, ela foi educada na St. John's Diocesan Girls' School e no

70 A Armadilha da Identidade

Presidency College antes de se mudar para os Estados Unidos para fazer um doutorado na Universidade de Cornell. Quando jovem, ela foi profundamente atraída por autores pós-modernos, incluindo Foucault, e destacou-se escrevendo a introdução para a primeira edição em inglês de *Gramatologia* de Jacques Derrida, outra obra seminal na tradição. Seu compromisso com o projeto pós-moderno de desmantelar discursos dominantes era profundo, e reconhecia que isso exigia um ceticismo radical sobre categorias conceituais básicas, incluindo as de identidade. E ainda assim ela também sentia que suas próprias experiências de marginalização como mulher indiana lhe conferiam uma responsabilidade moral de falar em nome dos grupos aos quais pertencia. Como conciliar esse dilema?

Em uma entrevista a uma feminista australiana, Spivak ofereceu uma resposta que ganharia tremenda influência nos anos seguintes. O papel e a situação dos intelectuais na Ásia, ela argumentou, eram muito diferentes dos da Europa. Enquanto os intelectuais franceses podiam optar por "abdicar" de suas responsabilidades, estudiosos como Spivak não desfrutavam do mesmo luxo. A chave para fazer melhor, ela argumentou, era acolher marcadores de identidade que pudessem ser úteis na prática, mesmo que fossem suspeitos na teoria. "Acho que novamente temos de escolher, estrategicamente", sugeriu ela, "não o discurso universal, mas o discurso essencialista (...). Devo dizer que sou uma essencialista de vez em quando."

A interlocutora de Spivak pareceu surpresa e talvez um pouco confusa com essa proposição. Como, ela perguntou, é possível usar conceitos essencialistas sem se comprometer com eles? "Minha busca não é por coerência", respondeu Spivak. Em termos teóricos, ela admitiu, "é absolutamente correto tomar uma posição contra os discursos do essencialismo (...). Mas *estrategicamente*, não podemos".

Para dissipar a confusão, Spivak deu um exemplo concreto. Em termos teóricos, ela admitiu, pode ser errado dizer que as mulheres são definidas por terem um clitóris. No entanto, como "o outro lado nos define genitalmente", fazia sentido, para fins práticos, fazer do fato de ter um clitóris a base para uma autodefinição comum como mulheres: "Você escolhe o universal que lhe dará o poder para lutar contra o outro

O Fim do Império e a Adoção do "Essencialismo Estratégico"   71

lado". Embora fazer isso envolva abrir mão de sua "pureza teórica", é um preço que vale a pena pagar para evitar se tornar involuntariamente cúmplice nas "narrativas de exploração" do Ocidente.

Essas poucas observações enigmáticas rapidamente ganharam vida própria. Diante do problema de como falar em nome dos "oprimidos", estudiosos de uma grande variedade de disciplinas seguiram os passos de Spivak. Continuaram a usar as ferramentas do pós-modernismo para questionar qualquer reivindicação que invoque objetividade científica ou princípios universais. Ao mesmo tempo, insistiram que podem falar em nome de grupos de pessoas oprimidas invocando a necessidade tática do que passaram a chamar de "essencialismo estratégico". Essa tentativa de conciliar contradições ainda é aparente hoje, quando ativistas introduzem seus comentários reconhecendo que a raça (ou gênero ou *status* de capacidade) "é uma construção social", antes de fazerem reivindicações surpreendentemente essencializadoras sobre o que "pessoas negras e pardas" (ou mulheres ou pessoas com deficiência) acreditam.

Com o tempo, a concessão intelectual sugerida por Spivak transformou-se em uma espécie de grito de guerra político. Se as pessoas são oprimidas com base em alguma característica que compartilham, seja seu gênero ou a cor de sua pele, há duas respostas possíveis. Uma é lutar para desmantelar a categoria, para que a sociedade não distribua mais deveres e recompensas com base em se alguém é mulher ou acontece de ser negro. A outra é organizar ações políticas em torno desse marcador de identidade de grupo. Se algumas pessoas sofrem discriminação porque são consideradas pertencentes a alguma categoria, diz a ideia, elas têm motivos para se unirem para lutar contra essa injustiça – e quanto mais fortemente se identificarem como mulher ou negro, maior sua chance de sucesso. Esse é o curso de ação que a abordagem tentativa de Spivak ao essencialismo estratégico inspirou, ao longo dos anos, em grandes partes da esquerda.

A Armadilha da Identidade

Principais Conclusões

- Estudiosos pós-coloniais como Edward Said e Gayatri Chakravorty Spivak buscaram abordar os desafios enfrentados pelas antigas colônias da Ásia à África sem aceitarem as antigas tradições ocidentais de que desconfiavam. O pós-modernismo, com seu ataque às supostas verdades universais, forneceu-lhes uma ferramenta fundamental para fazê-lo.

- Edward Said partiu do tipo de "análise do discurso" iniciada por Michel Foucault para criticar narrativas ocidentais sobre o "Oriente". Seu objetivo era descobrir como um conjunto de alegações supostamente objetivas sobre a Ásia e a África serviam de justificação para a dominação colonial.

- Said e outros estudiosos pós-coloniais acabaram por ficar insatisfeitos com a natureza apolítica do pós-modernismo. Resolveram utilizar a análise do discurso de maneira explicitamente política, tentando remodelar discursos dominantes de maneiras que ajudassem os oprimidos. Isso logo passou a servir como modelo para uma forma declaradamente política de análise do discurso em outros campos acadêmicos.

- Teóricos pós-modernos também foram profundamente céticos quanto à validade de categorias de identidade aparentemente neutras, como "mulheres" ou "os oprimidos". Em resposta, Spivak defendeu a adoção do "essencialismo estratégico". Ela recomendou que os ativistas, na medida em que isso pudesse se mostrar politicamente útil, encorajassem as pessoas a se organizar com base em suas identidades de grupo.

3 A Rejeição ao Movimento pelos Direitos Civis e o Surgimento da Teoria Crítica da Raça

Nos primeiros séculos da república norte-americana, seus nobres ideais estendiam-se a apenas alguns de seus residentes. Os nativos norte-americanos foram expulsos de suas terras, forçados a viver em reservas ou mortos sumariamente. Os afro-americanos foram mantidos em cativeiro, separados de suas famílias e forçados a trabalhar para o lucro de seus senhores. Mesmo depois de conquistarem sua liberdade, leis oficiais e costumes informais explicitamente restringiram seus direitos e movimentos, excluindo-os da plena participação política e mantendo um sistema brutal de segregação no sul do país.

Até a década de 1950, os afro-americanos permaneciam excluídos de instalações públicas básicas como escolas e empresas em vastas áreas do país. Testes de alfabetização, taxas eleitorais e a ameaça de violência explícita mantiveram-nos marginalizados. O casamento inter-racial era amplamente repudiado. Em 1963, o Congresso dos Estados Unidos contava apenas com cinco legisladores afro-americanos. Então, o movimento de direitos civis mudou a face dos Estados Unidos.

Sob intensa pressão dos ativistas, as instituições norte-americanas puseram fim às formas oficiais de discriminação. A Suprema Corte decidiu que era inconstitucional manter escolas "separadas, mas iguais" para crianças brancas e negras. O Congresso aprovou novas leis proibindo a discriminação no emprego com base na raça e acabando com práticas como testes de alfabetização, que visavam privar os eleitores negros de seus direitos. Uma série de boicotes e ocupações cuidadosamente coreografados dessegregou instalações públicas, desde ônibus no Alabama até balcões de lanchonetes na Carolina do Norte.

No auge da era dos direitos civis, muitos norte-americanos passaram a esperar que essas mudanças garantissem o tratamento igualitário dos afro-americanos. Uma vez implementadas as novas leis, a segregação residencial diminuiria; as diferenças econômicas e educacionais entre os grupos étnicos se reduziriam; as oportunidades desfrutadas por crianças nascidas em famílias brancas e negras se igualariam. Em "Eu tenho um sonho", Martin Luther King Jr. esperava nada menos do que transformar "os dissonantes ruídos da nossa nação em uma bela sinfonia de fraternidade".

De certa maneira, o progresso que o país alcançou como resultado da era dos direitos civis é realmente notável. Hoje, o regime de segregação racial é coisa do passado. Afro-americanos foram eleitos para cargos elevados em estados do sul, da Geórgia à Virgínia. Praticamente todos os norte-americanos apoiam a ideia de casamento inter-racial. Em 2023, o Congresso dos Estados Unidos contava com 62 afro-americanos. Negar que os Estados Unidos fizeram progressos genuínos em direção à igualdade é insultar a memória dos milhões que sofreram restrições abertas e explícitas em sua liberdade de ir aonde desejavam ou casar com quem amavam. Ainda assim, é impossível entender o momento intelectual presente sem levar a sério os motivos pelos quais uma multidão de estudiosos e intelectuais negros veio a se sentir amargamente decepcionado. Pois, em relação às esperanças exaltadas da era dos direitos civis, os EUA realmente falharam – e continuam a falhar – dolorosamente.

No início da década de 1970, bairros que antes eram totalmente brancos viram famílias negras chegarem de mudança. No entanto, devido ao "êxodo branco", muitos rapidamente tornaram-se quase inteiramente negros. Escolas públicas tradicionalmente brancas – por fim admitiram alunos negros. Como muitos pais brancos responderam tirando seus filhos dessas escolas, contudo,

A Rejeição ao Movimento pelos Direitos Civis...

mais uma geração de alunos negros ficou estagnada em salas de aula segregadas.

Mesmo hoje, a situação permanece ambígua. Afro-americanos fizeram progressos econômicos e educacionais reais desde a década de 1960, mas em média continuam a ter menos renda e muito menos riqueza do que os norte-americanos brancos. O número de minorias étnicas nos escalões mais altos das instituições norte-americanas mais prestigiadas cresceu significativamente, mas os grupos que historicamente estiveram no ápice da sociedade norte-americana continuam a estar super-representados em suas fileiras. As faculdades e corporações tornaram-se muito mais inclusivas, mas ainda podem parecer frias e alienantes para pessoas que são as primeiras de suas famílias a terem acesso a elas. Enquanto isso, alguns bairros predominantemente negros continuam a sofrer com a pobreza e a insegurança agravadas; um grande número de afro-americanos permanece encarcerado; tiroteios policiais têm uma probabilidade desproporcional de matar homens negros, e as redes sociais deram a discursos de ódio uma plataforma muito maior. Ninguém confundiria os Estados Unidos de hoje com a "belíssima sinfonia de fraternidade" com a qual Martin Luther King ousou sonhar.

À medida que as nobres aspirações do movimento pelos direitos civis deram lugar a essas realidades desanimadoras, uma geração de jovens estudiosos do direito, como Derrick Bell e Kimberlé Crenshaw, começou a investigar o que dera errado. Por que, eles começaram a se perguntar ao longo das décadas de 1970 e 1980, todas aquelas vitórias inebriantes nos tribunais e nas legislaturas se traduziam em tão pouco progresso na vida real? E o que isso sugeria sobre a capacidade de países profundamente falhos, como os Estados Unidos, de fazer progresso político com base em valores universais e regras neutras? As respostas que eles elaboraram provaram ser altamente influentes no mundo rarefeito da academia jurídica – e acabaram por ajudar a moldar os princípios fundamentais da nova ideologia que agora está em ascensão em instituições poderosas em todo o país.

O Argumento de Derrick Bell contra a Dessegregação

Após se formar na faculdade de direito em 1957, um jovem negro estudante de direito conseguiu uma breve audiência com seu ídolo: William H. Hastie, um advogado pioneiro dos direitos civis e o primeiro juiz afro-americano a sentar-se em um tribunal federal na história dos Estados Unidos. Nervosamente, o jovem disse a Hastie que queria seguir seus passos: ele também queria usar a lei para lutar pela igualdade e desmantelar o legado de "Jim Crow", as leis da segregação.

Hastie olhou para seu visitante com uma expressão benevolente. Ele até chamou sua ambição de "louvável". Infelizmente, ele continuou, o jovem tinha "nascido quinze anos tarde demais". Com casos emblemáticos dos direitos civis, como Brown *vs.* Board of Education, que estabeleceram um imperativo legal para dessegregar as escolas, já registrados, as únicas tarefas que restavam envolviam apenas alguns "ajustes finais".

O breve encontro com Hastie deixou aquele jovem, que atendia pelo nome de Derrick Bell, profundamente decepcionado. Também ajudou a moldar sua trajetória intelectual. Embora Bell continuasse a ter admiração por velhos advogados dos direitos civis como Hastie, começou a suspeitar que eles haviam entendido fundamentalmente mal a natureza da lei – e o futuro provável dos Estados Unidos.

Bell nasceu em uma família de classe operária em Pittsburgh, em 6 de novembro de 1930. O mais velho de quatro filhos, ele se destacou desde o início. Foi excelente na escola, terminou a faculdade na Universidade de Duquesne e serviu como oficial da Força Aérea dos Estados Unidos, sendo enviado para a Coreia por um ano. Quando conseguiu entrar na Faculdade de Direito da Universidade de Pittsburgh, ele foi o único aluno negro em sua turma.

Mesmo depois que Hastie o dispensou educadamente, Bell permaneceu determinado a usar a lei como ferramenta para mudança social. Após se formar na faculdade de direito, ele ingressou na divisão de direitos civis do Departamento de Justiça. Então, os chefes de Bell o convocaram para uma reunião. Eles haviam recentemente tomado conhecimento de que ele era membro da Associação Nacional para o

A Rejeição ao Movimento pelos Direitos Civis...

Progresso de Pessoas de Cor (NAACP na sigla em inglês), a organização mais influente na defesa dos interesses dos afro-americanos. Isso, eles estavam preocupados, poderia criar a aparência de um conflito de interesses. Para manter seu emprego, ele teria de renunciar à sua filiação. Bell era de fala mansa e sempre educado, mas também era inflexível e mais do que disposto a renunciar ao avanço na carreira por uma questão de princípios. Ignorando o conselho dos amigos, deixou seu cargo no governo e foi trabalhar para a NAACP.

Em seu papel como advogado do Fundo Legal e Educacional da NAACP, a missão de Bell era garantir que as principais vitórias judiciais da era dos direitos civis fossem realmente implementadas. Muito do seu trabalho foi focado na integração das escolas. Em cidade após cidade, as autoridades locais usavam uma mistura de subterfúgios e força bruta para impedir que crianças negras se matriculassem em escolas historicamente brancas. Em caso após caso, Bell processou essas autoridades para tornar Brown *vs.* Board uma realidade. No total, ele ajudou a supervisionar trezentos casos de dessegregação de escolas e pequenos negócios.

No início, Bell achou seu trabalho emocionante. Finalmente, estava realizando sua ambição de fazer uma diferença real praticando a lei. Quanto mais tempo ele permanecia no cargo, porém, mais desapontado ficava. Muitas vezes, suas ações judiciais levavam tanto tempo para percorrer os tribunais que os meninos e as meninas que ele representava se formavam antes que a escola que esperavam frequentar fosse integrada. Mesmo então, o verdadeiro progresso poderia se mostrar ilusório. À medida que as escolas negras eram dissolvidas, muitos professores que haviam ensinado nelas por anos ou décadas perdiam seus empregos. E à medida que as escolas brancas eram integradas, muitos pais enviavam seus filhos para escolas particulares ou mudavam-se do bairro. No final, algumas das escolas recém-"integradas" ainda eram predominantemente negras e sofriam com grave falta de recursos; para piorar a situação, agora eram administradas por professores brancos que muitas vezes tratavam seus alunos negros com condescendência ou pura hostilidade.

78   A Armadilha da Identidade

Devagar, uma nova determinação cresceu em Bell: ele precisava abandonar o trabalho legal na linha de frente e descobrir o que realmente pensava sobre a promessa e o perigo do movimento pelos direitos civis. Ele trocou sua carreira como litigante ativo por um cargo de professor na Universidade do Sul da Califórnia e rapidamente conquistou um cargo ainda mais prestigiado como membro do corpo docente da Universidade de Harvard. No momento em que seu primeiro artigo acadêmico importante foi publicado, em 1976, ele passara a rejeitar algumas das suposições mais básicas que sustentavam seu trabalho anterior como litigante, e até se tornou profundamente cético em relação ao movimento pelos direitos civis como um todo.

Baseando-se em suas próprias experiências, Bell observou que muitos advogados de direitos civis que litigavam casos em escolas públicas no sul dos Estados Unidos eram guiados por um compromisso ideológico com a dessegregação. No entanto, os clientes negros em cujo nome estavam trabalhando muitas vezes tinham objetivos diferentes. Eles queriam que seus filhos tivessem acesso a uma educação de qualidade, independentemente da composição do corpo discente. Às vezes, isso até os levava a se opor aos esforços de dessegregação. Como uma coalizão de grupos comunitários negros escreveu em uma carta para um tribunal de Boston que Bell usou como epígrafe para seu artigo:

> Qualquer medida para alcançar a dessegregação deve ser revisada à luz do interesse da comunidade negra na melhoria do desempenho dos alunos como característica primária da equidade educacional (...). Não achamos nem necessário nem apropriado suportar os deslocamentos da dessegregação sem garantias razoáveis de que nossos filhos terão benefício instrucional.

O artigo de Bell foi escrito no tom sóbrio, até mesmo meticuloso, típico das contribuições para as revistas jurídicas norte-americanas, com extensas citações de casos relevantes muitas vezes ocupando a maior parte de cada página. Mas qualquer pessoa que o lesse deve ter reconhecido que sua conclusão era uma bomba política. Baseando-se em uma linha de argumentação que (como o próprio Bell reconheceu)

A Rejeição ao Movimento pelos Direitos Civis...   **79**

havia sido originalmente proposta por oponentes racistas da dessegregação, ele alertou que os advogados dos direitos civis estavam tentando "servir a dois senhores" ao mesmo tempo. Presos em um conflito entre os desejos de seus clientes e seus próprios ideais, eles estavam priorizando erroneamente o que eles próprios pensavam estar certo.

"Tendo convencido a si mesmos de que *Brown* significa dessegregação e não educação", Bell reclamou, "as organizações estabelecidas de direitos civis recusam-se terminantemente a reconhecer retrocessos na campanha de dessegregação escolar – retrocessos que, até certo ponto, foram precipitados por sua rigidez." Era hora de os advogados dos direitos civis ouvirem seus clientes negros. E isso, de acordo com Bell, também significava tornar-se mais abertos a remédios legais que criariam escolas que fossem separadas, mas verdadeiramente iguais.

Muitos dos colegas progressistas de Bell consideravam essa conclusão um sacrilégio. Mas ele não se deixou deter. Em sua mente, lançar dúvidas sobre o mérito da dessegregação era apenas o primeiro disparo em uma campanha muito mais ampla para questionar a lógica e os valores do movimento pelos direitos civis.

A (Suposta) Permanência do Racismo

As grandes esperanças da era dos direitos civis foram fundamentadas em uma interpretação da história norte-americana que, desde os escritos de Frederick Douglass até os sermões de Martin Luther King Jr. e até os discursos de Barack Obama, constitui uma importante corrente de pensamento afro-americano. Nessa visão, os ideais da fundação dos Estados Unidos, desde o início, foram hipócritas. Embora a Declaração de Independência proclamasse que "todos os homens são criados iguais", milhões de afro-americanos continuavam acorrentados. O melhor remédio no entanto para essa hipocrisia não era rejeitar esses princípios, mas exigir que todas as pessoas, incluindo os afro-americanos, passassem a desfrutar de seus benefícios. Embora "os Estados Unidos tenham falhado em pagar sua nota promissória" contida na Constituição, na famosa declaração de King,

80   A Armadilha da Identidade

os afro-americanos deveriam permanecer determinados a "descontar esse cheque".

A esperança subjacente de King de que o arco do universo moral, embora possa ser longo, acabará por se dobrar em direção à justiça é, é claro, exatamente o que Michel Foucault chamaria de "grande narrativa". Como tal, está sujeita a todas as críticas familiares das grandes narrativas que os teóricos pós-modernos desenvolveram ao longo das décadas de 1950 e 1960. Portanto, não é surpreendente que Bell, determinado a lançar um ataque total à visão cautelosamente otimista da história norte-americana compartilhada por homens como Hastie e King, tenha recorrido às ideias pós-modernas que na época estavam se tornando proeminentes nas faculdades de direito, bem como ao uso pós-colonial da crítica do discurso como uma ferramenta política que estava sendo introduzida nos departamentos de literatura.

Durante a década de 1970, estudiosos de esquerda começaram a recorrer ao trabalho de Foucault e de outros pós-modernistas para atacar o que consideravam grandes narrativas sobre a lei, como a ideia de que as decisões dos juízes são geralmente orientadas por precedentes legais ou princípios abstratos. De acordo com os adeptos do crescente campo de estudos jurídicos críticos, nem princípios amplos como aqueles consagrados na Constituição nem precedentes legais específicos estabelecidos por decisões anteriores eram suficientemente determinantes para forçar os juízes a decidirem de uma maneira específica. Na realidade, as decisões dos juízes eram mais propensas a refletir capricho, preferência pessoal ou interesse material do que padrões legais objetivos.

Inspirado por esses autodenominados *crits*, mas decepcionado por não parecerem ter um forte interesse na justiça racial, Bell aplicou um conjunto similar de críticas pós-modernas às questões raciais. A explicação padrão e idealista para o aparente progresso da era dos direitos civis, ele argumentou agora, era irrecuperavelmente ingênua. Longe de serem impulsionados por um processo gradual de iluminação moral ou obrigados pelos princípios consagrados na Constituição dos Estados Unidos, os casos mais notórios do tribunal da era dos direitos civis haviam sido, desde o início, impulsionados pelo interesse racial dos brancos.

A Rejeição ao Movimento pelos Direitos Civis...   **81**

Segundo Bell, a verdadeira razão pela qual os juízes buscavam integrar as escolas públicas, por exemplo, era que a segregação passou a prejudicar o interesse dos norte-americanos brancos. Brown *vs.* Board, ele argumentou, passou a ser do interesse dos norte-americanos brancos por três razões principais: ajudou a garantir que os afro--americanos estivessem dispostos a lutar por seu país em qualquer conflito armado futuro; permitiu que o sul dos Estados Unidos fizesse a "transição de uma sociedade rural, de *plantations*, para o Cinturão do Sol, com todo o seu potencial e lucro", e serviu aos interesses geopolíticos dos Estados Unidos durante a Guerra Fria. Com a União Soviética aproveitando-se da opressão racial dentro dos Estados Unidos em sua propaganda, Bell sugeriu que as principais decisões judiciais da era dos direitos civis eram desesperadamente necessárias "para fornecer credibilidade imediata à luta dos EUA com países comunistas para ganhar os corações e as mentes dos povos emergentes do Terceiro Mundo".

Essa interpretação pessimista das decisões judiciais emblemáticas da era dos direitos civis levou Bell a uma previsão sombria: "Os interesses dos negros em alcançar a igualdade racial serão acomodados apenas quando convergirem com os interesses dos brancos". Sob essa perspectiva, os períodos de progresso histórico parecem ser uma espécie de ilusão: "Mesmo aqueles esforços hercúleos que saudamos como bem-sucedidos produzirão não mais do que 'picos temporários de progresso', vitórias de curta duração que deslizam para a irrelevância à medida que os padrões raciais se adaptam de maneiras que mantêm a dominação branca".

Bell também desconfiava da ideia de que as atitudes raciais da maioria dos norte-americanos haviam melhorado ao longo da era dos direitos civis. "O racismo", ele argumentava, não é "um resquício da escravidão que a nação quer curar e é capaz de curar". Pelo contrário, é "um componente integral, permanente e indestrutível desta sociedade".

O pensamento de Bell mostrou-se altamente influente tanto por suas previsões pessimistas quanto pelo que, ecoando o apelo de Spivak pelo essencialismo estratégico, ele implicava sobre políticas públicas.

82 **A Armadilha da Identidade**

Para uma geração de estudiosos proeminentes, ele legou um pessimismo desafiador sobre a natureza e o futuro dos Estados Unidos. Como Bell colocou, *We shall overcome*, com sua esperança idealista de que "a verdade nos libertará", tornou-se o "hino do movimento pelos direitos civis". Mas sua esperança em uma América mais tolerante racialmente estava fundamentalmente equivocada. Enquanto as "barreiras de cor contemporâneas são menos visíveis" do que eram antes do movimento pelos direitos civis, ele escreveu no início da década de 1990, elas "não são menos reais nem menos opressivas".

O ceticismo de Bell sobre a capacidade do movimento dos direitos civis de alcançar progresso real também teve uma implicação-chave para a política que viria a exercer uma influência inesperada sobre as políticas públicas norte-americanas ao longo da década de 2010. Segundo Bell, os tipos de remédios neutros, como a dessegregação, que foram implementados durante a era dos direitos civis nunca seriam suficientes para superar o legado da escravidão. Como os juízes sempre poderiam reinterpretar o precedente de acordo com seu interesse racial próprio, já era hora de uma "revisão e substituição da agora obsoleta ideologia de igualdade racial". Para alcançar qualquer tipo de progresso duradouro, seriam necessários direitos de grupo explícitos que favorecessem os historicamente marginalizados, como as políticas e práticas que, em um esforço para alcançar a "equidade racial", tornam explicitamente o tratamento que os cidadãos recebem das instituições estatais dependente da cor de sua pele.

A Invenção da Interseccionalidade

Enquanto era membro do corpo docente na Faculdade de Direito de Harvard na década de 1970, Bell expressou muitas dessas ideias na forma de um curso chamado "Raça, Racismo e Direito Norte--Americano", que rapidamente atraiu um grande número de seguidores. Quando ele aceitou uma oferta para se tornar reitor da Faculdade de Direito da Universidade do Oregon, em 1980, nenhum dos membros do corpo docente existentes estava qualificado para substituí-lo. Em vez

A Rejeição ao Movimento pelos Direitos Civis...   **83**

de encontrar um substituto, Harvard contratou um advogado veterano para ensinar um curso mais tradicional sobre litígios de direitos civis.

Muitos estudantes que haviam sido influenciados por Bell consideraram isso inaceitável. Sob a liderança de uma estudante do primeiro ano chamada Kimberlé Crenshaw, eles realizaram uma série de protestos que foram cobertos com entusiasmo pela imprensa nacional. Eles também trouxeram uma série de acadêmicos para ensinar um curso não certificado, administrado pelos estudantes, sobre raça na tradição da obra acadêmica de Bell.

Nos anos seguintes, esses jovens acadêmicos – incluindo Bell, Crenshaw, Richard Delgado e Mari Matsuda – estreitaram laços enquanto participavam de painéis e conferências organizados por estudiosos na tradição pós-modernista dos estudos jurídicos críticos. Cada vez mais frustrados com a falta de interesse de seus colegas em questões de raça, eles estavam prontos para seguir seu próprio caminho até o final da década. Quando Crenshaw ajudou a organizar um *workshop* de verão na Universidade de Wisconsin-Madison em 1989, ela o chamou de "Teoria Crítica da Raça" sem muita deliberação, e o nome pegou. Um novo movimento era oficialmente inaugurado.

Crenshaw desempenhou um papel organizacional-chave na ascensão da teoria crítica da raça; ela também contribuiu com um de seus conceitos mais influentes. Mesmo quando era estudante, Crenshaw foi impactada pelas maneiras como diferentes formas de opressão se reforçam mutuamente. Quando ela chegou a Harvard, um conhecido que acabara de se tornar o primeiro membro negro de um prestigioso clube social exclusivamente masculino pediu a ela e a uma amiga que o visitassem nas instalações do clube. Quando chegaram ao clube, ele se desculpou e pediu a Crenshaw que entrasse pela porta dos fundos; o convidado masculino, embora também negro, podia entrar pela porta da frente. "Isso me proporcionou uma lente para como nós, como comunidade, muitas vezes (...) não temos a mesma vigilância para a intolerância à injustiça quando se trata de gênero", ela relatou posteriormente em uma entrevista.

No artigo mais influente de Crenshaw, publicado em 1989, ela cunhou um termo para a maneira como diferentes formas de discriminação

84 A Armadilha da Identidade

podem se reforçar mutuamente: "interseccionalidade". Ela também deu um exemplo convincente. Novas leis introduzidas durante a era dos direitos civis permitiam que os norte-americanos processassem seus empregadores por discriminação se tivessem desvantagens significativas com base em "características protegidas" como raça, gênero e origem nacional. Durante as décadas de 1970 e 1980, muitas mulheres e muitos afro-americanos fizeram uso dessas disposições para se protegerem de práticas discriminatórias. No entanto, como Crenshaw demonstrou, a lei, conforme interpretada na época, não fornecia proteção adequada às pessoas que sofriam desvantagens por causa de uma combinação de características protegidas.

Em um caso, por exemplo, cinco mulheres negras invocaram o Título VII da Lei dos Direitos Civis de 1964 para argumentar que o sistema de contratação com base em antiguidade usado pela General Motors era discriminatório. Elas conseguiram mostrar que durante uma recessão a empresa demitira todas as mulheres negras que empregava porque elas não haviam acumulado antiguidade suficiente – algo que elas não poderiam ter feito antes porque a General Motors se recusara, até alguns anos antes, a contratar mulheres negras. Contudo, apesar de fortes evidências, o juiz recusou-se a lhes dar ganho de causa porque as "autoras não conseguiram citar nenhuma decisão que tenha afirmado que mulheres negras são uma classe especial a ser protegida contra discriminação".

De acordo com a lógica do juiz, as autoras precisariam provar que a General Motors havia discriminado seus funcionários com base em uma característica protegida explicitamente listada na lei, como ser negro ou ser mulher. Como a empresa tratou tanto homens negros quanto mulheres brancas de forma justa, o fardo especial sofrido pelas mulheres negras não foi legalmente relevante. Como argumentou Crenshaw de forma persuasiva, isso criou um ponto cego legal. "Sob essa visão, mulheres negras são protegidas apenas na medida em que suas experiências coincidem com as de [mulheres brancas ou homens negros]. Quando suas experiências são distintas, mulheres negras podem esperar pouca proteção enquanto abordagens (...) que obscurecem completamente os problemas de interseccionalidade prevalecerem."

A Interseccionalidade Ganha Vida Própria

Conforme Crenshaw descreveu o termo em seus primeiros artigos sobre o assunto, "interseccionalidade" era um conceito intuitivamente plausível. Também era um tanto familiar: cientistas sociais havia muito pensavam em como a presença de dois fatores causais poderia ter efeitos que iam muito além de uma mera adição de cada efeito individual. O que Crenshaw havia feito era demonstrar que práticas legais existentes em áreas como o direito antidiscriminatório falhavam em levar adequadamente em conta tais "efeitos de interação". No entanto, à medida que a teoria crítica da raça se tornava mais influente nas décadas seguintes, e o termo acadêmico outrora obscuro cunhado por Crenshaw transformava-se em um improvável grito de guerra para uma nova geração de ativistas, seu significado tornava-se cada vez mais amplo e amorfo.

Por volta da mesma época em que Crenshaw escrevia sobre a interseccionalidade, estudiosas feministas como Donna Haraway começavam a enfatizar a maneira como as experiências de cada pessoa dependem de sua constelação particular de identidades. Como outra estudiosa feminista resumiu seu argumento central: "A percepção de qualquer situação é sempre uma questão de um sujeito encarnado, localizado, e sua perspectiva geográfica e historicamente específica, uma perspectiva em constante estruturação e reestruturação pelas condições atuais".

Essa ideia tornou-se um componente central da teoria crítica da raça. De acordo com Bell, por exemplo, "uma perspectiva neutra não existe, e não pode existir". Charles Lawrence, outro teórico jurídico influente, vai ainda mais longe: "Devemos aprender a confiar em nossos próprios sentidos, sentimentos e experiências e dar-lhes autoridade, mesmo (ou especialmente) diante de relatos dominantes da realidade social que se afirmam universais".

É obviamente plausível que membros de grupos marginalizados tenham mais probabilidade de ter experiência direta com certas formas de injustiça, como a brutalidade policial. No trabalho de alguns estudiosos, contudo, a ideia de "conhecimento situado" foi muito além.

86 A Armadilha da Identidade

Para eles, o fato de cada pessoa existir na intersecção de diferentes identidades passou a implicar que pessoas de fora, mesmo se ouvissem cuidadosamente suas histórias, nunca poderiam verdadeiramente entender, digamos, um latino homossexual ou uma mulher negra. Em alguns de seus usos, portanto, a interseccionalidade passou a representar uma crença na profunda incomensurabilidade da experiência humana.

Outra invocação comum da interseccionalidade tem raiz em sua ênfase na maneira como diferentes formas de vitimização podem se reforçar mutuamente. Como Crenshaw experimentou quando tentou visitar seu amigo em seu clube social, superar com sucesso uma forma de opressão (como a política que outrora proibia afro-americanos de se associarem ao clube) não necessariamente implica superar outras formas relevantes de opressão (como a política que ainda exigia que mulheres entrassem no clube pela porta dos fundos).

Essa análise interseccional da estrutura da injustiça presta-se facilmente a uma análise interseccional da ação política necessária para tornar o mundo um lugar melhor. Ser interseccional, de acordo com essa interpretação, era reconhecer que qualquer pessoa verdadeiramente comprometida com a erradicação de uma forma de injustiça, como a discriminação de gênero, também deve estar comprometida com a erradicação de outras formas de injustiça, como discriminação racial ou religiosa.

À medida que a linguagem da interseccionalidade se tornou popular nos círculos ativistas, alguns ativistas viram-se tentados a impor uma barreira de entrada muito alta para qualquer pessoa que queira participar de um movimento político. Se alguém deseja juntar-se a um movimento feminista comprometido com a interseccionalidade, esses ativistas agora também esperam que essa pessoa concorde com um conjunto de posições específicas sobre temas tão variados quanto a natureza da discriminação racial, as injustiças sofridas por pessoas com deficiência e o conflito na Palestina.

*

A Rejeição ao Movimento pelos Direitos Civis... **87**

Em 1996, a jornalista Larissa MacFarquhar escreveu um dos primeiros perfis dos acadêmicos que fundaram a teoria crítica da raça. Após entrevistar Derrick Bell, Kimberlé Crenshaw e outras figuras proeminentes do movimento, ela resumiu seus preceitos-chave em uma série de slogans: "a lei é subjetiva", "neutralidade é política", "palavras são ações" e "racismo é permanente".

Essa breve lista de slogans obviamente não faz justiça à amplitude ou à sutileza do trabalho realizado por uma escola de acadêmicos que cresceria em influência com uma rapidez impressionante. Mas ela captura algo importante sobre o papel fundamental que a teoria crítica da raça desempenhou ao reunir tradições intelectuais díspares, do pós--modernismo ao pós-colonialismo, e preparar o terreno para a síntese de identidades.

Acadêmicos como Bell e Crenshaw foram promíscuos nas inspirações que buscaram, mas hiperfocados no tópico ao qual aplicaram essas ideias. No processo, foram capazes de transformar ideias vagamente conectadas em um conjunto intimamente entrelaçado de proposições sobre a natureza da discriminação racial na América contemporânea que se provaria altamente influente. Logo, acadêmicos de outros campos focados em um marcador de identidade específico – de gênero a deficiência, e de estudos latinos a asiático-americanos – passaram a emular os movimentos intelectuais-chave capitaneados pelos fundadores da teoria crítica da raça.

Principais Conclusões

- O movimento dos direitos civis transformou os Estados Unidos, abolindo a maioria das formas estabelecidas de discriminação contra os afro-americanos em leis e instituições. No entanto, a partir do final da década de 1960, um grupo jovem de ativistas ficou amargamente desapontado ao perceber que as vitórias legais triunfantes não se traduziram em mudanças tão radicais nas condições reais de vida.

88 A Armadilha da Identidade

- Alguns acadêmicos jurídicos começaram a culpar o arcabouço moral básico do movimento dos direitos civis, com sua ênfase no universalismo, por essa decepção. Derrick Bell, a maior influência no novo movimento da teoria crítica da raça, concluiu que os advogados de direitos civis erraram ao fazer da dessegregação o principal objetivo da reforma escolar.
- Bell e outros teóricos dentro da tradição da teoria crítica da raça também negaram que princípios morais universais pudessem ajudar a promover um progresso político genuíno. Argumentaram que em análise mais detalhada o aparente progresso da era dos direitos civis acabou sendo uma função do interesse racial dos brancos. Eles viam o racismo norte-americano como uma condição permanente que poderia mudar de natureza, mas nunca se atenuar.
- Kimberlé Crenshaw chamou a atenção para o modo como diferentes formas de desvantagem podem se acumular. O conceito de "interseccionalidade" capturou como a lei existente de discriminação não reconhece que os desafios enfrentados por mulheres negras não podem ser reduzidos a uma soma dos desafios enfrentados por mulheres brancas e homens negros.
- O conceito de interseccionalidade logo ganhou vida própria, tornando-se uma forma abreviada para duas ideias relacionadas, porém distintas. De acordo com defensores desse sentido mais amplo de interseccionalidade, membros de diferentes grupos de identidade nunca podem entender completamente as experiências uns dos outros. E como diferentes formas de opressão reforçam-se mutuamente, qualquer forma eficaz de ativismo contra uma injustiça específica também precisa combater todas as outras formas de opressão baseadas na identidade.

4 — A Síntese de Identidades

Em questão de poucos anos, o Muro de Berlim caiu, a União Soviética se dissolveu, nações recém-autônomas na Europa Central e Oriental abandonaram o comunismo e a China liberalizou sua economia. Os poucos países remanescentes que eram comunistas em um sentido significativo, como a Coreia do Norte, passaram a parecer horríveis relíquias do passado em vez de modelos brilhantes para o futuro.

A transformação geopolítica inaugurada pelos eventos de 1989 logo trouxe uma mudança intelectual que foi, de sua própria maneira, igualmente monumental. Por um século e meio, o cerne das aspirações políticas da esquerda poderia ser encapsulado na esperança de que os trabalhadores do mundo se unissem. Mesmo durante a segunda metade do século XX, um enfoque na luta de classes continuou a ideologia padrão dos críticos esquerdistas da democracia ocidental. Agora, pela primeira vez desde a Revolução Russa, eles não podiam mais se orientar por um Estado cuja legitimidade estava baseada na promessa de luta de classes. A princípio gradualmente e depois repentinamente, o centro de gravidade da esquerda passou de classe e economia para cultura e identidade.

Desde a década de 1960, a esquerda começou a dedicar crescente atenção às questões de identidade. Ao longo de três ou quatro décadas, o feminismo e o antirracismo, os direitos gays e a libertação trans conquistaram seu lugar como partes integrais do discurso político

90 A Armadilha da Identidade

de esquerda. Antes subordinados às questões de classe, movimentos sociais dedicados a gênero, raça e orientação sexual haviam conquistado um assento igual à mesa até o final da década de 1980. Então, quando o vocabulário e a ideologia da luta de classes caíram em desuso após a queda da União Soviética, a esquerda cultural estava pronta para assumir o controle.

No campus, a ascensão da esquerda cultural transformou muitas disciplinas acadêmicas tradicionais. Acadêmicos das humanidades, desde literatura até clássicos, começaram a prestar mais atenção à maneira como as experiências das pessoas comuns eram moldadas por suas identidades. Uma nova geração de historiadores interessados em várias formas de identidade social, por exemplo, deslocou o foco da disciplina da esfera da alta política (em que os historiadores tradicionais estavam mais interessados) ou de questões de classe (em que os historiadores marxistas estavam mais interessados) para as vidas e contribuições de membros de grupos marginalizados. Enquanto isso, os sociólogos tornaram-se menos interessados em grandes teorias sobre a natureza da sociedade e mais focados em pesquisas empíricas sobre as desvantagens sofridas por minorias étnicas e sexuais nos Estados Unidos.

Essa mudança na cultura acadêmica foi acelerada pela fundação de novos departamentos e centros acadêmicos explicitamente focados em questões de identidade social. À medida que as universidades norte-americanas começaram a admitir um conjunto muito mais diversificado de estudantes, e os movimentos sociais focados em raça, gênero ou orientação sexual ganharam destaque, ativistas exigiram um lar dedicado às questões sobre as quais estavam mais apaixonados. Ao longo de algumas décadas, a maioria das principais universidades de pesquisa na América do Norte fundou unidades acadêmicas com nomes como Estudos Afro-Americanos, Estudos de Gênero, Estudos Queer, Estudos de Deficiência, Estudos Latinos e Estudos Asiático-Americanos.

É importante não exagerar o grau de consenso entre essas disciplinas emergentes ou dentro delas. Muitos departamentos de estudos afro-americanos, por exemplo, permanecem divididos entre membros do corpo docente que defendem uma visão filosoficamente liberal para os Estados Unidos, como Henry Louis Gates Jr., da Universidade de Harvard, e aqueles que preferem uma visão mais identitária, como Ibram X. Kendi, da Universidade de Boston. Apesar dessas importantes áreas de diferença, contudo, o conjunto dominante de visões nessas disciplinas acabou se tornando coerente em pontos primordiais. Em todas elas, o paradigma prevalente foi profundamente moldado pela tripla influência do pós-modernismo, pós-colonialismo e teoria crítica da raça.

Os Principais Temas da Síntese de Identidades

A vida intelectual nos campi norte-americanos, ao longo do último meio século, foi fundamentalmente remodelada pela ascensão da "síntese de identidades". Inspirada pelo pós-modernismo, pós--colonialismo e teoria crítica da raça, uma nova geração de estudiosos conseguiu fundir um conjunto diverso de influências em uma ideologia coerente.

Apesar da real variação em e entre diferentes departamentos acadêmicos, essa síntese é caracterizada por uma adesão generalizada a sete proposições fundamentais: um profundo ceticismo sobre a verdade objetiva, inspirado por Michel Foucault; o uso de uma forma de análise do discurso para fins explicitamente políticos, inspirado por Edward Said; uma aceitação de categorias essencialistas de identidade, inspirada por Gayatri Chakravorty Spivak; um orgulhoso pessimismo sobre o estado das sociedades ocidentais, bem como uma preferência por políticas públicas que tornem explicitamente a maneira como alguém é tratado dependente do grupo ao qual pertence, ambos inspirados por Derrick Bell, e a aceitação de uma lógica interseccional para o ativismo político, bem como um ceticismo profundo sobre a capacidade de membros de diferentes grupos de identidade se entenderem, ambos associados a Kimberlé Crenshaw.

92   A Armadilha da Identidade

1. Ceticismo sobre a verdade objetiva

Todas as formas de investigação científica são (ou deveriam ser) construídas sobre um ceticismo radical. Mesmo tradições acadêmicas que acreditam na possibilidade de nos aproximarmos da verdade objetiva há muito reconhecem que os seres humanos nunca estão livres de viés. Suas limitações cognitivas e até mesmo seu rude interesse próprio têm o hábito desagradável de se intrometer em seus sistemas de crenças. Mas essas tradições também insistem que os mecanismos de investigação acadêmica séria e debate público podem ajudar a combater tais deficiências. Na medida em que os debates acadêmicos são genuinamente abertos a pessoas de diferentes crenças e origens, e os cientistas permanecem livres para questionar a sabedoria convencional, podemos coletivamente progredir em direção ao conhecimento genuíno. Esse é o objetivo da pesquisa científica.

A maioria dos adeptos da "síntese de identidades" rejeita essa esperança. Para eles, a maneira como nossas identidades atribuídas influenciam nossa percepção do mundo vai mais fundo do que os "positivistas" estão dispostos a reconhecer. Construindo sobre o ceticismo em relação às "grandes narrativas" e o foco no poder perigoso dos "discursos" defendido por teóricos pós-modernos como Michel Foucault, eles afirmam que não há verdade objetiva, apenas uma série infinita de pontos de vista. Aqueles que fingem o contrário não estão lutando, da melhor forma possível, para entender o mundo; estão ocultando a maneira como exercem poder sobre os oprimidos e marginalizados.

Esse ceticismo abrangente sobre a utilidade até mesmo de tentar se aproximar da verdade objetiva moldou profundamente as opiniões de estudiosos que trabalham com questões de raça. Mari Matsuda, uma professora de direito de longa data na UCLA, enfatiza que a teoria crítica da raça "expressa ceticismo em relação às reivindicações legais dominantes de neutralidade, objetividade, cegueira para a cor e meritocracia". Isso supostamente fornece os fundamentos para uma rejeição de qualquer conjunto de instituições políticas, incluindo a democracia liberal, que afirmam ser baseadas em valores universais.

A Síntese de Identidades **93**

Segundo Richard Delgado, um influente professor de direito que costumava ensinar na Universidade do Alabama, por exemplo, "Democracia liberal e subordinação racial andam de mãos dadas".

Um conjunto semelhante de visões é expresso por estudiosos que trabalham em outras tradições intelectuais dentro da síntese de identidades, do pós-colonialismo aos estudos latinos. Segundo Chela Sandoval, por exemplo, o cerne da "teoria decolonial" consiste na "renúncia à racionalidade ocidental".

2. Análise do discurso para fins políticos

Muitos estudiosos imersos na síntese de identidades estão profundamente interessados na maneira como "narrativas" e "discursos" dominantes estruturam nossa sociedade. Inspirados no trabalho de Edward Said em *Orientalismo*, eles esperam usar as ferramentas da "análise do discurso" para fins explicitamente políticos. Sua ambição não é nada menos que mudar o mundo ao redescrevê-lo.

Com o tempo, tais usos da análise de discurso para fins políticos passaram cada vez mais a focar em fenômenos que os estudiosos poderiam, em gerações anteriores, considerar demasiado triviais para merecer atenção. Em departamentos de estudos de mídia e literatura comparada, pesquisadores agora analisam elementos da cultura cotidiana, de *sitcoms* a vídeos do TikTok. Seu objetivo é tanto criticar os preconceitos sutis quanto ter um impacto político concreto. Argumentam que, ao mudarmos a maneira como moldamos questões sociais e culturais, podemos ajudar os marginalizados a resistir seus opressores.

Isso teve uma grande influência na maneira como os ativistas se engajam na política. Em praticamente todas as democracias desenvolvidas, os ativistas agora dedicam enormes esforços para mudar a maneira como as pessoas comuns falam. Nos Estados Unidos, por exemplo, os ativistas conseguiram promover novos rótulos de identidade como "person of color" (em tradução literal, pessoa de cor) e "BIPOC" (sigla em inglês para negros, indígenas e pessoas de cor).

94 A Armadilha da Identidade

Instituições proeminentes como Stanford até publicaram longas listas com termos, que vão de "guru" a "verificação de sanidade", que os afiliados da universidade devem evitar usar, pois poderiam inadvertidamente perpetuar a discriminação ou cometer "apropriação cultural" (um termo recentemente popular que descreve uma ampla gama de circunstâncias em que membros de uma cultura usam ou se apropriam de elementos da cultura de outro grupo de maneiras supostamente censuráveis).

Em outros países, a crença no poder político da redescrição verbal levou até mesmo a pedidos para mudar aspectos fundamentais da gramática de uma língua. Na Alemanha, por exemplo, ativistas há muito tempo militam contra o uso tradicional da forma masculina genérica para se referir a grupos de pessoas que compreendem tanto homens quanto mulheres (por exemplo, substituindo "Studenten" por "Studierende"). Mais recentemente, eles até começaram a insistir no uso de um chamado "asterisco de gênero" na escrita – assim como uma breve pausa, a ser utilizada antes do final de cada substantivo com gênero, na comunicação verbal – para tornar a linguagem comum mais inclusiva às pessoas não binárias.

3. Reforçando a identidade

Treinados no ceticismo pós-moderno sobre valores e conceitos aparentemente neutros, muitos adeptos da síntese de identidades gostam de enfatizar que aspectos-chave do mundo são "socialmente construídos". Quando alguém afirma que algum conceito influente, como propriedade privada ou o estado-nação, não é "natural", eles enfatizam que foi criado por normas e convenções humanas e poderia, eles geralmente implicam, ser igualmente alterado. No âmbito teórico, os adeptos da síntese de identidades também acreditam que isso é verdadeiro para marcadores de identidade de grupo, como raça, gênero e orientação sexual. Como muitos professores de sociologia dizem a seus alunos do primeiro ano – e muitos influenciadores do Instagram gostam de informar a seus seguidores –, "raça é uma construção social".

A Síntese de Identidades

Isso cria um dilema sério para os adeptos da síntese de identidades. Afinal, a maioria deles também acredita que a melhor esperança para superar injustiças históricas consiste em elevar a consciência dos membros de grupos marginalizados para que possam lutar por seus interesses coletivos. Como podem enfatizar que raça e gênero são construções sociais e ao mesmo tempo encorajar as pessoas a se identificarem, por exemplo, como negras ou transgêneras? Para responder a essa pergunta, muitos adeptos da síntese de identidades têm recorrido ao conceito de "essencialismo estratégico" de Spivak. Embora seja importante ter em mente o fato teórico de que os grupos de identidade são socialmente construídos, para fins práticos o imperativo estratégico de encorajar a formação de grupos de identidade que possam se tornar um *locus* de resistência contra a dominação deve ter precedência.

Com o tempo, a prática prevaleceu sobre a teoria e a ênfase mudou da ideia de que esses conceitos são socialmente construídos para a prescrição de que eles devem, para todos os efeitos, ser tratados como fatos objetivos. Isso explica como alguns dos mesmos escritores podem tanto enfatizar que a raça é uma construção social quanto falar sobre as qualidades inerentes que "pessoas não brancas" ou "pessoas negras e pardas" possuem.

A adoção do essencialismo estratégico também ajuda a compreender a evolução no tratamento feminista do gênero. Em seus primeiros trabalhos no final da década de 1980 e início da década de 1990, a estudiosa feminista Judith Butler, professora na Universidade da Califórnia em Berkeley, enfatizava que as normas de gênero são socialmente construídas e incentivava os leitores a perturbarem-nas de maneira lúdica. Hoje, por outro lado, muitos adeptos da síntese de identidades falam sobre gênero de forma mais naturalista. Quando escrevem sobre bebês aos quais se "atribui um sexo ao nascer" e sugerem que as crianças devem descobrir sua "identidade de gênero interna", muitas vezes implicam que esta última é um traço inato e até natural.

4. Pessimismo orgulhoso

Escritores e oradores, de Frederick Douglass a Martin Luther King Jr. e Barack Obama, foram francos em suas críticas às falhas dos Estados Unidos. Mas também insistiram que os princípios fundamentais do país poderiam, se fossem plenamente colocados em prática, guiar os EUA para um futuro melhor. A rejeição desse otimismo conquistado com dificuldade é um tema-chave da síntese de identidades. Para uma nova geração de estudiosos, qualquer progresso aparente tende a ser ilusório ou passageiro. O racismo, como Derrick Bell repetidamente insistiu, é uma condição permanente que pode mudar de forma, mas até agora não mostrou sinais reais de atenuação.

Talvez não seja surpreendente, dada a natureza da história norte-americana, que os expoentes públicos mais proeminentes dessa posição fatalista continuem a focar questões de raça. Intelectuais afro-americanos que insistiam na possibilidade de progresso sempre trocaram tiros retóricos com antagonistas que não acreditavam que os Estados Unidos pudessem melhorar sem uma mudança revolucionária. Hoje, essa tradição mais pessimista, associada de maneira mais poderosa a Malcolm X, está sendo continuada por escritores amplamente celebrados, como Ta-Nehisi Coates e Ibram X. Kendi.

No entanto, esse pessimismo orgulhoso não se limita de modo algum ao tópico da raça. Cada vez mais, os defensores da síntese de identidades também o estão aplicando às experiências de outros grupos identitários, desde mulheres até pessoas com deficiência. Acadêmicos e organizações ativistas focadas nos direitos de minorias sexuais têm, apesar de mudanças recentes como a legalização do casamento entre pessoas do mesmo sexo, afirmado repetidamente que qualquer aparência de progresso é uma ilusão, por exemplo. Como argumentou Larry Kramer, um proeminente defensor dos direitos dos gays, no *The New York Times* em 2018, "Para os gays, o pior ainda está por vir".

5. Legislação sensível à identidade

A maioria dos defensores da síntese de identidades acredita que seu ceticismo sobre o progresso passado também tem implicações importantes para o que fazer daqui para a frente. Como, segundo eles, não houve melhorias significativas nos tempos recentes, eles naturalmente suspeitam que os principais aspectos do sistema político atual continuarão a tornar o verdadeiro progresso impossível no futuro. De fato, muitos adeptos da síntese de identidades acreditam que qualquer conjunto de instituições ou arranjos que não distinga explicitamente as pessoas com base em suas identidades atribuídas apenas servirá para oprimir minorias marginalizadas. Para alcançar a verdadeira "equidade", é, nessa visão, necessário abandonar a aspiração de que os governos devam tratar os cidadãos da mesma maneira, independentemente dos grupos étnicos ou sexuais aos quais pertencem.

Nessa visão, quaisquer princípios e regras que não distingam entre os historicamente dominantes e os historicamente dominados são inerentemente suspeitos. Em vez de se apegar às aspirações universalistas de movimentos como a luta pelos direitos civis, os governos devem explicitamente começar a tratar os cidadãos de maneira diferente, dependendo do grupo do qual fazem parte. Como escrevem Richard Delgado e Jean Stefancic: "Apenas esforços para mudar as coisas agressivos, conscientes da cor, serão suficientes para amenizar o sofrimento".

Por muito tempo, parecia improvável que uma ruptura radical com as práticas estabelecidas ganhasse muitos adeptos fora dos campi. Gradualmente, no entanto, os apelos para que as instituições estatais tratassem as pessoas com base nos grupos aos quais pertencem começaram a influenciar o *mainstream*. Eles eram cada vez mais expressos por ativistas, endossados por grandes fundações doadoras e até mesmo defendidos por candidatos presidenciais nas eleições primárias. Quando Joe Biden se preparava para assumir suas novas responsabilidades como o 46º presidente dos Estados Unidos, a administração que iniciava promovia repetidamente seu compromisso de promover "equidade" por meio de políticas públicas "conscientes da

98 A Armadilha da Identidade

raça" e "sensíveis à raça". Em âmbito tanto federal quanto estadual, algumas dessas políticas foram rapidamente implementadas. Desde diretrizes governamentais que dão prioridade a pacientes não brancos para medicamentos escassos para covid até programas de renda básica reservados para pessoas trans, as instituições governamentais começaram a adotar esquemas que distinguem explicitamente entre cidadãos com base em seu pertencimento a grupos de identidade específicos.

6. O imperativo da interseccionalidade

Concebido originalmente por Crenshaw, o conceito de interseccionalidade tinha objetivos comparativamente modestos. Ele visava garantir que a lei pudesse proporcionar justiça para pessoas que sofriam discriminação porque exibiam duas características desfavorecidas ao mesmo tempo. (Como Crenshaw demonstrou, os desafios enfrentados por mulheres negras não necessariamente se resumiam a uma simples soma dos desafios enfrentados por mulheres brancas e aqueles enfrentados por homens negros.) No entanto, o termo cunhado por Crenshaw rapidamente evoluiu para algo totalmente diferente.

Quando estudiosos e ativistas usam o termo "interseccionalidade" hoje em dia, geralmente o consideram uma espécie de lógica de organização política. Baseando-se em Crenshaw, eles enfatizam que diferentes formas de opressão se reforçam mutuamente. Eles então inferem que uma ação eficaz contra uma forma de opressão requer uma ação eficaz contra todas. Como resultado, entende-se agora que a interseccionalidade implica que movimentos ativistas devem exigir que seus membros se inscrevam em um catálogo muito amplo de causas e posições – com a postura necessária em cada uma determinada pelo grupo mais diretamente afetado.

Essa interpretação da interseccionalidade teve um grande impacto na natureza da organização política progressista. Ela levou a uma ampliação da missão de muitos grupos ativistas, que agora sentem a necessidade de tomar posição sobre questões políticas importantes

A Síntese de Identidades 99

mesmo quando estas estão bem fora da área na qual tradicionalmente se concentravam. Isso levou a frequentes demandas por deferência intelectual, sobre as quais organizações que representam um grupo de identidade específico reivindicam uma autoridade especial para determinar quais posições outras organizações progressistas devem adotar em relação aos tópicos que afetam seus interesses. Ela também elevou o preço de admissão para muitas organizações progressistas, exigindo que aspirantes a ativistas que concordem com os adeptos da síntese de identidades em um problema aceitem as visões ortodoxas sobre todos os outros problemas para se tornarem – ou permanecerem – membros aceitáveis.

7. Teoria do ponto de vista

A ideia de interseccionalidade também é às vezes usada para se referir a um conceito cujas raízes estão na pesquisa feminista sobre o modo como a ciência dominada por homens distorceu historicamente nossa compreensão do mundo. Como as feministas apontam com razão, a marginalização das mulheres permitiu que muitas crenças falsas sobre tópicos importantes como anatomia feminina ou a prevalência de assédio sexual persistissem. Ao longo do tempo, porém, alguns estudiosos levaram essa afirmação um passo adiante: eles agora começaram a argumentar que havia *insights*-chave sobre o mundo social – e até mesmo as políticas que seriam necessárias para corrigir injustiças – de que membros de grupos marginalizados nunca seriam capazes de comunicar a membros de grupos dominantes. "A objetividade feminista", Donna Haraway escreveu em um texto altamente influente na tradição que veio a ser conhecida como epistemologia do ponto de vista, "significa simplesmente conhecimentos situados."

Alguns defensores da síntese de identidades até mesmo passaram a acreditar que o importante papel que a experiência subjetiva desempenha na geração de *insights* sobre o mundo social implica que membros de diferentes grupos de identidade nunca podem entender completamente uns aos outros. Como Patricia Hill Collins, professora

100 A Armadilha da Identidade

emérita da Universidade de Maryland, argumentou: "As diferenças de poder limitam nossa capacidade de nos conectarmos uns com os outros, mesmo quando pensamos que estamos engajados em diálogo através das diferenças". Nessa forma popularizada, a teoria do ponto de vista vai muito além de uma exortação para garantir que pessoas de diferentes origens estejam envolvidas em pesquisas científicas ou na tomada de decisões políticas; ela estipula que existem *insights* importantes que membros de um grupo nunca serão capazes de comunicar aos *outsiders*.

Com o tempo, esse pensamento tem sido cada vez mais traduzido para a forma ainda mais simples em que é agora frequentemente repetido em espaços ativistas. Desse modo, o legítimo ímpeto para a epistemologia do ponto de vista acabou sendo o cerne da ideia de que eu tenho "minha verdade" – uma que você não tem o direito de questionar ou criticar com base em supostos fatos objetivos, especialmente se você não pertence ao mesmo grupo de identidade marginalizada.

Cuidado com o que Você Deseja

Era uma noite fria e com muito vento. Um velho estava procurando lenha na floresta. Ele pegava graveto após graveto, colocando cada um em suas costas curvadas. Quando finalmente estava pronto para voltar para sua cabana, quase cedeu sob o peso. "Não suporto mais essa vida", murmurou para si mesmo. "Que a morte venha e me leve."

Assim que terminou de pronunciar essas palavras, o velho sentiu uma presença sinistra. "O que você quer, velho?", perguntou o Anjo da Morte. "Ouvi você me chamar." O velho ficou sem palavras. "Por favor", ele finalmente disse, "poderia me ajudar a colocar esse fardo de gravetos sobre meu ombro?"

Se Michel Foucault não tivesse falecido de aids em 1984, aos prematuros 57 anos, ele ainda poderia estar vivo hoje. E embora seja impossível saber o que ele pensaria sobre o modo como a esquerda se transformou desde sua morte, me pego pensando se ele não se identificaria com a famosa fábula sobre o velho e a morte. Pois a história da

A Síntese de Identidades   **101**

influência de Foucault na síntese de identidades é um exemplo perfeito de "cuidado com o que você deseja" que a história intelectual tem a oferecer.

Muito do trabalho de Foucault foi inspirado por um pesadelo. Ele desconfiava de narrativas simplistas de bem e mal. Rejeitava a ideia de que alguém pudesse ser definido em virtude do grupo ao qual pertencia. Estava profundamente preocupado com a maneira como os discursos dominantes exerciam poder sobre cada membro da sociedade. E odiava a maneira como punições exemplares por desvios de uma norma social podiam induzir as pessoas a se tornarem seus próprios algozes, esforçando-se o melhor que podiam para disciplinar seus próprios pensamentos e ações.

Nas décadas desde a morte de Foucault, seu trabalho tem se mostrado impressionantemente duradouro. Algumas das maneiras pelas quais ele ajudou a formar a "síntese de identidades", como seu ceticismo sobre a verdade universal, seriam reconhecíveis para ele. Mas em outros aspectos importantes, Foucault, acredito, teria contestado a ideologia que seu trabalho inspirou. Ele teria reconhecido que a tentativa de remodelar os discursos existentes para fins políticos, embora concebida como um ato de libertação, provavelmente criaria novas formas de repressão. E ele teria abominado as maneiras como as grandes plataformas de mídia social como Twitter e Facebook transformaram o debate público em um pan-óptico moderno, com cada erro sujeito a punições draconianas e todos os usuários tentando seguir um conjunto amorfo de regras sobre o que podem ou não dizer em um ato de obediência antecipatória.

Se ele realmente lamentasse a maneira como suas ideias tomaram vida própria, Foucault dificilmente estaria sozinho. Todos os pensadores cujo trabalho influenciou a síntese de identidades provavelmente se alegrariam com as transformações da esquerda no último meio século. Mas em grande medida quase todos, em algum momento, expressaram sérias reservas quanto ao impacto de suas próprias ideias.

Nos anos anteriores à sua morte prematura de leucemia, em 2003, Edward Said tornou-se muito crítico em relação à maneira como a síntese de identidades estava começando a transformar a

102   A Armadilha da Identidade

vida intelectual nos Estados Unidos. Identidade, ele disse em certo momento, é "um assunto tão entediante quanto se pode imaginar". Embora alguns esquerdistas aparentemente começassem a acreditar que membros de um grupo que foi historicamente vitimizado têm alguma forma de acesso privilegiado à virtude moral, "a vitimização, infelizmente, não garante nem necessariamente possibilita um senso aprimorado de humanidade".

A ideia de que seria um progresso para membros de diferentes grupos étnicos e culturais serem mais definidos por suas diferenças do que por suas semelhanças pareceu particularmente perversa para Said. A tendência de instituições supostamente progressistas "focarem principalmente *nossa própria* separação, nossa própria identidade étnica, cultura e tradições" sugeria erroneamente que membros de grupos marginalizados de alguma forma "não eram capazes de compartilhar das riquezas gerais da cultura humana". Na descrição do crítico literário Adam Shatz, isso parecia ser uma espécie de "pedagogia do apartheid". No final, Said abraçou uma forma de universalismo que entrava em conflito direto com alguns dos princípios fundamentais da síntese de identidades: "Estar marginalizado ou sem-teto são situações que não devem, em minha opinião, ser glorificadas; elas devem ser extintas, para que mais, e não menos, pessoas possam desfrutar dos benefícios que há séculos têm sido negados às vítimas de raça, classe ou gênero".

Spivak foi ainda mais direta em suas críticas sobre como seu próprio trabalho ajudou a moldar uma nova cultura no campus. Em uma entrevista, ela enfatizou sua admiração pelo "uso político do humor" que os afro-americanos têm adotado há muito tempo em sua luta contra a opressão. Esse tipo de "humor autocrítico robusto", ela observou, muitas vezes está ausente nos "guardiões de identidade universitária" de hoje.

Observando a frequência com que estudiosos e ativistas invocavam sua noção de essencialismo estratégico para fazer proclamações confiantes sobre as visões e preferências de grupos mal definidos, Spivak até chegou a lamentar o termo que ela mesma havia cunhado. A ideia de essencialismo estratégico, ela lamentou, "simplesmente se

A Síntese de Identidades

tornou o bilhete de entrada para o essencialismo. Quanto ao que se entende por estratégia, ninguém se perguntou sobre isso. Então, como frase, eu desisti dela".

Crenshaw foi menos crítica em relação a como a síntese de identidades se manifesta atualmente. Mas ela também tem sentimentos mistos sobre como sua contribuição mais influente, a ideia de "interseccionalidade", evoluiu desde que ela a cunhou. Como disse a Jane Coaston em uma entrevista de 2019 para a *Vox*, ela já teve uma "experiência fora do corpo" quando jornalistas ou ativistas falam sobre interseccionalidade. "Às vezes, leio coisas que dizem: 'Interseccionalidade, blá, blá, blá', e então me pergunto, 'Oh, de quem será essa interseccionalidade?', e então vejo meu nome citado, e penso, 'Nunca escrevi isso. Nunca disse isso. Isso simplesmente não é como penso sobre interseccionalidade'."

Principais Conclusões

- Desde a década de 1960, partes da esquerda norte-americana passaram a dedicar mais atenção a questões sociais ligadas à opressão com base em raça, gênero e sexualidade. Quando a União Soviética colapsou, no início da década de 1990, a esquerda já não podia mais contar com um país poderoso comprometido com a luta de classes. Isso a levou a focar cada vez mais questões de cultura e identidade.
- Nas últimas décadas do século XX, esse novo enfoque começou a transformar a vida intelectual nos campi. Isso levou a um foco renovado nas experiências de grupos marginalizados, tanto nas humanidades quanto nas ciências sociais. Essa transformação foi ainda mais acelerada pelo surgimento de um novo conjunto de centros acadêmicos e departamentos dedicados ao estudo de questões de identidade, como estudos de gênero, estudos de mídia, estudos afro-americanos, estudos latinos e estudos de deficiência.
- Gradualmente, a tripla influência do pós-modernismo, pós--colonialismo e teoria crítica da raça deu origem a uma "síntese

A Armadilha da Identidade

de identidades". Essa nova ideologia foi definida por sete temas principais: rejeição da existência de uma verdade objetiva; uso de uma forma de análise do discurso para fins explicitamente políticos; acolhimento do essencialismo estratégico; um profundo pessimismo sobre a possibilidade de superar o racismo ou outras formas de intolerância; uma preferência por políticas públicas que distinguem explicitamente entre cidadãos com base no grupo ao qual pertencem; um acolhimento da interseccionalidade como estratégia de organização política; e um profundo ceticismo quanto à capacidade de os membros de diferentes grupos se comunicarem.

- A síntese de identidades foi inspirada por grandes pensadores, incluindo Michel Foucault, Edward Said, Gayatri Chakravorty Spivak, Derrick Bell e Kimberlé Crenshaw. Ironicamente, contudo, muitos desses pensadores expressaram sérias preocupações sobre a maneira como seu trabalho transformou a esquerda.

PARTE II

A Vitória da Síntese de Identidades

A o longo de algumas décadas, a síntese de identidades transformou a vida intelectual nos campi norte-americanos. No entanto, mesmo para seus defensores mais fervorosos, parecia improvável que essas ideias também viessem a transformar grandes partes da sociedade norte-americana.

Quando Kimberlé Crenshaw publicou um artigo celebrando o 20º aniversário da teoria crítica da raça, ela soou pessimista sobre suas perspectivas fora do campus. Ela se permitiu alguma alegria pela recente eleição de Barack Obama como o primeiro presidente negro dos Estados Unidos. Então, rapidamente passou a alertar que sua ascensão provavelmente tornaria o público menos receptivo às ideias centrais da teoria crítica da raça: "A maioria da população parecia acreditar que, com Barack Obama agora na Casa Branca, o capítulo sobre raça poderia finalmente ser encerrado".

Isso ocorre em parte porque, segundo Crenshaw, o próprio Obama chegou perto de negar o papel da raça na sociedade norte-americana. O famoso discurso de campanha de Obama sobre raça, por exemplo, reconheceu "feridas raciais", mas em última análise defendeu "que superemos isso para abordar interesses 'universais'". Isso, Crenshaw sustentou, colocou Obama "em desacordo com elementos-chave da TCR". Como resultado, Crenshaw lamentou, "as críticas ao racismo estão perdendo terreno".

106   A Armadilha da Identidade

Crenshaw não precisava ter se preocupado. Ao longo da década de 2010, a visão norte-americana sobre identidade deu uma guinada vertiginosa. No intervalo de uma década, ideias que antes pareciam improváveis de escapar da torre de marfim transmutaram-se em uma ideologia popular com influência real no *mainstream*. No início da década, termos como "privilégio branco" e "racismo estrutural" mal eram reconhecíveis fora de círculos intelectuais rarefeitos. Organizações ativistas como a União Norte-Americana pelas Liberdades Civis (ACLU) defendiam obstinadamente princípios universais como a liberdade de expressão. Campanhas políticas de candidatos democratas evitavam pedir programas de assistência social que fossem explicitamente reservados para comunidades étnicas ou sexuais específicas.

Ao longo da década seguinte, os EUA passaram por uma transformação surpreendente. Em 2020, *The New York Times* e *The Washington Post* invocavam regularmente conceitos-chave associados à síntese de identidades, incluindo tanto "privilégio branco" quanto "racismo estrutural". A ACLU havia abandonado partes de sua missão histórica, recusando-se a ajudar réus cujo discurso considerava muito ofensivo. Popularizadores da síntese de identidades como Robin DiAngelo e Ibram X. Kendi tornaram-se autores de best-sellers e faziam aparições frequentes na televisão em horário nobre. Nas campanhas presidenciais de 2016 e 2020, os candidatos democratas abraçaram a linguagem da síntese de identidades e prometeram uma série de políticas que condicionariam o recebimento de assistência estatal ao grupo ao qual um beneficiário em potencial pertence.

Como mostrarei nos próximos três capítulos, essas mudanças notáveis na autocompreensão de grandes segmentos da elite norte--americana foram produto de forças políticas, sociológicas e tecnológicas mais amplas. O surgimento das redes sociais levou os jovens a focar em suas identidades étnicas, sexuais e de gênero, até mesmo capacitando-os a criar novos rótulos pelos quais se identificar. Meios de comunicação tradicionais tinham um forte incentivo para acolher uma versão popularizada da síntese de identidades por causa de sua crescente dependência de viralizar no Twitter e no Facebook,

A Vitória da Síntese de Identidades

transformando radicalmente o tipo de conteúdo que publicavam. Estudantes imersos na síntese de identidades em universidades de elite ascenderam nas fileiras de corporações, organizações sem fins lucrativos e escritórios do Congresso em uma "marcha rápida pelas instituições", alterando permanentemente seu modo de operação. Em um último passo, o surgimento de uma ameaça genuína na forma de Donald Trump aumentou a pressão pela conformidade dentro de muitas instituições de esquerda, tornando mais fácil para uma minoria de linha dura ideológica impor suas opiniões sobre todos os outros.

5 A Síntese de Identidades Vira *Mainstream*

Na primavera de 2014, ministrei um seminário de primeiro ano chamado "Democracia na Era Digital" na Universidade Harvard. Meus alunos vinham de todos os estados do país e de muitas partes do mundo. Eles planejavam se formar em todos os assuntos, de história a física. Mas também tinham algumas coisas em comum: eram inteligentes, ambiciosos, sempre educados e profundamente convencidos de que a internet tornaria o mundo um lugar melhor.

É difícil lembrar até que ponto a convicção de que a internet e as redes sociais eram forças para o bem foi nutrida por praticamente tudo o que meus alunos leram enquanto passavam pelo Ensino Fundamental e Médio. Essa visão positiva começou a se formar no final da década de 1990, quando alguns escritores se destacaram como evangelistas da internet. O livro *The Lexus and the Olive Tree* (O Lexus e a oliveira), de Thomas Friedman, publicado em 1999, é um clássico do gênero. "Uma ligação de três minutos entre Nova York e Londres custava trezentos dólares em 1930. Hoje em dia, é praticamente gratuita pela internet", apontou Friedman. Uma vez que tecnologias como a telefonia pela internet reduziam o custo de se comunicar com pessoas distantes, encorajando-as a se conhecerem e trocarem ideias, elas iriam "unir o mundo".

Os primeiros defensores da internet presumiram que o custo radicalmente reduzido da comunicação resultaria em pessoas mais propensas a se conectar além das fronteiras tradicionais. A mãe idosa de Friedman poderia jogar bridge com pessoas na França. Ativistas pela democracia no Chade poderiam se conectar com aqueles na Croácia. No caminho, pessoas que antes tinham pouco contato umas com as outras poderiam descobrir que têm muito em comum, unindo--se na busca de causas compartilhadas. A comunicação sem custo daria início a uma era de diálogo, tolerância e resistência popular aos regimes ditatoriais.

Nos anos desde que ministrei pela primeira vez aquele curso sobre democracia e internet, muitas das esperanças que meus alunos abrigavam uma década atrás foram frustradas. A ideia de que as redes sociais levariam as pessoas a superar divisões de longa data parece ingênua diante do aumento da polarização e do surgimento de populistas de extrema direita, do fracasso sangrento da Primavera Árabe e da consolidação de regimes cada vez mais repressivos na Rússia e na China. Dada a liberdade de se comunicar com qualquer pessoa do mundo, a maioria das pessoas escolheu conversar com aquelas que já pertencem ao mesmo grupo de identidade.

A internet deveria criar um mundo em que as distinções de identidade de grupo importassem menos do que nunca. Em vez disso, ela criou um mundo de identidades proliferantes e frequentemente concorrentes, no qual um número cada vez maior de pessoas define apaixonadamente a si mesmas por seu pertencimento a grupos étnicos, de gênero ou sexuais. A verdadeira história sobre o impacto das redes sociais ao longo da década de 2010 é sobre como elas influenciaram a maneira como nossas sociedades funcionam – para o bem e para o mal – ao transformar a forma como milhões de pessoas se concebem, aumentando enormemente nosso foco coletivo na "identidade" em todas as suas formas. E, por acaso, isso também é uma parte fundamental da história fascinante de como a síntese de identidades conseguiu sair do campus e entrar no *mainstream*.

Como uma Plataforma Esquecida Ajudou a Dar à Luz uma Nova Cultura Política

Comentaristas políticos e cientistas políticos que estudam os efeitos das redes sociais tendem a focar o Twitter e o Facebook, ou talvez o Instagram e o TikTok. Todas essas plataformas desempenharam um papel fundamental na formação de uma nova cultura na internet. No entanto, quando a história de como as novas tecnologias transformaram a cultura ocidental na segunda década do século XXI for escrita, daqui a cinquenta ou cem anos, um capítulo importante e altamente ilustrativo será sobre uma "plataforma de microblogs" comparativamente pequena que, desde seu auge, praticamente desapareceu da consciência pública: o Tumblr.

Criado em 2007 por David Karp, o serviço permitia que seus usuários, na maioria anônimos, produzissem ou curassem praticamente todos os tipos de conteúdo, de postagens escritas a memes visuais e vídeos curtos. Recursos que ainda eram relativamente novos na época, como *tags* de tópicos e a possibilidade de repostar conteúdo com um clique, facilitavam encontrar aqueles que compartilhavam de seus interesses e convicções, não importando quão específicos fossem. O serviço cresceu muito rapidamente, hospedando em um ponto mais de 500 milhões de *blogs*, e foi comprado pelo Yahoo por 1,1 bilhão de dólares em 2013.

Devido à sua arquitetura, o Tumblr rapidamente se tornou um lugar para seus usuários predominantemente adolescentes experimentarem novas identidades. No início, muitas dessas identidades estavam enraizadas no fandom de algum músico ou programa de televisão. (Sherlock Holmes e *Doctor Who* tinham uma quantidade enorme de seguidores.) Depois, o Tumblr tornou-se um lugar para os jovens explorarem sua identidade de gênero e orientação sexual. Logo, a capacidade incomparável de encontrar e construir comunidades também assumiu um lado mais sombrio: no início da década de 2010, alguns dos usuários mais populares do serviço começaram a oferecer "thinspiration" para seus seguidores anoréxicos.

112   A Armadilha da Identidade

A cultura do Tumblr incentivava os usuários a começarem a se identificar como membros de algum grupo identitário, seja essa identidade escolhida ou atributiva, e seja ela reflexo de uma realidade social preexistente ou expressão de uma espécie de aspiração. Como observa Katherine Dee, uma escritora de cultura que entrevistou mais de cem usuários antigos do Tumblr sobre o papel que ele desempenhou em suas vidas: "O Tumblr tornou-se um lugar para as pessoas fantasiarem e desenvolverem ideias sobre identidades reais (...). A maioria das pessoas envolvidas tinha pouca experiência vivida *como* essas identidades". Conforme essa cultura se consolidou, o Tumblr desenvolveu propriedades maravilhosamente inconstantes: um manifesto sincero ou até mesmo uma piada casual poderia se tornar o núcleo de uma identidade inteiramente nova. O Tumblr foi onde novas formas de descrever a própria orientação sexual (como "demissexual"), novas formas de se referir à própria identidade étnica (como "Latinx") e novas formas de pensar sobre o próprio gênero (como "libragênero") alcançaram pela primeira vez um grande público.

Ao mesmo tempo, essa confederação caótica e abrangente de comunidades baseadas em identidade também começou a desenvolver uma cultura abrangente. E como grande parte da plataforma estava organizada em torno de comunidades distintas enraizadas em várias formas de identidade étnica, sexual e de gênero, essa cultura passou a ser dominada por um conjunto de preceitos políticos extraídos da síntese de identidades. "O Tumblr foi o primeiro lugar em que muitas pessoas brancas (...) encontraram ideias sobre raça e privilégio", observou entusiasticamente um perfil do site no *Pacific Standard* em 2018. "Para muitos adolescentes no início da década, quaisquer que fossem seus interesses específicos, suas páginas incluíam postagens sobre feminismo, antirracismo e justiça social."

Segundo Kenny Lu, um dos ávidos usuários do Tumblr citados no perfil, usuários como ele "queríamos nos educar; enxergávamos como uma plataforma para sermos mais despertos". Dee chegou a uma conclusão surpreendentemente semelhante. "Para cada declaração estranha (ou mesmo apenas desconhecida) sobre identidade" que nos últimos anos tem sido debatida com paixão na cultura e na política

A Síntese de Identidades Vira *Mainstream* 113

norte-americana, observa Dee, "há um *post* no Tumblr do início da década de 2010 introduzindo o conceito."

Por ser um produto das mídias sociais em vez da sala de seminários, a ideologia que se formou no Tumblr ficou muito aquém da sofisticação que caracteriza o trabalho de estudiosos de Foucault a Said a Crenshaw. Nem era monolítica; às vezes podia parecer um amontoado caótico de milhares de pensamentos, sugestões e proposições contraditórias tão diversos quanto as comunidades dentro das quais se espalhavam. E ainda assim, os temas centrais da ideologia do Tumblr eram surpreendentemente coesos e facilmente reconhecíveis por qualquer pessoa que tenha estudado a história intelectual recente da esquerda: eram uma versão popularizada – ou, se preferir, memeficada – da síntese de identidades.

Dois temas centrais com raízes na síntese de identidades tornaram-se especialmente importantes no Tumblr: epistemologia do ponto de vista e interseccionalidade. Filósofos da raça e do gênero pensaram cuidadosamente sobre as maneiras como a identidade de alguém pode moldar sua percepção do mundo, permitindo-lhes acesso mais direto a algumas formas de conhecimento e tornando mais difícil o acesso a outras formas de conhecimento. No Tumblr, memes e postagens de *blog* transformaram essa percepção intuitiva em uma posição muito mais extrema: rapidamente tornou-se um artigo de fé que membros de grupos dominantes, como brancos ou heterossexuais, não poderiam entender de maneira significativa as experiências de membros de grupos desfavorecidos, como "pessoas não brancas" ou minorias sexuais. Como resultado, tornou-se muito delicado criticar qualquer posição para a qual um membro de um grupo desfavorecido pudesse reivindicar autoridade especial derivada de sua "experiência vivida" – mesmo quando havia poucas evidências de que a maioria dos membros desse grupo concordava com a pessoa que fazia a reivindicação em seu nome.

A demanda frequentemente repetida por "interseccionalidade" acabou por colaborar em manter unidos os diferentes aspectos da ideologia do Tumblr. Como cunhado por Crenshaw, o conceito de interseccionalidade apenas chamava a atenção para o fato de que

114 A Armadilha da Identidade

algumas pessoas podem sofrer desvantagens devido a uma interação de diferentes elementos de sua identidade. Mas, conforme compartilhado e celebrado no Tumblr, a interseccionalidade tornou-se um sistema operacional multiúso para o ativismo *online*. Isso permitiu que cada grupo definisse um conjunto correto de opiniões em sua área de competência presumida, enquanto exigia de todos os outros uma fidelidade inquestionável a essa nova ortodoxia. À medida que os apelos à interseccionalidade se tornavam comuns, qualquer pessoa que defendesse uma causa sem aderir a outras causas na moda ficava sujeita a duras críticas por não atender às suas exigências. "Se seu feminismo não é interseccional", um *slogan* que se tornou um refrão frequente na plataforma naqueles anos, "é besteira."

O resultado foi um mecanismo poderoso para manter as pessoas na linha. À medida que vários usuários disputavam para reivindicar o manto de porta-voz legítimo para seus respectivos grupos de identidade, a natureza da ortodoxia que predominava no Tumblr evoluía continuamente. Se no entanto alguém violasse o consenso interseccional que predominava naquele momento específico, poderia rapidamente atrair a ira de grandes partes da comunidade. Nesse aspecto, também, o Tumblr se mostrou na vanguarda da internet: foi um dos primeiros espaços *online* nos quais os usuários regularmente experimentavam uma queda súbita e dramática em desgraça com base em alguma pequena violação das normas em constante mudança da comunidade.

Novas Plataformas de Mídia Acolhem a Ideologia do Tumblr

O que começou no Tumblr não ficou apenas no Tumblr. À medida que plataformas de mídia social como Reddit, Twitter, Instagram e (mais tarde) TikTok tornaram-se mais importantes como lugares para os jovens construírem suas identidades e expressarem suas políticas, muitos dos memes e temas que estavam se formando no Tumblr também se adaptaram a esses diferentes ambientes. E a influência da ideologia do Tumblr não se restringiu às redes sociais. Em breve, a

A Síntese de Identidades Vira *Mainstream*

forma popularizada da síntese de identidades também passou a moldar o conteúdo de um número crescente de publicações iniciantes – e até mesmo o de jornais e revistas tradicionais.

Aproximadamente na mesma época em que a plataforma de microblogs ganhava destaque, outro empreendimento desfrutava de uma ascensão meteórica. Em 2010, Chris Lavergne, um desistente do Hampshire College que estava convencido de que era um empreendimento importante "catalogar cada pensamento", fundou um site que publicava uma enxurrada de artigos praticamente não editados – e frequentemente egocêntricos – de colaboradores não remunerados. "Nossa filosofia é que a qualidade é uma coisa muito subjetiva", explicou um funcionário do Thought Catalog. "Nós somos assim: 'Esse é o seu pensamento, então é qualidade para nós'." Em 2014, o site explodiu em visibilidade, tornando-se um dos cinquenta mais visitados nos Estados Unidos.

Devido à quase ausência de padrões editoriais, os artigos no Thought Catalog variavam de extrema esquerda a extrema direita. Mas o impacto do site seria especialmente significativo em um aspecto: ele ajudou a reembalar os memes que estavam se tornando populares no Tumblr na forma escrita. Alguns dos artigos mais virais que apareceram no site no início da década de 2010 tinham títulos como "18 coisas que pessoas brancas parecem não entender (porque... privilégio branco)".

Quando esses artigos se mostraram populares, novos *blogs* e revistas *online* que estavam surgindo em toda a internet rapidamente emularam seu tom e conteúdo. Publicações como *Jezebel, xoJane, Rookie Mag* e o *Daily Dot* tornaram-se importantes na promoção de uma forma popularizada da síntese de identidades. Até mesmo publicações mais estabelecidas, como *Salon*, começaram a seguir o mesmo caminho. A ideologia do Tumblr havia alcançado um marco importante: seus desdobramentos agora eram tão visíveis e influentes que até mesmo "normais" relativos como eu estavam começando a tropeçar neles.

Desde que vim para os Estados Unidos para a pós-graduação, encontrei com frequência os ingredientes básicos da síntese de identidades

116　　　**A Armadilha da Identidade**

em conferências ou nas páginas de periódicos acadêmicos. Acadêmicos eruditos falavam sobre interseccionalidade ou apropriação cultural, epistemologia do ponto de vista e privilégio branco. Algumas dessas ideias me pareciam genuinamente interessantes. Outras pareciam tortuosas. No entanto, como tantas ideias que são apresentadas na linguagem frequentemente impenetrável da academia, considerei que poucas teriam grande influência no mundo fora do campus.

Então me deparei com o everydayfeminism.com, um site que expressava uma versão simplista dessas novas ideias e termos de forma acessível. Os conceitos que eu havia encontrado pela primeira vez em ambientes acadêmicos rebuscados agora estavam sendo embalados em *slogans* facilmente compreensíveis – e prontamente compartilháveis. Isso, percebi logo, era algo genuinamente novo: um modo de interpretar o mundo por meio de um foco estreito na identidade e na experiência vivida que poderia atrair um público de massa.

Os artigos que adornavam a página inicial do everydayfeminism.com em março de 2015 dão uma ideia da visão de mundo que estava começando a se solidificar. Seus títulos eram "4 pensamentos para seu professor de ioga que acha que apropriação é divertida", "Pessoas não brancas não podem curar seu racismo, mas aqui estão 5 coisas que você pode fazer em vez disso" e "Você chama de profissionalismo; eu chamo de opressão em um terno de três peças". Assim que descobri o site, não consegui parar de visitá-lo. Ao longo dos meses seguintes, li artigos com títulos como "6 maneiras de responder a microagressões sexistas em conversas do dia a dia", "Privilégio branco, explicado em um quadrinho simples" e "'Peito ou bunda'? Eis 3 motivos por que essa pergunta pode ser sexista".

No meio da década, a síntese de identidades havia percorrido um longo caminho. Nascida como um conjunto de ideias acadêmicas sofisticadas, embora corretamente controversas, ela havia sido – pelo poder dos memes e artigos virais – transformada em uma série de *slogans* capazes de atrair um público de massa. A forma popularizada da síntese de identidades havia tomado forma. Mas, por enquanto, sua influência permanecia limitada às plataformas de mídia social e sites pretensiosos.

A Síntese de Identidades Vira *Mainstream*

Isso mudaria à medida que o Twitter e especialmente o Facebook se tornaram canais de distribuição muito mais importantes para publicações mais respeitáveis. À medida que veículos de notícias tradicionais, da *Newsweek* ao *The New York Times*, começaram a perseguir cliques e perceberam que artigos em primeira pessoa tinham uma grande chance de se tornarem virais nas mídias sociais, eles rapidamente mudaram o tipo de conteúdo que publicavam. Essa transformação pode ser constatada na história de inúmeros jornais e revistas, mas foi especialmente marcante no caso de uma nova publicação fundada com a nobre ambição de explicar desapaixonadamente o mundo para seu público, mas acabou se tornando central na popularização da síntese de identidades: *Vox*.

A Transformação do *Mainstream*

Em abril de 2014, Ezra Klein, Matthew Yglesias e Melissa Bell lançaram *Vox*, uma nova revista digital com uma grande ambição: mudar a natureza do jornalismo. Klein argumentou na época que grande parte da mídia política dos Estados Unidos foca os tipos errados de coisas. Cobre incessantemente eventos menores dentro das cidades e é obcecada com a cobertura das corridas eleitorais, mas falha em uma tarefa mais básica e fundamental: explicar o que está acontecendo e por que isso importa. A *Vox*, prometeram os fundadores do site, melhoraria o discurso político do país ao se envolver em um "jornalismo explicativo" imparcial e equilibrado.

A empreitada provou-se um enorme sucesso. A *Vox* rapidamente se estabeleceu como um grande player no ecossistema da mídia política progressista. O site atraiu um público grande e leal, atingindo quase 100 milhões de visitas por trimestre até 2015. No entanto, de maneiras interessantes e esclarecedoras, o experimento também ficou aquém das expectativas de seus fundadores.

Com a polarização política nos Estados Unidos aumentando rapidamente, o público do site acabou sendo muito mais ideologicamente monocromático que o esperado. À medida que esses leitores clamavam

118   **A Armadilha da Identidade**

por conteúdo que não desafiasse seus valores, a tentativa de explicar as notícias por uma lente não partidária tornou-se menos importante. Muitos artigos virais no site abriram mão da ambição de ser uma forma de jornalismo explicativo; os *"card stacks"*, um recurso muito elogiado dos primeiros dias do site que se concentrava em fornecer contexto relevante e informações de fundo para notícias, logo foram descontinuados, em parte porque não tiveram bom desempenho em redes sociais como Twitter e Facebook.

Em vez disso, em junho de 2015, a *Vox* lançou uma seção de "primeira pessoa" que encorajava contribuições de pessoas escrevendo sobre suas próprias experiências, geralmente sobre formas de desvantagem ou discriminação que haviam sofrido por causa do grupo de identidade ao qual pertenciam. Nos meses e anos seguintes, o site passou por uma transformação notável. Artigos em primeira pessoa sobre as "experiências vividas" de um autor passaram a ocupar o centro de uma publicação que, antes, prometia explicar o mundo aos seus leitores em um tom que beirava o tecnocrático.

Essa mudança de formato foi acompanhada por uma mudança de valores. Nas mãos de jovens escritores recém-formados na faculdade e que passavam muito tempo nas redes sociais, essas histórias em primeira pessoa geralmente serviam para expressar os princípios fundamentais da forma popularizada da síntese de identidades. Muitas vezes, elas combinavam o relato de uma injustiça que o autor havia sofrido devido à sua identidade com um apelo por um remédio que ajudasse a "desmantelar" algum aspecto do racismo, sexismo, supremacia branca ou heteronormatividade. O liberalismo moderado associado aos fundadores do site pouco a pouco deu lugar à ideologia progressista orgulhosamente dominante entre seus funcionários mais jovens.

No final da década, a maioria dos fundadores do site deixou uma publicação que, de muitas maneiras, se tornou constrangedora para eles. No verão de 2020, Yglesias assinou uma carta aberta, publicada na revista *Harper's*, que criticava as normas cada vez mais intolerantes que predominavam em muitas instituições de elite nos Estados Unidos. Vários funcionários da *Vox* o atacaram por assinar a declaração; em

A Síntese de Identidades Vira *Mainstream* 119

uma carta aberta amplamente compartilhada, Emily VanDerWerff, uma escritora transgênero da equipe, sugeriu que sua disposição em se associar a outros signatários, como J. K. Rowling, a fazia "sentir-se menos segura" em seu local de trabalho. Quatro meses depois, Yglesias deixou a *Vox* para iniciar sua própria newsletter no Substack; no final do ano, Klein seguiu o exemplo, encontrando um novo lar no *The New York Times*.

Há muitas razões para a transformação marcante da Vox, mas um mecanismo especialmente importante tem a ver com a maneira como as redes sociais criaram novos canais de distribuição para o conteúdo jornalístico. Quando a *Vox* foi fundada, a maioria das visualizações de artigos vinha de visitas diretas ao seu site. Isso significava que os artigos precisavam apelar para uma grande parcela dos leitores regulares da publicação para alcançar muitos olhos. Porém, à medida que as redes sociais continuaram a crescer em importância, a forma como a maioria dos artigos encontra seus leitores começou a mudar – não apenas na *Vox*, mas em toda a indústria. Na segunda metade da década, os mecanismos de distribuição mais importantes eram o Twitter e especialmente o Facebook. E isso mudou fundamentalmente o tipo de conteúdo que ganhava tração. Para que um artigo fosse amplamente lido, não era mais preciso que atraísse um alto percentual dos leitores regulares de uma publicação para clicar em um título; bastava alcançar algumas pessoas que o compartilhariam dentro de redes sociais cujos membros provavelmente o recompartilhariam.

Que tipos de artigos tinham mais chances de serem compartilhados e retransmitidos no Facebook e no Twitter? Alguns apelavam para comunidades ideológicas fervorosas que tinham um forte compromisso com uma questão específica, como a legalização da maconha. Outros eram excelentes em jogar com as emoções dos leitores, muitas vezes porque vilipendiavam um grupo ideológico adversário. Contudo, como os usuários de redes sociais tendem a "seguir" ou "adicionar" aqueles que lhes são semelhantes, especialmente em dimensões como origem cultural e orientação sexual, uma grande porcentagem dos artigos mais bem-sucedidos falava diretamente aos interesses e experiências de grupos de identidade específicos. Desde que o Facebook

120   A Armadilha da Identidade

e o Twitter se tornaram os principais mecanismos de distribuição para conteúdo digital, artigos sobre as experiências dos coreanos norte-americanos ou os preconceitos enfrentados pelos bissexuais tornaram-se muito mais propensos a se tornarem virais – mudando tanto o que as principais plataformas de notícias publicavam quanto o tipo de conteúdo que o público em geral consumia.

Como observa Yglesias em um artigo recente, algumas das tendências midiáticas mais importantes de meados da década de 2010 foram "uma consequência direta da influência do Facebook sobre o jornalismo (...). Objetivamente falando, a política de identidade *hardcore* e o socialismo simplista se saíram incrivelmente bem no Facebook durante esse período". Isso deu aos jornalistas experientes um incentivo para cultivar interesse por esses tópicos e permitiu que escritores mais jovens, que eram verdadeiros crentes da síntese de identidades, superassem seus colegas. "Então você acabou com essa multitude de discursos estruturados em torno de 'Bernie Sanders é perfeito em todos os sentidos ou é problemático votar em um homem branco' como a única lente possível para examinar a política norte-americana."

Esses incentivos comerciais levaram a uma explosão notável de conteúdo em primeira pessoa nos principais veículos de notícias ao longo dos últimos dez anos. Eles também ajudam a explicar a crescente ênfase em outros conteúdos jornalísticos que, acreditavam os executivos de mídia, tinham maior apelo a membros de grupos de identidade específicos. E, à medida que os veículos de mídia tradicionais passaram a enfrentar uma pressão crescente para se adaptar à mudança dos tempos – transformando-se em publicações digitais que se tornaram tão obcecadas por cliques e curtidas quanto muitos de seus concorrentes menos conhecidos –, essas modificações logo inspiraram uma transformação mais ampla da esfera pública norte-americana.

O Grande "Despertar"

A história de como a dinâmica das redes sociais transformou o discurso público começa, no início da década, com o aumento da

A Síntese de Identidades Vira *Mainstream*   121

proeminência de plataformas aparentemente de nicho, como Tumblr e Thought Catalog. Ela culmina, no final da década, em mudanças sísmicas nos conglomerados de mídia mais influentes, da BBC à NPR e à MSNBC.

Qualquer pessoa que compare um exemplar do *The New York Times* ou do *The Guardian* em 2010 com um exemplar desses mesmos jornais em 2020 seria surpreendida pela diferença em seu tom e conteúdo. Uma pequena indicação dessa transformação reside em alguns dos artigos e editoriais que teriam sido considerados muito extremos para ver a luz do dia uma década antes. "Meus filhos podem ser amigos de pessoas brancas?", perguntou um artigo no *The New York Times*, de um professor de direito afro-americano, em novembro de 2017. A conclusão a que ele chegou parecia descartar a possibilidade de qualquer confiança genuína entre membros de diferentes grupos étnicos: "Vou ensinar meus filhos a terem dúvidas profundas de que a amizade com pessoas brancas é possível".

Outra diferença importante está em como os jornais *mainstream* destacavam histórias cotidianas. Evidências quantitativas claras corroboram a velocidade e a extensão dessa mudança no conteúdo dos jornais mais prestigiados do mundo de língua inglesa. A porcentagem de artigos do *New York Times* usando o termo "racista", por exemplo, aumentou em impressionantes 700 por cento nos oito anos entre 2011 e 2019, de acordo com uma análise de Zach Goldberg, estudante de doutorado em ciência política na Universidade Estadual da Geórgia. No mesmo período, o uso da palavra "racista" no *The Washington Post* aumentou ainda mais rapidamente, em 1.000 por cento.[2]

No entanto, a mudança-chave não era a frequência com que os veículos de mídia *mainstream* falavam sobre o racismo; era que a

---

[2] É tentador pensar que a crescente atenção ao racismo foi simplesmente impulsionada por eventos políticos, desde vídeos mostrando assassinatos de homens negros desarmados perpetrados por policiais até o infame comício Unite the Right em Charlottesville, Virgínia. Mas Goldberg mostra que o crescimento exponencial no uso de termos como "racista" começou no início da década de 2010, antes da contenda popular sobre o assassinato de Michael Brown baleado por um policial em Ferguson, Missouri, em 2014, e da entrada de Donald Trump na política norte-americana em 2015.

122   A Armadilha da Identidade

maneira como falavam incorporava cada vez mais as ideias e o vocabulário da síntese de identidades. Tanto no *The Washington Post* quanto no *The New York Times*, a parcela de artigos que evocavam "racismo sistêmico", "racismo estrutural" ou "racismo institucional" aumentou dez vezes entre 2013 e 2019. A parcela de artigos associando a palavra "branco" à ideia de "privilégio racial" cresceu a um ritmo ainda mais rápido: sua incidência aumentou doze vezes no *The New York Times* e quinze vezes no *The Washington Post*.

Goldberg chega a uma conclusão inequívoca. Ao longo da presidência de Obama, conceitos-chave da síntese de identidades, como microagressão e privilégio branco, "passaram de fragmentos obscuros da linguagem acadêmica para uma linguagem jornalística comum", escreve ele. "Junto com a nova linguagem vieram ideias e crenças que animavam um novo quadro moral-político a ser aplicado à vida pública e à sociedade norte-americana."

Essas mudanças rápidas na maneira como os veículos de mídia mais prestigiados descreviam o mundo teriam uma influência enorme em um segmento pequeno, porém altamente influente, da sociedade norte-americana. Como Goldberg demonstra, o rápido aumento no foco sobre raça e desigualdade racial no *The Washington Post* e no *The New York Times* foi seguido – não precedido – por um aumento significativo nas visões progressistas sobre raça, como o número de pessoas que apoiam políticas públicas "conscientes da raça", no eleitorado. E como o público dos veículos de notícias *mainstream* é desproporcionalmente branco e educado, as atitudes sobre raça mudaram muito mais drasticamente entre esse grupo comparativamente "privilegiado" de norte-americanos do que na população em geral.

Isso levou a algumas ironias estranhas. No chamado termômetro de sentimentos, por exemplo, cientistas sociais há muito perguntam aos entrevistados sobre a impressão geral que eles têm dos membros de um grupo étnico ou religioso específico. Até recentemente, os liberais brancos tinham mais probabilidade de ter sentimentos positivos em relação aos brancos do que em relação aos afro-americanos. Em 2016, isso mudou: os liberais brancos agora tinham mais probabilidade de dizer que tinham sentimentos negativos em relação aos brancos

A Síntese de Identidades Vira *Mainstream*

– um grupo que presumivelmente incluía seus pais e outros parentes próximos – do que aos afro-americanos.

Em 2019, Matthew Yglesias cunhou um novo termo para as enormes mudanças sociopolíticas pelas quais um segmento-chave do público norte-americano estava passando: "The Great Awokening" (literalmente, "O Grande Despertar", mas com *"woke"* no lugar de *"awake"*). Como ele disse, "Os liberais brancos avançaram tanto para a esquerda em questões de raça e racismo que agora, nessas questões, estão à esquerda até mesmo do eleitor negro típico".

*

A popularização da síntese de identidades desempenhou um papel fundamental nos eventos da última década. Foi apenas quando uma teoria acadêmica complexa foi traduzida em memes e *posts* de *blog* que ela ficou pronta para o horário nobre. E foi apenas quando essa versão transformada em meme da síntese de identidades migrou das plataformas de mídia social e *blogs* iniciantes para as páginas do *The Guardian*, *The Washington Post* e *The New York Times* que ela pôde começar a influenciar o *mainstream*.

Embora essa parte da história seja profundamente importante para definir o pano de fundo cultural dos eventos da última década, falta aqui um elemento-chave. Mesmo quando veículos de mídia prestigiosos começaram a dar grande destaque a essas ideias, elas influenciaram apenas um segmento comparativamente pequeno do público. A maioria das pessoas de todas as cores e credos continuou a discordar da ideia de que brancos e negros não podem ser amigos e rejeitou a sugestão de que as políticas públicas devem distinguir explicitamente entre as pessoas com base no grupo de identidade ao qual pertencem. E ainda assim algumas das ideias e ideais centrais da síntese de identidades rapidamente passaram a ter tremendo impacto sobre instituições poderosas. Por quê?

Para responder a essa pergunta, precisamos rastrear um segundo desenvolvimento paralelo. A versão popularizada da síntese de identidades tornou-se tão influente em parte porque uma nova geração de

124 A Armadilha da Identidade

funcionários entrou na força de trabalho e lutou para integrar as ideias que absorveram nas universidades e nas mídias sociais ao sistema operacional das principais instituições. É a sua "curta marcha pelas instituições" para a qual nos voltaremos em seguida.

Principais Conclusões

- O surgimento das mídias sociais transformou fundamentalmente o papel que a identidade grupal desempenha na vida dos jovens. Tornando muito mais fácil para eles experimentar novos rótulos com os quais se descreverem, encorajou o surgimento de uma versão popularizada da síntese de identidades, que teve origem em plataformas de mídia social como o Tumblr e encontrou sua forma escrita em publicações como o Thought Catalog.
- As mídias sociais tornaram-se mais importantes como mecanismo de distribuição tanto para novos empreendimentos de mídia quanto para publicações tradicionais, colocando valor em conteúdos que apelariam a grupos de identidade específicos. Como resultado, os principais temas e conceitos da síntese de identidades espalharam-se rapidamente para veículos prestigiados, incluindo a *Vox* e o *The New York Times*.
- No final da década, esses conceitos ajudaram a reformular as visões de um grande segmento da população norte-americana. Essa mudança de visão foi mais pronunciada entre os norte-americanos brancos e altamente educados.

6 A Curta Marcha pelas Instituições

No auge de sua influência na década de 1960, o movimento estudantil debatia uma questão estratégica fundamental. Deveria competir pelo voto nas eleições democráticas? Deveria focar protestos pacíficos e outras formas de resistência "extraparlamentar"? Ou deveria iniciar uma revolução violenta? Aquela que se mostrou uma das estratégias mais influentes foi proposta por Rudi Dutschke, um líder estudantil alemão cujos seguidores aumentaram após um fanático de extrema direita atirar em sua cabeça nas ruas de Berlim.

Revolucionários, argumentou Dutschke em 1967, deveriam tentar subverter o sistema político por meio de uma "longa marcha pelas instituições". Na formulação original de Dutschke, o propósito dessa infiltração era subverter e sabotar. Mas em 1972, quando o filósofo germano-americano Herbert Marcuse retomou essas ideias em seu altamente influente *Contrarrevolução e revolta*, a estratégia passou a abranger caminhos mais sutis de influência. Ao "trabalhar contra as instituições estabelecidas trabalhando dentro delas", aconselhou Marcuse, os ativistas deveriam estar "fazendo o trabalho" aprendendo "como programar e ler computadores, como ensinar em todos os níveis de educação, como usar os meios de comunicação de massa e como organizar a produção".

Muitos que, consciente ou inconscientemente, embarcaram nessa "longa marcha" acabaram sendo cooptados pelas instituições que

126 A Armadilha da Identidade

buscavam transformar antes de terem a chance de exercer um poder significativo. E ainda assim, historiadores e sociólogos têm invocado a longa marcha pelas instituições para explicar muitas das mudanças sociais e culturais que ocorreram à medida que membros do movimento estudantil ingressaram nos locais de trabalho, cargos de alto escalão e parlamentos ao longo das décadas de 1970, 1980 e 1990. Mesmo que a maioria deles tenha perdido o zelo revolucionário e seguido vidas muito mais convencionais do que haviam imaginado, sua influência coletiva transformou a cultura de países como Alemanha, França e Estados Unidos.

A influência duradoura da longa marcha se deve à força de seu mecanismo subjacente. Quando estudantes universitários estão profundamente imersos em uma ideologia nova e radical, eles estão singularmente bem posicionados para ter um impacto desproporcional no mundo fora da torre de marfim. Pois à medida que ingressam em instituições *mainstream*, esses estudantes têm muitas oportunidades de propor mudanças e até mesmo de ascender a posições de poder. E isso é especialmente provável quando aqueles que aderem à nova ideologia estão concentrados em universidades de elite das quais as instituições mais influentes de um país recrutam um número desproporcional de seus funcionários.

Outra marcha através das instituições é uma parte importante da explicação para o que aconteceu no Canadá, nos Estados Unidos e (em menor medida) no Reino Unido ao longo da última década. O que chamo de "curta marcha pelas instituições" fornece uma parte fundamental da explicação para como a síntese de identidades passou de uma ideologia que era influente em alguns cantos do campus em 2010 para uma que tinha uma forte influência sobre algumas das fundações e corporações mais poderosas do mundo em 2020.

Para ser claro, a grande maioria dos que participaram da curta marcha pelas instituições não viu suas ações como parte de alguma estratégia grandiosa. Provavelmente nem sabiam quem era Rudi Dutschke, nem precisavam. Simplesmente deixaram suas universidades profundamente imersos nos princípios fundamentais da "síntese de identidades" e absorveram sua versão popularizada nas mídias

A Curta Marcha pelas Instituições   **127**

sociais. Seguindo suas ambições, conseguiram empregos em jornais de prestígio e fundações bem financiadas, em grandes corporações e poderosos órgãos governamentais. À medida que sua presença dentro dessas instituições alcançava massa crítica, foram capazes de transformar as normas, regras e pressupostos que as regem.

Uma das razões pelas quais a marcha pelas instituições pôde ser tão curta é que ocorreu em meio às mudanças culturais e tecnológicas mais amplas que discuti no último capítulo. No passado, funcionários insatisfeitos podiam resmungar entre si ou levar suas queixas de forma privada aos seus chefes; agora, cada vez mais recorrem às mídias sociais, criticando suas próprias organizações em *threads* no Twitter ou *posts* no Instagram que rapidamente se tornam virais e dão força a seu perfil profissional. No passado, notícias de tais conflitos geralmente ficavam limitadas a poucas pessoas, deixando intactas a reputação das empresas e as oportunidades de financiamento para organizações sem fins lucrativos; agora, os principais veículos de comunicação dão grande destaque a histórias sobre identidade e acusações de intolerância, sejam elas sérias e bem fundamentadas, sejam triviais e mal embasadas. Em suma, a chegada de uma nova geração de funcionários juniores profundamente imersos na síntese de identidades teve um impacto desproporcional sobre algumas das instituições mais importantes dos Estados Unidos, em parte porque as amplas transformações tecnológicas e ideológicas da última década deram aos seus chefes boas razões para temê-los.

O Campo de Treinamento

A curta marcha começou no campus. No intervalo de algumas décadas, a matrícula em departamentos dominados por estudiosos que abraçam a síntese de identidades, como estudos de gênero e estudos de mídia, aumentou muito. Ao longo do mesmo período de tempo, a influência do pós-modernismo, do pós-colonialismo e da teoria crítica da raça também cresceu em departamentos mais tradicionais de humanidades e ciências sociais. Em 2010, os defensores da síntese

128 A Armadilha da Identidade

de identidades estavam ensinando centenas de milhares de alunos em todo o país a cada ano. Mesmo estudantes de ciências, negócios ou engenharia agora tinham probabilidade de aprender sobre essas ideias ao cumprir os requisitos do curso fora de sua área principal.

Os alunos tinham ainda mais chances de encontrar uma versão da síntese de identidades fora da sala de aula. De 1976 a 2011, o número de alunos nas universidades norte-americanas quase dobrou. O crescimento no tamanho do corpo docente não acompanhou o ritmo, com o número de professores aumentando apenas 76 por cento. Mas o tamanho do pessoal não docente disparou no mesmo período, com o número de administradores nos campi norte-americanos crescendo 139 por cento e o número de outros funcionários profissionais, como orientadores estudantis e conselheiros de saúde mental, aumentando impressionantes 366 por cento. Os professores, que antigamente superavam o número de outros funcionários administrativos e profissionais nas universidades norte-americanas, até o final da década de 2010 estavam em minoria.

Tanto os deveres quanto as visões políticas desses administradores são, é claro, variados. No entanto, uma parcela significativa está promovendo ativamente a síntese de identidades. O Escritório de Assuntos Estudantis da Sarah Lawrence, por exemplo, ofereceu seminários sobre tópicos como "Compreensão do privilégio branco" e "Fique saudável, fique *woke*". Enquanto isso, administradores da Universidade da Califórnia instruíram os alunos a se abster de usar frases "ofensivas" como "caldeirão cultural" ou "existe apenas uma raça, a raça humana". Um número crescente de universidades até capacita administradores a intervir quando os alunos usam "microagressões" em conversas uns com os outros, incentivando os alunos a relatar infrações para uma linha direta anônima.

A influência da síntese de identidades é especialmente pronunciada nas instituições mais prestigiadas dos Estados Unidos. As principais universidades de pesquisa lideraram o estabelecimento de novas disciplinas acadêmicas centradas no estudo de alguma forma de identidade. Elas eram mais propensas a contratar jovens que estavam na vanguarda de suas disciplinas. Elas também têm orçamentos muito

A Curta Marcha pelas Instituições

mais generosos para pagar um exército de administradores para propagar as teses centrais da síntese de identidades, compelindo os alunos a participar de um número cada vez maior de treinamentos e orientações. (Yale, por exemplo, agora tem mais administradores do que alunos de graduação matriculados.)

Tudo isso tornou as instituições mais elitizadas do país mais propensas a ter uma monocultura política nos campi. A composição política do corpo docente e do *staff* universitário é uma indicação disso. Nas faculdades norte-americanas, os novos alunos têm o dobro de probabilidade de se declararem liberais do que conservadores. Os professores são ainda mais propensos a se inclinarem para a esquerda do que seus alunos: têm seis vezes mais chance de se declararem liberais do que conservadores. Os administradores têm uma inclinação política ainda mais clara: têm doze vezes mais chance de se autodenominarem liberais do que conservadores.

Pesquisas que perguntam quem é liberal – uma designação vaga frequentemente usada no discurso político norte-americano para indicar que alguém é de esquerda – podem ser úteis para demonstrar como as universidades tendem fortemente à esquerda. No entanto, são muito vagas para capturar a natureza dos pontos de vista que agora predominam no campus. Em particular, elas falham em capturar a distinção entre professores que são tanto liberais no sentido político como liberais no sentido filosófico (como eu) e aqueles (diferentes de mim) que se inclinam para a esquerda politicamente, mas rejeitam preceitos básicos do liberalismo filosófico.

Pesquisas que perguntam sobre proposições específicas que violam princípios filosoficamente liberais, como a liberdade acadêmica, podem ajudar a tornar essas posições menos ambíguas, e elas pintam um quadro preocupante. De acordo com um estudo com uma amostra de 20 mil alunos em todo o país, por exemplo, um em cada três agora "acredita que é aceitável bloquear uma entrada e tentar impedir que outros entrem em uma sala para ouvir um palestrante". Essa parcela é ainda maior entre aqueles que frequentam uma das dez escolas mais elitizadas do país, com metade defendendo essas táticas tão pouco liberais.

A Armadilha da Identidade

À medida que deixavam o campus e começavam a seguir suas carreiras, os alunos dessas instituições de elite tiveram uma grande influência em todos os aspectos da vida norte-americana, mas foram especialmente bem-sucedidos em transformar instituições que recrutam uma grande parte de sua equipe em universidades de elite, dão aos funcionários poder significativo em um estágio comparativamente inicial de suas carreiras e são especialmente sensíveis às demandas ou às críticas dos funcionários nas mídias sociais. Startups de tecnologia e empresas de mídia, escritórios congressionais e grandes empresas, todos eles atendem a esses critérios. Sem dúvida, no entanto, são as grandes organizações não governamentais e fundações financiadoras que melhor se encaixam nessa descrição. Como demonstra a rápida transformação da ACLU, são essas organizações sem fins lucrativos que se mostraram especialmente receptivas quando uma nova geração de formandos universitários mergulhados na síntese de identidades bateu a suas portas.

A Síntese de Identidades Domina as Organizações sem Fins Lucrativos

No outono de 1977, o Partido Nacional-Socialista da América solicitou permissão para realizar um comício em Skokie, uma cidade fortemente judaica que era lar de muitos sobreviventes do Holocausto. Quando a cidade impôs condições onerosas que claramente visavam impedir a realização do protesto, Francis Joseph Collin, líder do partido, entrou com uma ação judicial seminal com a ajuda de um aliado improvável: a ACLU, uma organização sem fins lucrativos que havia décadas lutava pelos direitos civis de pacifistas, comunistas e antissegregacionistas.

David Goldberger, um judeu progressista que atuou como advogado principal no caso National Socialist Party of America *vs.* Village of Skokie, aceitou o caso para defender um direito constitucional fundamental. Ele sabia que criar exceções à Primeira Emenda, que garante a liberdade de expressão e de reunião, tornaria a vida difícil para

A Curta Marcha pelas Instituições   131

algumas organizações nocivas que ele desprezava. Mas reconheceu que também tornaria mais difícil para pessoas que ele admirava, como críticos veementes do racismo ou do excesso de poder do governo, encontrarem uma audiência. "As garantias constitucionais de liberdade de expressão e imprensa não teriam sentido se o governo pudesse escolher as pessoas a quem elas se aplicam", explicou Goldberger.

A ACLU venceu a demanda. Pelas quatro décadas seguintes, sua defesa principiada do direito à liberdade de expressão definiu sua imagem na imaginação pública. Até hoje, a organização continua a destacar com orgulho essa parte de sua história em seu site, afirmando que o caso Skokie "passou a representar nosso compromisso inabalável com o princípio". Ao longo da última década, porém, a organização começou discretamente a abandonar esses compromissos. "Uma vez um bastião da liberdade de expressão e ideais elevados", concluiu recentemente a estudiosa legal feminista Lara Bazelon na *The Atlantic*, "a ACLU se tornou, em muitos aspectos, uma caricatura de si mesma."

A transformação da ACLU se deve, em parte, a uma forte expansão de missão. Funcionários jovens que se juntaram à organização ao longo da última década querem que ela lute por uma ampla gama de valores de esquerda, não apenas aqueles diretamente relacionados à sua missão histórica de defender as liberdades civis. Eles são apoiados por um exército de pequenos doadores que se tornaram membros da ACLU nos meses após a eleição de Donald Trump, na esperança de que ela perseguisse todas as prioridades progressistas. Como resultado, a ACLU agora toma posições públicas sobre uma miscelânea de questões – algumas válidas, outras nem tanto – que estão, na melhor das hipóteses, tenuamente conectadas à sua missão histórica.

Na última década, a ACLU pediu ao governo federal que fornecesse acesso a banda larga para todos e que a dívida estudantil fosse cancelada; que os departamentos de polícia fossem desfinanciados e as universidades construíssem alojamentos reservados para estudantes negros ou hispânicos. A justificativa para essas políticas muitas vezes é expressa na linguagem da síntese de identidades. "Pessoas sem acesso à banda larga", enfatizou uma publicação recente da ACLU, "

132   A Armadilha da Identidade

são desproporcionalmente negras, latinas, indígenas, rurais ou de baixa renda."

Essas novas áreas de defesa vieram em detrimento das forças tradicionais da ACLU. Desde 2016, o "orçamento anual da organização triplicou e seu quadro de advogados dobrou", de acordo com um relatório recente no *The New York Times*. Mesmo assim, "apenas quatro de seus advogados especializam-se em questões de liberdade de expressão, um número que não mudou em uma década".

A ACLU também se tornou muito mais hesitante em defender os direitos de clientes legitimamente impopulares. Em agosto de 2017, ajudou a litigar um caso sobre o infame comício Unite the Right, que atraiu uma ampla gama de extremistas de extrema direita e supremacistas brancos, opondo-se com sucesso às tentativas da cidade de Charlottesville de transferi-lo para um local menos central. Após o protesto se transformar em violência mortal, muitos funcionários mais jovens culparam a ACLU, argumentando que ela deveria abandonar seu compromisso com uma definição ampla dos direitos de liberdade de expressão.

Centenas de funcionários publicaram uma carta aberta que argumentava que a "posição rígida" da ACLU sobre liberdade de expressão mina sua "missão mais ampla". Waldo Jaquith, membro do conselho da ACLU na Virgínia, insinuou que a organização se tornara "um disfarce para nazistas" em um tópico do Twitter que rapidamente se tornou viral. Quando Claire Guthrie Gastañaga, diretora estadual da filial local da ACLU, tentou explicar os princípios de longa data da organização em um evento na William & Mary, estudantes – segurando cartazes que diziam "ACLU, liberdade de expressão para quem?" e "Os oprimidos não estão impressionados" – a interromperam antes que ela tivesse a chance de falar.

Inicialmente, a ACLU permaneceu firme. Mesmo quando uma porta-voz da organização nacional reconheceu que "estava preocupada com o afastamento de doadores", insistiu que a ACLU manteria suas políticas de longa data. Não demorou, porém, para que a postura mudasse. Em menos de dez meses após o comício em Charlottesville, um comitê composto de membros seniores da equipe estabeleceu novos critérios

A Curta Marcha pelas Instituições   **133**

para que os advogados da ACLU considerassem antes de concordar em defender os direitos de Primeira Emenda de uma organização. Ao decidir quais casos litigar, eles deveriam considerar fatores como "as desigualdades estruturais e de poder na comunidade em que o discurso ocorrerá". Na visão de alguns líderes passados da ACLU, essa mudança de política soou como a declaração de óbito de seu compromisso de longa data em defender os direitos de expressão de todas as pessoas, independentemente de suas opiniões ou identidades.

Assim que ficou claro que a ACLU estava disposta a ceder às preferências de seus funcionários mais jovens e aos desejos de seus doadores progressistas, outras mudanças rapidamente se seguiram. Desde Charlottesville, a organização tem cada vez mais assumido causas que estão em conflito direto com sua missão histórica. Quando Abigail Shrier afirmou, em um livro controverso, que algumas formas de "contágio social" podem estar contribuindo para um aumento de disforia de gênero em adolescentes do sexo feminino, um funcionário sênior da ACLU pediu que ele fosse proibido. "Impedir a circulação desse livro e dessas ideias é 100 por cento uma missão pela qual morrerei", escreveu Chase Strangio, diretor adjunto do Projeto LGBT & HIV da ACLU, no Twitter. E quando o Departamento de Educação tentou alterar as regras que regem as investigações de má conduta sexual em campi universitários, permitindo que as universidades concedam aos acusados direitos básicos de devido processo legal, como acesso às provas que estão sendo usadas contra eles, a ACLU tuitou que isso "promove um processo injusto, favorecendo inadequadamente os acusados". (Como críticos apontaram, a organização tem uma longa tradição de defesa de amplos direitos de processo legal para todos os suspeitos, incluindo aqueles acusados de outros crimes hediondos, como assassinato ou terrorismo.)

Goldberger, o advogado que argumentou o caso Skokie, é incisivo em sua avaliação da nova ACLU. Agora parece "mais importante para os funcionários da ACLU se identificarem com clientes e causas progressistas do que se manterem firmes em princípio", ele lamentou recentemente. "Liberais estão deixando a Primeira Emenda para trás." Alguns dos membros seniores da equipe que permanecem na organização compartilham sua avaliação de que a ampla transformação ideológica da elite progressista dos Estados Unidos e a entrada de jovens funcionários imersos na síntese de identidades são responsáveis pela transformação da ACLU. Sentindo que muitos candidatos a emprego são contrários à missão histórica da organização, um funcionário mais antigo começou a mencionar casos emblemáticos como Skokie em entrevistas, perguntando a eles "se estão confortáveis com essa história". De forma reveladora, ele pediu ao *The New York Times* "para não ter seu nome divulgado devido ao medo de inflamar colegas".

A ACLU não está sozinha. Ao longo da última década, muitas outras organizações sem fins lucrativos transformaram-se por algumas das mesmas razões e de algumas das mesmas maneiras. Sob pressão de jovens funcionários profundamente imersos na síntese de identidades, cautelosas com postagens virais nas mídias sociais e com a atenção da mídia *mainstream* que podem atrair e temerosas de perder o apoio de seus doadores, também abraçaram uma miscelânea de causas progressistas – ou desistiram de elementos-chave de suas missões históricas.

À medida que funcionários de todo o setor filantrópico advogavam por uma adoção da "interseccionalidade", muitas organizações passaram a ampliar suas missões de maneiras que diluíam suas identidades centrais. Influenciados pela ideia de que todas as formas de opressão estão conectadas, jovens funcionários de instituições que historicamente se concentravam em uma área de problema claramente circunscrita exigiram que tivessem participação em todos os tipos de causas progressistas. Como resultado, a distinção entre diferentes grupos de defesa tornou-se cada vez mais fluida, e o preço ideológico de admissão em todos eles se tornou cada vez mais alto.

O Sierra Club, por exemplo, é um grupo ambientalista que historicamente viu como sua missão "promover o uso responsável dos ecossistemas e recursos da terra". No entanto, a organização agora emite declarações sobre uma gama desconcertante de tópicos diferentes, desde exigir que a administração Biden "derrube o muro" na fronteira sul dos Estados Unidos até se juntar aos apelos para "desfinanciar a polícia".

A transformação ideológica do setor sem fins lucrativos provavelmente não será revertida tão cedo. Impulsionadas pelas mesmas tendências geracionais e ideológicas, grandes fundações de concessão de recursos que servem como principais apoiadoras financeiras de uma ampla gama de grupos ativistas, *think tanks* e organizações artísticas têm cada vez mais adotado os princípios fundamentais da síntese de identidades. À medida que os líderes de instituições desde a Fundação Ford até a Fundação MacArthur sofreram pressão de seus próprios funcionários, deram seu apoio a causas cada vez mais radicais e começaram explicitamente a preferir beneficiários "negros ou pardos".

Conforme uma investigação do *The Economist* concluiu em 2021: "A filantropia está se inclinando para a esquerda". Fundações financeiramente poderosas estão cada vez mais buscando equidade, "definida não como oportunidade igual, mas sim como resultados iguais". Essa mudança nos pressupostos ideológicos das maiores fundações do país levou a uma enorme entrada de recursos em organizações que fazem campanha por ideias e questões inspiradas na síntese de identidades. Segundo a Candid, uma organização que compila informações sobre organizações sem fins lucrativos, por exemplo, as fundações filantrópicas distribuíram ou prometeram cerca de 28 bilhões de dólares em "financiamento para equidade racial" de 2011 a 2021.

Grande parte desse dinheiro apoia trabalhos admiráveis contra o racismo e outras formas de discriminação. Mas parte dele também vai para organizações que promovem políticas educacionais que dividem os alunos em diferentes grupos étnicos ou advogam pela adoção de políticas sensíveis à raça por instituições estatais; para ativistas controversos que direcionaram dólares de doadores para estilos de vida luxuosos e compraram mansões gigantes que parecem ter sido destinadas predominantemente a usos pessoais; ou para causas políticas extremas, como a abolição dos departamentos de polícia.

Ao longo da última década, grandes fundações de concessão de recursos e grupos ativistas-chave passaram por uma enorme mudança, abraçando os princípios fundamentais da síntese de identidades e enfraquecendo seu compromisso com princípios filosoficamente liberais. Não é de surpreender que o setor sem fins lucrativos, com seu

136   **A Armadilha da Identidade**

compromisso explícito de tornar o mundo um lugar melhor, tenha se mostrado especialmente receptivo a jovens funcionários que exigiam que ele acolhesse ideias cada vez mais radicais. Mais surpreendentemente, alguns dos mesmos mecanismos também acabaram por transformar outras áreas da vida norte-americana – incluindo o setor corporativo.

A Síntese de Identidade Chega ao Alto Escalão

Se há uma empresa icônica que faz negócios com uma ampla variedade de clientes nos Estados Unidos e ao redor do mundo, dando-lhe um forte incentivo para não adotar posições políticas radicais das quais muita gente provavelmente discordaria, é a Coca-Cola. Isso torna ainda mais notável o fato de que a empresa, ao longo da última década, tornou-se muito mais aberta quanto a questões políticas.

Em 2020, a Coca-Cola anunciou planos para uma mudança radical na cultura interna da empresa. "Para ajudar a fomentar conversas e promover o entendimento como parte do nosso plano holístico de Equidade Racial", anunciou a Coca-Cola em 2020, "estamos lançando uma plataforma de enriquecimento de diversidade, equidade e inclusão para os funcionários." Claro, é encorajador ver empresas visando recrutar uma força de trabalho diversificada, tomar uma posição forte contra o racismo e incentivar seus funcionários a se darem bem. No entanto, os programas e compromissos esposados pela Coca-Cola não estão enraizados em ideais universais de tolerância e inclusão genuína, mas nos conceitos e nas convicções da síntese de identidade.

"Confrontando o Racismo", um dos treinamentos oferecidos pela Coca-Cola a seus funcionários por meio do portal de treinamento da empresa, por exemplo, apresenta um slide dizendo aos funcionários para "tentarem ser menos brancos". Para qualquer pessoa que possa estar confusa sobre o que essa exortação pode envolver, ou como eles podem possivelmente alcançá-la, o treinamento explica de forma útil que ser menos branco é ser "menos opressor", "menos arrogante", "menos certo", "menos defensivo" e "menos ignorante". Em um vídeo

A Curta Marcha pelas Instituições 137

que acompanhava o treinamento, a autora de best-sellers Robin DiAngelo – que é branca – explicou que se tornar menos branco exigiria um compromisso considerável: é "um processo de uma vida toda".

Questionado sobre como a Coca-Cola decidiu associar seu logo icônico a um conteúdo tão incendiário, um porta-voz da empresa insistiu que o curso fazia parte de um programa de treinamento mais amplo projetado pelo LinkedIn e usado por muitas grandes corporações. Mas isso só ajuda a mostrar como tal conteúdo se tornou comum em toda a América corporativa. Na verdade, a presença de DiAngelo – que se destacou inicialmente como facilitadora de workshops de diversidade, equidade e inclusão e trabalhou com dezenas de grandes corporações, incluindo Amazon, Facebook, Goldman Sachs, American Express e CVS – é reveladora.

Desde sua ampla adoção na década de 1960, a natureza dos treinamentos de diversidade nas empresas norte-americanas mudou radicalmente. Antes focados em ensinar a importância do respeito mútuo e dos benefícios de um ambiente de trabalho diversificado, recentemente passaram a inculcar a convicção central de DiAngelo de que até mesmo os funcionários bem-intencionados são inevitavelmente sexistas ou racistas. Avaliando as mudanças que tais treinamentos sofreram na década anterior, em janeiro de 2020, Raafi-Karim Alidina, um consultor de recursos humanos especializado em diversidade, equidade e inclusão, comemorou a rápida disseminação dos elementos essenciais da síntese de identidades. "O termo 'segurança psicológica' era usado apenas em revistas acadêmicas em 2010", ele escreve como exemplo; "agora, executivos do alto escalão discutem sua importância."

Então, por que a natureza dos treinamentos de diversidade mudou tão drasticamente ao longo de uma década? E como as corporações, que há muito tempo relutavam em assumir posições controversas, começaram a dar grande destaque às formas popularizadas da síntese de identidades? A resposta está, mais uma vez, conectada à curta marcha pelas instituições. Empresas de tecnologia como Google e Amazon, empresas de consultoria como McKinsey e Boston Consulting Group e bancos de investimento como J.P. Morgan e Goldman Sachs recrutam

138 **A Armadilha da Identidade**

um número desproporcional de seus estudantes em instituições de elite. (O Google, por exemplo, recruta a maioria de seus funcionários em Stanford e Berkeley. Na McKinsey, graduados de universidades da Ivy League como Harvard são especialmente representados. A Goldman Sachs ramifica-se um pouco mais: também contrata muito da Universidade de Nova York e da Escola de Economia de Londres.) Dado o modo como as principais universidades dos Estados Unidos mudaram ao longo das décadas anteriores, o grupo de jovens funcionários que ingressaram nessas empresas tinha, portanto, uma grande probabilidade de estar imerso na síntese de identidades.

Uma vez que esses jovens recrutas vestiram seus ternos (ou camisetas) novos e chegaram ao reluzente novo mundo das salas de conferência no centro de Manhattan (ou dos campi em expansão no Vale do Silício), muitos se dedicaram a ganhar dinheiro e conquistar promoções, mas uma parcela significativa começou a se envolver no que os cientistas sociais chamam de "ativismo interno". Se sofressem injustiças graves como assédio sexual ou menos graves como microagressões percebidas, usavam uma combinação de canais internos de discordância com ameaças externas de má publicidade no Twitter ou no *The New York Times* para pressionar seus empregadores a mudar suas práticas.

Entre os cientistas sociais que estudam o mundo dos negócios, há um consenso notável de que essa forma de ativismo aumentou rapidamente ao longo da década de 2010. De acordo com um relatório, por exemplo, "A voz da força de trabalho insistirá em ser ouvida como nunca antes. Se os canais tradicionais de comunicação interna não atenderem suas necessidades, meios externos de levantar questionamentos preencherão a lacuna". De fato, de acordo com uma pesquisa com quatrocentos executivos de alto escalão de grandes corporações ao redor do mundo conduzida em 2019, "81 por cento das empresas preveem um aumento no ativismo dos funcionários no futuro".

A previsão concretizou-se mais rápido do que o esperado. Como descobriu Mae McDonnell, professora associada de administração em Wharton, no ano seguinte, "No primeiro semestre de 2015, foram reportados seis casos de ativismo dos funcionários em empresas de tecnologia na mídia *mainstream*. No primeiro semestre de 2020, foram 60". Como sei por meio de inúmeras conversas com líderes corporativos de alto escalão, os executivos seniores ficaram profundamente preocupados com esse tipo de pressão interna. Como resumiu um dos entrevistados, "Tudo o que é necessário é um indivíduo especialmente difícil que fale especialmente bem para levantar preocupações através das mídias sociais, e, mesmo que as acusações sejam sem base, muitas vezes você não pode se defender publicamente".

Uma vez que algumas das principais empresas concordaram em atender às demandas-chave desses ativistas internos, a maioria das outras no mesmo setor rapidamente seguiu o exemplo. Esse processo de "difusão isomórfica" – a tendência de organizações semelhantes emularem uma à outra – foi, em parte, impulsionado pela competição pelos melhores talentos e pelo desejo de acompanhar os concorrentes. Em setores que dependem da contratação dos melhores graduados de universidades prestigiadas, nenhum empregador sentiu que poderia recusar aos seus futuros recrutas o que um concorrente estava oferecendo. Ativistas internos, escreve Apoorva Ghosh, sociólogo da Universidade de Emory, muitas vezes "destacam a adoção de políticas e práticas semelhantes por empresas similares e questionam diretamente esses empregadores: 'Não queremos ser tão bons quanto [nossos pares]?'". E como nenhuma corporação quer ficar desatualizada em relação aos líderes de seu setor, até mesmo locais de trabalho menos prestigiados logo adotaram algumas das mesmas mudanças.

A rápida disseminação de novas normas e práticas também teve uma dimensão legal. Quando empresas são processadas por assédio sexual ou discriminação racial, os tribunais frequentemente buscam determinar se elas tomaram medidas suficientes para proteger seus funcionários. Uma parte crucial dessa análise gira em torno de se elas instituíram os tipos de práticas e ofereceram os tipos de programas de treinamento que são típicos entre seus pares. Portanto, quando algumas empresas adotaram novas normas e práticas, seus concorrentes adquiriram um incentivo legal convincente para seguirem o exemplo – independentemente de as evidências mostrarem que são eficazes na consecução de seus objetivos declarados.

140 A Armadilha da Identidade

No passado, os principais gestores poderiam ter resistido às demandas dos funcionários juniores se as considerassem caras, ineficazes ou potencialmente controversas. Na última década, contudo, uma mistura de ativismo interno, competição com os pares, pressão das mídias sociais e risco legal lhes deu fortes motivos para ignorar tais preocupações. Gabriel Rossman, professor de sociologia da UCLA, ilustra esse ponto com um experimento mental convincente:

> Suponha que você seja um gerente que lê a literatura acadêmica, vê que os estilos de autocrítica contundentes dos treinamentos de assédio sexual ou diversidade racial estão em algum lugar entre inúteis e contraproducentes, e propõe cancelar os treinamentos do próximo ano. O departamento jurídico vai reclamar que isso parecerá ruim se você enfrentar uma ação de demissão injusta em breve (...). Muitos funcionários vão reclamar que esperam que a empresa expresse seus valores, o que inclui a realização de seminários apresentando "caminhadas do privilégio" para reafirmar o compromisso da empresa com o fim da supremacia branca e outras formas de dominação. Esses interessados apontarão para o fato de que todos os seus principais concorrentes na indústria realizam tais seminários; é uma "melhor prática".

O que, pergunta Rossman, você faria? Provavelmente, ele sugere, o mesmo que os gestores das maiores e mais prestigiadas corporações dos Estados Unidos, do Google à Coca-Cola: ficar calado sobre quaisquer preocupações que possa ter privadamente sobre o modo como todos estão fazendo as coisas, contratar treinadores de diversidade da moda, mesmo que você ache que eles provavelmente não farão nenhum bem, concordar com demandas marginais dos funcionários e seguir para o próximo item da sua agenda.

Principais Conclusões

- Os ativistas estudantis da década de 1960 transformaram a cultura de muitos países por meio de uma "longa marcha pelas

A Curta Marcha pelas Instituições

instituições". À medida que entravam nos locais de trabalho nos setores empresarial, do entretenimento e político, gradualmente mudavam as normas e práticas prevalecentes. Embora não tenham se proposto conscientemente a emular essa estratégia, uma nova safra de estudantes profundamente imersos na síntese de identidades tanto na faculdade quanto nas redes sociais completou uma "curta marcha pelas instituições" ao longo da década de 2010.

- A pressão dos jovens funcionários foi especialmente eficaz na transformação de fundações e organizações sem fins lucrativos comprometidas em tornar o mundo um lugar melhor. Organizações ativistas como a ACLU tornaram-se menos propensas a lutar por valores liberais, como liberdade de expressão, quando estes conflitavam com outras prioridades progressistas. Mudanças semelhantes em grandes fundações filantrópicas garantiram que a síntese de identidade aumentasse permanentemente sua influência em todo o mundo sem fins lucrativos.

- Até mesmo grandes corporações, como a Coca-Cola, tornaram-se mais propensas a abraçar aspectos-chave da síntese de identidades e a treinar seus funcionários em conceitos como privilégio branco. A curta marcha pelas instituições começou em empresas de tecnologia e empresas profissionais que recrutam em universidades de elite, competem pelo melhor talento e têm grande aversão à publicidade negativa. Outras grandes corporações rapidamente seguiram o exemplo devido ao ativismo dos funcionários e a incentivos legais para emular as ações de seus pares.

7 | Desacordo Desencorajado

O que mil cientistas políticos e estrategistas de campanha haviam declarado impossível aconteceu em 8 de novembro de 2016. Em uma eleição acirrada, Donald J. Trump derrotou Hillary Rodham Clinton para se tornar o 45º presidente dos Estados Unidos. Os apoiadores de Trump comemoraram o choque que haviam causado a um *establishment* político que desprezavam. No entanto, um número similar de norte-americanos se preocupava com o que Trump poderia fazer ao país e às pessoas mais vulneráveis dentro dele.

As razões para preocupação eram reais. Durante sua campanha, Trump prometeu proibir a entrada de muçulmanos nos Estados Unidos. Insinuou que policiais deveriam agir com violência contra suspeitos criminosos ao prendê-los. Pediu que sua adversária fosse presa. Não quis se distanciar de apoiadores extremistas como David Duke. Deixou dúvidas se aceitaria uma derrota eleitoral.

Muitos medos tornaram-se realidade. Nos primeiros meses de seu mandato, Trump proibiu a entrada nos Estados Unidos de milhões de pessoas com vínculos com um dos sete países muçulmanos. Proibiu pessoas transgênero de servirem nas Forças Armadas. Demitiu o diretor do FBI em circunstâncias suspeitas. E quando perdeu sua tentativa de reeleição, quatro anos depois, recusou-se a aceitar, inspirando uma multidão a invadir o Capitólio.

144   A Armadilha da Identidade

Inicialmente, a ameaça representada por Trump provocou uma enorme onda de protestos. No dia seguinte à sua posse, meio milhão de pessoas convergiu para Washington, D.C., para uma "marcha das mulheres"; milhões mais foram às ruas em cidades por todos os Estados Unidos. Quando o decreto executivo da Casa Branca sobre imigração foi publicado, uma semana depois, deixando dezenas de viajantes de países muçulmanos em situação de limbo, milhares de norte-americanos convergiram espontaneamente para aeroportos em todo o país.

Os norte-americanos também injetaram energia em organizações que se opunham a Trump. Grupos ativistas como ACLU e NAACP arrecadaram milhões em doações de pequenos doadores, aumentando significativamente seus recursos financeiros. O Indivisible, um movimento de base cujos fundadores progressistas buscavam explicitamente emular o Tea Party, mobilizou seus membros para se oporem à confirmação dos indicados de Trump. Por todo o país, milhares de cidadãos que nunca tinham ocupado cargos políticos decidiram concorrer para o conselho municipal, a legislatura estadual, e até mesmo para o Congresso.

Nas primeiras semanas e meses após a vitória de Trump, os ativistas abrigavam a esperança de que todos esses esforços de algum modo o forçariam a deixar o cargo. Talvez "eleitores infiéis" no Colégio Eleitoral conspirariam para salvar a república de seu presidente eleito. Talvez revelações iminentes sobre suas conexões com o Kremlin persuadissem os líderes do Partido Republicano a fazê-lo renunciar. Talvez Robert Mueller, o conselheiro especial nomeado para investigar a interferência russa na eleição de 2016, apresentasse acusações criminais contra Trump. Talvez o Congresso conseguisse o impeachment do presidente. Encorajada por previsões exageradas na TV a cabo, uma grande parte da população norte-americana passou a acreditar que de algum modo, em algum momento, talvez por algum caminho ainda não imaginado, toda essa enorme efervescência popular se traduziria na remoção de Trump.

Mas a salvação prometida não se concretizou. O Colégio Eleitoral elegeu Trump conforme o previsto. A "gravação do xixi" nunca surgiu.

Mueller não indiciou o presidente. Uma (primeira) tentativa de impeachment foi derrotada por uma votação (em grande parte) partidária. Nenhum *deus ex machina* apareceu para fazer Trump desaparecer.

Muitos dos opositores de Trump lidaram com essa decepção como os participantes de movimentos de massa costumam fazer quando o período inicial de entusiasmo diminui: voltaram sua atenção para seus empregos, seus filhos e seus hobbies. As organizações progressistas nunca repetiram o sucesso de arrecadação de fundos de pequenos doadores de que desfrutaram em novembro de 2016. A participação em protestos começou a diminuir. A última marcha das mulheres antes da pandemia, realizada em janeiro de 2020, atraiu uma fração ínfima – cerca de um quadragésimo – de sua multidão original.

Mas, à medida que as grandes esperanças do movimento de "resistência" foram frustradas, alguns de seus membros reagiram de modo muito diferente: em vez de continuar protestando ou ignorando a política, direcionaram sua raiva para o interior. Instituições de esquerda, desde universidades até fundações e organizações de artes, foram consumidas por conflitos internos. Campanhas para demitir ou afastar pessoas "problemáticas" por uma gama completa de ofensas, algumas graves e outras triviais, algumas reais e outras imaginadas, consumiram enorme energia. Em alguns ambientes, a versão popularizada da síntese de identidades tornou-se uma ortodoxia, com o desacordo desencorajado de maneira cada vez mais pesada. Durante grande parte da era Trump, grandes segmentos da América progressista pareciam dirigir mais raiva aos membros aberrantes de sua própria tribo do que a seu inimigo nominal na Casa Branca.

Uma Ortodoxia de Identidades Desce sobre as Instituições Progressistas

Quando os protestos em massa do final de 2016 começaram a diminuir e os vários esquemas para forçar o recém-eleito presidente a renunciar ao cargo fracassaram, um sentimento debilitante de

146 **A Armadilha da Identidade**

impotência se instalou. À medida que os ativistas de esquerda reconheciam que havia pouco que podiam fazer para se proteger contra um presidente que – por razões perfeitamente racionais – os fazia temer, alguns deles redirecionaram seu foco para o que permanecia sob seu controle. "Talvez eu não possa acabar com o racismo sozinho, mas posso fazer com que meu gerente seja demitido, ou posso fazer fulano ser removido, ou posso responsabilizar alguém", explicou um veterano do movimento progressista que trabalhava como diretor executivo de uma importante organização de esquerda durante esse período. "As pessoas encontravam poder onde podiam, e muitas vezes isso é onde você trabalha, às vezes onde você mora, ou onde estuda, mas em algum lugar perto de casa."

Isso é em grande parte o motivo pelo qual, de 2016 a 2020, parte da energia mais intensa da esquerda foi dedicada a se livrar de qualquer pessoa que supostamente ameaçasse poluir a pureza moral de sua comunidade. Professores trabalhando nas universidades e faculdades de ciências humanas da nação; poetas, pintores e fotógrafos afiliados às principais instituições de arte, e até mesmo funcionários das organizações progressistas do país podiam fazer frustrantemente pouco para defender sua nação contra Donald Trump. O que podiam fazer era identificar pessoas que, deliberada ou inadvertidamente, na realidade ou em sua imaginação, desrespeitavam as novas certezas políticas com as quais as comunidades mais progressistas do país se comprometeram.

Isso ajuda a explicar o extraordinário aumento de tentativas de demissão ou ostracismo de pessoas por supostas violações das normas da comunidade. Donald McNeil, o primeiro jornalista em um grande jornal impresso norte-americano a alertar o país para a ameaça representada pela covid, foi afastado do *The New York Times* por supostamente repetir a palavra com "n" ao perguntar sobre o contexto em que outra pessoa a havia usado. David Shor, um jornalista de dados em uma organização de campanha progressista, perdeu seu cargo depois de compartilhar um artigo de um proeminente professor de ciência política afro-americano que discutia as consequências adversas de protestos violentos. Emmanuel Cafferty, um eletricista apolítico com raízes na América Latina, foi demitido de uma empresa de serviços

Desacordo Desencorajado

147

públicos em San Diego depois que ativistas no Twitter interpretaram erroneamente um gesto que ele fez enquanto dirigia seu caminhão como um símbolo de poder branco.

No final da década de 2010, uma ortodoxia restritiva desceu – não apenas sobre instituições famosas cujas controvérsias poderiam ser cobertas no jornal de referência, mas em inúmeras escolas, associações e corporações em todo o país. Qualquer pessoa que ofendesse a sensibilidade política de seus pares estava sujeita a ser retratada como sexista, racista ou simpatizante secreta de Donald Trump. E como qualquer pessoa que fosse culpada de tais pecados políticos poluiria a pureza da comunidade, um contingente pequeno, mas poderoso, de ativistas se nomeou os heróis mascarados cuja missão era garantir que uma ação rápida e decisiva puniria traidores, aproveitadores e sabotadores assim percebidos.

Conforme o jornalista de esquerda Ryan Grim relatou no *The Intercept*, as instituições progressistas mostraram-se especialmente vulneráveis a essa dinâmica autodestrutiva. "É difícil encontrar uma organização progressista sediada em Washington que não tenha estado em crise, ou que não esteja atualmente em crise", escreveu Grim em junho de 2022. "O Sierra Club, a Demos, a União Norte-Americana pelas Liberdades Civis, a Color of Change, o Movimento pela Vida Negra, a Campanha pelos Direitos Humanos, o Time's Up, o Movimento Sunrise e muitas outras organizações têm passado por uma turbulência dolorosa e debilitante nos últimos anos." (Muitos *insiders* do movimento, como o chefe do Partido das Famílias Trabalhadoras, desde então vieram a público para concordar com a avaliação de Grim.)

O diretor executivo de uma importante organização progressista que saiu frustrado dessa atmosfera de estufa explicou o ônus que isso causou. "Tanta energia foi dedicada às lutas internas e à tolice interna que isso teve um impacto real na capacidade dos grupos de entregar", disse a Grim. "Nos meus últimos nove meses, eu estava gastando 90 a 95 por cento do meu tempo em lutas internas." Outro líder institucional que ainda não jogou a toalha soou ainda mais desanimado. "Costumávamos querer tornar o mundo um lugar melhor", disse ele. "Agora só tornamos nossas organizações mais infelizes para se trabalhar."

148 **A Armadilha da Identidade**

Há algo peculiar em tudo isso. Durante os anos Trump, havia muitas causas urgentes e valiosas às quais os ativistas e as organizações progressistas poderiam ter dedicado sua atenção. Ainda assim, consumiram-se em lutas internas. Por que isso aconteceu? Ou, para citar o antropólogo Roy D'Andrade: "Não é estranho que o verdadeiro inimigo da sociedade acabe sendo aquele cara na sala ao lado?". A resposta a essas perguntas requer um breve desvio para a ciência da psicologia de grupo. Pois esse problema está enraizado naquilo que faz os grupos funcionarem, em como os dissidentes podem ajudar a mantê-los sãos, e em quando a pressão para se conformar se torna tão forte que os extremistas ganham o poder de impor suas opiniões sobre todos os outros.

Pressão dos Pares e a Radicalização de Grupos

Na primavera de 1915, um garotinho na Polônia central celebrou o Pessach com sua família. Como é costume, sua avó serviu um copo extra de vinho, explicando que era uma oferta para o profeta Elias. "Será que ele realmente vai dar um gole?", perguntou o menino de sete anos, admirado. "Ah, sim", disse seu tio, "você só precisa esperar o momento certo".

O menininho observou o copo atentamente. Um cético natural, ele não conseguia imaginar tal maravilha acontecendo bem diante de seus olhos. Mas quando seu primo gritou que o vinho no copo estava diminuindo, o menininho concordou: parecia mesmo haver um pouco menos de vinho no copo!

Alguns anos após esse memorável jantar de Pessach, o menininho, que atendia pelo nome de Solomon Asch, imigrou para os Estados Unidos. Ele aprendeu inglês lendo os romances de Charles Dickens, chegou ao City College, em Nova York, e se tornou professor de psicologia em Swarthmore. Chocado com a crueldade da Segunda Guerra Mundial, ele ficou obcecado em entender por que os membros de grupos frequentemente adotam crenças extremas ou ações imorais. Incapaz de encontrar uma resposta na literatura existente, continuou

Desacordo Desencorajado

retornando ao que ele mesmo havia experimentado quando criança. Quão sugestionáveis, ele se perguntava, são os seres humanos?

Para responder a essa pergunta, Asch recrutou estudantes universitários para um estudo aparentemente simples. Mostrou a eles dois cartões. Um cartão tinha uma linha única. O segundo cartão tinha três linhas. Então ele lhes pediu para escolher qual das três linhas no segundo cartão era igual em comprimento à linha no primeiro cartão. Era uma tarefa fácil, e os estudantes a dominaram com desenvoltura. Quase todos deram a resposta correta.

Mas então Asch acrescentou uma reviravolta ao experimento. Ele agora colocou os sujeitos de seu estudo em grupos que consistiam principalmente de atores pagos. Nas primeiras rodadas, tanto os estudantes universitários não iniciados quanto os atores pagos deram a resposta obviamente correta. Mas na terceira rodada, todos os atores deram a resposta errada. O que os verdadeiros sujeitos do teste fariam? Confiariam em seus próprios olhos ou, como Solomon quando era pequeno, se provariam suscetíveis à sugestão?

Os resultados foram surpreendentes. Três em cada quatro estudantes universitários concordaram com a resposta obviamente errada pelo menos algumas vezes. Talvez eles realmente tenham passado a acreditar na resposta errada. Ou talvez tenham mentido para não se destacarem entre seus pares. De qualquer modo, estavam assustadoramente propensos à conformidade com um grupo que claramente estava cometendo um erro.

As descobertas de Asch, que foram replicadas por psicólogos em uma grande variedade de contextos, ilustram como grupos inteiros podem adotar ideias erradas, extremas ou até perigosas. Se alguns membros influentes de um grupo proclamarem em voz alta alguma crença, os outros membros podem sentir-se pressionados a concordar com ela – mesmo que a maioria oculte preocupações fundamentadas.

Nas experiências realizadas por Asch, os riscos pareciam baixos. Mas, ao longo das décadas seguintes, pesquisadores interessados nos efeitos da conformidade de grupo em áreas que vão do direito aos negócios basearam-se em sua percepção central para demonstrar que

150 **A Armadilha da Identidade**

efeitos semelhantes também podem levar a comportamentos aparentemente irracionais em contextos em que os riscos são altos. Tome, por exemplo, um grupo de pessoas que precisa decidir quanto uma empresa deve pagar de indenização porque sua negligência resultou em um ferimento em uma criança pequena. No experimento, cada membro do grupo registrou privadamente qual valor considerava apropriado, com sugestões variando de 500 mil a 2 milhões de dólares. Com qual valor eles concordaram depois de discutir o problema como grupo? A resposta intuitiva é que o grupo chegaria a algum tipo de meio-termo. Dada a variedade de estimativas iniciais, poderia estabelecer os danos em, digamos, 1,5 milhão. Mas a resposta intuitiva acaba sendo errada. Na maioria dos casos, grupos que deliberaram sobre danos em tal situação concederam uma penalidade muito mais alta – chegando a 5 ou até a 10 milhões de dólares.

Experimentos que pediram a grupos para deliberar sobre questões mais clássicas de política pública, de aborto a direito a porte de armas, sugeriram a mesma conclusão. Quando grupos de pessoas que em grande parte concordam com uma resposta a alguma questão moral ou política premente debatem o problema juntos, eles não tendem a moderar ou dividir a diferença; pelo contrário, tendem a estimular uns aos outros. Em um número surpreendente de casos, eles chegam a uma conclusão mais radical do que a inicialmente esposada por qualquer membro individual do grupo. Isso é o que o eminente economista comportamental de Harvard Cass Sunstein chamou de "a lei da polarização de grupo": quando grupos de pessoas com ideias semelhantes têm a chance de deliberar sobre alguma questão de moralidade ou política, as conclusões a que chegam são mais radicais do que as crenças de seus membros individuais.

A polarização de grupo não precisa ser ruim. Às vezes, é preciso deliberar com pessoas de pensamento semelhante para reconhecer que a resposta radical é a correta. (Talvez, por exemplo, todos estaríamos mais seguros se as empresas sempre tivessem de pagar danos enormes por sua negligência.) Porém, dado que o consenso sobre uma posição radical dentro de um grupo muitas vezes é baseado em pressão dos pares e pode ir contra evidências claras e objetivas, é especialmente

Desacordo Desencorajado

importante que os grupos tenham algum mecanismo incorporado para impedi-los de sair dos trilhos.

Por isso pesquisadores têm, ultimamente, focado no papel muitíssimo importante dos dissidentes de moderar os efeitos da lei da polarização de grupo. "A crítica interna e o dissenso são vitais para o sucesso dos grupos sociais", apontam os psicólogos Levi Adelman e Nilanjana Dasgupta em um artigo recente. "Eles impedem que os membros do grupo isolem pontos de vista que poderiam ser cruciais para a tomada de decisões e também previnem o pensamento de grupo, o processo pelo qual os membros de um grupo enfatizam opiniões semelhantes e silenciam dissidentes."

Na maior parte do tempo, isso funciona surpreendentemente bem. Muitos grupos são tolerantes com o dissenso interno. Reconhecem a importância da discussão aberta e até podem recompensar os críticos que ousam falar o que pensam. Isso é especialmente verdadeiro quando aqueles que se manifestam são percebidos como membros leais do grupo que desejam melhorá-lo, em vez de estranhos que não compartilham seus objetivos. Não é sempre assim, porém. E a pesquisa também sugere que há momentos em que normas saudáveis que incentivam o dissenso e mantêm a polarização do grupo sob controle cedem a uma enorme pressão dos pares e "cascatas reputacionais" que consolidam os pontos de vista de uma pequena minoria – mesmo quando a maioria dos membros do grupo discorda secretamente deles.

Então, podemos prever quando a pressão para se conformar torna-se tão avassaladora que qualquer um que ouse discordar seja vilipendiado e aqueles que permanecem no grupo sintam uma necessidade ainda maior de concordar com os pontos de vista de seus membros mais barulhentos? A resposta parece ser sim. Ao longo das últimas duas décadas, pesquisadores encontraram evidências convincentes de que há um conjunto particular de circunstâncias que torna muito mais provável que um grupo passe a ser menos tolerante ao dissenso e que os críticos internos sofram penalidades reputacionais tão altas que a maioria opte por se calar.

A pressão para conformar-se, como descobriram os psicólogos sociais, torna-se muito maior quando um grupo está no meio de um

152   **A Armadilha da Identidade**

conflito que envolve altos riscos morais, fazendo com que seus membros se sintam sob ameaça. Embora os críticos internos normalmente sejam considerados sinceros, qualquer um que ouse discordar das opiniões ou ações endossadas pelos líderes do grupo sob tais circunstâncias corre o risco de ser acusado de desvio moral e ser suspeito de sabotagem.

"O conflito intergrupal aumenta a aplicação das normas do grupo e está correlacionado com a intolerância em relação aos membros críticos do próprio grupo", Adelman e Dasgupta resumem o estado da literatura. "Assim, quando a ameaça ao grupo é evidente, os membros do grupo podem tornar-se menos receptivos às críticas ao seu grupo e responder negativamente mesmo aos críticos do próprio grupo." Sob tais condições de ameaça, "críticas de membros do próprio grupo podem ser percebidas como um ato de traição e atribuídas a motivos malévolos do crítico". Às vezes, essas dinâmicas mostram-se tão poderosas que não é mais necessário discordar consciente ou explicitamente para incorrer na ira do grupo; qualquer um que pense que está violando as normas do grupo, por mais tentativa ou inadvertidamente, torna-se um alvo.

Um sentimento de impotência é uma grande parte do motivo para a diminuição da tolerância em relação aos dissidentes em condições de ameaça percebida. Quando o verdadeiro alvo de sua raiva está além de seu alcance e os riscos morais do momento são altos, a incapacidade de fazer qualquer coisa útil torna-se frustrante. Algumas pessoas que estão desesperadas para fazer algo – qualquer coisa – para manter a ameaça afastada começam então a direcionar sua raiva para aqueles que estão sob seu controle.

Isso pode ajudar a explicar o que aconteceu com partes do movimento progressista durante a presidência de Trump. O sujeito na sala vizinha pode não ser mesmo o maior inimigo da sociedade, mas muitas vezes acaba sendo o maior inimigo sobre quem você tem algum controle. Então, quando os ativistas começaram a sentir que não tinham as ferramentas para proteger o país contra a ameaça que emanava da Casa Branca, uma parte pequena, mas impactante, deles se tornou intolerante à dissidência interna e direcionou muito de sua

Desacordo Desencorajado

raiva a qualquer um que ousasse violar as normas não escritas da síntese de identidades.

Os Executores Intelectuais da Ortodoxia Identitária

Inicialmente, essas tendências surgiram de maneira mais ou menos orgânica. À medida que aumentava o risco de que qualquer forma aberta de dissidência com a versão popularizada da síntese de identidade fosse vista como "obstrução para Trump", mais e mais membros das instituições progressistas que discordavam do consenso predominante escolhiam permanecer em silêncio. E à medida que mais membros das instituições progressistas optavam por ficar em silêncio, o custo para quem ainda insistia em falar aumentava. Um ciclo vicioso havia surgido. Pouco depois, um par de livros de sucesso foi ainda mais longe, dando a essa nova ortodoxia de identidades uma espécie de superestrutura intelectual, que santificava a intolerância ao desacordo como parte necessária da resistência contra o preconceito em todas as suas formas.

Duas afirmações tornaram-se executores especialmente eficazes da nova ortodoxia identitária, e nenhuma seria surpreendente para quem já leu a literatura psicológica sobre como os grupos vilipendiam dissidentes sob condições de ameaça percebida. A primeira alegava que há apenas dois lados na luta entre racistas e antirracistas, tornando qualquer pessoa que se recuse a se juntar ao (suposto) lado antirracista um racista – uma maneira muito eficaz de retratar como moralmente anormais aqueles que não estão em plena conformidade com as novas normas da comunidade. A segunda insistia que qualquer forma de resistência a essa ortodoxia deve ser motivada por uma recusa egoísta em reconhecer a própria cumplicidade com o racismo – uma maneira muito eficaz de retratar todos os dissidentes como pessoas de más intenções.

Na primeira década do século XXI, grande parte da esquerda norte-americana resistiu com razão à afirmação maniqueísta de George W. Bush de que "ou você está conosco, ou você está com os terroristas".

154   A Armadilha da Identidade

Mas agora, um sentimento surpreendentemente semelhante passou a ser compartilhado como um meme, incorporado em inúmeros treinamentos de diversidade e até mesmo estampado em sites corporativos. Cada ato, pessoa, instituição e política pública, argumentou Ibram X. Kendi em um livro de sucesso de 2019, é ou racista ou antirracista; não existe ato neutro:

> Ao escrever *Como ser antirracista*, tive um objetivo singular. Se eu pudesse de algum modo moldar o mundo, o que eu esperaria que resultasse desse livro é muito simplesmente que erradicássemos o termo "não racista" do vocabulário norte-americano. Isso forçaria as pessoas a reconhecerem que são o quê? Racistas ou antirracistas.

Agora, é perfeitamente plausível sustentar que todos os seres humanos têm o dever moral de se opor ao racismo; eu mesmo concordo fortemente com essa afirmação. Mas a maneira como Kendi definiu seus termos-chave, incluindo a natureza do "antirracismo", tornou sua teoria muito mais radical do que poderia parecer à primeira vista. Pois, de acordo com Kendi, o único critério para determinar se um ato, pessoa, instituição ou política pública é "racista" ou "antirracista" é se ele ajuda a aumentar ou diminuir a disparidade de renda (ou riqueza ou algum outro indicador desejável) entre brancos e negros. Como resultado, ele declarou que uma variedade extraordinária de entidades que, em sua avaliação, não reduzem tais disparidades raciais são racistas – desde o capitalismo até os SATs, e desde obstrucionistas até a Constituição dos EUA.

Kendi também não hesitou em deixar claro como ele considerava o *status* moral de qualquer um que não abraçasse esse programa antirracista, conforme o entende. De acordo com ele, qualquer pessoa que afirme que é "não racista" está efetivamente se aliando a segregacionistas, eugenistas e comerciantes de escravos: "norte-americanos que se identificam como não racistas – sejam eles conservadores, moderados, liberais, radicais, progressistas – não percebem (...) que estamos nos conectando a uma história de comerciantes de escravos que se identificavam como não racistas".

Desacordo Desencorajado

A segunda crença desempenhou um papel ainda maior em desencorajar o desacordo com a nova ortodoxia. Ao professar que nenhuma pessoa branca é capaz de superar os padrões racistas de pensamento e ação que são ensinados desde cedo, Robin DiAngelo – a treinadora de diversidade cujo curso foi usado para treinar funcionários da Coca-Cola e muitas outras grandes corporações – orgulhosamente abraçou a ideia de que ela, como todas as pessoas brancas, é racista. Como resumiu um artigo sobre seu trabalho: "Se você é uma pessoa branca nos Estados Unidos, a educadora em justiça social Robin DiAngelo tem uma mensagem para você: você é pura e simplesmente racista".

A mensagem central de DiAngelo, no entanto, era direcionada àqueles que se atreviam a negar seu ditame de se autoidentificar como racistas. Recusando-se a considerar válida qualquer discordância com seu arcabouço intelectual, ela insistia que a resistência a isso era, como sugere o título de seu livro mais influente, simplesmente evidência de "fragilidade branca". Como John McWhorter resumiu sua visão: "Se você se opõe a qualquer um dos 'feedbacks' que DiAngelo oferece sobre seu racismo, você está se envolvendo em um tipo de intimidação 'cuja função é obscurecer o racismo, proteger a dominação branca e recuperar o equilíbrio branco'". O efeito do livro de DiAngelo foi popularizar uma teoria não falsificável: todas as pessoas brancas são racistas. E se você discorda, isso apenas prova o quanto você é racista.

Quando três policiais assassinaram George Floyd nas ruas de Minneapolis em 25 de maio de 2020, inspirando milhões de norte-americanos a protestar contra a injustiça racial, foram Kendi e DiAngelo que se tornaram celebridades da noite para o dia, estabelecendo os termos do discurso *mainstream*. Publicado em 2018, *Fragilidade branca* tornou-se um dos livros mais vendidos de 2020, ocupando os primeiros lugares na lista de best-sellers do *New York Times* por mais de um ano. *Como ser antirracista*, de Kendi, foi apenas um pouco menos popular, gerando uma franquia que incluiu best-sellers como *Antiracist Baby* (Bebê antirracista). ("Bebês são ensinados a ser racistas ou antirracistas – não há neutralidade", afirma o livro ilustrado, que é destinado a crianças de um a seis anos, antes de incentivá-las a "confessar quando estiverem sendo racistas".)

156 A Armadilha da Identidade

Kendi e DiAngelo apareceram em programas de televisão importantes, desde *The View* até *The Late Show with Stephen Colbert*. Seus livros receberam críticas entusiasmadas em publicações prestigiadas e chegaram às listas de leitura antirracista compartilhadas pelas maiores corporações do país. Diante da adulação não crítica que suas ideias receberam em todo o país, não é surpreendente que muitas pessoas que tinham profundas preocupações sobre a forma popularizada da síntese de identidade tenham sentido que não tinham escolha a não ser permanecer em silêncio. A armadilha da identidade havia conquistado totalmente o *mainstream*.

*

Até agora, este livro contou a história de duas transformações notáveis. Na parte I, mostrei como a natureza do pensamento de esquerda mudou ao longo do último meio século, dando origem à "síntese de identidades" que se estabeleceu em muitas universidades até 2010. Na parte II, expliquei como uma versão popularizada dessas ideias conseguiu escapar da torre de marfim, vindo a exercer tremenda influência sobre as normas e ideias que regem a vida no Reino Unido e especialmente nos Estados Unidos hoje.

Para a próxima seção do livro, proponho-me a uma tarefa bastante diferente: a avaliação das reivindicações mais influentes feitas pelos defensores e popularizadores da síntese de identidades. Será que as aplicações da síntese de identidades em uma ampla gama de tópicos, desde liberdade de expressão até apropriação cultural, ajudam a tornar o mundo um lugar mais justo? Ou são elas – como argumentarei – propensas a se mostrarem perigosas e contraproducentes?

Principais Conclusões

- Após a eleição de Donald Trump, milhões de pessoas mobilizaram-se para protestar contra sua administração. Quando as esperanças de sua rápida remoção do cargo dissiparam-se, um pequeno número desses ativistas voltou sua raiva para o interior, mirando em qualquer pessoa em seu ambiente imediato que tivesse violado as novas sensibilidades progressistas.

- Indivíduos são muito suscetíveis à pressão dos pares. Como resultado, grupos de pessoas com ideias semelhantes frequentemente adotam posições mais radicais do que aquelas inicialmente mantidas por qualquer um de seus membros. Críticos internos, portanto, desempenham um papel muito importante em manter os grupos na linha. Embora os grupos geralmente estejam abertos a dissidentes, começam a desconfiar ou até mesmo a puni-los quando sentem que estão sob ameaça externa.
- Essas dinâmicas de grupo podem ajudar a explicar por que muitas instituições se tornaram tão intolerantes com qualquer pessoa que discordasse dos preceitos-chave da síntese de identidades após a eleição de Trump. Sentindo-se compreensivelmente ameaçadas por sua administração, elas passaram a considerar qualquer crítico interno como um traidor ou sabotador. Uma ortodoxia de identidade desceu sobre muitas instituições.
- A aplicação da ortodoxia de identidade recebeu uma superestrutura intelectual de dois autores best-sellers. De acordo com Ibram X. Kendi, toda pessoa é racista ou antirracista; isso facilitou acusar de intolerante qualquer pessoa que discordasse de suas prescrições sobre como remediar a injustiça. E, de acordo com Robin DiAngelo, qualquer pessoa que negue que todos os brancos são racistas deve estar motivada por uma recusa egoísta em reconhecer a verdade. Isso ajudou a transformar a versão popularizada da síntese de identidades em uma teoria autoconfirmável: em muitos ambientes, qualquer discordância pública seria daí em diante vista como uma forma de autoincriminação. A popularização da síntese de identidades estava completa.

PARTE III
As Falhas da Síntese de Identidades

Na primavera de 2019, uma escola pública de Ensino Médio na Flórida promoveu uma espécie de feira cultural. Os alunos da escola foram incentivados a usar uma peça de roupa, trazer um prato culinário ou exibir algum símbolo de sua cultura ancestral que considerassem pessoalmente significativo.

Um dos professores da escola, um imigrante da Nigéria, teve uma ideia de como melhor destacar sua própria cultura. Ele perguntou a alguns de seus alunos favoritos, dois dos quais eram brancos, se eles estariam dispostos a usar a vestimenta cerimonial de sua tribo ancestral. Eles responderam entusiasticamente que sim.

Quando os dois alunos brancos foram para a escola vestidos com as roupas que seu professor lhes dera, foram recebidos com hostilidade instantânea. Os colegas disseram que estavam cometendo "apropriação cultural". Alguns professores os acusaram de zombar da cultura africana. Foram levados à diretoria.

O professor dos alunos fez o possível para interceder por eles. Tinha sido ideia dele, assegurou à diretora. As roupas faziam parte de sua própria cultura. Se ele se sentia honrado por seus alunos usá-las, por que alguém que nem mesmo fazia parte de sua tribo teria motivo para se ofender em seu nome?

A diretora discordou. Alunos brancos usarem roupas tradicionais africanas, declarou ela, é uma forma ofensiva de apropriação cultural.

160 A Armadilha da Identidade

Mesmo que seu professor os tivesse incentivado a fazê-lo, eles deveriam ter pensado melhor. Ela suspendeu os alunos.

Esse incidente é um pequeno exemplo da maneira muito mais ampla pela qual a forma popularizada da síntese de identidade está transformando as normas e ideais vigentes da sociedade *mainstream*, desde escolas locais até escritórios do governo. Nesta parte do livro, examino criticamente cinco conceitos, normas e políticas. Embora pudesse facilmente discutir alguns outros, esses cinco juntos dão uma ideia clara de como seria reordenar o mundo de acordo com as conclusões que muitos progressistas tiraram da síntese de identidades.

Todas as cinco aplicações são inspiradas na síntese de identidades e estão agora no processo de transformar as instituições. Todas as cinco têm um apelo intuitivo, porque dão voz a preocupações reais sobre injustiças genuínas. No entanto, todas as cinco acabariam por não resolver as queixas que as motivam e ainda chegam a minar os objetivos para os quais deveriam contribuir. Assim como a ideologia da qual derivam, são uma armadilha. Essas reivindicações são:

1. **Teoria do ponto de vista**: Cidadãos de diferentes grupos nunca podem verdadeiramente entender um ao outro. Aqueles que são comparativamente privilegiados devem, portanto, deferir às avaliações factuais e demandas políticas daqueles que são comparativamente marginalizados.

2. **Apropriação cultural**: Grupos desfrutam (ou deveriam desfrutar) de uma forma de propriedade coletiva sobre seus produtos culturais e artefatos, desde modos distintivos de vestimenta até pratos culinários específicos. Isso impõe restrições sobre como pessoas que não pertencem a esses grupos podem legitimamente usá-los.

3. **Limites à liberdade de expressão**: O Estado deve criar leis que controlem a desinformação e protejam grupos minoritários de serem expostos a discursos prejudiciais ou preconceituosos. Mesmo quando se trata de formas de expressão que permanecem legalmente permitidas, a sociedade deve defender uma "cultura de consequências" que torne as pessoas menos

As Falhas da Síntese de Identidades 161

propensas a expressar pontos de vista que outros verão como ofensivos.

4. **Separatismo progressista**: Instituições sociais e educacionais devem encorajar as pessoas a se identificarem pelos grupos étnicos, raciais, religiosos, sexuais e de gênero aos quais pertencem. Espaços reservados para membros de tais grupos podem desempenhar um papel importante em ajudar as pessoas a adquirirem consciência política e enfrentarem injustiças persistentes.

5. **Política pública sensível à identidade**: Para reparar as persistentes desigualdades socioeconômicas entre diferentes comunidades, o Estado deve favorecer grupos historicamente desfavorecidos. Portanto, precisamos adotar políticas "sensíveis à identidade", como priorizar membros de minorias étnicas marginalizadas para recursos médicos escassos, que fazem com que a maneira como o Estado trata as pessoas dependa do grupo ao qual pertencem.

Muitos desses pontos de vista são motivados por preocupações racionais e necessidades legítimas. Membros de grupos marginalizados, por exemplo, realmente enfrentam formas de injustiça que são fáceis de ignorar para membros de grupos dominantes. Ainda assim, é um erro acreditar que alcançar a justiça para membros de grupos historicamente marginalizados requer rejeitar princípios como liberdade de expressão e a aspiração de entendermos uns aos outros através de fronteiras raciais ou culturais. Como argumentarei nesta parte do livro, a melhor maneira de remediar injustiças persistentes consiste em um compromisso renovado com princípios universais fundamentais. São esses princípios universais que nos permitem pensar sobre tópicos desde apropriação cultural até políticas públicas sensíveis à raça de maneira mais escrupulosa – e produtiva.

Se nos dedicarmos ao trabalho, argumento nos próximos seis capítulos, podemos compreender as experiências de nossos compatriotas e construir uma forma mais significativa de solidariedade política. Em vez de patrulhar quem tem permissão para fazer uso de quais

162 **A Armadilha da Identidade**

tradições culturais, devemos celebrar as alegrias da influência cultural mútua. Em vez de vivermos com medo de extremistas que expressam sentimentos repugnantes, devemos confiar que podemos combatê-los sem abrir mão do direito à liberdade de expressão. Longe de encorajarmos a criação de identidades e instituições separadas, devemos promover a integração real e incentivar as pessoas a ver o que têm em comum. E em vez de fazermos o tratamento que os indivíduos recebem do Estado depender de sua orientação sexual ou da cor de sua pele, devemos abraçar políticas que beneficiem todos que estão em necessidade, independentemente do grupo de identidade ao qual pertencem, ao mesmo tempo que ajudamos a remediar os efeitos persistentes da dominação passada.

Construir uma sociedade justa exigirá grande força de vontade e esforço sério. No entanto, o conjunto de soluções que agora está em ascensão em áreas como liberdade de expressão e apropriação cultural serviria apenas para agravar problemas existentes. Em vez de ajudar a construir uma sociedade na qual membros de diferentes grupos são mais capazes de entender e apoiar uns aos outros, isso consolidaria as divisões atuais e aprofundaria a hostilidade mútua.

8 | Como nos Entendermos

E m 1967, os produtores de um inesperado sucesso da Broadway levaram seu espetáculo para um país distante pela primeira vez. Estavam nervosos sobre como seria recebido. *O violinista no telhado* foca a vida de uma família judia ortodoxa em um *shtetl* da Europa Central na virada do século XX. Os espectadores em Tóquio seriam capazes de se relacionar com a luta interna do protagonista do musical, um judeu devoto que precisa lidar com suas três filhas que escolhem maridos profundamente "inadequados"?

Não precisavam se preocupar. Como Joseph Stein, que escreveu o libreto, lembra: "Cheguei lá durante o período de ensaio, e o produtor japonês me perguntou: 'Eles entendem esse show nos Estados Unidos?'. E eu disse: 'Sim, claro, nós o escrevemos para os Estados Unidos. Por que pergunta?'. E ele respondeu: 'Porque é tão japonês'".

Stein interpretou essa história como um testemunho da capacidade da arte e da literatura de atravessar fronteiras de idioma, religião e raça. O espetáculo que ele criou de alguma forma conseguiu tocar em algo "universal: a quebra da tradição, as diferenças entre gerações, o desejo de manter uma formação religiosa. Essas coisas são muito parte da experiência humana".

Ao interpretar a história dessa maneira, Stein – um esquerdista de longa data – baseou-se em uma longa tradição que vê as diferenças entre as pessoas como menos importantes do que suas semelhanças. *Homo sum, humani nihil a me alienum puto*, como diz um personagem de uma

164   A Armadilha da Identidade

peça do antigo dramaturgo romano Terêncio: "Sou humano, e nada humano me é estranho". Por séculos, essa tradição humanista foi especialmente valorizada na esquerda. Ultimamente, porém, grande parte da esquerda – e, cada vez mais, grande parte do *mainstream* – voltou-se contra o universalismo. A insistência (admitidamente *kitsch*) em "We Are the World" de que todos somos "parte da grande família de Deus" está gradualmente sendo substituída por uma ênfase na maneira como os membros de grupos privilegiados, como homens brancos heterossexuais, são incapazes de entender as experiências de grupos oprimidos.

Nos treinamentos de diversidade corporativa, o foco mudou de celebrar as diferenças culturais para reconhecer a impossibilidade de superar o racismo arraigado e os preconceitos implícitos. Nos workshops dos programas de mestrado em arte mais prestigiados do país, os professores aconselham os aspirantes a romancistas a "escrever sobre o que você conhece". Em Hollywood, atores como Tom Hanks, Eddie Redmayne e Kristen Bell pediram desculpas por retratar personagens cuja orientação sexual, identidade de gênero ou origem étnica não compartilham. Alison Brie até mesmo se retratou publicamente por dublar um personagem asiático-americano em *BoJack Horseman*, uma série animada cujos protagonistas consistem principalmente em animais falantes.

Nos círculos políticos progressistas profundamente mergulhados na forma popularizada da síntese de identidade, a ênfase na impossibilidade de compreensão mútua vai ainda mais longe. A afirmação central é que um membro de um grupo privilegiado nunca será capaz de entender um membro de um grupo oprimido, por mais que tente. Como afirmou Janetta Johnson, uma ativista negra proeminente em San Francisco, em um debate sobre como aliados brancos podem ajudar na luta pela justiça racial: "Não venha com essa, porque você nunca entenderá minha perspectiva". Vários artigos virais e livros de sucesso chegam a sugerir que é inútil para membros de grupos minoritários compartilharem suas experiências com membros da maioria. "Mesmo que eles possam te escutar, não estão realmente ouvindo", afirmou a autora britânica nigeriana Reni Eddo-Lodge em *Por que eu não converso mais com pessoas brancas sobre raça*. "É como se algo acontecesse com as palavras quando saem de nossa boca e alcançam seus ouvidos."

Essa recém-descoberta ênfase na impossibilidade de compreensão mútua não é apenas um lamento cultural; cada vez mais, ela justifica uma consequência política explícita. Uma vez que se supõe impossível para membros de diferentes grupos se entenderem, pede-se aos "mais privilegiados" que defiram aos que são menos. O papel de um aliado leal é "ouvir", "afirmar as crenças dos menos privilegiados" e "amplificar suas demandas". Na prática, o destaque para "experiência vivida" muitas vezes resume-se a afirmações de que membros de diferentes grupos de identidade nunca serão capazes de se entender e que quem pertence a grupos mais privilegiados deve deferir àqueles que pertencem a grupos mais marginalizados.

Há um cerne de verdade na ênfase à "experiência vivida". A maneira como experimentamos o mundo é mediada por nossa identidade. Isso nos dá a todos a obrigação moral de ouvir atentamente quando membros de diferentes grupos chamam nossa atenção para as injustiças que encontram. No entanto, há dois grandes problemas com a maneira como muitos escritores e ativistas agora estão invocando a experiência vivida para justificar conclusões muito mais abrangentes. O primeiro é que as principais reivindicações da forma popularizada da "teoria do ponto de vista" são pouco convincentes. Com poucas exceções, até mesmo filósofas feministas profundamente comprometidas com a ideia de que nossa identidade social influencia o que sabemos rejeitam a forma de teoria do ponto de vista que se tornou influente ao longo da última década. A empatia com a situação dos outros pode exigir trabalho árduo, mas permanece tanto possível quanto politicamente indispensável. O segundo problema é que a teoria do ponto de vista não fornece diretrizes práticas para ações políticas eficazes no mundo real. Em particular, é improvável que sua crescente influência empodere os marginalizados, podendo até dificultar a sustentação das formas de verdadeira solidariedade política de que precisamos para superar injustiças reais. Antes de nos voltarmos para os argumentos contra a teoria do ponto de vista, porém, devemos entender o que essas ideias implicam e de onde elas vêm.

166   A Armadilha da Identidade

As Origens da Teoria do Ponto de Vista

Filósofos interessados em epistemologia, ou na teoria do conhecimento, tradicionalmente se concentraram em questões fundamentais sobre o que sabemos sobre o mundo. Na França do século XVII, René Descartes famosamente questionou como podemos descartar a possibilidade de que nossa percepção do mundo possa ser uma alucinação induzida por um demônio malévolo. Hoje, filósofos debatem questões como a diferença entre "crença verdadeira" (quando nossas crenças acontecem de ser verdadeiras porque temos sorte) e "conhecimento" genuíno (quando nossas crenças são tanto verdadeiras quanto justificadas da maneira correta).

Ao refletir sobre essas questões, os filósofos tradicionalmente assumiram que todos estamos, em termos gerais, no mesmo barco; não estavam especialmente interessados em saber o que seria necessário para que você, em vez de mim, tivesse crenças bem justificadas. Contudo, na década de 1970, filósofas feministas como Donna Haraway começaram a argumentar que a capacidade das pessoas de obter *insights* sobre algumas questões sociais ou políticas importantes depende do grupo de identidade ao qual pertencem. Mulheres, por exemplo, supostamente compartilham um conjunto de experiências comuns que lhes dão acesso a *insights* inacessíveis aos homens.

Na maioria das sociedades, argumenta-se, as mulheres têm a principal responsabilidade de cuidar das crianças. Como resultado, elas têm conhecimento sobre as virtudes do cuidado e a injustiça das normas de gênero tradicionais, o que escapa aos homens. Para enfatizar como a capacidade de cada pessoa de entender o mundo depende de um "ponto de vista" social desse tipo, teóricas feministas chamaram o campo de investigação que fundaram de "epistemologia do ponto de vista".

Conforme o intuitivo argumento que Sandra Harding colocou em sua introdução à coletânea *The Feminist Standpoint Theory Reader* (A teoria do ponto de vista feminista), "A localização social das mulheres ou de outros grupos oprimidos (...) poderia ser a fonte de observações de conhecimento esclarecedoras não apenas sobre si mesmas, mas também sobre o resto da natureza e das relações sociais".

Teóricos e ativistas que escrevem em outras tradições baseadas em identidade rapidamente se apropriaram dos mesmos *insights* básicos. Hoje, Harding escreve: "movimentos de justiça social baseados em raça, etnia, anti-imperialismo e LGBTQIA+ rotineiramente produzem temas de ponto de vista".

A intuição básica por trás da epistemologia do ponto de vista é convincente. Pense em três exemplos simples: um homem negro a caminho do trabalho é parado e revistado pela polícia. Uma jovem é assediada sexualmente no metrô. Um imigrante que fala inglês imperfeito é alvo de zombaria por um burocrata do governo.

Claramente, nossa identidade social molda as experiências que provavelmente teremos. Alguém que nunca teve de se preocupar em ser arbitrariamente parado pela polícia é menos propenso a se identificar com a apreensão que um uniforme policial evoca em alguns homens negros. Alguém que tem pouco motivo para se preocupar com sua segurança física é menos propenso a entender como é assustador ser abordado no metrô. E alguém que fala fluentemente o idioma do país em que vive está menos propenso a entender o medo que alguns imigrantes sentem de se envolver em interações sociais comuns.

Em suas versões mais modestas, a epistemologia do ponto de vista nos lembra de uma percepção importante e intuitiva. Na realidade, é fácil para os comparativamente privilegiados permanecerem cegos aos desafios enfrentados por quem tem menos sorte. Da mesma forma, é realmente frustrante compartilhar preocupações sinceras baseadas em experiências próprias, apenas para ser ignorado por pessoas que não se esforçaram para ouvir com a mente aberta. Ainda assim, os filósofos e teóricos sociais que mais pensaram sobre a epistemologia do ponto de vista tendem a rejeitar as reivindicações centrais de sua versão popularizada, que vai muito além dessa intuição plausível.

Escritores e ativistas, observa Harding, têm cada vez mais abraçado o que ela chama de uma versão "popular" da epistemologia do ponto de vista: um conjunto simplificado – e muitas vezes muito mais radical – de ideias sobre a impossibilidade de compreensão mútua que rapidamente se tornou influente fora da academia. Como Lidal Dror, um filósofo afro-americano da Universidade de Princeton, coloca:

168 A Armadilha da Identidade

"Em conversas cotidianas, debates políticos, círculos ativistas e até mesmo ambientes filosóficos, os oradores às vezes recorrem a sua localização social como suporte epistêmico para uma reivindicação. Todos já ouvimos alguém dizer algo como 'como pessoa negra, eu sei...', 'como mulher, eu sei...', 'como uma minoria [de algum tipo], eu sei...', antes de fazer uma declaração sobre a sociedade, relações de grupo ou justiça".

Há uma variação significativa na natureza exata dessas maneiras de ver, mas quatro reivindicações interligadas são particularmente centrais para as formas de teoria do ponto de vista[3] que agora rotineiramente influenciam o debate público:

1. Há um conjunto de experiências significativas que (quase) todos os membros de grupos oprimidos (particulares) compartilham.
2. Essas experiências concedem aos membros do grupo uma compreensão especial sobre a natureza de sua opressão e outros fatos socialmente relevantes.
3. Os membros do grupo não conseguem comunicar plena ou satisfatoriamente essas experiências para pessoas de fora, mesmo que tenham importantes implicações políticas.
4. Quando um grupo oprimido faz demandas políticas com base na identidade que seus membros compartilham, pessoas de fora devem deferir a eles.

Essas afirmações se sustentam?

Por que a Teoria do Ponto de Vista É Má Filosofia

A primeira afirmação central da teoria do ponto de vista encontra problemas porque é extremamente difícil identificar experiências

---

[3] Neste capítulo, vou me referir às reivindicações amplamente aceitas por filósofas feministas como epistemologia do ponto de vista. Vou me referir à versão popularizada e muitas vezes mais radical dessas afirmações – que são muito mais influentes em círculos ativistas e instituições *mainstream*, e constitue m o principal assunto deste capítulo – como teoria do ponto de vista.

Como nos Entendermos

significativas que todos os membros de um grupo socialmente relevante compartilham. Filósofas feministas originalmente tentaram fundamentar a perspectiva especial das mulheres no fato de que historicamente se esperava que elas fossem responsáveis pela criação dos filhos, por exemplo. Mas outras filósofas feministas, como Elizabeth Spelman, logo apontaram que, ao longo da história, muitas mulheres nunca tiveram filhos. Da mesma maneira, os homens podem ser menos propensos a criar filhos sozinhos do que as mulheres, mas não está claro por que um pai solteiro específico deveria ter menos compreensão do fardo do cuidado do que uma mãe solteira específica. Como me disse Rachel Fraser, professora associada de filosofia na Universidade de Oxford, que defende uma forma mais moderada da epistemologia do ponto de vista, "Você terá de abandonar a ideia simplória de que há algum tipo de núcleo experiencial que todas e apenas as mulheres têm".

A segunda afirmação central da teoria do ponto de vista também foi questionada. Mesmo na medida em que muitos membros de um grupo relevante têm experiências em comum, não está claro que estas concedam uma vantagem geral na compreensão do mundo. Especialmente em sociedades profundamente estratificadas, membros de grupos privilegiados podem – injusta e perversamente – ter algumas formas importantes de conhecimento que são inacessíveis àqueles que pertencem a grupos marginalizados. Eles podem, por exemplo, ter melhores oportunidades educacionais, porque os membros da minoria marginalizada são excluídos de escolas e universidades de qualidade. Eles também provavelmente têm melhor acesso aos espaços onde decisões injustas são tomadas e a opressão é perpetuada. "Embora um trabalhador de fábrica explorado tenha experiências informativas sobre a opressão de classe", aponta Dror, "o proprietário da fábrica – que usa sua riqueza e vantagem nas negociações para cortar benefícios de saúde e pagar menos que um salário digno – também terá experiências que fornecem *insights* sobre como a opressão de classe opera." Enquanto os marginalizados terão uma vantagem epistêmica em relação a alguns aspectos importantes de sua opressão, os privilegiados podem muito bem ter uma vantagem epistêmica em relação a outros

170   A Armadilha da Identidade

aspectos pertinentes do mundo social; a ação eficaz contra a injustiça idealmente se basearia em ambos os conjuntos de *insights*.

A terceira afirmação central da teoria do ponto de vista é enganosa de uma maneira um pouco mais sutil. É verdade que é impossível saber exatamente como se sentem certos tipos de experiências, como o assédio sexual ou o tratamento diferenciado pela polícia, se você não foi submetido a eles. Isso dá uma certa plausibilidade à intuição generalizada de que a experiência de ser oprimido ou marginalizado não pode ser totalmente compartilhada. Traduzido para a linguagem filosófica, há, mesmo quando se trata de coisas relativamente simples, limites reais para a extensão em que o conhecimento "experiencial" é comunicável. Para saber como é comer um mirtilo, você precisa ter provado um mirtilo.

No entanto, o mesmo não se aplica ao que os filósofos chamam de conhecimento "proposicional". Considera-se como proposicional o conhecimento que consiste em declarações verdadeiras ou falsas; para saber que os mirtilos estão no gênero *Vaccinium*, por exemplo, você nunca precisa ter comido ou mesmo visto um mirtilo. A questão-chave, então, é se as percepções mais importantes derivadas do conhecimento experiencial podem – especialmente na medida em que são relevantes para debates sociais e políticos – ser compartilhadas na forma de conhecimento proposicional. Felizmente, há boas razões para acreditar que sim.

Fraser dá um exemplo marcante de como essa distinção entre conhecimento experiencial e proposicional se torna relevante em debates sobre questões importantes de política pública. Muitas feministas apoiam restrições à venda de serviços sexuais, mas se preocupam que leis que criminalizem trabalhadoras sexuais as estigmatizem de maneiras perigosas. Por esse motivo, elas favorecem o chamado modelo nórdico, que torna legal para trabalhadoras sexuais oferecerem seus serviços, mas ilegal para os clientes comprá-los. Isso parece ser uma solução elegante, desencorajando o trabalho sexual sem marginalizar as mulheres vulneráveis que se envolvem nele.

Recentemente, no entanto, Juno Mac e Molly Smith apresentaram fortes argumentos contra o modelo nórdico. Com base em suas próprias

Como nos Entendermos   **171**

experiências como trabalhadoras sexuais, elas afirmam que essas leis provavelmente causarão danos significativos. Onde o trabalho sexual é proibido, potenciais clientes têm fortes motivos para empregar prostitutas em locais escondidos ou remotos. Eles também estão em uma posição de negociação mais forte, porque o medo de ser punido reduz o número de clientes em potencial. Devido a esses mecanismos, ignorados pela maioria das feministas, o modelo nórdico coloca as trabalhadoras sexuais em maior risco.

Fraser aponta que Mac e Smith dificilmente teriam chegado a essas percepções se nunca tivessem sido trabalhadoras sexuais. Mas ela também insiste que as implicações politicamente relevantes dessas percepções podem ser facilmente compreendidas por pessoas que não compartilham as experiências de Mac e Smith. Embora você ou eu possamos não compartilhar o conhecimento experiencial delas, somos capazes de entender e agir com base no conhecimento proposicional que deriva dele. "O papel da experiência na política", conclui Fraser, "não deve ser exagerado." Quem somos moldará o que aprendemos sobre o mundo, mas não precisa restringir nossa capacidade de comunicar essas percepções aos outros.

Tudo isso é motivo suficiente para duvidar dos três primeiros argumentos da teoria do ponto de vista. "Embora os oprimidos muitas vezes possam ter uma vantagem epistêmica *acidental* decorrente de sua tendência a ter experiências mais informativas sobre o funcionamento da marginalização social", Dror conclui sua consideração sobre o assunto, "há muito poucas razões para pensar que eles têm uma vantagem epistêmica derivada *em princípio* por serem oprimidos." Fraser é ainda mais cética em relação a como as reivindicações ligadas ao ponto de vista costumam agora ser feitas em público. As pessoas, ela aponta, "muitas vezes querem dizer que os frutos da opressão são uma espécie de virtude, uma espécie de doença admirável. Acho que isso simplesmente não está presente na tradição intelectual. Há uma espécie de ingenuidade nessa perspectiva que é muito difícil de encontrar no trabalho acadêmico".

Há razões filosóficas convincentes para ser cético em relação aos três primeiros elementos centrais da teoria do ponto de vista, mas ainda não consideramos a quarta afirmação: a de que os relativamente privilegiados devem deferir às reivindicações dos relativamente marginalizados. Essa afirmação requer um tipo diferente de análise porque é fundamentalmente política, em vez de filosófica, por natureza. E, na verdade, as razões políticas contra a teoria do ponto de vista pesam ainda mais do que as filosóficas: simplificando, a teoria do ponto de vista simplesmente não é um guia realista para membros de diferentes grupos de identidade se unirem em uma causa comum.

Por que a Teoria do Ponto de Vista Conduz a uma Má Política

Ao se dirigir a ativistas progressistas na conferência Netroots, Ayanna Pressley, uma política de Massachusetts que ingressou na Câmara dos Deputados na onda azul de 2018, encorajou-os a falar em nome de seus grupos de identidade:

> Se você não está preparado para (...) representar essa voz, não venha, porque não precisamos de mais rostos pardos que não queiram ser uma voz parda. Não precisamos de rostos negros que não queiram ser uma voz negra. Não precisamos de muçulmanos que não queiram ser uma voz muçulmana. Não precisamos de LGBTs que não queiram ser uma voz LGBT.

O discurso de Pressley abraçou uma visão política que coloca os grupos de identidade no cerne da democracia representativa. Em sua visão, os afro-americanos devem decidir as questões mais importantes relacionadas à sua comunidade, os asiático-americanos, aquelas de especial relevância para eles, e assim por diante. Aqueles que não são membros desses grupos devem, de acordo com os ditames da teoria do ponto de vista, em grande parte, aceitar suas exigências.

Mesmo enquanto Pressley defendia essa visão, porém, ela implicitamente reconheceu os maiores problemas que ela enfrenta. Claramente, ela acredita que alguns políticos negros, pardos, muçulmanos ou LGBTQIA+ não representam adequadamente os interesses de seus

Como nos Entendermos 173

grupos; em suas palavras, esses políticos não querem ser uma voz negra (ou parda, muçulmana ou LGBTQIA+). Mas isso, é claro, suscita uma pergunta crucial: Quem decide se um político negro representa ou não a voz negra "autêntica"?

Pressley, membro do grupo informal de congressistas de extrema esquerda popularmente conhecido como o Esquadrão, tem um conjunto de visões sobre como um político pode representar a experiência negra autêntica. Membros democratas do Congresso, como Jim Clyburn e o falecido John Lewis, que têm posições consideravelmente mais moderadas, têm uma visão diferente. Conservadores negros, como o deputado Byron Daniels e o senador Tim Scott, têm uma visão ainda mais radicalmente diferente. O problema-chave com a posição de Pressley consiste na dificuldade de determinar quem pode se autodenominar um porta-voz legítimo de um grupo específico. (Esse problema é ainda mais agudo no Reino Unido, porque o Partido Conservador tem sido muito mais bem-sucedido do que o Partido Republicano em diversificar sua liderança e atrair muitos eleitores de grupos étnicos minoritários.)

Isso pode parecer uma preocupação abstrata. Na prática, porém, a determinação de quem é um representante legítimo e quais políticas ou normas um grupo favorece é quase sempre feita por pessoas que são comparativamente privilegiadas. A rápida adoção do termo "Latinx" é um exemplo clássico desse fenômeno nos Estados Unidos. A maioria dos grupos ativistas que afirmam representar os hispânicos rapidamente adotou o termo. Assim fizeram os líderes (a maioria não hispânica) de muitas instituições *mainstream*, do reitor da Kennedy School de Harvard ao presidente dos Estados Unidos. Mas, de acordo com pesquisas de opinião, apenas cerca de 2 por cento das pessoas "Latinx" preferem a nova locução às designações mais antigas como "Hispano".

Em sociedades com significativas desigualdades de poder e *status*, são os ricos e bem conectados que estão em melhor posição para determinar quem tem o direito de falar em nome de diversos grupos de identidade. Assim, "a voz negra" ou "a voz parda" acabam sendo escolhidas, no final das contas, por uma combinação de membros influentes

174 A Armadilha da Identidade

dentro e fora de um grupo de identidade específico. Como escreveu o lendário ativista dos direitos civis Bayard Rustin: "A noção da comunidade negra indiferenciada é a criação intelectual tanto de brancos (...) quanto de certos pequenos grupos de negros que reivindicam ilegitimamente falar em nome da maioria".

Isso está relacionado a outra preocupação séria sobre os prováveis efeitos da teoria do ponto de vista no mundo real: sua visão de ação coletiva dá pouca importância ao que implica a verdadeira solidariedade política. Quando membros de outros grupos pedem que você seja seu aliado, você deve, de acordo com a teoria do ponto de vista, dizer algo assim: "Não entendo suas experiências e não estou em posição de avaliar suas demandas. Mas, como reconheço que você é mais oprimido que eu, vou me esforçar para ser um bom aliado e apoiar o que você pedir".

No entanto, esse modelo fraco de solidariedade política provavelmente não será eficaz. A maioria das pessoas simplesmente não estará disposta a delegar a um representante de um grupo diferente seu julgamento sobre quais ações ou políticas apoiar. É especialmente improvável que o façam quando não conseguem entender os motivos da demanda ou quando discordam com base em suas próprias visões morais ou religiosas. Na maior parte, os pedidos para deferir às visões dos oprimidos provavelmente serão ignorados.

Pode haver exceções. Um pequeno número de pessoas profundamente imersas na síntese de identidades pode insistir que realmente deferem para membros de outros grupos, mas ainda enfrentarão o problema de ter de determinar quem consideram uma voz "verdadeira" negra, parda, muçulmana ou LGBTQIA+ – e quase certamente ungirão porta-vozes cujas visões políticas coincidam com as suas próprias. Na prática, demandas para deferir a um grupo oprimido têm sucesso, no máximo, em incentivar os ativistas a apontar alguém com quem já concordam e fingir que isso encerra a discussão.

Somente a Empatia Duramente Conquistada Pode Fundamentar uma Solidariedade Real

A teoria do ponto de vista parece atraente. Ela oferece a perspectiva de uma sociedade na qual fazemos o que podemos para ouvir as experiências dos oprimidos, constantemente destacando suas demandas. À primeira vista, isso parece ser uma receita promissora para construir uma sociedade mais justa.

No entanto, é provável que a versão da teoria do ponto de vista tão frequentemente expressa no discurso popular hoje seja contraproducente. Ela afirma erroneamente que pessoas de grupos diferentes são incapazes de se solidarizarem com as experiências de injustiça umas das outras – e que seria melhor para elas pararem de tentar. Acolher uma visão de solidariedade política baseada em deferência descuidada em vez de empatia conquistada dificulta o progresso político real. Felizmente, podemos fazer melhor. Longe de nos resignarmos à ideia de que não podemos ou não devemos nos relacionar com membros de diferentes grupos de identidade, precisamos abraçar uma forma mais ambiciosa de solidariedade política como um dos valores fundamentais de uma democracia próspera.

Construir esse tipo de solidariedade política – e esse é o *insight* mal direcionado que dá à teoria do ponto de vista seu apelo intuitivo – exigirá que todos sejamos humildes. Não vemos ou conhecemos, é certo, os obstáculos enfrentados pela maioria de nossos concidadãos. Nossa experiência do mundo é realmente mediada por nossa identidade. Isso nos dá a todos uma obrigação moral de ouvir uns aos outros com atenção total e uma mente aberta. Mas o objetivo desse trabalho árduo é a comunicação, não a deferência. Desde que nos esforcemos, *podemos* entender as experiências uns dos outros, especialmente na medida em que sejam politicamente relevantes.

Entender um ao outro é o primeiro passo. Agir com base nos *insights* derivados de nossa empatia mútua é o próximo. Em uma sociedade pluralista, você e eu provavelmente seremos motivados por aspirações políticas e convicções religiosas diferentes. Mas isso não precisa ser um problema. Afinal, cada tradição moral ou religiosa tem suas

176   A Armadilha da Identidade

próprias maneiras de expressar por que algumas coisas são desejáveis e outras são injustas. Isso é especialmente verdadeiro quando se trata de formas de discriminação racial, religiosa ou sexual que os adeptos da maioria das tradições morais devem considerar repugnantes. Quando nossos concidadãos nos contam sobre as injustiças genuínas que enfrentam, somos perfeitamente capazes de sentirmos empatia por suas experiências e de reconhecermos como elas violam nossas próprias aspirações para o tipo de sociedade na qual queremos viver.

Principais Considerações

A partir da década de 1970, filósofas feministas começaram a criticar abordagens tradicionais da teoria do conhecimento. Elas argumentaram que quem somos influencia o que podemos saber. Por exemplo, como se espera que as mulheres sejam as principais cuidadoras, elas têm maior percepção sobre a injustiça das normas de gênero.

Essas ideias logo foram popularizadas na forma da teoria do ponto de vista. Como os ativistas frequentemente afirmam agora, membros de grupos dominantes não conseguem entender as experiências de membros de grupos marginalizados. Para serem bons aliados, membros de grupos dominantes devem "deferir" a membros de grupos marginalizados, especialmente quando descrevem injustiças sociais ou fazem demandas políticas.

A teoria do ponto de vista consiste em três reivindicações filosóficas principais: Primeira, há experiências significativas que os membros de grupos oprimidos compartilham. Segunda, essas experiências dão aos membros do grupo uma visão especial sobre a natureza de sua opressão, bem como outros fatos politicamente relevantes. E terceira, os membros do grupo não podem comunicar totalmente ou satisfatoriamente essas experiências a quem é de fora do grupo.

Mesmo a maioria das filósofas feministas que advogam algumas formas da epistemologia do ponto de vista rejeita as reivindicações centrais de sua versão popularizada. Elas argumentam que não há experiências significativas que todos os membros de grupos de

Como nos Entendermos 177

identidade, como mulheres, por exemplo, compartilhem. Membros de grupos marginalizados não precisam ter uma visão superior sobre a verdadeira estrutura da sociedade, em parte porque podem ser excluídos de espaços onde decisões importantes são tomadas. Embora haja limites para a extensão em que podem compartilhar o conhecimento "experiencial" (por exemplo, como é ser discriminado), eles podem comunicar o conhecimento "proposicional" derivado dessas experiências (por exemplo, o fato de que tais formas de discriminação são injustas).

A teoria do ponto de vista também implica uma quarta reivindicação, mais política: a de que membros de grupos dominantes devem deferir a membros de grupos marginalizados em nome do progresso político. Em uma sociedade pluralista, porém, não está claro quem pode falar legitimamente em nome de grupos de identidade relevantes. Na prática, a maioria dos membros de grupos dominantes vai ignorar a exigência de deferir a membros de grupos marginalizados ou então vai ungir pessoas com as quais já concordam como os "verdadeiros" porta-vozes desses grupos.

Portanto, devemos insistir em uma visão mais ambiciosa de solidariedade política e do papel da empatia. A verdadeira solidariedade teria dois elementos: primeiro, cada um de nós ouviria membros de outros grupos de identidade com uma mente aberta, demonstrando empatia para com as formas de opressão às quais eles podem estar sujeitos. E em segundo lugar, cada um de nós se esforçaria para remediar injustiças genuínas, não por um senso equivocado de deferência, mas porque elas violam nossas próprias aspirações para o tipo de sociedade em que queremos viver.

9 As Vantagens da Influência Mútua

No verão de 2020, discuti o conceito de "apropriação cultural" com um grupo de universitários inteligentes e inquisitivos. Depois de lerem três relatos filosóficos delineando o que é negativo na apropriação cultural, os alunos ficaram ainda mais convencidos de algo que a maioria já havia assumido ao entrar na classe: há algo profundamente pernicioso na ideia de um membro de um grupo de identidade usar músicas, símbolos, tecidos ou sabores característicos de uma cultura à qual não pertencem, especialmente se são de um grupo comparativamente "privilegiado".

Então, Selena, uma estudante atenciosa do segundo ano que raramente falava em aula, mas sempre tinha um comentário inteligente quando o fazia, levantou a mão. "Acho que tenho meio que uma história pessoal sobre apropriação cultural", disse ela suavemente. Intrigado, eu a encorajei a compartilhar.

Naquele período, Selena estava trabalhando como estagiária no museu de arte da universidade. Como parte de uma iniciativa para dar vida ao acervo do museu, a equipe de marketing pediu que membros do público recriassem suas obras de arte. Como houve menos inscrições que o esperado, o chefe de Selena a encorajou a contribuir, compartilhando até uma lista de sugestões. Selena gostou da ideia e escolheu uma fotografia que particularmente a emocionou: *Plant Contest* (Concurso de plantas), de Cao Fei – um autorretrato da artista chinesa e

180 A Armadilha da Identidade

da mãe dela, deitadas no chão cercadas por pétalas de flores e produtos de beleza.

Como estava morando em casa durante o semestre devido à pandemia, Selena pediu à sua mãe, uma imigrante chinesa, que recriasse a foto com ela. Algumas horas depois de enviar a peça, o diretor do museu parabenizou-a por e-mail, dizendo o quanto a foto que ela tinha tirado era bonita e prometendo que em breve seria adicionada ao site do museu. Selena ficou radiante. Então, ela recebeu um e-mail furioso de um curador asiático-americano do museu. Foi profundamente errado, disse o curador, Selena apropriar-se do trabalho de uma artista chinesa. Ela deveria sentir vergonha.

Selena, que é de raça mista e tem uma aparência etnicamente ambígua, ficou confusa. Com cautela, ela arqumentou que sua mãe era uma imigrante chinesa e que ela também se identificava como asiático-americana. O curador não se abalou. Como o pai de Selena não é chinês, insistiu o curador, ela não tinha o direito de recriar a imagem.

Enquanto Selena contava sua história, o clima na sala de aula mudou. Poucos minutos antes, meus alunos tinham certeza de que a apropriação cultural é repreensível. Agora, estavam ficando preocupados com o modo como o conceito poderia ser usado indevidamente. "Se não podemos nos apropriar da cultura de 'outro' grupo", perguntou um aluno, cujos pais migraram do México para os Estados Unidos, "quem decide quem conta como membro de qual grupo?". Outro aluno, que cresceu na Europa e na América Latina, mas traça suas raízes até a África, parecia ainda mais perturbado: "Estou realmente preocupado com a ideia de que minha universidade aplicaria algum tipo de teste de pureza racial para decidir se Selena pode ou não recriar aquela imagem".

Desde que desenvolveram culturas distintas, os seres humanos se preocupam que sua pureza possa ser estragada. Na Grécia antiga, Terpandro gerou protestos ao adicionar uma corda extra à sua lira. Na China do século XVI, o imperador ordenou que todos os navios que se aproximassem fossem destruídos, por medo das mudanças culturais que as missões comerciais estrangeiras poderiam causar. Na Alemanha do século XIX, Richard Wagner preocupava-se que os judeus pudessem estragar a autenticidade da cultura alemã.

Uma nova versão da mesma velha ansiedade sobre influência cultural está mais uma vez no centro do debate político. Os populistas de extrema direita adoram denunciar como a imigração e o crescimento de grupos minoritários supostamente estão corroendo normas sociais, suplantando idiomas nativos ou substituindo culinárias locais. Afirmam que o maior perigo do momento é o "globalismo". Até mesmo políticos *mainstream* estão cada vez mais se retratando como defensores corajosos dos costumes tradicionais: em um de seus primeiros atos oficiais como presidente da Comissão Europeia, Ursula von der Leyen incumbiu um membro de seu gabinete de "proteger o modo de vida europeu".

Tradicionalmente, era a direita que se opunha e a esquerda que defendia novas influências culturais. Nos últimos anos, contudo, muitos progressistas também começaram a se preocupar com as maneiras como as culturas poderiam se entrecruzar. Embora celebrem uma grande variedade de culturas tradicionais e busquem melhorar a representação de várias minorias étnicas e religiosas, começaram a alertar sobre os perigos da "apropriação cultural". Como estabeleceu um professor, as culturas dos outros devem ser consideradas "fora dos limites". Como essas preocupações conseguiram conquistar a esquerda?

Como a Esquerda Passou a se Preocupar com a Apropriação Cultural

Após a Segunda Guerra Mundial, os socialistas estavam sob pressão para explicar por que as revoluções proletárias previstas por Karl Marx não se materializaram em tantos países. De Antonio Gramsci à Escola de Frankfurt, muitos pensadores em busca de uma explicação voltaram-se para a capacidade das instituições culturais predominantes de cooptar os trabalhadores e confundi-los quanto a seus verdadeiros interesses de classe. Um dos esforços mais influentes para isso foi iniciado em

182 A Armadilha da Identidade

Birmingham por Stuart Hall, um sociólogo britânico-jamaicano. No entanto, enquanto muitos dos predecessores de Hall haviam se concentrado na alta cultura, a "Escola de Estudos Culturais de Birmingham" dedicou muito mais atenção à cultura popular.

Inicialmente, a Escola de Birmingham era resolutamente marxista. Mas, à medida que o pós-modernismo e o pós-colonialismo começaram a remodelar as principais preocupações da esquerda ao longo das décadas de 1970 e 1980, os teóricos culturais na tradição de Hall tornaram-se mais receptivos às preocupações sobre como membros de grupos de identidade dominantes poderiam exercer uma forma de hegemonia cultural sobre membros de grupos de identidade marginalizados. Como destaca o professor da UCLA Vinay Lal, uma das questões que estava no centro de *Orientalismo* de Edward Said era: "Quem representa quem com que autoridade, com que direito e com que consequências?". A partir dessa pergunta, foi apenas um pequeno passo concluir que, como observou Robert S. Nelson, professor de arquitetura e história da arte de Yale, "em cada apropriação cultural, há aqueles que agem e aqueles que recebem a ação, e para aqueles cujas memórias e identidades culturais são manipuladas por apropriações estéticas, acadêmicas, econômicas ou políticas as consequências podem ser inquietantes ou dolorosas".

Até 2010, esses temas haviam se tornado profundamente influentes em uma variedade de departamentos acadêmicos, desde literatura comparada até estudos afro-americanos e de mídia. Quando um novo conjunto de ideias sobre identidade escapou da torre de marfim e popularizou-se ao longo da década seguinte, a acusação de que alguém havia cometido "apropriação cultural" tornou-se recorrente em pequenas comunidades *online*. Assim como a síntese de identidade como um todo, a apropriação cultural se popularizou.

Atualmente, os debates sobre apropriação cultural tornaram-se *mainstream* e abrangem uma ampla gama de supostas ofensas. Nos últimos anos, músicos foram criticados por copiar os estilos de grupos minoritários, chefs foram boicotados por emular as culinárias de diferentes nações e romancistas tiveram seus contratos de publicação cancelados por apresentarem protagonistas cuja "identidade"

As Vantagens da Influência Mútua

não correspondia à sua própria. Como parte de seu "Projeto de Reparo de Arquivo", a revista culinária norte-americana *Bon Appétit* pediu desculpas por permitir que um escritor não judeu publicasse uma receita de *humantaschen*, um pão doce de uva da tradição judaica. Na Alemanha, a *Der Spiegel* preocupou-se que não judeus que usavam um quipá em gesto de solidariedade, após um homem ter sido agredido por usar o tradicional solidéu judaico, fossem culpados de apropriação cultural. E no Reino Unido, *The Guardian* opinou sobre se Jamie Oliver, um chef famoso, pode cozinhar arroz jollof; se Gordon Ramsay, outro chef famoso, deveria ser autorizado a abrir um restaurante chinês, e se foi ofensivo Adele, uma cantora famosa, usar um penteado jamaicano tradicional no Carnaval de Notting Hill. Em muitos ambientes, agora é amplamente aceito que pessoas decentes devem evitar cometer qualquer forma de "apropriação cultural".

Alguns casos da chamada apropriação cultural sem dúvida constituem injustiças reais. Foi, por exemplo, imoral que músicos brancos nos Estados Unidos roubassem as músicas de artistas negros que foram impedidos de alcançar grandes carreiras devido à discriminação racial ou que colecionadores do Reino Unido saqueassem arte das antigas colônias do país. Mas será que o conceito de apropriação cultural realmente ajuda a expressar o que está errado nesses casos? E as sociedades deveriam mesmo ficar eternamente em guarda contra a possibilidade de um membro do grupo majoritário se inspirar nas culturas de minorias étnicas ou religiosas?

A resposta para ambas as perguntas é não. Diante das diversas preocupações sobre como as culturas influenciam umas às outras, já passou da hora de uma defesa plena da hibridez cultural. Longe de explicar a natureza das injustiças genuínas, o conceito de apropriação cultural na verdade confunde nosso pensamento, fazendo com que seja muito mais difícil entender o que torna esses casos injustos. E, em vez de ser algo contra o que devemos nos precaver, a realidade sempre presente de inspiração mútua é uma das características mais atraentes das sociedades diversas.

Os Problemas com a "Apropriação Cultural"

As preocupações sobre a apropriação cultural muitas vezes têm suas raízes na indignação por injustiças reais ou comportamentos genuinamente ofensivos. Na primavera de 2017, por exemplo, membros da fraternidade Kappa Sigma da Universidade Baylor organizaram uma festa Cinco de Drinko, uma paródia maliciosa de um feriado (em si duvidosamente autêntico) que celebra a herança mexicano-americana. Muitos estudantes foram à casa da fraternidade usando ponchos e sombreros. Algumas das meninas estavam vestidas como empregadas domésticas. Dois rapazes vestidos de operários dançavam em cima de uma mesa.

Muitos estudantes da escola sentiram-se compreensivelmente alvo de zombaria. "Meu pai é pintor e minha mãe limpa escritórios para viver", disse Grace Rodriguez, uma estudante do segundo ano da escola. "Ela não faz isso porque (...) limpar é ótimo (...). Ela faz isso porque quer algo melhor para mim." Grace está certa. A festa Cinco de Drinko foi claramente de mau gosto e ofensiva, mas o conceito de "apropriação cultural" nos ajuda a entender *por que* ela foi ofensiva?

Na incipiente literatura sobre a apropriação cultural, filósofos têm tentado explicar a natureza do dano envolvido. Alguns afirmam que é uma forma de exploração, com o roubo da propriedade intelectual legítima de um grupo marginalizado para o lucro de indivíduos privilegiados. Outros afirmam que é uma forma de opressão que pode "silenciar, falar por e representar de maneira errônea" diferentes grupos. Outros ainda argumentam que isso interfere na "intimidade" do grupo relevante.

Para serem coerentes, todos esses diferentes relatos precisam defender a mesma afirmação básica: a de que alguns grupos de pessoas devem desfrutar de propriedade formal ou informal sobre práticas culturais ou artefatos específicos, dando-lhes poder de decisão sobre quem pode se aproveitar deles. Afinal, precisamos de alguma explicação sobre quem tem o direito de se envolver em uma prática cultural específica, e como seus proprietários determinarão em que circunstâncias se deve permitir que os intrusos participem dela, se

As Vantagens da Influência Mútua

quisermos ter alguma clareza sobre quando seu uso é legítimo e quando não é. Isso levanta uma série de questões difíceis que não foram satisfatoriamente respondidas – e, acredito, nunca serão. Elas incluem o seguinte: Como um grupo passa a desfrutar da propriedade sobre um conjunto de produtos culturais? Quem conta como membro desse grupo? Qual é o mecanismo de tomada de decisão para determinar quem pode legitimamente participar de seus produtos culturais? E como serão punidos aqueles que violam essas regras? Para ilustrar como é difícil responder a essas perguntas de maneira satisfatória, vou me concentrar apenas em duas delas: o problema da propriedade original e o problema da filiação ao grupo.

O Problema da Propriedade Original

Filósofos há muito tempo desenvolveram teorias sobre como as pessoas passaram a ter reivindicações legítimas sobre propriedades antes da criação dos estados modernos e dos códigos legais explícitos que eles sustentam. Na famosa formulação de John Locke, por exemplo, alguém adquire propriedade quando "mistura seu trabalho" com um objeto físico, como um pedaço de terra, ganhando assim o direito legítimo sobre seus frutos. Hoje, advogados ainda gastam muito tempo pensando nas complexidades do direito contratual, esclarecendo os detalhes de quem é dono do quê sob quais circunstâncias. Para estabelecer um conceito de apropriação cultural, precisamos de algum equivalente desses regimes formais e informais de direitos de propriedade: uma explicação plausível para por que, mesmo na ausência de leis explícitas nesse sentido, algum grupo tem uma reivindicação moral plausível a uma forma coletiva de propriedade sobre certos memes ou artefatos culturais.

À primeira vista, isso não parece muito difícil. Mesmo na ausência de direitos de propriedade formais, podemos acreditar que grupos de pessoas adquirem um direito legítimo de propriedade sobre alguma prática ou artefato cultural pelo esforço empregado em sua criação.

186   A Armadilha da Identidade

Se os vietnamitas inventaram o *banh mi*, eles deveriam desfrutar de alguns direitos sobre quem pode utilizá-lo e para quais fins.

Por mais plausível que isso possa parecer à primeira vista, essa explicação sobre as origens da propriedade coletiva revela-se contraditória na maioria dos casos. Se admitirmos que existem direitos de grupo sobre artefatos culturais, podemos ajudar a explicar por que pode ser inapropriado que norte-americanos com raízes na Europa, África ou América Latina lucrem vendendo o sanduíche; de fato, vários chefs e empresários têm sido criticados ultimamente por fazê-lo, especialmente quando seus esforços são considerados insuficientemente "autênticos". Mas como o *banh mi* é servido em algo que se assemelha suspeitamente a uma baguete francesa, isso levanta a questão de por que seus inventores deveriam ter tido o direito de criar o prato em primeiro lugar.

Desde seu surgimento, a cultura humana evoluiu remixando e reapropriando uma vasta gama de influências culturais. Portanto, se aplicássemos as mesmas regras aos grupos que primeiro produziram artefatos culturais cujo uso os críticos da apropriação cultural agora buscam limitar, rapidamente descobriríamos que as supostas "vítimas" da apropriação cultural perpetraram eles próprios o mesmo pecado.

Isso aponta para uma percepção tão simples quanto importante: quase todos os maiores pratos, costumes e invenções dos quais a humanidade pode se orgulhar têm raízes em múltiplas culturas. Tentar atribuir instâncias particulares de cultura a um grupo de maneira clara é uma tarefa impossível. Por esse mesmo motivo, impedir os seres humanos de se inspirar nas culturas de todos os grupos no futuro minaria fundamentalmente nossa criatividade coletiva.

Como escreveu o filósofo britânico-ganês-americano Kwame Anthony Appiah, cujos ancestrais paternos eram líderes da tribo Ashanti que inventou o tecido kente:

> Tentar encontrar alguma cultura autenticamente primordial pode ser como descascar uma cebola. Os tecidos que a maioria das pessoas pensa como trajes tradicionais da África Ocidental são conhecidos como estampas javanesas; eles chegaram no século XIX com os *batiks*

As Vantagens da Influência Mútua

javaneses vendidos e muitas vezes produzidos pelos holandeses. O traje tradicional das mulheres herero na Namíbia deriva do traje dos missionários alemães do século XIX, embora seja inequivocamente herero, inclusive porque os tecidos usados têm uma variedade de cores distintamente não luteranas. E o mesmo acontece com nosso tecido kente: a seda sempre foi importada, negociada pelos europeus, produzida na Ásia. Essa tradição era uma inovação. Devemos rejeitá-la por esse motivo como não tradicional? Até onde devemos retroceder? Devemos condenar os jovens da Universidade de Ciência e Tecnologia, a poucos quilômetros de Kumasi, que usam capas de formatura no estilo europeu, decoradas com faixas de kente (como fazem agora em Howard e Morehouse também)? As culturas são feitas de continuidades e mudanças e a identidade de uma sociedade pode sobreviver por meio dessas mudanças. Sociedades sem mudança não são autênticas; elas estão simplesmente mortas.

O Problema da Associação Grupal

É fácil entender por que um artesão local ou inovador cultural deveria, mesmo que não tenha as ferramentas legais para fazer cumprir isso, obter um direito moral sobre os frutos de sua criação. Se um camponês pobre cria um padrão de vestuário ou descobre as qualidades medicinais de uma erva local, e essa descoberta traz benefícios para milhões de pessoas, merece ser homenageado e recompensado por esse trabalho. Mas está longe de ser claro que o ato criativo de um indivíduo – ou mesmo de um pequeno grupo – deva transmitir tais direitos às categorias amplas baseadas em identidade a que os críticos da apropriação cultural buscam atribuir um direito de propriedade informal.

Os seres humanos têm uma tendência inata de distinguir entre um grupo interno e um externo. A maneira como eles fazem a distinção entre quem está dentro e quem está fora, no entanto, sempre depende de contextos locais. Isso significa que os artesãos que criaram grande parte do patrimônio cultural da humanidade tinham uma probabilidade extremamente baixa de se identificar com os grupos

188 A Armadilha da Identidade

amplos que aparecem para nós em sociedades de massa inseridas em um mundo muito mais interconectado. Em vez de se considerarem parte das grandes categorias étnicas ou raciais codificadas pelo Departamento do Censo dos EUA ou pelo Escritório de Estatísticas Nacionais do Reino Unido, esses artesãos provavelmente se viam como membros de uma determinada tribo indígena ou como residentes de uma aldeia específica.

Os críticos da apropriação cultural acreditam que a camponesa desconhecida que primeiro criou o rebozo, o xale usado por muitas mulheres no México, de alguma forma transmitiu os direitos sobre sua criação para aquelas pessoas que hoje poderíamos chamar de hispânicas, tornando inapropriado mulheres brancas fazerem uso dele. É completamente obscuro, no entanto, por qual estranha alquimia sua invenção deveria dar a um grupo ao qual ela não sabia que pertencia um direito de propriedade coletiva sobre os frutos de sua criação.

Isso levanta outro problema, que pode parecer teórico ou abstrato, mas provavelmente criará dilemas concretos e frequentemente absurdos na vida real: Quem tem o direito de ser um dos "proprietários" coletivos de uma prática ou artefato? Os norte-americanos mexicanos cujos ancestrais vêm da Europa podem participar de práticas culturais inventadas pelos maias? Os brâmanes podem realizar danças desenvolvidas por membros de castas mais baixas (e vice-versa)? Deveriam membros da tribo dos chewas do Sudoeste africano ter permissão para vender pratos inventados pelos vizinhos tumbukas? E alguém de raça mista, como Selena, pode recriar a obra de arte de um artista "totalmente" asiático?

Na filosofia, uma maneira poderosa de perceber que você se desviou é quando o princípio moral que você defende o leva a avaliar o mundo por meio de critérios cada vez mais absurdos. Esse é o caso aqui. Qualquer pessoa que leve a ideia de apropriação cultural a sério é obrigada a julgar questões como se Selena é suficientemente asiática para recriar a obra de Cao Fei ou se seria apropriado para um imigrante mexicano cujos ancestrais são da Espanha ganhar a vida vendendo *cochinita pibil*, um prato popular que se diz ter sido inspirado na culinária maia. E isso, na minha opinião, é uma das principais razões para procurar uma maneira melhor de articular o verdadeiro dano que está em jogo em muitas das situações que foram – erroneamente, acredito eu – descritas como casos de "apropriação cultural".

Uma Maneira Melhor de Expressar o que Está Errado

Uma aplicação consistente da linguagem de apropriação cultural nos leva a fazer perguntas absurdas e a tirar conclusões equivocadas. Se o conceito mesmo assim se tornou tão proeminente é porque há alguns casos de suposta apropriação cultural que realmente são injustos. Existe alguma maneira de expressar o que há de errado com eles que seja menos propensa a nos desviar do caminho?

Vamos voltar àquela festa do Cinco de Drinko. Os estudantes que participaram dela realmente fizeram algo errado, e a ideia de apropriação cultural espalhou-se tão rapidamente em grande parte porque promete explicar *o que* tornou o comportamento deles tão prejudicial. No entanto, uma análise mais detalhada revela que a ideia de apropriação cultural não captura o que foi mais ofensivo sobre a festa, e que há uma maneira melhor de expressar o que os filósofos chamariam de seu "aspecto de erro".

De acordo com a linguagem de apropriação cultural, o que estava tão errado na festa é que estudantes que não são latinos apropriaram-se de alguns dos elementos mais icônicos da cultura mexicana para seus próprios fins. Mas isso teria uma implicação muito implausível. Ponchos e sombreros fazem parte da cultura mexicana tradicional. As roupas de empregada e os coletes de construção, não. Portanto, do ponto de vista da apropriação cultural, os alunos que usaram ponchos ou sombreros estavam fazendo algo errado, mas aqueles que usaram roupas de empregada ou coletes de construção não estavam. Isso é verdade?

Obviamente, não é. Embora usar um poncho ou um sombrero possa ser questionável e insensível, não precisa implicar ridicularização ou desrespeito. Usar roupa de empregada ou colete de construção em uma festa com tema mexicano, ao contrário, é um insulto muito

190 **A Armadilha da Identidade**

mais direto e cruel. Como reconheceu Grace Rodriguez, a intenção claramente era implicar que os latinos são (ou talvez deveriam ser) limpadores ou trabalhadores braçais, não estudantes universitários ou profissionais.

No entanto, se alguns dos comportamentos mais ofensivos da festa do Cinco de Drinko não consistiram em nenhuma forma de apropriação cultural, precisamos de uma explicação diferente para o que tornou isso errado. A que parece se encaixar muito melhor é, simplesmente, que a escolha de vestimenta deles expressava ideias profundamente preconceituosas e prejudiciais sobre os latinos. O problema não é nem que eles usaram um sombrero nem que vestiram roupa de empregada; é que fizeram isso para retratar os latinos como um grupo de pessoas sem instrução que merecem ser alvo de zombaria.

Uma dinâmica semelhante está em jogo em praticamente todos os casos em que a mídia invoca o espectro da apropriação cultural. Por exemplo, quando uma crítica do *The Toronto Star* fez com que um pequeno negócio fosse fechado no meio da pandemia pelo crime de servir uma versão inautêntica de *pho*, a popular sopa vietnamita, ela justificou sua raiva invocando as vezes em que colegas de turma na escola primária a ridicularizaram pelo conteúdo de sua lancheira. Mas embora seja, é claro, profundamente errado as crianças zombarem de sua colega de turma porque não estão acostumadas com a comida que ela come no almoço, fechar um negócio que serve *pho* inautêntico não ajudará a salvar outras crianças dessa injustiça. (Na verdade, o oposto é provavelmente verdadeiro: quanto mais uma culinária específica entra no *mainstream* cultural de um país, mesmo em uma forma inautêntica, menos provável é que futuras crianças sejam alvo de zombaria por comer um de seus pratos no almoço.)

Alguns dos exemplos mais icônicos de apropriação cultural também identificam erroneamente o aspecto que os torna errados. Artistas de rock como Pat Boone, por exemplo, foram acusados por se tornarem famosos ao se apropriarem de estilos musicais populares entre os afro--americanos, ou até mesmo por roubar músicas de músicos negros que perderam a chance de fama e riqueza devido à cor de sua pele. Mais uma vez, não resta dúvida de que esses músicos negros foram prejudicados,

As Vantagens da Influência Mútua 191

mas é muito duvidoso que o conceito de apropriação cultural descreva bem a natureza desse dano. A justiça não teria consistido em impedir Boone de popularizar essa música, permitindo que milhões de pessoas compartilhassem sua alegria, mas sim em quebrar as barreiras sociais e legais que impediram artistas afro-americanos como Little Richard, Big Mama Thornton e Muddy Waters de aproveitar os frutos legítimos de seus esforços criativos.

*

Ao longo da história humana, diferentes grupos de pessoas influenciaram e emularam as culturas uns dos outros. Isso é especialmente verdadeiro no Canadá e nos Estados Unidos, que sempre foram uma mistura das influências que seus residentes trouxeram de todo o mundo. Mas também é verdade em países cujos líderes fingem que sua cultura é de alguma forma "pura". A cultura tradicional polonesa, por exemplo, envolve uma religião cujas origens estão no Oriente Médio, um sistema de numerais que foi importado do mundo árabe, um alfabeto que tem origem no sul da Europa e uma culinária que apresenta fortemente um certo vegetal nativo do Novo Mundo.

Não deve ser surpresa que alguns dos períodos mais celebrados da história humana tenham ocorrido em momentos e lugares que permitiram que diferentes culturas se inspirassem mutuamente. Desde Bagdá do século IX até Viena do século XIX e Londres e Nova York no século XXI, foi a hibridização cultural que permitiu que sociedades multiétnicas prosperassem e brilhassem.

Por todas essas razões, a alegria da influência mútua não é um pecado contra o qual as sociedades diversas devem estar em guarda; é a principal promessa que nos é feita se fizermos as coisas direito. Em vez de condenarmos a apropriação cultural, devemos buscar construir uma sociedade na qual os membros de todos os grupos sejam valorizados igualmente – e todos sejam livres para se inspirar nas culturas de seus compatriotas.

Principais Conclusões

- A esquerda tradicionalmente celebrou a capacidade da arte de falar com pessoas além das fronteiras de raça e religião. Ultimamente, porém, muitos ambientes de esquerda, sobretudo nas artes, endossaram a ideia de que qualquer situação em que um membro de um grupo dominante usa, apropria-se ou participa da cultura de um grupo marginalizado constitui uma forma perigosa de "apropriação cultural".
- O conceito de apropriação cultural ganha plausibilidade superficial pelo fato de que artistas pertencentes a grupos marginalizados foram frequentemente enganados e roubados dos frutos de sua criação. No entanto, conforme é aplicado agora, ele descreve erroneamente o que tornou essas situações erradas e inibe formas valiosas de troca cultural.
- O conceito de apropriação cultural é baseado em uma noção implícita de propriedade coletiva sobre produtos e ideias específicas, mas não está claro como as invenções de indivíduos específicos que viveram em um momento e lugar diferentes (como artesãs indígenas na América Central) devem transmitir a propriedade sobre tais produtos às categorias de identidade amplas (como latinos) que são mais conhecidas hoje. Uma vez que praticamente todos os artefatos e ideias culturais são inspirados por uma ampla gama de culturas preexistentes, também não está claro por que uma inovação específica deveria dar origem a essa forma de propriedade coletiva.
- Em termos filosóficos, a apropriação cultural identifica erroneamente "o que há de errado" nas situações injustas. Quando supostos exemplos de apropriação cultural são realmente ruins, as injustiças em jogo podem ser explicadas em termos mais simples, como discriminação contra artistas negros ou a intenção de zombar de latinos. Quando é impossível expressar o suposto erro envolvido na apropriação cultural em termos tão simples, é um erro patologizar formas saudáveis de troca cultural.

As Vantagens da Influência Mútua

- A possibilidade de pessoas de diferentes origens culturais inspirarem-se mutuamente é uma das características mais atraentes das sociedades diversas. Embora injustiças genuínas motivem os oponentes da apropriação cultural, devemos defender com orgulho as alegrias da influência cultural mútua.

10 Fale Livremente

Quando pus os pés em Sopron, uma cidade no oeste da Hungria que desfrutou de um enorme crescimento econômico desde a queda do Muro de Berlim, maravilhei-me com a beleza de suas igrejas redondas e ruas de paralelepípedos. A cidade renovada parecia um exemplo brilhante da transição bem-sucedida do comunismo para a democracia. Então comecei a abordar transeuntes para perguntar o que pensavam sobre seu governo. Quando viam o logo da BBC no meu microfone – eu estava viajando por quatro países da Europa Central para um documentário de rádio –, as pessoas, em sua maioria, se recusavam a falar comigo.

Por fim, encontrei um trabalhador da construção civil de meia-idade que concordou com uma conversa rápida, contanto que eu desligasse o microfone. "Temos medo", ele me disse, "se eu criticar o governo na BBC, posso ficar sem emprego amanhã." Embora não fosse empregado pelo Estado, o homem explicou, sua empresa frequentemente trabalhava em projetos de construção públicos. Se os políticos locais descobrissem que um dos funcionários da empresa tinha criticado o governo, poderiam exigir que ele fosse demitido. Era um risco que ele não podia correr.

Ao redor do mundo, populistas autoritários como Viktor Orbán da Hungria atacam a liberdade de expressão. Suas primeiras vítimas geralmente são jornalistas investigativos ou líderes de oposição sinceros demais. No entanto, como Orbán, muitos logo começam a reprimir o discurso dos cidadãos comuns. Como as pessoas de Sopron, a população de Bangcoc e Manila, de Mumbai e Istambul, precisam ficar atentas ao que dizem.

Mesmo nos Estados Unidos, há crescentes tentativas de usar a lei para sufocar o que as pessoas podem dizer. Várias legislaturas estaduais republicanas, por exemplo, aprovaram projetos de lei que restringem como os funcionários públicos podem discutir raça ou sexualidade. À primeira vista, muitas dessas leis estão apenas determinando que tipo de conteúdo os professores devem transmitir nas escolas públicas, algo que o Estado tem um interesse legítimo em regular. O tipo de discurso que eles proíbem, contudo, é definido de maneira preocupantemente ampla.

No estado do Tennessee, por exemplo, uma lei aprovada em 2022 proibiu qualquer material de ensino que promova "divisão entre, ou ressentimento por, raça, sexo, religião, credo, filiação política não violenta, classe social ou classe de pessoas". Da mesma forma, no estado da Flórida, um projeto de lei de 2022 proíbe "instrução em sala de aula por pessoal escolar ou terceiros sobre orientação sexual ou identidade de gênero" no jardim de infância e nos três primeiros anos; mesmo em anos posteriores, é ilegal quando feito "de maneira que não seja apropriada para a idade". Como a linguagem em ambos os projetos de lei é muito vaga, há um perigo real de eles bloquearem formas legítimas de expressão, desde professores mencionando seus parceiros do mesmo sexo até discutir injustiças históricas como a escravidão.

Felizmente, proteções constitucionais-chave limitam a extensão em que autoridades coercitivas podem punir cidadãos privados pelo que dizem. A Primeira Emenda proíbe o Congresso de criar qualquer lei "restringindo a liberdade de expressão ou da imprensa". As constituições de todos os cinquenta estados incluem disposições semelhantes. (Enquanto os projetos de lei no Tennessee e na Flórida regulam o que os funcionários públicos podem dizer no horário de trabalho, por exemplo, seria inconstitucional impor restrições semelhantes ao que eles podem dizer quando estão fora do trabalho.) Mesmo no auge do poder de Donald Trump, a maioria dos norte-americanos não precisava temer que seu governo os punisse por expressarem suas opiniões.

Em outros países, porém, é preocupante ver como leis rigorosas que regulam discursos de ódio e insultos pessoais frequentemente limitam o que cidadãos comuns podem dizer. Em fevereiro de 2021, por exemplo, três policiais em Merseyside, no norte da Inglaterra, foram para as ruas com um anúncio de serviço público. Vestidos com uniformes oficiais, os rostos cobertos por máscaras destinadas a protegê-los contra a pandemia, posaram na frente de um enorme cartaz: "Ofender é crime", anunciava. (O painel não especificava o que deveria ser considerado ofensivo, ou quem julgaria isso.)

As leis na Alemanha são ainda mais restritivas e têm maior probabilidade de darem errado. Em Stuttgart, ativistas de esquerda foram processados por venderem mercadorias antifascistas que retratavam um boneco de palitos jogando a suástica, um símbolo proibido na Alemanha, em uma lixeira. Em Berlim, a polícia investigou os editores de uma revista gay por descreverem o falecido papa Bento XVI como homofóbico. Enquanto isso, em Hamburgo, a polícia apareceu à porta de um morador local com um mandado de busca. Seu suposto crime? Quando um ministro do governo criticou os residentes da cidade por festejarem durante a pandemia, ele tuitou: "Você é um idiota".

Enquanto isso, a censura rapidamente se institucionalizou em alguns dos locais mais importantes para o debate público. Plataformas de mídia social como Twitter e Facebook rapidamente se tornaram indispensáveis para o debate público; quando elas banem determinados pontos de vista, tornam muito difícil para essas ideias alcançarem um público amplo. Ainda assim, os CEOs da maioria das grandes empresas de tecnologia prometeram banir um conjunto amplo e mal definido de ideias que consideram "desinformação". Ao longo dos últimos anos, com essa justificativa, limitaram artificialmente a discussão sobre as origens do coronavírus e escândalos envolvendo o filho de um candidato presidencial.

Especialmente nos Estados Unidos, um espírito censor se tornou padrão. Grandes redes de televisão e provedores de streaming removeram episódios de programas que consideram ofensivos. Editoras cancelaram o lançamento de romances muito aguardados porque alguns resenhistas na internet os consideraram insensíveis. Locais

198 A Armadilha da Identidade

cancelaram shows de comediantes porque seus funcionários alegaram que eles poderiam expressar pontos de vista "perigosos". Universidades desconvidaram palestrantes porque haviam expressado opiniões amplamente aceitas sobre ação afirmativa nas páginas de uma revista nacional. Muita gente foi sumariamente demitida de seus empregos por ofensas triviais ou imaginárias.

Os incidentes de censura ou ostracismo social atraem mais atenção quando envolvem alguém famoso. No entanto, na maioria das vezes eles afetam pessoas comuns que nunca chegam às manchetes. Mais de três em cada cinco norte-americanos agora afirmam que se abstêm de expressar suas opiniões políticas por medo de sofrer consequências significativamente adversas. A maioria dos estudantes universitários relata ter se autocensurado no passado, com apenas um em cada quatro dizendo que se sente à vontade para discutir tópicos controversos com seus colegas de classe. Mesmo no *The New York Times,* cerca de metade dos próprios funcionários do jornal acredita que muitos de seus colegas têm "medo de dizer o que realmente pensam".

Isso é um problema. Para se sentir capacitado a participar do debate político, não basta, como os teóricos políticos há muito reconhecem, que as pessoas estejam protegidas de serem presas pela polícia. Elas também não deveriam ter medo de que expressar uma opinião que por acaso se afaste do consenso volátil do dia as faça serem socialmente excluídas ou demitidas de seus empregos. Como John Stuart Mill apontou durante a era vitoriana, a sociedade

> pratica uma tirania social mais formidável do que muitos tipos de opressão política, pois, embora geralmente não seja sustentada por penalidades tão extremas, deixa menos meios de fuga, penetrando muito mais profundamente nos detalhes da vida e escravizando a própria alma. Portanto, a proteção contra a tirania do magistrado não é suficiente: também é necessária proteção contra a tirania da opinião e do sentimento predominantes; contra a tendência da sociedade de impor, por outros meios que não as penalidades civis, suas próprias ideias e práticas como regras de conduta para aqueles que discordam delas.

Fale Livremente   **199**

Por isso, uma sociedade livre requer uma *cultura* genuína de liberdade de expressão. E é nesse domínio que os norte-americanos, assim como os habitantes de muitas outras democracias, agora enfrentam um perigo real.

Há muitas razões para esse estado lamentável de coisas, incluindo a maneira como a mídia social facilita para os radicais mobilizarem a raiva coletiva contra qualquer pessoa que desafie o consenso do grupo – algo que aumentou o custo para se atrever a discordar de sua própria tribo em ambos os lados da cada vez mais amarga divisão partidária nos Estados Unidos. No entanto, como membro de longa data da esquerda, profundamente comprometido com o valor da liberdade de expressão, considero especialmente notável uma razão para essa transformação: grandes partes da esquerda norte-americana voltaram-se abertamente contra o ideal da liberdade de expressão.

Desde os abolicionistas lutando pelo direito de criticar a escravidão na década de 1850 até os manifestantes estudantis opondo-se à guerra do Vietnã na década de 1960, a esquerda norte-americana há muito defende o valor da liberdade de expressão. "A liberdade é insignificante onde o direito de expressar pensamentos e opiniões deixou de existir", disse Frederick Douglass uma vez. Chamando a liberdade de expressão de "o terror dos tiranos", ele insistiu que é, "aos olhos de todos os homens ponderados, o grande renovador moral da sociedade e do governo".

Ao longo da última década, porém, a defesa da liberdade de expressão, na imaginação de muitos esquerdistas, adquiriu uma tonalidade de direita. Alexandria Ocasio-Cortez, talvez a congressista jovem mais proeminente nos Estados Unidos, repetidamente colocou a liberdade de expressão entre aspas e insinuou que a Primeira Emenda é "meramente um serviço para os poderosos". Owen Jones, colunista do *The Guardian* e um dos escritores de esquerda mais influentes no Reino Unido, afirmou que os "guerreiros da 'liberdade de expressão'" importam-se apenas com "o direito de dizer coisas preconceituosas e estigmatizantes sobre minorias". Ellen K. Pao, ex-CEO do Reddit e uma esquerdista comprometida, expressou o crescente desprezo pela liberdade de expressão de forma ainda mais sucinta. "No fim das contas",

200 A Armadilha da Identidade

ela escreveu no Twitter, "os defensores da liberdade de expressão realmente só querem poder usar insultos racistas."

Esses argumentos são um grave equívoco. Como os filósofos há muito reconhecem, uma verdadeira cultura de liberdade de expressão tem benefícios importantes, permitindo-nos reconhecer nossos erros e desenvolver uma compreensão mais profunda de nossas próprias crenças. Ainda mais importantes são as coisas ruins que aconteceriam se abandonássemos a liberdade de expressão. Quando os censores dominam o dia, os poderosos decidem quem pode falar, as apostas das eleições tornam-se existenciais e o progresso social torna-se inatingível. No entanto, antes de podermos responder aos novos críticos da liberdade de expressão, precisamos entender seus argumentos: então, de onde vem a crescente hostilidade progressista contra os "livres expressores", como Pao nos chamou depreciativamente?

As Raízes da Rejeição "Progressista" da Liberdade de Expressão

A rejeição mais influente da liberdade de expressão pela esquerda foi formulada por Herbert Marcuse. Quando Adolf Hitler ascendeu ao poder, Marcuse, um judeu alemão, estava prestes a assumir um cargo no prestigioso Instituto de Pesquisa Social, mais conhecido como Escola de Frankfurt. Em vez disso, foi forçado a fugir para os Estados Unidos, mudando-se para a Califórnia e reinventando-se como o apóstolo intelectual da Nova Esquerda. Segundo Marcuse, princípios como a liberdade de expressão podem ser apropriados para uma sociedade verdadeiramente livre. No entanto, Marcuse afirmou em *Repressive Tolerance* (Tolerância repressiva), as democracias ocidentais de sua época eram definidas pela dominação de classe e pela propaganda midiática. Nessas circunstâncias, "a liberdade (de opinião, de reunião, de expressão) torna-se um instrumento para absolver a servidão"; a liberdade de expressão, concluiu ele, apenas serve para enraizar a opressão.

A solução, segundo Marcuse, era uma "maioria subversiva" ganhar poder, por meios violentos se necessário, e retirar "a tolerância de discurso e reunião de grupos e movimentos que promovem políticas agressivas, armamentismo, chauvinismo, discriminação com base em raça e religião, ou que se opõem à extensão de serviços públicos, segurídade social, cuidados médicos, etc.". Caberia então a uma vanguarda intelectual "identificar políticas, opiniões, movimentos que promoveriam" a verdadeira tolerância. (De fato, segundo Marcuse, diversos movimentos importantes como as "Revoluções Chinesa e Cubana" recentes já haviam conseguido estabelecer "a ditadura educacional democrática de homens livres".)

Um quarto de século depois, um proeminente estudioso da literatura formulou outra rejeição altamente influente da liberdade de expressão. Segundo Stanley Fish, a própria ideia de liberdade de expressão é logicamente incoerente. Porque "conceitos abstratos como a liberdade de expressão não têm nenhum conteúdo 'natural'", Fish afirma, ecoando Foucault, que eles estão para sempre "preenchidos com qualquer conteúdo e direção" que os vencedores das lutas políticas decidirem lhes dar. Derivando da tradição dos estudos jurídicos críticos, ele argumentou que é impossível traçar um limite escrupuloso entre o tipo de expressão que se enquadra na proteção das disposições de liberdade de expressão, como a Primeira Emenda, e o tipo de discurso que pode ser legitimamente regulado.

É amplamente aceito, por exemplo, que a Primeira Emenda não protege as "palavras incitantes", formas de expressão que "provavelmente levarão uma pessoa comum a retaliar". O problema, segundo Fish, é que avaliar quais manifestações podem provocar uma pessoa comum a tal ponto será com certeza altamente subjetivo. Isso, afirma Fish, não é um caso isolado: o limite entre o que deve ser permitido e o que pode ser proibido é sempre uma questão de política. E assim, a liberdade de expressão supostamente não tem sentido – uma invocação vazia que oculta habilmente as dinâmicas de poder reais em jogo. "A liberdade de expressão", conclui Fish, "é apenas o nome que damos ao comportamento comunicativo que serve aos objetivos essenciais que desejamos promover."

A influência duradoura dessas duas vertentes de crítica é evidente nos ataques contemporâneos à liberdade de expressão. A ideia de Marcuse

202 **A Armadilha da Identidade**

de que a "verdadeira" tolerância requer intolerância às opiniões ofensivas, por exemplo, agora possui um tremendo impacto cultural. Como recentemente tuitou a deputada trabalhista britânica Nadia Whittome: "Não devemos fetichizar o 'debate' como se o debate fosse um ato inocente e neutro. O próprio ato de debater nesses casos é um recuo efetivo da igualdade pressuposta e um pé na porta para a dúvida e o ódio". A dívida com Marcuse é ainda mais óbvia no trabalho de Ibram X. Kendi, como quando ele afirma que "ideias racistas são tão falsas quanto perigosas. Não considero ideias racistas uma forma de liberdade de expressão. Considero-as uma forma de expressão não livre".

Do mesmo modo, a ideia de Fish de que aqueles que favorecem a liberdade de expressão apenas têm preferências diferentes sobre onde traçar a linha entre discurso permitido e proibido – e que essa indeterminação serve aos interesses dos poderosos – rapidamente se tornou palavra corrente. "Quando a liberdade de expressão dos oprimidos é protegida?", perguntou um grupo de estudantes que interrompeu um evento porque contava com um palestrante da ACLU. "Sabemos, por experiência pessoal", responderam à própria pergunta, "que os direitos concedidos a corpos ricos, brancos, cis, masculinos, heterossexuais não se estendem aos grupos marginalizados."

Juntas, essas ideias constituem uma visão desdenhosa da liberdade de expressão que se tornou incrivelmente influente ao longo de uma década. Essa visão retrata qualquer pessoa preocupada com restrições formais ou informais à liberdade de expressão como um reacionário de direita que secretamente espera manter as hierarquias de opressão existentes. Alguns negam que casos em que pessoas sofrem punições pessoais e profissionais severas por ofensas triviais ou imaginárias representem uma forma preocupante de "cultura do cancelamento". Outros celebram ativamente tais casos como exemplos de uma saudável "cultura de consequências". (Como Denise Branch, uma proeminente "consultora antirracismo", disse à *Forbes*, por exemplo, "a 'cultura de consequências' é necessária para construir ambientes de trabalho mais seguros, inclusivos, equitativos e responsáveis".) Ambos negam que exemplos desse fenômeno – como plataformas de mídia social censurando certas formas de conteúdo, empresas privadas demitindo funcionários ou editoras abandonando autores porque algumas pessoas os consideram controversos – representem uma ameaça à liberdade de expressão sob o argumento de que não envolvem o exercício formal do poder estatal.

Os defensores de um amplo ideal de liberdade de expressão podem responder aos pontos levantados por seus críticos? Sim. Argumentos tradicionais pela liberdade de expressão que se concentram nos benefícios desse ideal ainda mantêm grande parte de sua relevância. Contudo, existem, acredito, argumentos ainda mais fortes pela liberdade de expressão: aqueles que se concentram nas consequências desastrosas de renunciar a ela, em vez de nas consequências positivas de mantê-la. E, como acontece, esses argumentos são especialmente pertinentes em um momento em que a sociedade está profundamente polarizada e os riscos da política são perigosamente altos.

Por que Restringir a Fala É Tão Perigoso

Quando defendem a liberdade de expressão, os filósofos tradicionalmente explicam seu valor enumerando os benefícios que dela decorreriam. Dois argumentos são especialmente comuns. O primeiro argumento aponta quantas sociedades prenderam, torturaram ou mataram pessoas – de Sócrates a Galileu – por expressar o que as gerações posteriores acabaram por acolher como verdade. Deveríamos realmente ser tão arrogantes a ponto de pensar que somos a primeira geração a acertar absolutamente tudo? Claramente, a resposta é não. Se grandes avanços morais e científicos foram, no passado, com frequência retardados porque uma maioria obstinada reprimiu a livre expressão, limites à liberdade de expressão representariam o mesmo risco hoje.[4]

---

[4] De fato, como John Stuart Mill aponta em *Sobre a liberdade*, o dano mais significativo ao perseguir os heterodoxos não é àqueles que sofrem morte ou humilhação pelas mãos de uma multidão enfurecida; é para todos os outros. "Quem pode calcular o que o mundo perde na multiplicidade de intelectos promissores combinados com pessoas de caráter tímido, que não se atrevem a seguir qualquer linha de pensamento audaz, vigoroso e independente, com medo de que isso os leve a algo que possa ser considerado

204 A Armadilha da Identidade

O segundo argumento aponta para o valor de permitir que as pessoas expressem suas opiniões, mesmo quando estas se revelam equivocadas. Isso parece paradoxal. O que poderíamos perder ao reprimir opiniões que se revelam falsas? A resposta é que crenças verdadeiras podem, se nunca forem contestadas, se transformar em dogmas mortos. "A verdade, assim mantida", argumenta John Stuart Mill em *Sobre a liberdade*, "é apenas uma superstição a mais, acidentalmente agarrando-se às palavras que enunciam uma verdade." Tendo bases assim fracas, ela pode ser facilmente varrida se, em algum momento no futuro, vier a ser atacada.

Ambos esses argumentos clássicos para a liberdade de expressão mantêm sua relevância hoje. Nas duas décadas desde que comecei a faculdade, vi grandes segmentos da sociedade mudarem de ideia sobre questões importantes, desde a aceitabilidade moral da homossexualidade até os perigos causados pelas emissões de carbono. Não tenho dúvidas de que, daqui a vinte ou quarenta anos, olharemos para muitas de nossas crenças atuais com o mesmo senso de admiração sobre como as pessoas puderam estar tão erradas sobre algo tão importante. Do mesmo modo, a tentação de concordar com visões socialmente desejáveis sem pausar para pensar sobre o que estamos realmente dizendo está em toda parte. Como Mill, preocupo-me que isso priorize a recitação pública de slogans da moda sobre a realização de mudanças reais, tornando difícil resistir a ideias perniciosas se estiverem vestidas com as roupas de uma causa justa.

No entanto, também reconheço que esses argumentos podem parecer preciosos em um momento em que as apostas da política se mostram especialmente altas. Não valeria a pena (como Fish poderia insistir) sacrificar alguns desses objetivos elevados para combater o racismo, conter a demagogia e restringir o surgimento do populismo autoritário? E não seria (como diria Marcuse) ingênuo pensar que existe um genuíno "mercado de ideias" em um momento em que conglomerados de mídia poderosos estão fazendo o que podem para moldar as opiniões de seus telespectadores e leitores?

---

irreligioso ou imoral?" (John Stuart Mill, *On Liberty*. Londres: Broadview Press, 1859. p. 32-33.)

Essas são perguntas válidas. As democracias têm objetivos importantes que às vezes parecerão entrar em conflito com a liberdade de expressão. E, claramente, a suposição de que mais debate sempre permitirá que a verdade prevaleça é ingenuamente simplista. Essas objeções razoáveis explicam por que as defesas elevadas da liberdade de expressão nas quais os filósofos historicamente se concentraram são insuficientes. No entanto, o melhor argumento para a liberdade de expressão não se concentra nas consequências positivas que frequentemente advêm de sua manutenção, mas sim nas consequências negativas que provavelmente resultarão de sua ausência.

Três consequências negativas do abandono da liberdade de expressão são particularmente importantes em um momento em que os níveis de polarização política estão em altas recordes. Todas as três estão intimamente ligadas à maneira como as restrições à liberdade de expressão consolidam o domínio daqueles que já são poderosos. Pois se aqueles que detêm o poder conseguem censurar o que consideram visões nocivas, então:

1. As ideias dos poderosos serão sistematicamente favorecidas sobre as dos sem poder, perpetuando o tipo de injustiça que os oponentes progressistas da liberdade de expressão corretamente abominam.
2. Os interesses de quem detém o poder aumentarão drasticamente, incentivando partidários políticos a recusar-se a aceitar o resultado das eleições ou até mesmo a se engajar em violência.
3. A sociedade perderá uma válvula de escape crucial que permite às vítimas de políticas públicas ruins protestar contra o *statu quo*, tornando mais difícil alcançar mudanças sociais tão necessárias.

Empoderando os Poderosos

Muito do que as pessoas escrevem no Twitter e no Facebook ou dizem no YouTube e no TikTok é, para usar uma expressão popular na mídia social, "lixo". O mundo seria um lugar melhor se elas fossem

206   A Armadilha da Identidade

judiciosas o suficiente para se calarem. E se pudéssemos encontrar uma maneira inofensiva de garantir que ninguém jamais tivesse de encontrar suas opiniões, eu seria totalmente a favor.

Só há um problema. Se quisermos garantir que expressões sem valor não encontrem uma audiência, precisamos nomear algum conjunto de pessoas ou instituições para determinar quais postagens (ou artigos ou livros) são tão inválidas ou perigosas que merecem ser censuradas. E mesmo que eu possa ter minhas próprias opiniões sobre a linha entre o desejável e o repugnante, ou o provocativo e o *troll*, simplesmente não confio em mais ninguém para tomar essa decisão em meu nome. A razão mais convincente contra restrições à liberdade de expressão decorre da impossibilidade de nomear censores inteligentes e altruístas.

Quer estejam localizados nos cubículos bege de Washington, D.C., ou nos escritórios amplos e brilhantes do Vale do Silício, pessoas suficientemente poderosas para servir como censores rapidamente substituiriam os interesses da sociedade por suas próprias preocupações. Como cientistas políticos e sociólogos organizacionais têm mostrado repetidamente, pessoas que estão no comando de instituições sociais influentes tendem a guardar ciumentamente seu poder. Da mesma maneira, os burocratas que administrariam o (fictício) Escritório Federal de Censura, ou os executivos que poderiam estar encarregados do (também fictício) Comitê de Facilitação de Discurso do Facebook, provavelmente gostariam de garantir que possam continuar a fazer seus trabalhos. E isso tornaria extremamente tentador para eles censurar quaisquer vozes que critiquem seu direito de censurar.

Para piorar as coisas, os comitês que determinariam os limites legítimos da liberdade de expressão, por terem muito poder e influência, estariam sujeitos a intensa competição política. Mesmo que os funcionários originais do Escritório Federal de Censura ou do Comitê de Facilitação de Discurso do Facebook sejam extremamente altruístas, cada lado de nossa profunda divisão política logo se esforçaria para colocar seus próprios partidários nesses órgãos. Em vez de protegerem a sociedade das maldades das rivalidades partidárias e dos ódios tribais, essas instituições se tornariam, elas próprias, sujeitas a essas mesmas pressões.

Ironicamente, esse problema deveria ser especialmente convincente para os esquerdistas que têm visões profundamente pessimistas sobre o estado atual das democracias ocidentais. Defensores da versão popularizada da síntese de identidades insistem que países como os Estados Unidos e o Reino Unido são fundamentalmente moldados e definidos pelo racismo. Até instituições de inclinação esquerdista como a Universidade de Harvard, o *The New York Times* e a BBC, afirmam eles, perpetuam a supremacia branca. Ainda assim, muitos dos mesmos escritores e ativistas parecem considerar que os censores encarregados de determinar os limites do discurso aceitável de alguma forma estariam livres desses vícios. Isso é simplesmente ingênuo. Embora os progressistas possam ser capazes de censurar ideias de que não gostam dentro de instituições ou profissões de inclinação esquerdista, uma sociedade que adquire o hábito de censurar pontos de vista impopulares também estaria igualmente propensa a suprimir seus próprios pontos de vista.

Aumentando o Risco das Eleições

A promessa central da democracia eleitoral é que você sempre pode viver para lutar outro dia. Você pode sentir que, como diz o clichê político, "a próxima eleição é a mais importante de nossas vidas". Você pode estar convencido de que as decisões políticas tomadas nos próximos quatro anos enriquecerão ou empobrecerão milhões de vidas. Tudo isso pode até fazer com que você se empenhe ao extremo para garantir a vitória: fazer campanha, doar dinheiro e talvez difamar seu oponente. Mas isso também faz com que você esteja disposto a quebrar as regras do jogo democrático, impedindo seu inimigo de assumir o poder, mesmo que ele vença uma eleição livre e justa?

Como os eventos de 6 de janeiro de 2021 nos lembram, a resposta a essa pergunta tem sido, com deprimente frequência, sim, ao longo da longa e turbulenta história da democracia. Uma vez que a polarização partidária se intensifica a ponto de muitas pessoas considerarem uma vitória intolerável da oposição, o perigo de golpes (tentados) ou até guerras civis aumenta acentuadamente. Quando os riscos da política

A Armadilha da Identidade

crescem o suficiente, os cidadãos tornam-se muito menos propensos a seguir as regras.

Felizmente, as democracias desenvolveram alguns mecanismos básicos para reduzir a probabilidade de um desfecho tão trágico. E fizeram isso, em grande parte, adotando instituições que diminuem os riscos da competição política, tornando mais fácil tolerar uma vitória da outra parte. Desde que você confie no sistema de freios e contrapesos para limitar o poder de qualquer governo, sabe que não existe algo como um vencedor final. Mesmo se perder uma eleição, você terá, daqui a alguns anos, outra oportunidade de lutar por seus valores e persuadir seus compatriotas da justiça de sua causa.

Esse é um motivo raramente observado pelo qual limites à liberdade de expressão são tão contraproducentes. Em um país altamente polarizado, a liberdade de expressão permite que atores irresponsáveis difamem seus oponentes políticos e até mesmo vilipendiem grupos pelos quais nutrem ódio irracional. Há uma boa razão pela qual às vezes achamos difícil tolerar a maneira como alguns de nossos compatriotas abusam da licença concedida a eles pelas proteções à liberdade de expressão. No entanto, precisamente porque é tão importante não permitir que os riscos da competição política aumentem, a ausência de liberdade de expressão seria ainda pior, pois se eu tiver motivos válidos para temer que a vitória do meu oponente lhe dê o poder de me impedir de expressar minhas crenças, terei muito mais motivos para recorrer a qualquer meio – incluindo a violência – para impedi-lo de assumir o controle em primeiro lugar.

Fechando a Válvula de Segurança

Os governos impõem regulamentações rigorosas em uma ampla variedade de atividades humanas, desde a casa que você pode construir para si mesmo até os medicamentos que as empresas farmacêuticas podem vender. Quando essas regulamentações são mal concebidas, seus custos podem ser muito altos. Por exemplo, os governos às vezes proíbem a construção de novas casas que tornariam mais acessível

Fale Livremente

viver nos principais centros de oportunidades econômicas, ou deixam de licenciar de maneira oportuna medicamentos que poderiam salvar vidas porque erroneamente temem que teriam efeitos adversos à saúde. Apesar da gravidade dessas consequências não intencionais, a maioria de nós acredita que o governo pode legitimamente regular muitas áreas de nossas vidas. Então, por que não deveria ser permitido restringir discursos nocivos da mesma maneira?

Uma resposta a essa pergunta distingue entre o dano causado por um mau discurso e o dano causado por más ações. Ao contrário de um medicamento inseguro, um tuíte ofensivo não mata. Isso é verdade. Mas outra razão, menos percebida, é ainda mais importante: limites à liberdade de expressão são prejudiciais de uma maneira que outras políticas não são porque minam a capacidade de uma sociedade de corrigir seu curso.

A liberdade de expressão age como uma válvula de segurança que ajuda a alertar todos nós quando algo em nossa sociedade está verdadeiramente errado. Assim, quando certas posições ou políticas são colocadas acima de qualquer crítica, as perspectivas de progresso social diminuem. Aqueles que acreditam que construir mais habitações reduziria o aluguel e aumentaria a oportunidade econômica não podem mais apresentar seus argumentos aos seus concidadãos. Aqueles que acumularam evidências de que um medicamento proibido é seguro de usar não podem mais apresentá-lo aos reguladores. Dessa maneira, limites à liberdade de expressão aumentam o risco de travar as sociedades em erros perigosos em uma ampla gama de áreas.

Princípios de Livre Expressão para uma Sociedade Livre

Em uma manhã de primavera, quando eu tinha quinze anos, passei horas em pé na janela do meu quarto observando 10 mil manifestantes se reunirem na rua abaixo do meu apartamento. Eles tinham vindo para Munique, a histórica "capital" do movimento nazista, de todas as partes do país para protestar contra uma exposição sobre os crimes que o Exército alemão havia cometido durante a Segunda Guerra Mundial.

210 A Armadilha da Identidade

Os homens ostentavam cabeças raspadas e usavam botas pretas. Agitavam a bandeira do Reich alemão. Suas faixas diziam coisas como "nossos avós eram heróis" e "honra e glória à Wehrmacht". O Holocausto, no qual muitos dos meus familiares haviam perecido, tinha acontecido apenas cinquenta anos antes.

Desde aquele dia, entendi visceralmente como pode ser intimidadora a exibição pública de ódio racial. E assim, mantenho uma verdadeira simpatia por alguns dos argumentos centrais contra a liberdade de expressão: posso ver como afeta emocionalmente os estudantes verem palestrantes que incitam ódio contra eles visitarem seu campus. E também me enche de nojo quando *trolls* de extrema direita invocam a liberdade de expressão para desviar a crítica de suas escolhas odiosas.

E ainda assim, continuo a acreditar que uma cultura robusta de liberdade de expressão permanece uma base essencial para uma democracia próspera. À primeira vista, as leis vagas sobre discurso de ódio que têm sido adotadas nas últimas décadas em democracias de longa data, da Alemanha à Grã-Bretanha, prometem apenas banir da esfera pública discursos verdadeiramente nocivos. No entanto, qualquer restrição que o Estado imponha às pessoas é respaldada, em último caso, pela ameaça de prisão. E se começarmos a punir pessoas por dizerem o que acreditam, não apenas aumentamos os riscos de nossa política de uma maneira perigosa; também acabamos por capacitar pessoas e instituições que provavelmente não têm nossos melhores interesses em mente.

Por essa razão, uma sociedade que valoriza a liberdade de expressão protegeria a possibilidade de seus cidadãos de expressar opiniões impopulares em várias dimensões diferentes. Ela garantiria que o Estado não poderia encarcerá-los por suas opiniões. Limitaria a capacidade de empresas privadas e instituições, do Twitter ao Mastercard, de exercer poder desproporcional sobre quais visões podem ser expressas nos principais fóruns nos quais agora ocorre o debate público. E apoiaria uma verdadeira cultura de liberdade de expressão na qual as pessoas não são intimidadas a concordar com seus compatriotas pelo uso de táticas não liberais, como campanhas de cancelamento.

Fale Livremente

O Governo Não Deve Ter o Direito de Prender Você por Aquilo que Diz

Em muitos países europeus, a introdução de leis de discurso de ódio abrangentes e mal definidas agora representa uma séria ameaça à liberdade de expressão. Mesmo no Reino Unido, onde a liberdade de expressão sempre foi altamente valorizada, a polícia regularmente investiga cidadãos por discursos "ofensivos" que violam regras extremamente vagas sobre o que é permitido. No entanto, como pensadores de Voltaire a James Baldwin reconheceram, o direito de ofender sempre esteve no cerne de qualquer noção séria de liberdade de expressão. Como aqueles que estão no poder sempre considerarão ofensivo qualquer desafio sério a eles, qualquer proibição de categorias vagas de discurso como "insulto" e "blasfêmia" provavelmente será usada tanto contra denunciantes como contra *trolls*. Mesmo quando as proibições afetam conteúdo que de fato é profundamente nocivo, como discurso de ódio genuíno, está longe de ser claro que elas ajudam a resolver o problema mais profundo; na verdade, pesquisas sugerem que extremistas encontram maneiras mais inteligentes de expressar suas visões odiosas e podem até se tornar mais propensos a se envolverem em violência política.

Os estados modernos exercem um poder tremendo. Empregam grandes exércitos e vastas forças policiais, estabelecem regras coercitivas dizendo a seus cidadãos como devem se comportar e multam ou prendem aqueles que não obedecem. Isso torna especialmente perigoso quando os estados têm a liberdade de punir os cidadãos pelo que dizem. Em muitas áreas, a liberdade de expressar sua opinião deve ser absoluta. Por essa razão, democracias desde a Grã-Bretanha até a Alemanha deveriam emular a Primeira Emenda dos Estados Unidos, adotando proteções muito mais abrangentes contra formas de censura patrocinadas pelo Estado. Nenhum país deve ter o poder de prender seus cidadãos pelo que dizem.

Algumas instituições não governamentais que não estão legalmente vinculadas à Primeira Emenda também devem se comprometer a honrar proteções absolutas para a liberdade de expressão. O propósito

212 **A Armadilha da Identidade**

central das universidades, por exemplo, é produzir conhecimento. Dado como é fácil subverter esse propósito pela pressão social ou pelo medo de demissão, elas deveriam adotar voluntariamente fortes proteções à "liberdade acadêmica" (como muitas delas têm, pelo menos no papel). Se as universidades devem servir sua missão principal, é melhor ter alguns professores espalhando falsidades ou dizendo coisas ofensivas do que correr o risco de que ninguém possa questionar um consenso popular que pode muito bem estar errado.

Deve Haver Limites ao Poder de Instituições Privadas de Censurar o Debate Político

Quando o Estado pune seus cidadãos por expressar opiniões impopulares, por mais nocivas que sejam, a liberdade de expressão está sob uma ameaça especialmente séria. Em muitos países, porém, as punições mais perigosas contra discursos impopulares são aplicadas por meio de mecanismos mais informais. Na maioria das vezes, aqueles que são punidos por suas opiniões enfrentam uma conta suspensa nas redes sociais ou uma carta de demissão pelo correio, em vez de um policial batendo à porta.

O poder de instituições privadas, como plataformas de mídia social ou empresas de cartão de crédito, é mais limitado do que o do governo. Em certas maneiras, no entanto, é ainda mais pernicioso. Afinal, cidadãos democráticos acusados de violar restrições à liberdade de expressão patrocinadas pelo Estado pelo menos têm a chance de se defender em um tribunal. Em comparação, cidadãos que são demitidos, têm suas contas em redes sociais suspensas ou não conseguem mais acessar serviços financeiros básicos como cartões de crédito muitas vezes têm pouco ou nenhum recurso; seu destino depende de pessoas anônimas tomando decisões de acordo com regras e procedimentos que podem nem ser totalmente públicos. Qualquer pessoa que se preocupa em manter uma verdadeira cultura de liberdade de expressão deve, portanto, preocupar-se em controlar a capacidade de instituições privadas de punir pessoas por expressar opiniões impopulares ou de

Fale Livremente

policiar os limites do debate legítimo. Felizmente, os governos podem ajudar a conter o poder privado sem ultrapassar os limites estritos do que eles próprios podem legitimamente fazer nesse campo.

O primeiro passo deveria ser proibir as empresas de demitirem seus funcionários por dizerem coisas impopulares. Os governos poderiam conseguir isso incluindo as opiniões políticas dos funcionários na lista de características protegidas, como já fizeram algumas jurisdições, incluindo Seattle e Washington, D.C. Obviamente, os empregadores devem poder restringir o que seus funcionários fazem ou dizem enquanto estão no trabalho. No entanto, a menos que a natureza de seu trabalho seja abertamente política – como poderia ser o caso de uma organização de campanha, por exemplo –, eles não deveriam poder demitir seus funcionários por opiniões expressas como cidadãos privados. Isso ajudaria muito a dar aos cidadãos a confiança para se expressarem sem medo de ruína material.

Em segundo lugar, grandes instituições financeiras como a Mastercard, a empresa de cartão de crédito, e a Stripe, o serviço de processamento de pagamentos, efetivamente funcionam como serviços públicos. Qualquer pessoa que queira realizar transações comerciais básicas, desde alugar um carro até reservar um voo, precisa de um cartão de crédito. Qualquer pessoa que queira ganhar renda *online* precisa usar uma empresa de processamento de pagamentos. Cidadãos que são proibidos de usar esses serviços não conseguiriam realizar suas atividades diárias, viajar livremente ou manter um negócio viável. Portanto, essas empresas deveriam – como outros serviços públicos, como empresas de gás e eletricidade – ser limitadas em sua capacidade de recusar-se a atender clientes em potencial. Embora devam ter a possibilidade de recusar serviço a clientes por motivos comerciais, como a recusa persistente em pagar suas contas, elas não deveriam poder fazer isso porque não gostam de suas opiniões.

Com isso chegamos à maior fonte de poder privado sobre a liberdade de expressão: as redes sociais. Facebook e Twitter funcionam como locais-chave para o debate político. Ainda assim, eles frequentemente banem usuários por motivos arbitrários. Eles também proibiram a expressão de pontos de vista controversos sobre questões de intenso interesse público. E embora tenham justificado essas medidas com o nobre objetivo de combater a "desinformação", o conceito é definido de forma tão nebulosa que, na prática, acabaram tomando partido em debates públicos altamente importantes e complexos. Durante grande parte de 2020 e 2021, por exemplo, Facebook e YouTube baniram usuários por sugerirem que um vazamento acidental em um laboratório biológico realizando pesquisa de "ganho de função" poderia ter causado a pandemia de covid. Embora ainda não esteja claro se essa teoria é verdadeira, ela está sendo levada a sério nos escalões mais altos da comunidade de inteligência norte-americana.

Para piorar as coisas, grande parte do debate sobre o poder das redes sociais é obviamente duvidosa. Enquanto muitas pessoas percebiam a censura no Twitter como favorecimento das sensibilidades da esquerda, os conservadores reclamavam desse abuso de poder privado, ao passo que os progressistas apontavam que as empresas privadas poderiam decidir que conteúdo hospedar sem violar a Primeira Emenda. Assim que Elon Musk comprou a empresa, as posições se inverteram rapidamente, com os conservadores enfatizando que ele poderia fazer o que quisesse e os progressistas enfatizando que é perigoso para uma instituição privada ter um poder tão desproporcional sobre o debate público.

Minha posição tem sido consistente: acredito que é uma clara ameaça à cultura da liberdade de expressão que empresas privadas decidam o que pode ou não ser dito sobre questões desde a saúde pública até os direitos trans. É por isso que acredito que as empresas de mídia social devem adotar voluntariamente restrições rigorosas sobre sua própria capacidade de censura. Essas regras as deixariam livres para banir usuários por formas de comportamento ilegal, extremo ou incivil, como espalhar pornografia infantil, difamar pessoas ou praticar *doxing*.[5] As plataformas de mídia social também permaneceriam livres para usar algoritmos que amplificam o conteúdo com base em propriedades como ser menos divisivo, por exemplo, favorecendo

---

[5] *Doxing* é a prática de revelar informações de identificação pessoal sobre alguém na internet. (N.T.)

Fale Livremente

postagens que provocam poucas respostas negativas, mas não poderiam mais banir usuários ou excluir postagens por causa das visões políticas fundamentadas que expressam.

Se as empresas se recusarem a se autorregular de maneira clara e transparente, os legisladores devem considerar uma intervenção. Nos Estados Unidos, a Seção 230[6] agora garante que plataformas como o Twitter e o Facebook não sejam legalmente responsáveis pelo conteúdo postado por seus usuários; algumas outras jurisdições adotaram regras semelhantes. Se as principais plataformas continuarem a censurar seus usuários de maneira arbitrária ou pouco transparente, os governos democráticos devem (embora isso também tenha desvantagens) considerar seriamente a possibilidade de anexar condições claras a essa imunidade. Ao escolher quais postagens permitir ou promover em suas plataformas com base nos pontos de vista que expressam, em vez de algum critério neutro em relação ao conteúdo, como a quantidade de engajamento que geram, o Twitter e o Facebook estão agindo efetivamente como editores; isso torna mais convincente o argumento de que eles devem, como qualquer outro editor, ser responsabilizados pelo conteúdo que disseminam.

Construir uma Cultura de Liberdade de Expressão

Os governos não devem ter o poder de prender pessoas pelo que dizem. Atos privados, como o de grandes corporações, devem ser limitados em sua capacidade de moldar os contornos do debate público. Além disso, para manter uma cultura genuína de liberdade de expressão, também precisamos de proteções contra o tipo de "tirania da opinião prevalente" que Mill identificou como uma séria ameaça há mais de cento e cinquenta anos.

Fazer isso requer que pensemos na linha entre dois compromissos liberais centrais: liberdade de expressão e liberdade de associação.

---

[6] Seção do Código Civil norte-americano que garante imunidade para serviços de computação *online* em relação ao conteúdo de terceiros. (N.T.)

216 A Armadilha da Identidade

Por um lado, uma cultura de liberdade de expressão só é possível quando os cidadãos não têm de temer que qualquer comentário equivocado os faça serem excluídos por seus amigos e colegas. Nas palavras de Mill, devemos nos proteger contra "a tendência da sociedade de impor (...) suas próprias ideias e práticas como regras de conduta para aqueles que discordam delas". Por outro lado, cada cidadão deve decidir por si mesmo de quem quer – ou não quer – ser amigo. Se você diz algo que considero abominável, é meu direito denunciá-lo nas redes sociais e parar de convidá-lo para jantar. Então, é possível manter uma cultura robusta de liberdade de expressão sem restringir a liberdade de associação?

Sim. Uma cultura robusta de liberdade de expressão deve certamente permitir a expressão de opiniões fortes, incluindo críticas intensas aos supostos defeitos dos outros. Pode ser profundamente doloroso quando milhares de estranhos denunciam seu tuíte ou postagem no Instagram. Até certo ponto, porém, ser criticado na internet é uma demonstração da liberdade de expressão, não um ataque a ela.

No entanto, algumas formas extremas de pressão social e punição coletiva podem constituir um verdadeiro ataque à cultura da liberdade de expressão. Isso ocorre frequentemente quando as pessoas não estão apenas sendo criticadas, mas sim "canceladas" por causa do que disseram. De acordo com Jonathan Rauch, membro sênior da Brookings Institution, pelo menos quatro sinais de alerta ajudam a distinguir exemplos saudáveis do que ele chama de "cultura crítica" de indicações preocupantes de que as pessoas estão sendo "canceladas" por suas opiniões:

Punitividade: Os cancelamentos frequentemente envolvem punições severas, como sofrer a revogação de títulos ou honrarias ou ser demitido do emprego.

Desplataformização: Os cancelamentos frequentemente envolvem demandas para "desplataformizar" indivíduos ofensivos a fim de que eles deixem de poder expressar suas opiniões.

Organização: Os cancelamentos frequentemente envolvem esforços coletivos para punir oradores ofensivos por meio de petições coordenadas ou campanhas nas redes sociais.

Boicotes secundários: Os cancelamentos frequentemente buscam exercer pressão sobre quaisquer instituições ou publicações às quais a pessoa criticada esteja afiliada, com o objetivo de tornar essa pessoa "radioativa".

Rauch enfatiza que nenhum desses critérios constitui um teste definitivo para determinar se algo se enquadra no âmbito da crítica justa ou se constitui uma tentativa preocupante de cancelamento. Juntos, porém, esses indicadores ajudam a expressar a diferença em espírito e efeito. Ao contrário de uma cultura crítica saudável, Rauch observa que o cancelamento "trata de moldar o campo de batalha da informação, não de buscar a verdade; e sua intenção – ou pelo menos seu resultado previsível – é coagir à conformidade".

Não é papel do Estado combater essas formas não liberais de cultura de cancelamento. Seria inadequado que a lei tornasse impossível para as pessoas criticarem os outros por suas palavras ou suas associações, mesmo que o incidente instigante seja trivial ou bobo. Mas também não precisamos nos resignar a um futuro em que essas caças às bruxas continuem a moldar a esfera pública.

Todos temos a responsabilidade de manter uma cultura de liberdade de expressão da melhor forma possível. Mesmo que estejamos profundamente chateados com o que alguém disse, devemos nos abster de usar as táticas descritas por Rauch e refrear qualquer pessoa (incluindo nossos próprios aliados) que se curve a essas táticas antidemocráticas. Enfrentar quem instiga campanhas de cancelamento nunca é fácil. Coletivamente, no entanto, aqueles de nós que reconhecem a urgência de restaurar uma cultura genuína de liberdade de expressão têm o poder de fazê-lo.

Principais Conclusões

- A cultura da liberdade de expressão está seriamente ameaçada ao redor do mundo. Nas democracias ocidentais, parte dessa ameaça vem de uma fonte surpreendente: embora a

218 A Armadilha da Identidade

esquerda sempre tenha defendido a importância da liberdade de expressão, reconhecendo sua centralidade nas lutas históricas contra a opressão, muitos progressistas atualmente ridicularizam seus defensores como "livres expressores" e advogam uma "cultura de consequências" que responsabiliza as pessoas por declarações impopulares.

- Argumentos tradicionais pela liberdade de expressão falam principalmente sobre os benefícios dessa prática social, como a possibilidade de se fazer progresso científico. Embora esses argumentos permaneçam relevantes, as razões mais fortes para manter a liberdade de expressão, especialmente em tempos de profunda polarização, têm a ver com as coisas ruins que aconteceriam em sua ausência.

- Como as pessoas que tomam decisões sobre que discurso permitir ou proibir são, por definição, poderosas, limites à liberdade de expressão geralmente servem para fortalecer seu controle sobre a sociedade; é ingênuo pensar que uma prática social difusa de censura serviria sistematicamente às "causas certas". Limites à liberdade de expressão também aumentam as apostas das eleições. Se membros de um movimento político acreditam que perder a próxima eleição prejudicará sua capacidade de continuar defendendo sua causa, eles se tornarão muito menos propensos a aceitar seu resultado. Por fim, a liberdade de expressão funciona como uma válvula de segurança crucial que permite às pessoas se organizarem contra todos os tipos de injustiças; portanto, limitar a liberdade de expressão dificulta o progresso social.

- É possível tomar medidas proativas para manter uma cultura genuína de liberdade de expressão. Os países não devem poder punir seus cidadãos pelo que dizem, por mais hediondo que seja. O poder de instituições privadas, como grandes corporações, de minar a cultura da liberdade de expressão deve ser limitado, por exemplo, por regras que tornem ilegal para empresas demitir funcionários por suas opiniões políticas ou para fornecedores de serviços financeiros básicos recusarem serviços a clientes por motivos ideológicos; da mesma maneira, as redes sociais devem limitar voluntariamente sua capacidade de favorecer algumas causas políticas em detrimento de outras. Enfim, todos podemos ajudar a defender uma cultura de liberdade de expressão, ficando atentos às táticas-chave que diferenciam uma cultura crítica saudável de uma cultura de cancelamento prejudicial.

11 | O Argumento a Favor da Integração

Educadores progressistas tradicionalmente consideravam que sua missão era enfatizar o que todas as pessoas têm em comum. O filósofo John Dewey, há muito um dos escritores mais influentes sobre pedagogia norte-americana, escreveu uma vez que "a mistura na escola de jovens de diferentes raças, religiões diferentes e costumes diferentes cria para todos um ambiente novo e mais amplo". Um século depois, Barack Obama repetiu com frequência os sentimentos de Dewey, enfatizando em uma ocasião que "nosso objetivo é ter um país que não seja dividido por raça" e observando em outra ocasião que, "quando as crianças aprendem e brincam juntas, elas crescem, constroem e prosperam juntas".

Ao longo dos últimos anos, esse universalismo caiu em descrédito. Muitos progressistas passaram a acreditar que a ênfase tradicional em nossa humanidade comum equivale a uma eliminação das injustiças enfrentadas pelos grupos oprimidos. Eles também se preocupam que membros de grupos marginalizados estão em constante risco de sérios danos psicológicos quando precisam estudar ou trabalhar em instituições que continuam dominadas por membros da maioria étnica ou cultural. Esses preceitos políticos e psicológicos frequentemente levam a uma consequência organizacional: em vez de focarem em esforços para integrar a sociedade, progressistas têm cada vez mais militado pela criação de espaços e organizações em que membros de grupos minoritários possam permanecer entre si mesmos.

222   A Armadilha da Identidade

Essa tendência é especialmente marcante na educação. Ao longo da última década, muitas escolas introduziram grupos de afinidade segregados por raça, alguns já no jardim de infância. Em casos extremos, diretores de escolas que afirmam lutar pela justiça social, como Kila Posey experienciou em Atlanta, até mesmo colocaram todas as crianças negras na mesma sala de aula. Um conjunto similar de tendências está mudando a natureza do Ensino Superior. Universidades renomadas estão construindo dormitórios reservados para seus estudantes negros ou latinos, realizando cerimônias de formatura separadas para "estudantes não brancos" e até mesmo excluindo alguns alunos de aulas de educação física com base em sua raça. No lugar do universalismo liberal, partes do *mainstream* norte-americano estão rapidamente adotando o que podemos chamar de "separatismo progressista".

Essas práticas felizmente permanecem menos comuns fora dos Estados Unidos, mas estão começando a se espalhar além das fronteiras do país. O Centro Nacional de Artes do Canadá, em Ottawa, por exemplo, recentemente começou a oferecer apresentações segregadas por raça. Como o site da instituição financiada publicamente anuncia com orgulho, uma récita de *Is God Is* de Aleshea Harris será reservada para "uma plateia toda identificada como negra". Na Europa, enquanto isso, a nova forma de separatismo progressista tende a focar mais a cultura do que a raça. Como parte de sua aceitação de uma visão "multicultural" para a Grã-Bretanha, por exemplo, o último governo trabalhista introduziu escolas confessionais financiadas pelo Estado que são reservadas para (respectivamente) estudantes judeus, hindus, siques e muçulmanos.

Recentemente, esse separatismo progressista deu mais um passo adiante. A princípio, os educadores apenas pensavam que seria benéfico para membros de grupos historicamente marginalizados abraçarem sua identidade étnica, mas encorajar membros de grupos historicamente dominantes, como os brancos, a se definirem pela cor da pele pareceria altamente suspeito. Há pouco tempo, porém, educadores progressistas e treinadores de diversidade começaram a insistir que pessoas brancas também "abraçassem a raça". Como escreveram as acadêmicas Cheryl Matias e Janiece Mackey, os professores brancos

O Argumento a Favor da Integração

deveriam, assim como seus colegas não brancos, "envolver-se em trabalho de identidade racial" e aprender "como assumir a responsabilidade racial da branquitude".

Alguns aspectos do separatismo progressista podem ser inevitáveis. Todos têm o direito de decidir com quem desejam passar seu tempo. Qualquer pessoa pode optar por aprofundar seus laços com pessoas que compartilham sua religião, cultura ou etnia. Em uma sociedade pluralista, a liberdade de associação sempre levará a algum grau de "homofilia", a tendência bem documentada das pessoas de procurarem aqueles que se assemelham a elas. Contudo, as práticas que estão agora em voga vão muito além. Em particular, muitos educadores progressistas acreditam que devem encorajar proativamente os alunos a se definirem em virtude dos grupos de identidade em que nasceram.

O surgimento do separatismo progressista está enraizado em duas transformações intelectuais complementares: a adoção do essencialismo estratégico e novas preocupações sobre ameaças onipresentes à segurança psicológica de grupos marginalizados. Contudo, as descobertas fundamentais da política comparada e da psicologia de grupo ajudam a explicar por que é provável que esse tipo de separatismo seja perigosamente contraproducente. No longo prazo, ele só terá sucesso em incentivar uma competição de soma zero entre diferentes blocos étnicos. A única alternativa realista é reforçar o antigo sonho da integração, incentivando estudantes e cidadãos a pensar em si mesmos em termos de grupos mais amplos que incluam membros de muitos contextos diferentes.

O Surgimento do Separatismo Progressista

O separatismo progressista tem uma história intelectual improvável. Assim como grande parte da esquerda, os principais defensores e popularizadores da síntese de identidades há muito enfatizam que a ideia biológica de raça é uma ficção perigosa. Como Ta-Nehisi Coates resumiu sucintamente em *Entre o mundo e eu*: "A raça é filha do racismo, não o pai". Noções populares de raça, argumentam esses críticos, foram

224 **A Armadilha da Identidade**

criadas em processos históricos longos e injustos, tornando categorias como "hispano" e "afro-americano" produtos de uma complexa interação de forças sociais e interesses políticos. Como Kimberlé Crenshaw escreveu em um dos artigos fundamentais da teoria crítica da raça, categorias de raça e gênero que "consideramos naturais ou meramente representacionais são na verdade socialmente construídas".

Há duas maneiras muito diferentes de pensar sobre as implicações políticas dessa percepção. Segundo partes da esquerda, a falta de uma base biológica para noções populares de raça é uma forte razão para parar de usar essas categorias. Uma vez que a raça é socialmente construída e há muito é usada para fins de dominação injusta, devemos buscar transcender o conceito completamente. Em seu trabalho sobre o que chamam de *"racecraft"*[7], por exemplo, Barbara e Karen Fields lamentam a prevalência de pressupostos pré e pseudocientíficos sobre raça, buscando destacar "a estranheza das crenças e práticas sociais que os norte-americanos continuam a considerar corretas". Seu objetivo explícito é que "nossos compatriotas norte-americanos investiguem como as falsidades da *racecraft* são feitas na vida cotidiana, a fim de descobrir como desfazê-las".

Em sua forma mais radical, a aspiração de tornar a raça menos saliente consiste até mesmo em uma forma de "abolicionismo racial", a insistência em construir uma sociedade na qual a raça perca virtualmente toda a importância que agora possui. "Eu não mais participarei do jogo de pele todo-americano que exige que você escolha uma caixa e se defina por ela", prometeu o escritor Thomas Chatterton Williams, cujo pai afro-americano cresceu no Texas segregado. "Não existem, fundamentalmente, essencialmente, vidas pretas ou brancas. Existe vida humana, e temos diferentes etnias e tradições culturais, mas temos de abolir a ideia de raça, ponto-final, ou sempre teremos o resíduo do racismo."

Outro grupo de estudiosos, enquanto isso, tirou uma inferência oposta da premissa de que a raça carece de uma base biológica significativa. Como tantas pessoas internalizaram noções artificiais de

---

[7] Termo sem tradução literal em português, equivaleria a "criação de raça" ou "manipulação racial". (N.T.)

O Argumento a Favor da Integração   **225**

raça, eles esperam usar tais identidades na luta contra o *statu quo*. Seguindo o exemplo de Gayatri Chakravorty Spivak, eles defendem uma forma de essencialismo estratégico. Embora também acreditem que versões "essencialistas" de identidade, como aquelas que afirmam uma base biológica para a raça, estão equivocadas, eles esperam que uma ênfase maior nessas categorias possa fortalecer grupos historicamente oprimidos em sua luta por justiça. "Pessoas subordinadas", insistiu Crenshaw, devem abraçar categorias socialmente construídas de raça e gênero.

A princípio, a maioria dos acadêmicos que aderiram ao essencialismo estratégico continuou a falar sobre um futuro no qual a importância dessas categorias se atenuaria gradualmente. Com o tempo, porém, muitos deles dispensaram o elemento estratégico. Embora regularmente reconheçam que as identidades são socialmente construídas, eles tratam de fato a raça como uma categoria natural e desistiram da esperança de que uma sociedade justa de verdade a torne menos saliente. O que devemos almejar, segundo eles, não é uma sociedade na qual a identidade étnica recue para o plano de fundo porque não mais estrutura fundamentalmente a sociedade, mas uma sociedade na qual os cidadãos estarão para sempre altamente sintonizados com as diferenças de identidade étnica, de gênero e sexual.

Ao mesmo tempo que aderiram ao essencialismo estratégico, os defensores da síntese de identidades também expandiram sua concepção da natureza do dano e do preconceito. De acordo com um conjunto mais antigo de pressupostos, o preconceito consistia em crenças ou padrões comportamentais preconceituosos, como afirmar que membros de alguma cultura ou raça são inferiores. O dano exigia uma lesão física, um trauma psicológico significativo ou o acúmulo de uma clara desvantagem socioeconômica (como não ser contratado para um emprego por causa do racismo). Com o tempo, no entanto, sociólogos e psicólogos inspirados na síntese de identidades começaram a argumentar que essa forma de pensar sobre dano e preconceito ignorava formas mais sutis de injustiça.

Segundo eles, o preconceito poderia consistir em vieses implícitos, ocultos até para aqueles que o abrigam, ou até mesmo na expressão

226   **A Armadilha da Identidade**

de atitudes políticas aparentemente inofensivas que encontram apoio majoritário na população. Artigos amplamente citados apresentavam ceticismo em relação à ação afirmativa e à ideia de que os EUA são uma terra de oportunidades como exemplos paradigmáticos de "micro-agressão". Qualquer pessoa exposta a tais formas de preconceito ou injustiça era retratada como estando em risco de sofrer danos sérios, expandindo muito o domínio do que é considerado uma ameaça à "segurança". Gradualmente, instituições de inclinação esquerdista passaram a ver como sua tarefa proteger as pessoas sob seus cuidados desses perigos sempre presentes e começaram a temer que interações com membros de outros grupos de identidade fossem especialmente propensas a causar esses danos. Na formulação de Greg Lukianoff e Jonathan Haidt, eles abraçaram uma nova e cada vez mais difundida forma de "segurancismo".

A ideia de essencialismo estratégico e a expansão nas noções de dano ajudaram a moldar a forma como líderes organizacionais responderam às demandas de um local de trabalho em processo de diversificação. Ao longo dos últimos cinquenta anos, instituições que, em sua maioria, eram domínio de homens brancos começaram a abrir suas portas para um conjunto muito mais amplo de membros. Campi de universidades de elite tanto na Grã-Bretanha quanto nos Estados Unidos passaram de razoavelmente monocromáticos para extremamente diversos. As camadas superiores do mundo corporativo, que antes eram predominantemente compostas de anglo-saxões protestantes brancos, passaram a ter executivos vindos de todos os cantos do globo. Essas mudanças são motivo de celebração. Contudo, a ascensão social de pessoas de uma gama muito mais ampla de origens não resolveu a questão da desigualdade. Em particular, muitas mulheres e membros de minorias étnicas passaram a sentir – muitas vezes com muita razão – que a cultura dominante dessas instituições continuava hostil a eles.

Em resposta, líderes de universidades, fundações e corporações poderiam ter se concentrado em reduzir o papel que a raça desempenha dentro de suas organizações e torná-las mais acolhedoras para membros de grupos minoritários; de fato, esse foi o caminho que muitos deles inicialmente seguiram. No entanto, à medida que

O Argumento a Favor da Integração

a dupla influência do essencialismo estratégico e do segurancismo crescia, muitos deles mudaram de rumo. Agora, optaram por criar mais espaços nos quais membros desses grupos pudessem se envolver na construção da consciência (como exigido pelos defensores do essencialismo estratégico) e estariam protegidos da ameaça representada por membros de grupos dominantes (inspirados pelo segurancismo). Um grupo ativista no Williams College resumiu essa justificativa com muita clareza: dormitórios reservados para estudantes negros, argumentou, são necessários para que a faculdade cumpra suas "obrigações com o bem-estar e a segurança de seus alunos".

Uma maneira de entender o surgimento do separatismo progressista, em outras palavras, é vê-lo como o fruto do amor entre o essencialismo estratégico e o segurancismo. O resultado foi uma transformação rápida nas normas de instituições altamente influentes, incluindo entidades governamentais. Em Seattle, por exemplo, o gabinete do prefeito defendeu recentemente treinamentos segregados por raça para seus funcionários e outras formas de "convenções baseadas em raça", observando que tais práticas já se tornaram "parte da cultura de trabalho da cidade de Seattle".

Os Progressistas que Defendem a Identidade Branca

Os preceitos-chave do separatismo progressista já não são tão novos. De uma forma ou de outra, os progressistas optam por tendências separatistas há pelo menos três décadas; em um livro publicado em 1996, por exemplo, o senador liberal Daniel Patrick Moynihan já discutia e criticava-os extensamente. Nos últimos anos, porém, a oposição progressista ao universalismo tem sido expandida de forma radical.

Os primeiros defensores do essencialismo estratégico acreditavam na necessidade de exercícios de conscientização que permitissem aos grupos marginalizados lutar contra a discriminação que sofriam. Por essa razão, eles encorajavam apenas aqueles que historicamente haviam sido oprimidos a abraçar sua identidade étnica. Uma ênfase

228   A Armadilha da Identidade

ou um reconhecimento explícito da identidade branca permaneceu domínio da extrema direita.

Nas últimas duas ou três décadas, por outro lado, os separatistas progressistas também começaram a encorajar os brancos a se identificarem por sua origem étnica. Segundo eles, os brancos que acreditam que a cor de sua pele não os define estão obviamente alheios às maneiras como se beneficiam da subjugação dos não brancos. Uma ênfase em sua própria branquitude é, portanto, vista como o primeiro passo no longo caminho rumo ao repúdio do "privilégio branco". Como Charley Flint, um dos pioneiros do novo campo acadêmico de "estudos sobre a branquitude", colocou: "Queremos racializar os brancos. Como você pode construir uma sociedade multirracial se um dos grupos é branco e não se identifica como raça?".

A exortação para que as pessoas brancas abracem sua raça rapidamente passou a ser defendida por alguns dos mais proeminentes escritores e ativistas dos Estados Unidos. Robin DiAngelo, influente autora e consultora de diversidade cujo curso foi usado para treinar funcionários da Coca-Cola, por exemplo, enfatiza consistentemente a importância de os brancos desenvolverem uma identificação mais forte com a cor de sua pele. Como ela escreve em *Fragilidade branca*, os brancos "raramente somos convidados a pensar em nós mesmos ou nos brancos em termos raciais (...) Mas em vez de recuar diante do desconforto", os brancos devem abraçar esse rótulo racial. "Ser visto racialmente é um gatilho comum da fragilidade branca e, portanto, para desenvolver nossa resistência, os brancos devem enfrentar o primeiro desafio: nomear nossa raça." (Como mencionei na introdução, essa tendência até começou a influenciar o mundo da pedagogia progressista, com prestigiadas instituições privadas como a Bank Street School for Children, no Upper West Side de Manhattan, fundando "Grupos de Defesa" exclusivamente brancos e encorajando seus alunos a "assumir" sua "ancestralidade europeia".)

No entanto, uma maior ênfase nas diferenças entre grupos étnicos, ou uma aceitação generalizada da "branquitude", realmente inspirará os membros dos grupos dominantes a tornar o mundo mais justo? Ou a disseminação do separatismo progressista, pelo contrário, os

O Argumento a Favor da Integração

encorajará a proteger seu *status* dominante da melhor maneira possível? Essas questões-chave são tanto empíricas quanto normativas. Para responder a elas, não podemos apenas discutir sobre o tipo de sociedade que gostaríamos de criar; também precisamos entender como os seres humanos formam grupos, quando tratam os estrangeiros bem ou mal e que tipo de instituições podem promover a solidariedade mútua. Felizmente, psicólogos sociais e cientistas políticos (como narrei em meu último livro, *O grande experimento*) forneceram respostas convincentes a essas perguntas – respostas que ajudam a demonstrar que a adoção do separatismo progressista é uma armadilha perigosa.

O que a Ciência Social Pode nos Ensinar sobre como Promover Empatia e Coesão

Os estudantes da Universidade Johns Hopkins, onde leciono, são extremamente diversos. Eles vêm de todos os estados dos Estados Unidos e de 64 países ao redor do mundo. Praticam todas as principais religiões do mundo e provêm de uma grande variedade de grupos étnicos. Em 2019, apenas cerca de 41 por cento dos estudantes de graduação eram brancos. Portanto, talvez não seja surpreendente que esses alunos se considerem algumas das pessoas mais tolerantes do mundo – e, de certa forma, talvez sejam.

No entanto, quando dou aulas sobre tópicos como diversidade e democracia, muitas vezes peço a esses alunos que debatam uma questão aparentemente trivial: um cachorro-quente é um sanduíche? No início, os alunos geralmente ficam perplexos com a pergunta. Então começam a respondê-la com entusiasmo. Um aluno em geral defende apaixonadamente que cachorros-quentes são, de fato, sanduíches. ("Um cachorro-quente são duas fatias de pão com carne no meio. Isso é exatamente o que um sanduíche é!") Outro aluno responderá com a mesma firmeza. ("Cachorros-quentes são verticais e só têm um pedaço de pão. Isso não tem nada a ver com um sanduíche!")

Após cinco ou dez minutos de debate, faço os alunos jogarem um simples jogo de distribuição. Eles podem dar oito dólares a colegas que

230   A Armadilha da Identidade

concordam com eles sobre se um cachorro-quente é ou não um sanduíche e dez àqueles que discordam. Ou podem dar sete dólares àqueles que compartilham sua opinião e cinco àqueles que não compartilham. A maioria opta pela última alternativa. Meus alunos, embora supostamente tão tolerantes, estão dispostos a levar para casa menos dinheiro para garantir que os colegas que discordam deles sobre a natureza do cachorro-quente se saiam pior do que eles.

O Ser Humano É Inerentemente Grupal

O objetivo do exercício é apresentar aos alunos um conjunto poderoso de descobertas em psicologia social. Seres humanos, explico, são "grupais". Eles estão predispostos a formar laços fortes com seu próprio grupo, mesmo quando seu critério para a adesão (como uma convicção compartilhada na "sanduichez" do cachorro-quente) é trivial. Em nome dos membros de seu próprio grupo, muitas vezes demonstram ser capazes de feitos impressionantes de engenhosidade e atos inspiradores de altruísmo. Contudo, ao lidarem com pessoas que consideram membros de um grupo externo, são capazes de uma crueldade assustadora e de insensibilidade. Essa tendência a favorecer o grupo interno em detrimento do grupo externo ajuda a explicar grande parte do que é nobre e a maior parte do que é vil na história humana.

O simples jogo que jogamos em sala de aula também ajuda a ilustrar uma segunda característica dos grupos. Em muitos contextos, os grupos que sustentam nossa lealdade mais fervorosa têm uma significância duradoura e óbvia. Consistem em pessoas que têm um conjunto comum de ancestrais ou compartilham crenças religiosas, que lutaram grandes batalhas juntos ou sofreram as mesmas formas de opressão. Muitas vezes, porém, circunstâncias mais recentes são igualmente importantes na determinação da natureza e significado desses grupos. Incentivos políticos, interesses econômicos e narrativas midiáticas podem decidir onde as linhas entre diferentes grupos são traçadas, e até mesmo qual aspecto de nossa identidade é mais saliente. Como resultado, grupos que são aliados pacíficos em um tempo e lugar podem

O Argumento a Favor da Integração

231

se tornar inimigos sangrentos poucos anos depois ou a alguns quilômetros de distância.

Tudo isso torna extremamente importante pensar em como os membros de diferentes grupos desenvolvem preconceitos uns contra os outros e em que circunstâncias eles podem ser capazes de reconceber os inimigos de ontem como aliados de amanhã. Que conjunto de políticas e práticas devemos adotar se quisermos maximizar as chances de que os membros de sociedades altamente diversas, da Alemanha à Austrália, tratem uns aos outros com empatia e respeito?

A Promessa do Contato entre Grupos

Quando o psicólogo Gordon Allport se voluntariou em um centro local para refugiados na década de 1940, entrou em contato com um grupo contra o qual abrigava preconceitos arraigados. No entanto, à medida que passava mais tempo com os membros desse grupo, percebeu que suas visões negativas haviam sido infundadas. Talvez, Allport pensou, um mecanismo similar também pudesse ajudar outras pessoas a superar seus preconceitos irracionais.

Ao longo dos cinquenta anos seguintes, os psicólogos sociais demonstraram minuciosamente que isso é, de fato, verdade. Soldados norte-americanos que tiveram contato com civis alemães após a Segunda Guerra Mundial passaram a ter visões muito mais positivas deles do que aqueles que permaneceram nos quartéis. Residentes brancos de projetos habitacionais integrados em Nova York passaram a ter visões muito mais positivas sobre os afro-americanos do que aqueles que viviam em projetos segregados em Newark. Estudantes católicos e protestantes da Irlanda do Norte convidados a trabalhar juntos em uma tarefa simples passaram a ter visões mais positivas uns dos outros do que aqueles que não tiveram um encontro cooperativo semelhante. A evidência de centenas de estudos em todo o mundo é esmagadora: quando pessoas que têm preconceitos sobre os outros entram em contato com eles nas circunstâncias certas, desenvolvem uma visão muito mais positiva deles.

Os mesmos estudos, porém, trazem ainda advertências importantes. Também houve circunstâncias em que essas melhorias nas relações entre grupos historicamente hostis uns aos outros não se materializaram. Quando funcionários brancos trabalharam com colegas negros em um nível de habilidade semelhante, isso teve um efeito positivo em suas visões, por exemplo, mas quando trabalharam exclusivamente com colegas negros em funções subordinadas, seus preconceitos não se atenuaram.

Quando o Contato entre Grupos Funciona (E Quando Não Funciona)

Baseando-se nas intuições iniciais de Allport e analisando centenas de estudos, os psicólogos gradualmente confirmaram que quatro condições-chave ajudam a garantir que o contato entre grupos tenha efeitos positivos. Cada uma delas precisa se aplicar à situação específica em que os grupos se encontram, mesmo que (ainda) não seja verdadeira nas relações entre esses dois grupos de forma mais ampla:

Igualdade de *status*: Membros de diferentes grupos precisam desfrutar de igualdade de *status*; por exemplo, sendo companheiros de equipe ou colegas que trabalham em uma função semelhante.

Objetivos comuns: Membros de diferentes grupos precisam ter objetivos comuns, como vencer uma partida ou concluir um projeto em grupo.

Cooperação intergrupal: Membros de diferentes grupos precisam cooperar ativamente para alcançar seus objetivos comuns, como passar a bola uns para os outros ou colabor em uma apresentação.

Apoio das autoridades e dos costumes: Membros de diferentes grupos precisam ser incentivados a se dar bem pelas autoridades relevantes, como o treinador de uma equipe ou o chefe de um local de trabalho.

O Argumento a Favor da Integração

Qualquer pessoa que se preocupe com o fomento de melhores relações entre diferentes grupos identitários precisa levar essa pesquisa extremamente a sério. Infelizmente, porém, as práticas incentivadas pelos defensores do separatismo progressista vão contra essas percepções. Em vez de incentivar os cidadãos de democracias diversas a se reconceitualizarem como parte de um todo mais amplo, o separatismo progressista os encoraja a se verem como membros de grupos mutuamente irreconciliáveis. E, em vez de criar mais situações em que possam cooperar como iguais, isso os incentiva a se autossegregarem e os prepara para focar a desigualdade de *status* entre eles. Os preceitos fundamentais do separatismo progressista vão contra cinquenta anos de pesquisas sobre como construir solidariedade intercruzada étnica e culturalmente.

Por que as Práticas Propostas pelos Separatistas Progressistas São Contraproducentes

Grande parte da vida norte-americana, desde bairros residenciais até bancos de igreja, tem sido dolorosamente segregada há muito tempo. No entanto, desde a década de 1960, instituições que têm membros diversificados geralmente tentaram manter os tipos de práticas que os psicólogos sociais familiarizados com a literatura sobre contato entre grupos poderiam recomendar. Os líderes de equipes esportivas ou unidades militares, por exemplo, incentivam as pessoas a se verem em primeiro lugar como Yankees ou como fuzileiros, enfatizando a missão que compartilham.

Alguns psicólogos até contribuíram com essas descobertas para fomentar uma maior harmonia na sala de aula. Elliot Aronson, por exemplo, percebeu que os estudantes seriam menos propensos a fazer *bullying* se reconhecessem que precisavam que cada membro do grupo prosperasse para que eles mesmos pudessem ter sucesso. Ele então defendeu uma forma de "pedagogia do quebra-cabeça" em que os alunos tentariam resolver quebra-cabeças que exigiam que cada aluno contribuísse com uma parte da resposta, com base em informações às

234 **A Armadilha da Identidade**

quais apenas ele ou ela teria acesso; se algum aluno quisesse ganhar pontos, deveria garantir que todos fossem incluídos.

Ao contrário, as normas sociais e regras institucionais popularizadas pelo separatismo progressista vão de encontro às condições-chave necessárias para que o contato intergrupos tenha sucesso. Não apenas porque muitas mudanças, como espaços seguros e dormitórios separados, reduzem a frequência com que os estudantes de diferentes grupos são expostos uns aos outros em ambientes sociais. Também porque os tipos de regras e rituais que as instituições de elite estão implementando poderiam ter sido projetados sob medida para minimizar a promessa de maior compreensão mútua através do contato intergrupos, pois violam diretamente as condições descobertas por Allport e seus seguidores. Vamos a quatro exemplos:

1. *Status* **desigual**: Para que membros de diferentes grupos entrem em contato significativo que reduza seus preconceitos mútuos, eles precisam ter posição igual dentro dessa situação (mesmo que não gozem de igual *status* na sociedade como um todo). Agora, porém, muitos separatistas progressistas se opõem ativamente à criação de circunstâncias em que isso aconteceria. Segundo eles, qualquer interação entre um membro de um grupo historicamente dominante e um membro de um grupo historicamente marginalizado deve incluir uma enfatização explícita de sua diferença de *status*. Tanto na Grã-Bretanha quanto na América, por exemplo, pede-se agora que os brancos "reconheçam seu privilégio". Isso dificulta que membros de diferentes grupos desfrutem, mesmo que temporariamente, da igualdade de *status* necessária para que o contato intergrupos construa entendimento mútuo e solidariedade.

2. **Objetivos diferentes**: Os ambientes mais propícios para fomentar simpatia mútua requerem que pessoas de diferentes origens se reconcebam como parte do mesmo time perseguindo objetivos comuns. Em vez de se pensarem como branco ou negro, heterossexual ou gay, eles devem, pelo menos dentro dessa situação, se definir como membros da mesma turma da faculdade

O Argumento a Favor da Integração   235

ou equipe esportiva. De acordo com os defensores do separatismo progressista, no entanto, a ênfase em tais pontos comuns é altamente suspeita. Se você diz que "somos todos norte-americanos" ou "todos frequentamos Haverford", eles afirmam, você está minimizando a importância da raça e varrendo conflitos sociais para debaixo do tapete. Em vez disso, líderes institucionais poderosos agora incentivam as pessoas a se pensarem em termos de suas identidades raciais e a enfatizar as maneiras pelas quais os interesses e as preferências de diferentes grupos se chocam. Isso torna mais difícil a membros de diferentes grupos considerarem (mesmo que temporariamente) que compartilham uma identidade mais ampla ou perseguem objetivos comuns.

3. **Competição intergrupos**: Os benefícios do contato intergrupos são mais propensos a se materializarem quando pessoas de diferentes origens estão trabalhando ativamente juntas; é isso que tornou tão bem-sucedida a "pedagogia do quebra-cabeça" de Aronson, na qual grupos de alunos precisam da contribuição de cada um para resolver um quebra-cabeça. As novas formas de separatismo progressista reduzem o número de ocasiões em que membros de diferentes grupos de identidade poderiam se engajar em tal cooperação. Mais importante, elas enviam a mensagem de que criar uma atmosfera inclusiva em uma instituição não é um objetivo conjunto a ser resolvido por todos os seus membros, mas sim algo a ser perseguido por diferentes grupos de identidade, todos os quais cooperam principalmente dentro de suas próprias fileiras.

4. **Falta de apoio de autoridades e costumes**: Por fim, para que o contato intergrupos tenha efeitos positivos, é crucial que as pessoas que estão expostas umas às outras recebam a mensagem de que se espera que se deem bem. Quando uma instituição comunica a seus membros que a cooperação harmoniosa é um de seus valores ou um chefe diz aos funcionários que é melhor encontrarem uma maneira de trabalhar juntos efetivamente, isso cria incentivos saudáveis que ajudam a desenvolver a confiança. Na era do separatismo progressista, porém, muitas instituições

236   **A Armadilha da Identidade**

estão criando procedimentos que convidam ativamente ou até mesmo recompensam o conflito. Campi universitários, por exemplo, ensinam a estudantes de grupos minoritários que o preconceito contra eles muitas vezes se manifesta de formas aparentemente inofensivas ou até mesmo invisíveis, incentivando-os a estar constantemente alertas contra sinais sutis de preconceito ou "cultura de supremacia branca". Algumas universidades chegaram até a criar linhas diretas anônimas que permitem que os alunos denunciem seus colegas de classe quando acreditarem que eles se envolveram em microagressões. Isso mina a confiança de que as pessoas precisam para gerenciar conflitos de maneira cooperativa. Como muitas instituições agora enviam aos seus membros a mensagem de que é improvável que se deem bem, não é de surpreender que muitas vezes não o façam.

Nos últimos anos, em um número impressionante de casos, foram as instituições mais privilegiadas e progressistas – do Smith College ao Museu Guggenheim – que enfrentaram as maiores dificuldades com tolerância mútua e compreensão. Isso pode, à primeira vista, parecer estranho. Por que as pessoas em campi etnicamente diversos como Yale e Oxford têm dificuldade para se dar bem enquanto funcionários etnicamente diversos do McDonald's ou Burger King geralmente se saem bem? A teoria do contato intergrupos de Allport ajuda a fornecer parte da resposta: é porque muitos negócios e instituições comuns ainda tentam facilitar as condições para uma maior compreensão mútua, enquanto algumas das mais elitizadas as estão sistematicamente minando.

Por que Incentivar Brancos a Abraçar a Raça Provavelmente Dará Errado

O conflito nesses espaços de elite é agravado pela rápida adoção da ideia equivocada de que os brancos enfatizarem mais sua identidade étnica ajudaria a promover o progresso racial. A distinção entre

O Argumento a Favor da Integração

norte-americanos brancos e não brancos é uma parte fundamental da história norte-americana (embora alguns comentaristas argumentem veementemente que faria mais sentido pensar na distinção central como dividindo norte-americanos negros e não negros). Por séculos, isso determinou em que medida as pessoas tinham acesso a oportunidades, aos direitos civis e até mesmo aos componentes mais básicos da liberdade, como o direito de criar seus próprios filhos. Certamente é verdade sugerir que, para melhor ou para pior, os norte--americanos brancos sempre estiveram cientes de seu *status* racial.

Mas isso não é toda a história. Por grande parte da história norte--americana, os brancos eram a esmagadora maioria da população. Em 1860, por exemplo, 86 por cento dos norte-americanos eram brancos; até 1960, esse número ainda era de 85 por cento. Em comparação com praticamente todas as outras sociedades ocidentais, essa população majoritária era caracterizada por uma heterogeneidade impressionante de origem étnica, tradição cultural e convicção religiosa. Mesmo quando os norte-americanos estavam cientes de sua branquitude, seus marcadores mais fortes de autoidentificação tendiam a ser católicos ou protestantes, judeus ou ateus, ingleses ou alemães, italianos ou irlandeses. Isso levanta sérias questões sobre se seria politicamente proveitoso que esses norte-americanos "abracem a raça", começando a pensar em si mesmos, explícita e principalmente, como brancos – como muitos grupos de afinidade racialmente segregados e treinamentos de diversidade corporativa agora os encorajam a fazer.

A pesquisa relevante sugere fortemente que não é o caso. Nada na natureza humana determina que pessoas que por acaso são brancas sempre serão motivadas pela solidariedade racial com outras pessoas que compartilham uma cor de pele semelhante. É perfeitamente possível para eles definirem a adesão ao grupo relevante em termos que não tenham nada a ver com raça. Eles podem passar a se ver como nova-iorquinos, católicos devotos ou orgulhosos norte--americanos, por exemplo. E embora cada uma dessas identidades exclua algumas pessoas, todas elas abrangem milhões de pessoas que pertencem a praticamente todos os grupos raciais concebíveis (bem como de gênero e sexualidade).

238 A Armadilha da Identidade

Ao mesmo tempo, a psicologia social também sugere que é muito raro as pessoas agirem contra os interesses do grupo que consideram mais importante ao qual pertencem. Se eles se concebem principalmente em termos de um marcador de identidade coletiva etnicamente inclusivo, muitos norte-americanos que acontecem de serem brancos podem chegar a se solidarizar genuinamente com pessoas que não são. No entanto, serão muito menos propensos a fazer isso se passarem a pensar que sua brancura é seu atributo mais importante. Meus alunos começaram a discriminar "estranhos" quando foram incentivados a pensar em si mesmos como pertencentes a um grupo marcado por sua crença compartilhada na "sanduichez" do cachorro-quente; da mesma maneira, os norte-americanos brancos ficarão mais, e não menos, propensos a se envolverem em discriminação contra não brancos se forem incentivados a pensar que pertencer a um grupo definido pela cor da pele é sua identidade principal.

É por isso que a insistência na moda de que mais norte-americanos (ou, conforme o caso, mais britânicos e canadenses) se identifiquem como brancos provavelmente se mostrará perigosamente contraproducente. Os professores da Bank Street que colocam crianças pequenas em um "Grupo de Advocacia" totalmente branco esperam que uma maior autoidentificação como branco, aliada à consciência das injustiças sofridas por pessoas não brancas, transforme esses alunos em corajosos ativistas pelo progresso social. Em alguns casos individuais, isso pode muito bem se provar verdadeiro, mas é extremamente improvável que essa solução funcione em escala. Para cada criança que redobra seu compromisso com o progresso racial porque passa a pensar em sua pele branca como sua característica mais saliente, é provável que haja duas ou três que se tornem determinadas a defender os interesses desse grupo racialmente definido.

"Não tenho certeza se a autoflagelação pode ou não ter um efeito benéfico sobre o pecador (tendo a duvidar que possa), mas tenho absoluta certeza de que nunca poderá produzir algo politicamente criativo", escreveu Bayard Rustin, o grande ativista dos direitos civis. "Não melhorará a situação dos desempregados e dos sem-teto. Por outro lado, poderia muito bem acontecer que a parte culpada, para aliviar seu desconfortável fardo moral, acabasse por racionalizar seus pecados e a afirmá-los como virtudes. E por meio desse processo, o aliado de hoje pode se tornar o inimigo de amanhã."

O separatismo progressista é um beco sem saída. Sua visão de futuro não é nem realista nem atraente. E o sucesso parcial – um mundo em que os brancos passam a se definir por sua identidade étnica, mas não desmantelam as vantagens que historicamente fluíram dela – pode nos transportar para o pior de todos os futuros possíveis. Uma sociedade cujos membros mais influentes a concebem como composta de dois blocos fundamentalmente opostos de "brancos" e "não brancos" tem muito mais probabilidade de se afundar em uma competição interétnica destrutiva do que de superar as injustiças do passado. Felizmente, há uma alternativa: uma sociedade que tenta superar a segregação que historicamente a definiu, incentiva seus membros a desenvolver maior compaixão uns pelos outros e os inspira a enfatizar mais os marcadores de identidade que compartilham do que aqueles que os dividem.

O Argumento a Favor da Integração

Por todo o mundo ocidental, as democracias tornaram-se muito mais diversas ao longo dos últimos cinquenta anos. Em grande parte da Europa, a proporção da população com origem imigrante decuplicou. No Canadá e nos Estados Unidos, uma população que era predominantemente de origem europeia agora consiste cada vez mais em pessoas que vêm da Ásia, África e América Latina. Embora as sociedades tenham se tornado muito mais etnicamente diversas, porém, as vidas reais das pessoas se entrelaçaram a uma taxa muito mais lenta.

Nos Estados Unidos, o legado da segregação ainda permeia a realidade social de milhões de maneiras. De Boston a St. Louis, alguns bairros são predominantemente brancos, outros esmagadoramente negros ou latinos. Por todo o país, pastores pregam uma mensagem de reconciliação racial para congregações surpreendentemente homogêneas. Mesmo nos refeitórios ou nas festas de fim de ano de faculdades

240 A Armadilha da Identidade

elegantes ou de grandes corporações, pessoas que pertencem ao mesmo grupo de identidade se reúnem com uma regularidade deprimente.

A situação na Europa é melhor em certos aspectos, mas pior em muitos outros. A segregação residencial é menos pronunciada. No entanto, especialmente no Continente, as elites europeias continuam muito mais homogêneas do que as norte-americanas. E, em média, os filhos e netos de imigrantes se sentem mais alienados dos países em que nasceram.

Essas formas persistentes de segregação são profundamente preocupantes. Crianças que crescem sem frequentar a escola ou brincar com aqueles que pertencem a diferentes grupos étnicos têm muito mais probabilidade de desenvolver preconceitos nocivos. Enquanto isso, comunidades que estão isoladas do *mainstream* provavelmente carecem de recursos e oportunidades econômicas, especialmente se forem historicamente marginalizadas. "Se uma empresa é predominantemente branca e recruta novos funcionários por indicação de funcionários", escreve a filósofa Elizabeth Anderson em *The Imperative of Integration* (O imperativo da integração), "a segregação no trabalho, na escola, na igreja e nos bairros praticamente garante que poucos negros saberão sobre as vagas de emprego da empresa".

É compreensível que essas injustiças tenham inspirado uma boa dose de raiva, e até um certo fatalismo. Especialmente os primeiros membros de grupos minoritários que ganharam acesso a instituições de elite como as faculdades da Ivy League enfrentaram tanto hostilidade direta quanto formas mais sutis de condescendência. Talvez fosse inevitável que alguns deles ouvissem os apelos por uma forma supostamente progressista de separatismo – e que um grupo influente de esquerdistas brancos que se sentem profundamente envergonhados pelos fracassos de seu país rapidamente amplificasse e institucionalizasse essas demandas. Contudo, como a maioria dos norte-americanos de todos os grupos étnicos percebe, a melhor maneira de combater a persistente realidade da segregação é redobrar nossos esforços para integrar a sociedade, não uma tentativa míope de contornar as dificuldades que esse processo inevitavelmente acarreta. Como isso seria?

O Argumento a Favor da Integração

241

Em uma sociedade livre, as pessoas têm liberdade para se associar com quem desejarem e se identificar da maneira que quiserem. Não há nada de errado com alguns adultos passarem a maior parte do tempo entre aqueles com quem compartilham traços imputados. E quando se trata de cultura, o orgulho que muitos norte-americanos têm de sua herança é uma grande parte do que torna o país tão vibrante. Dada a história dos Estados Unidos, esperanças de uma completa abolição da raça provavelmente são irrealistas para o futuro previsível; especialmente quando se trata de grupos que sofreram séculos de injustiça, é fácil entender por que eles provavelmente manterão algum orgulho em sua ascendência compartilhada.

Por todas essas razões, a sociedade deve celebrar sua diversidade étnica e religiosa, e até mesmo olhar para certas formas de homofilia com benevolência. Mas seria um grande erro deixar as celebrações da diversidade ou o respeito pelo direito de cada cidadão de exercer a liberdade de associação se transformar em uma aceitação do separatismo progressista. O objetivo das instituições mais influentes do país, de corporações a fundações filantrópicas, deve ser promover a integração e inspirar uma ênfase nas identidades que compatriotas de diferentes grupos étnicos (e religiosos e sexuais) compartilham.

Isso é especialmente importante quando se trata de instituições educacionais. As faculdades norte-americanas, por exemplo, historicamente têm designado estudantes de origens muito diferentes para quartos compartilhados em seu primeiro ano. Agora, a maioria delas permite que os alunos novos solicitem colegas de quarto com a mesma mentalidade e geralmente a mesma origem que conheceram nas redes sociais ou em encontros locais. É hora de as faculdades abandonarem essas mudanças contraproducentes, voltando seu foco para práticas que provavelmente integram em vez de separar.

Da mesma forma, um objetivo importante da educação básica e secundária deve ser criar o máximo de oportunidades possível para que alunos de diferentes grupos tenham contato significativo uns com os outros. Os professores devem, é claro, enfatizar as contribuições que diferentes culturas fizeram – e continuam a fazer – para os Estados Unidos. Mas em vez de incentivar os alunos a colocarem sua lealdade

242 A Armadilha da Identidade

primária nos rótulos étnicos "corretos", eles devem buscar inspirá-los a dar a maior importância às identidades que compartilham com seus colegas de classe e compatriotas. Isso significa que eles devem rejeitar resolutamente práticas na moda, como grupos de afinidade segregados por raça, em favor de atividades inclusivas e colaborativas que são muito mais propensas a construir respeito mútuo e afeto. (E sim, compreendida de forma correta, essa pedagogia mais verdadeiramente inclusiva é totalmente compatível com o ensino de uma conta honesta do passado do país, que inclui tanto suas grandes conquistas quanto suas terríveis injustiças.)

Fazer progresso significativo na integração exigirá, especialmente em países que continuam a sofrer algum grau de segregação, também mudanças substanciais na política pública. O sistema norte-americano de financiamento das escolas públicas, por exemplo, precisa ser urgentemente reformado. Em praticamente todos os países, as escolas são governadas por entidades comparativamente grandes, como cidades, condados, regiões ou até mesmo estados. Apenas nos Estados Unidos, com sua miscelânea de diferentes distritos escolares, a qualidade e a composição étnica das escolas públicas locais dependem tão fortemente da renda dos moradores em uma área pequena.

A política habitacional também é importante. No passado, a discriminação flagrante era a principal razão para a segregação residencial. Hoje, leis de zoneamento rígidas e regulamentações labirínticas sobre novos projetos de construção ajudam a explicar por que alguns bairros permanecem predominantemente brancos. Dar às pessoas mais oportunidades de interagir como vizinhos e colegas de classe depende, em parte, de medidas aparentemente técnicas, como leis de zoneamento mais permissivas.

*

A forma final de uma sociedade livre sempre dependerá das escolhas feitas por seus cidadãos. Mas ao longo das últimas décadas, algumas das instituições mais ricas e influentes abraçaram totalmente a forma

O Argumento a Favor da Integração

radical de separatismo progressivo. Elas fazem o que está ao seu alcance para que os jovens, incluindo os brancos, se definam em termos de suas identidades étnicas. Isso é um grande erro.

Enquanto uma sociedade livre sempre respeitará as diferenças culturais e religiosas de seus cidadãos, a propensão humana para a homofilia garante que as pessoas naturalmente se agrupem em diferentes grupos. Para garantir a tolerância mútua e construir solidariedade entre cidadãos de diferentes grupos étnicos, as instituições poderosas precisam se ver como um contrapeso ao espírito de grupo. Seu objetivo deve ser promover a integração, não encorajar as pessoas a se aprofundarem no que as separa umas das outras. Se as sociedades diversas devem ter sucesso, seus cidadãos serão um dia menos conscientes de suas diferenças étnicas do que são agora.

Principais Conclusões

- Muitas instituições importantes adotaram recentemente práticas, de grupos de afinidade a dormitórios exclusivos para negros, que separam as pessoas com base na cor da pele ou identidade sexual. Elas acreditam que é seu dever incentivar as pessoas a se definirem em termos dos grupos de identidade nos quais nasceram e protegê-las do perigo sempre presente representado pelos membros de grupos dominantes. Historicamente, essa nova forma de "separatismo progressivo" pode ser compreendida como o fruto do cruzamento de duas influências intelectuais importantes: essencialismo estratégico e segurança.

- Os seres humanos são propensos a formar grupos: eles tendem a favorecer os membros do grupo interno e discriminam os membros do grupo externo. Mas quem eles consideram integrantes e como se sentem em relação aos *outsiders* depende das circunstâncias históricas. Em particular, o contato entre diferentes grupos pode reduzir preconceitos de longa data quando quatro condições são atendidas: eles desfrutam de igualdade de *status* dentro da situação; eles têm objetivos comuns; eles precisam trabalhar juntos para alcançá-los; e espera-se que eles se deem bem.

- As normas e os costumes incentivados pelos separatistas progressistas violam sistematicamente as quatro condições que permitem que membros de diferentes grupos estabeleçam laços. Eles incentivam membros de diferentes grupos de identidade a se verem como sempre tendo uma grande diferença de *status*; eles desencorajam um destaque para formas compartilhadas de identidade que tornam objetivos comuns mais salientes; eles reduzem oportunidades de trabalhar juntos; e criam incentivos para o conflito.
- Alguns separatistas progressistas não apenas incentivam membros de grupos historicamente marginalizados a se definirem em termos de sua etnia; eles também incentivam os brancos a fazerem isso. Isso é altamente contraproducente. Essas práticas são motivadas pela esperança de que os brancos que estão profundamente conscientes de sua identidade racial se tornem ativistas antirracistas. Mas, na prática, uma maior identificação com sua cor de pele provavelmente os levará a lutar por seus interesses coletivos, incentivando mais conflitos de soma zero entre diferentes grupos demográficos.
- Uma solução melhor para o persistente problema da segregação é um compromisso redobrado com a integração. O objetivo deve ser criar mais contextos e oportunidades em que pessoas de diferentes grupos possam interagir e cooperar.

12 O Caminho para a Igualdade

Quando um terremoto acontece, os médicos precisam decidir quem tratar primeiro. Nas primeiras etapas da pandemia de coronavírus, hospitais na Itália e em algumas partes dos Estados Unidos foram forçados a fazer escolhas angustiantes sobre a distribuição de ventiladores.[8] E quando uma vacina tão esperada finalmente prometeu libertar o mundo de seu sofrimento, as autoridades de saúde pública precisaram determinar quem deveria ser o primeiro na fila para acessar suas doses escassas.

Países do Canadá à Itália elaboraram planos extraordinariamente semelhantes. Para começar, eles tornariam a vacina disponível para o pessoal médico. As unidades de terapia intensiva estavam no limite. Pessoal-chave era escasso. Para o benefício de todos, era fundamental minimizar o número de médicos e enfermeiros que precisavam ficar em casa porque poderiam ter sido expostos ao vírus. Na fase seguinte, os idosos se tornariam elegíveis. Como a probabilidade de morrer de covid aumenta exponencialmente com a idade, a maioria das vítimas da doença estava na idade da aposentadoria. Proteger aqueles que estão mais em risco o mais rápido possível prometia salvar mais vidas.

---

[8] Ventiladores mecânicos ou respiradores são dispositivos que ajudam a manter a respiração adequada dos pacientes, fornecendo oxigênio em níveis controlados e ajudando na remoção do dióxido de carbono dos pulmões. (N. T.)

246 **A Armadilha da Identidade**

Apenas um país se desviou radicalmente desse plano: os Estados Unidos. Em suas recomendações preliminares, o comitê-chave que assessora os Centros de Controle de Doenças (CDC) propôs colocar 87 milhões de "trabalhadores essenciais" – uma categoria ampla que incluiria banqueiros e equipes de filmagem – à frente dos idosos.

As considerações éticas envolvidas nesse tipo de triagem são complexas. Embora eu tenha estudado filosofia moral e política por grande parte da minha carreira acadêmica, eu odiaria estar em uma posição para decidir essas questões. E se modelos científicos tivessem sugerido que vacinar trabalhadores essenciais antes dos idosos levaria a uma queda muito mais rápida no número de infecções, eu também poderia ter estado disposto a considerar desviar do exemplo estabelecido por tantos outros países. Mas o que foi marcante sobre as recomendações inicialmente adotadas nos Estados Unidos não foi apenas o seu conteúdo; foi que elas, de acordo com o próprio raciocínio do CDC, levariam a milhares de mortes adicionais.

Uma apresentação ao Comitê Consultivo sobre Práticas de Imunização (ACIP) por Kathleen Dooling, uma especialista sênior em saúde pública do CDC, sugeriu que dois importantes aspectos favoreciam a priorização dos idosos, o curso de ação que praticamente todos os outros países industrializados adotaram. Primeiro, Dooling reconheceu, priorizar pessoas com mais de 65 anos seria muito mais praticável. É difícil determinar quem deveria ser considerado um trabalhador essencial e ainda mais difícil entrar em contato com essas pessoas. É muito mais fácil informar ao público que todos acima de uma determinada idade se tornam elegíveis para a vacina em uma data específica e verificar sua idade na consulta. Em "implementação", a apresentação de Dooling atribuiu três pontos para colocar os idosos em primeiro lugar e generosos dois pontos para priorizar os trabalhadores essenciais.

Em segundo lugar, Dooling admitiu que priorizar os idosos provavelmente salvaria milhares de vidas. Dependendo do cenário exato, sua apresentação mostrou que reduziria o número de norte-americanos que morreriam de covid nos meses seguintes entre 0,5 por cento e 6,5 por cento. A implicação óbvia é que isso fornecia um motivo muito

O Caminho Para a Igualdade

importante para colocar os idosos em primeiro lugar. Mas não foi aí que a apresentação chegou. Descartando a perspectiva de mortes adicionais na escala do 11 de Setembro como "mínimas", Dooling manteve que, do ponto de vista científico, não havia muita diferença entre os dois possíveis cursos de ação. Em "ciência", ela deu três pontos para ambas as alternativas.

Por fim, Dooling voltou-se para sua última métrica: "ética". O problema-chave, destacado em fonte vermelha na apresentação, é que "grupos étnicos e raciais minoritários estão sub-representados entre adultos com mais de 65 anos". Como os idosos são um grupo menos diverso do que o grupo mais jovem de trabalhadores essenciais, seria imoral colocá-los em primeiro lugar. Em "ética", Dooling deu três pontos aos trabalhadores essenciais e apenas um ponto aos idosos. (Sua apresentação não parecia considerar o fato de que seu curso de ação sugerido levaria, de acordo com seus próprios dados, a um número muito maior de mortes, uma consideração "ética".)

Com base nesse raciocínio tortuoso, os trabalhadores essenciais receberam oito pontos, um a mais do que os idosos. Dooling defendeu a priorização dos trabalhadores essenciais. O ACIP aceitou unanimemente a recomendação.

Quando as recomendações do ACIP se tornaram públicas, alguns jornalistas intrépidos opuseram-se a elas. Esses planos, eles apontaram, inscreviam a discriminação racial no cerne da política pública norte-americana. Eles aceitavam que milhares de pessoas morreriam sem necessidade. E, embora estivessem vestidos com a linguagem da síntese de identidades, ironicamente, é provável que tivessem um impacto mortal em grupos historicamente marginalizados.

As pessoas idosas têm muito, muito mais chances de morrer de covid do que os jovens. Portanto, o número total de mortes para pessoas negras aumentaria mesmo que dois mil entregadores negros jovens recebessem a vacina em vez de mil aposentados negros idosos. Sob os planos do ACIP, um aumento moderado na *proporção* de latinos e afro-americanos que receberiam a vacina nos primeiros meses após o seu lançamento provavelmente caminharia de mãos dadas com um aumento no *número total* de latinos e afro-americanos que morreriam de covid. É difícil exagerar as implicações perversas: a política estava tão focada em reduzir a disparidade no número de vacinas que membros de diferentes raças receberiam que provavelmente resultou em um aumento de mortes nos próprios grupos cujo bem-estar supostamente era priorizado.

No final, o ACIP cedeu parcialmente à crítica pública. Emitiu novas recomendações que davam aos norte-americanos com mais de 74 anos uma prioridade ligeiramente maior do que o plano original havia sugerido. No entanto, mesmo esses novos planos priorizavam os idosos muito menos do que outros países. Provavelmente levaram a mortes desnecessárias em uma escala significativa. Como essa decisão incrivelmente equivocada pôde acontecer?

A apresentação de Dooling é um dos documentos públicos mais incríveis que vi em anos de estudo de ciência política. Também é um exemplo de uma tendência mais ampla. Poucos meses depois, por exemplo, o governador republicano de Vermont anunciou que todos os "residentes negros, indígenas e outras pessoas de cor" teriam acesso às vacinas contra a covid num momento em que a maioria dos residentes brancos ainda não era elegível para elas; quando a política se mostrou controversa, ele descartou seus críticos como "racistas". E quando, alguns meses depois, opções promissoras de tratamento para covid como o Paxlovid tornaram-se disponíveis, vários estados (como discuti na introdução) recorreram ao novo manual como guia: diretrizes emitidas pelo estado de Nova York, por exemplo, instavam os médicos a priorizar pacientes asiático-americanos de vinte anos sem condições preexistentes sobre pacientes brancos de sessenta anos sem condições preexistentes.

Exemplos da área da saúde são particularmente marcantes porque os interesses mais básicos dos cidadãos – potencialmente sua própria sobrevivência – estão em jogo. Ao longo dos últimos anos, contudo, os governos incorporaram políticas "sensíveis à raça" e, mais amplamente, "sensíveis à identidade" em uma grande variedade de áreas. Por exemplo, o governo federal distribuiu inicialmente fundos de emergência limitados para pequenas empresas afetadas pela pandemia com base na perda de receita que haviam sofrido. Quando a administração

O Caminho Para a Igualdade

Biden assumiu o cargo, a Casa Branca rapidamente mudou os critérios de elegibilidade do programa. Agora, as empresas pertencentes a mulheres ou a minorias étnicas saltariam para a frente da fila.

Como as principais agências públicas, do CDC à Casa Branca, convenceram-se de que é sábio alocar bens públicos, de medicamentos salvadores de vidas a empréstimos de emergência para pequenas empresas, com base em gênero ou cor da pele? Para entender a nova propensão por políticas sensíveis à identidade, precisamos colocar essas decisões no contexto de um debate muito mais amplo sobre como, e se, a política pública deve levar em consideração características como cor da pele.

O Surgimento da Equidade e a Aceitação de Políticas Públicas Sensíveis à Identidade

Por grande parte da história norte-americana, a discriminação racial explícita estava inscrita na lei. Na época da fundação do país, os afro-americanos eram excluídos dos plenos direitos civis no Norte e mantidos como escravos no Sul. A partir do final do século XIX, uma série de leis visava explicitamente manter imigrantes da China e de outras nações não brancas fora do país. Durante a Segunda Guerra Mundial, 100 mil norte-americanos de origem japonesa foram detidos e transportados para campos de concentração.

Os norte-americanos que lutaram contra essas injustiças vinham de tradições e origens vastamente diferentes. Eles eram negros e brancos, seculares e religiosos, cristãos e judeus. O que os unia era uma forte fé na igualdade. Era hora, insistiam eles, de cumprir a promessa dos Pais Fundadores quando afirmavam que "todos os homens são criados iguais". Como Barack Obama colocou em seu emocionante discurso no quinquagésimo aniversário da marcha de Selma a Montgomery:[9]

---

[9] A Marcha de Selma a Montgomery foi uma série de marchas de protesto realizadas em 1965 nos Estados Unidos, como parte do movimento pelos direitos civis. As marchas foram organizadas para chamar a atenção para a discriminação racial e a negação do direito de voto aos afro-americanos no sul do país, em particular no estado do Alabama. (N. T.)

250 A Armadilha da Identidade

"Os norte-americanos que atravessaram esta ponte... marcharam como norte-americanos que haviam suportado centenas de anos de violência brutal, inúmeras indignidades diárias – mas eles não buscavam tratamento especial, apenas o tratamento igual prometido a eles quase um século antes".

Enquanto a nação e seus tribunais lutavam para transformar as aspirações do movimento pelos direitos civis em realidade, intensas disputas sobre políticas públicas ocupavam o centro do palco. As cidades deveriam transportar crianças para escolas distantes para combater a segregação racial? Os estados deveriam conceder empréstimos especiais ou isenções fiscais a empresas de propriedade de minorias para corrigir um legado de discriminação? E as universidades públicas deveriam adotar ações afirmativas para tornar seus campi mais diversos? As respostas corretas a essas perguntas têm sido controversas desde o início e continuam sendo até hoje. Liberais e conservadores tendem a discordar, assim como juízes federais nomeados por democratas e republicanos.

No entanto, tanto liberais como conservadores historicamente expressaram a esperança de que tais políticas seriam temporárias. Uma decisão da Suprema Corte de 2003, que confirmou as políticas de admissão sensíveis à raça na Faculdade de Direito da Universidade de Michigan, escrita por Sandra Day O'Connor e apoiada por Ruth Bader Ginsburg, explicou que "classificações raciais, por mais convincentes que sejam seus objetivos, são potencialmente tão perigosas que podem ser aplicadas não mais amplamente do que o interesse exige (...) Todo uso governamental da raça deve ter um ponto-final lógico". Na época, O'Connor e Ginsburg esperavam que "daqui a vinte e cinco anos, o uso de preferências raciais não será mais necessário para promover o interesse aprovado hoje".

Quase vinte e cinco anos se passaram desde a opinião de O'Connor, e agora é óbvio que sua previsão estava errada. Longe de desaparecer, o uso de preferências raciais aumentou. Enquanto antes havia uma espécie de consenso de que políticas sensíveis à raça são apropriadas apenas como remédio temporário quando não há alternativas disponíveis, um grupo influente de ativistas, políticos e intelectuais agora está buscando inscrever rotineiramente raça e outras formas de identidade de grupo no cerne da política pública.

De fato, estudiosos que ajudaram a moldar a síntese de identidades, incluindo Derrick Bell e Kimberlé Crenshaw, nas últimas décadas lançaram um ataque radical à ideia de que seria apropriado ser "cego para a cor". Raça, argumentam eles, ainda molda as oportunidades e experiências de cada cidadão de maneiras profundas. Como a cultura dos Estados Unidos está profundamente impregnada de supremacia branca, mesmo brancos bem-intencionados tratam seus compatriotas negros e pardos de maneira racista. Qualquer política que não leve a raça em conta, concluem, só serviria para agravar o fato da desvantagem estrutural com a ficção de que ela não existe.

Como resultado, em muitos círculos, tornou-se tabu afirmar ser cego para a cor. De acordo com a orientação oficial oferecida pela UCLA aos seus alunos, por exemplo, eles sempre devem tratar seus colegas como "seres raciais/culturais"; uma falta nisso é qualificada como "microagressão". Segundo Ibram X. Kendi, "A linguagem da cegueira para a cor – assim como a linguagem de 'não racista' – é uma máscara para esconder o racismo"; segue-se que "uma Constituição cega para a cor" serviria apenas para manter "uma América supremacista branca". Dani Bostick ecoa o consenso crescente de maneira ainda mais contundente, afirmando que a ideia de cegueira para a cor "é na verdade racista".

Inspirados por essas ideias, até mesmo democratas *mainstream* têm adotado um novo conjunto de objetivos. Desde a Revolução Francesa, a esquerda tem promovido a "igualdade" como um de seus valores centrais. Ao longo da última década, contudo, muitos políticos, ativistas e escritores começaram a enfatizar o que chamam de "equidade". Embora os dois termos admitam muitas definições diferentes, tornando seu significado um tanto dependente do contexto, a interpretação mais comum de equidade implica um compromisso em eliminar disparidades em âmbito de grupo, especialmente entre diferentes raças e etnias. Como destacou Adolph Reed Jr., um marxista negro que leciona há muito tempo na Universidade da Pensilvânia, ela deve ser considerada uma forma de "desparitarianismo".

A Armadilha da Identidade

Essa forma de desparitarianismo rapidamente saiu dos auditórios e chegou ao coração do governo. Joe Biden e Kamala Harris enfatizaram repetidamente que veem a equidade racial como um objetivo central de sua administração. Colocando o valor da equidade em contraste explícito com o valor da igualdade, por exemplo, Kamala Harris proclamou: "Estou orgulhosa de estar ao lado do presidente Joe Biden enquanto tornamos a equidade um dos pilares de nossa visão para nossa administração". E assim, não é surpresa que Biden, em seu primeiro dia no cargo, tenha assinado uma ordem executiva que obrigava "o Governo Federal a buscar uma abordagem abrangente para promover a equidade", adotando uma "ambiciosa agenda de equidade para todo o governo".

Para promover a equidade, os democratas agora rotineiramente prometem seguir políticas "conscientes da raça" e "sensíveis à raça". Na prática, o que significa uma política ser sensível à raça varia muito. Às vezes, isso significa apenas garantir que as políticas não tenham efeitos discriminatórios, como poderia ser o caso, por exemplo, quando leis que exigem que motociclistas usem capacetes não incluem exceções para siques, que devem usar turbantes por motivos religiosos. Cada vez mais, no entanto, tais políticas explicitamente fazem com que a forma como o Estado trata as pessoas dependa da cor de sua pele (ou da composição étnica do bairro em que residem).

Juntas, essas ideias explicam o que motivou o raciocínio do CDC. A idade é, de longe, o maior preditor de quem morre de covid. Pessoas brancas estão super-representadas entre os idosos. Segue-se que uma política que não seja explicitamente baseada em raça teria dado uma proporção ligeiramente maior de vacinas para os norte-americanos brancos. Priorizar os trabalhadores essenciais, que são desproporcionalmente latinos ou afro-americanos, por outro lado, garantiria que uma parcela ligeiramente maior de vacinas fosse para "pessoas não brancas", reduzindo marginalmente as disparidades no acesso às vacinas entre os norte-americanos brancos e negros. Na linguagem da moda atual, a política serviria para promover a equidade – mesmo que, tornando mais difícil para latinos e afro-americanos mais velhos terem acesso à vacina ao priorizar latinos e afro-americanos mais jovens, isso

O Caminho Para a Igualdade

possa ter o resultado perverso de matar um número maior de pessoas em ambos os grupos étnicos.

O argumento em favor da equidade e de outras políticas públicas sensíveis à identidade merece ser levado a sério. Se as políticas neutras em relação à raça realmente nos tornassem incapazes de perceber o racismo ou de impulsionar as oportunidades de grupos historicamente desfavorecidos, seria difícil justificá-las. Mas esse não é o caso. É possível para um Estado reconhecer e combater o racismo que continua a caracterizar a maioria das sociedades sem fazer com que a forma como trata as pessoas dependa do grupo de identidade ao qual pertencem. Políticas públicas que beneficiam todos os cidadãos necessitados, independentemente de sua raça ou gênero, têm mais chances de combater a pobreza e talvez até de reduzir as disparidades entre diferentes grupos do que as políticas sensíveis à identidade que estão na moda atualmente. Por outro lado, uma sociedade que busca a equidade em vez da igualdade provavelmente não reduzirá as vastas disparidades socioeconômicas entre ricos e pobres – pode até mesmo prejudicar cidadãos de todos os grupos. E longe de serem apenas teóricos, esses problemas já estão se manifestando nas aplicações do mundo real das políticas públicas sensíveis à raça.

A Diferença entre Ser Cego para a Raça e Ser Cego para o Racismo

A discussão sobre a cegueira para a raça geralmente mistura duas questões muito diferentes. A primeira diz respeito a como devemos *entender* o mundo. A segunda trata de como devemos *agir* nele.

Se queremos construir uma sociedade justa, obviamente precisamos ser capazes de identificar e remediar o racismo. Na excelente formulação do escritor britânico-nigeriano Ralph Leonard, aqueles que não conseguem cumprir esse importante imperativo são "cegos para o racismo". Seja por projeto, seja por omissão, seus olhos não estão abertos para as injustiças raciais que caracterizam muitos aspectos das democracias desenvolvidas.

254   A Armadilha da Identidade

Leonard argumenta que a cegueira para o racismo é profundamente perniciosa porque nos impede de reconhecer quando as pessoas estão sofrendo discriminação com base nos grupos étnicos em que nasceram. É por isso que (como argumentei em meu capítulo sobre a teoria do ponto de vista) todos temos o dever moral de ouvir atentamente as histórias de nossos compatriotas. Mesmo que possamos imaginar que já sabemos como é o mundo para os membros de outros grupos de identidade, entender suas dificuldades – e construir as bases para uma verdadeira solidariedade política – exige tempo e esforço.

No entanto, ao passo que precisamos eliminar a cegueira para o racismo, não devemos, insiste Leonard, desistir de construir uma sociedade em que "tratamos todos igualmente, julgando as pessoas por atributos individuais", em vez de por raça. É necessária muita sensibilidade ao racismo para garantir que as pessoas não sejam maltratadas devido a atributos como a cor da pele. Ser sensível às realidades do racismo, porém, é tão importante precisamente porque o objetivo deve ser construir um mundo *verdadeiramente* insensível à raça.

A mesma distinção entre cegueira para a raça e cegueira para o racismo é muito pertinente quando se trata de política pública. Para garantir que os governos não discriminem inadvertidamente aqueles que historicamente foram tratados de modo injusto, precisam prestar atenção à raça. Se os formuladores de políticas fingirem que a raça não existe, eles não conseguirão identificar discriminação intencional nem reconhecer quando uma política tem um impacto injusto e desproporcional em um grupo demográfico. Para entender por que parece preocupante que as leis federais impusessem penalidades muito mais severas para o crack do que para a cocaína, por exemplo, é importante saber que os afro-americanos eram comparativamente mais propensos a usar crack, enquanto os brancos eram comparativamente mais propensos a usar cocaína. As pessoas que projetam e implementam políticas devem fazer todo o esforço para garantir que elas não tenham um impacto desigual injusto em algum grupo demográfico; na medida em que isso seja tudo o que as políticas "conscientes da raça" buscam realizar, elas não são motivo de preocupação.

O Caminho Para a Igualdade

Contudo, como Leonard aponta, a determinação em identificar e combater formas contínuas de discriminação é perfeitamente compatível com a recusa em basear políticas públicas em características imutáveis como raça. A solução para punições discrepantes pelo uso de crack e cocaína, por exemplo, não é distinguir entre usuários de crack brancos e negros; é dar punições proporcionais para usuários de ambas as drogas – ou parar completamente de colocar usuários de drogas não violentos na prisão. Para pensadores como Leonard, é uma virtude estar plenamente consciente de como a raça molda a sociedade e os efeitos das políticas públicas, mas é um vício para o Estado distinguir como trata cidadãos específicos com base em sua raça.

Favorecer políticas públicas neutras em relação à raça não é ser complacente na luta contra a discriminação racial em curso nem nos cegar para as realidades persistentes do racismo. Essa é uma distinção que todos deveriam, em princípio, estar dispostos a reconhecer. E é ainda mais poderosa porque políticas cegas para a raça, que visam aliviar a pobreza e oferecer oportunidades, podem, em muito maior medida do que muitos percebem agora, ajudar a enfrentar injustiças históricas.

Políticas Neutras em Relação à Raça Podem Ajudar a Combater a Desigualdade Racial

Os efeitos da discriminação passada continuam a moldar os Estados Unidos e muitas outras democracias ao redor do mundo. À luz dos séculos de escravidão e das leis de segregação racial, por exemplo, dificilmente é coincidência que os afro-americanos, em média, permaneçam em situação econômica inferior à maioria dos outros grupos demográficos. Qualquer estrutura para políticas públicas que não ofereça alguma esperança de superar as desigualdades decorrentes de tais injustiças históricas permanecerá vulnerável a críticas contundentes. No entanto, políticas neutras em relação à raça, não apenas as sensíveis à raça, são capazes de atenuar os efeitos da desvantagem histórica.

256 **A Armadilha da Identidade**

Muitas pessoas têm um começo difícil na vida porque sofrem com desvantagens enraizadas. Se você cresce em um bairro empobrecido que tem alta criminalidade e escolas terríveis, merece assistência especial para garantir que tenha uma chance justa de sucesso na vida. Precisamos de políticas públicas ambiciosas para criar uma verdadeira igualdade de oportunidades. Também precisamos garantir que todo cidadão que esteja disposto a fazer uma contribuição genuína para a sociedade possa, mesmo que não se torne um banqueiro de investimentos ou um cirurgião plástico, levar uma boa vida.

Dadas as disparidades de renda entre diferentes grupos étnicos, pode ser tentador pensar que critérios raciais seriam eficazes para direcionar assistência para aqueles que mais precisam e são mais privados de oportunidade; essa é a intuição moralmente poderosa por trás da recente adoção de políticas sensíveis à raça. No entanto, isso omite o fato de que as médias escondem uma quantidade tremenda de variação. Tanto nos Estados Unidos quanto no Reino Unido, por exemplo, agora há uma classe média não branca grande e próspera e uma crescente classe baixa branca. Um conjunto de políticas sensíveis à raça que simplesmente fornece benefícios adicionais às pessoas negras ajudaria um bom número de pessoas que cresceram com oportunidades tremendas, enquanto negligencia um grande número de pessoas que cresceram na pobreza intergeracional.

Considere os Estados Unidos, onde a taxa de pobreza é muito mais alta entre os afro-americanos do que entre os brancos norte-americanos. Um pouco mais de um em cada cinco afro-americanos está na pobreza, enquanto um pouco menos de um em cada dez brancos norte-americanos está. Contudo, como ainda existem mais de cinco vezes mais brancos do que afro-americanos, uma política antipobreza que vise os aproximadamente 10 milhões de afro-americanos pobres falharia em ajudar o número ainda maior de 23 milhões de brancos norte-americanos pobres.

Políticas neutras em relação à raça não apenas ajudariam a garantir que todas as pessoas necessitadas possam esperar por assistência; ironicamente, elas também ajudariam a reduzir as disparidades entre diferentes grupos étnicos. Os afro-americanos, por exemplo, têm mais probabilidade de viver em bairros carentes ou ter pais pobres do que os brancos norte-americanos. Políticas neutras em relação à raça que direcionam financiamento extra para escolas em bairros carentes ou oferecem bolsas de estudo para estudantes universitários que cresceram na pobreza beneficiariam desproporcionalmente os afro-americanos. Se forem suficientemente ambiciosas, elas podem, sem precisar distinguir entre diferentes cidadãos com base em sua raça, contribuir significativamente para a redução de disparidades injustas.

Por fim, pode-se pensar que políticas sensíveis à raça são necessárias em um contexto como o dos Estados Unidos para superar o legado persistente de crimes históricos extraordinários, como a escravidão. De fato, há razões especialmente fortes para remediar os efeitos duradouros da escravidão. Quando indivíduos são prejudicados, eles ou seus descendentes devem, na medida do possível, ser compensados pelos danos morais e financeiros que lhes foram impostos. Isso fornece uma forte razão para pagar reparações aos descendentes de pessoas que foram escravizadas pelas terríveis injustiças infligidas a seus ancestrais. Observe, porém, que tais reparações não seriam baseadas em características puramente raciais; os descendentes de imigrantes recentes do Quênia ou da Nigéria, por exemplo, não deveriam ser elegíveis a elas. Se alguns norte-americanos merecem compensação de seu governo, não é porque são negros ou "não brancos", mas porque seus antepassados foram vítimas de crimes terríveis.

As objeções mais comuns ao lidar com a injustiça racial dentro de um quadro universalista são menos convincentes do que parecem à primeira vista. As pessoas que insistem que o Estado não deve fazer com que seu tratamento aos cidadãos dependa da cor de sua pele não precisam se cegar para a persistência perniciosa do racismo. E, longe de serem ineficazes, os programas estatais que beneficiam todos os cidadãos necessitados podem fazer um enorme bem, e até mesmo ajudar a remediar as disparidades raciais. Por outro lado, uma análise mais aprofundada do quadro de equidade mostra que ele é muito menos convincente do que parece à primeira vista: tanto na teoria quanto na prática, ele não consegue cumprir as promessas que o tornam tão atraente.

Por que a Equidade Falha na Teoria

O apelo especialmente forte da equidade nos Estados Unidos tem muito a ver com a natureza da injustiça no país. Por séculos, os afro-americanos foram tratados de maneira abominável. Não é coincidência que os afro-americanos continuem a ganhar salários um pouco mais baixos e a ter muito menos riqueza do que os brancos norte-americanos. Isso é claramente injusto. O apelo do quadro de "equidade" é que ele parece capturar o motivo.

Porém, embora o conceito de equidade tenha alguma plausibilidade intuitiva, um foco acrítico nele levaria a resultados muito ruins. O primeiro problema com a equidade foi enfatizado por filósofos igualitários como Reed. Eles se importam profundamente com o crescimento da desigualdade em democracias desenvolvidas, da Alemanha aos Estados Unidos. No momento, argumentam, os ricos estão ficando mais ricos enquanto os pobres estão ficando mais pobres. O objetivo da política governamental deve ser, segundo eles, reverter essa tendência preocupante.

À primeira vista, pode parecer que isso deveria fazer com que os igualitários olhassem favoravelmente para o surgimento da equidade. Mas, como apontam Reed e críticos da mesma linha, equidade e igualdade não necessariamente andam de mãos dadas. Uma maneira de garantir que os norte-americanos brancos e negros tenham níveis semelhantes de riqueza seria a sociedade se tornar muito mais igualitária, tirando os negros pobres da pobreza. Outra maneira de garantir que os norte-americanos brancos e negros tenham riqueza semelhante, porém, seria um pequeno número de negros se tornarem extremamente ricos.

Marxistas como Reed estão cientes de que o último curso de ação exigiria muito menos dos ricos e poderosos, permitindo-lhes manter a maior parte de sua riqueza. Isso, eles se preocupam, torna muito mais provável que as sociedades tentem alcançar a equidade por meio de mudanças comparativamente cosméticas que na verdade não reduzem a desigualdade geral. E se os Estados Unidos conseguirem criar algumas dezenas de bilionários negros enquanto milhões de norte-americanos de todas as raças continuam a viver na pobreza, concluem eles, muito

O Caminho Para a Igualdade

pouco é ganho para a maioria das pessoas: "O ideal disparitário é que negros e outros não brancos devem ser representados em cada degrau da hierarquia econômica em proporção aproximada à sua representação na população em geral". Contudo, "uma sociedade onde tornar negros e brancos iguais significa torná-los igualmente subordinados a uma (...) classe dominante não é uma sociedade mais justa, apenas uma sociedade injusta de maneira diferente".

O outro problema com a equidade está enraizado no que os filósofos chamam de "objeção ao nivelamento para baixo". Imagine uma sociedade (altamente estilizada) composta de duas pessoas. Andrea tem $10, o que lhe proporciona um estilo de vida muito confortável. Bruce tem $5, tornando necessário para ele economizar muito para passar pelo mês. Muitas pessoas pensarão que essa diferença nos padrões de vida é injusta, a menos que haja alguma boa razão para que Andrea ganhe o dobro de Bruce; alguns podem até pensar que é tarefa da política pública corrigir a diferença entre eles. Agora, em uma concepção estritamente igualitária de justiça, uma maneira de alcançar esse objetivo seria tornar tanto Andrea como Bruce muito mais pobres. Se ambos tivessem $3, a desigualdade injusta entre eles não existiria mais (embora ambos pudessem passar fome). Seria realmente feita justiça se uma política pública alcançasse a igualdade nivelando para baixo dessa maneira?

A mesma objeção aplica-se à equidade. Há um fundo de verdade na percepção de que parece injusto que os membros de um grupo étnico devam, a menos que haja uma explicação convincente para a disparidade, ser muito mais prósperos, em média, do que os membros de outro grupo étnico. Contudo, políticas públicas baseadas predominantemente na equidade meramente buscariam reduzir a disparidade entre esses grupos, e uma maneira de reduzir essa disparidade é garantir que todos se tornem muito menos prósperos do que são atualmente. A objeção do nivelamento para baixo reaparece.

Essa objeção pode parecer um pouco abstrata. Seria tentador pensar que ela não se aplica realmente ao mundo real. Afinal, ninguém sai por aí tentando remediar a disparidade racial tornando todos igualmente pobres. No entanto, a maneira como o CDC aconselhou as autoridades

260 A Armadilha da Identidade

de saúde pública a distribuírem vacinas salvadoras de vidas é um exemplo marcante do que acontece quando os formuladores de políticas estão tão focados na equidade que acabam ignorando a objeção do nivelamento para baixo. Ao reduzir a disparidade entre diferentes grupos étnicos, priorizar trabalhadores essenciais em detrimento dos idosos realmente serviu à equidade. No entanto, como a política teve a consequência previsível de aumentar a mortalidade entre todos os grupos étnicos, deixando todos pior, ela foi claramente imoral.

Por que a Equidade Falha na Prática

Mesmo enquanto as políticas sensíveis à raça falham em cumprir suas promessas, elas têm muitas desvantagens sérias. Um problema é, simplesmente, que elas forçam todo mundo a se conceber como parte de um grupo étnico ou racial específico. Em países nos quais os direitos e deveres mais importantes de que os cidadãos desfrutam dependem de sua filiação a um grupo de identidade específico, pessoas que não se enquadram claramente em um grupo, ou que se recusam a se definir pelo grupo ao qual "objetivamente" pertencem, mal conseguem viver.

No Líbano, onde xiitas, sunitas e cristãos maronitas estão sujeitos a diferentes conjuntos de leis que regem áreas importantes da vida pessoal, o Estado muitas vezes se recusa a reconhecer casamentos entre membros de diferentes comunidades. Da mesma maneira, na Índia, o governo barrou possíveis migrantes com base em sua religião e facilitou para alguns grupos religiosos obterem a cidadania. Isso não é apenas extremamente injusto para esses indivíduos; também demonstra que políticas que fazem com que o tratamento dado pelo Estado aos cidadãos dependa de sua raça ou religião podem ser um grande impedimento para a capacidade de uma sociedade de atenuar divisões históricas.

Outro problema é que políticas que favorecem membros de um grupo geralmente prejudicam membros de outro grupo. As políticas de admissão sensíveis à raça nas universidades norte-americanas, por exemplo, ajudaram a garantir que uma massa crítica de estudantes negros frequente as instituições mais veneráveis do país. Isso é uma conquista louvável. Porém, essas mesmas políticas também tornaram muito mais difícil para os candidatos asiático-americanos obterem acesso às mesmas escolas. Como uma série de evidências sugere, os asiático-americanos não apenas precisam superar os afro-americanos para serem admitidos em faculdades de elite nos Estados Unidos; eles também precisam se sair muito melhor do que seus pares brancos. Suas perspectivas são ainda mais diminuídas pelos funcionários de admissão que julgam os candidatos com base em critérios subjetivos como se eles possuem "garra" ou "efervescência" – critérios nos quais universidades como Harvard classificam os candidatos asiático--americanos muito abaixo dos de qualquer outro grupo racial.

Quando a política pública é formulada em termos racialmente neutros, membros de todos os grupos demográficos têm interesse em seu sucesso. O seguro-desemprego é atraente para muitas pessoas porque todos sabemos que um dia podemos perder nosso emprego. Benefícios verdadeiramente universais como o Seguro Social são ainda melhores para manter o apoio político, porque praticamente todo cidadão espera atingir a idade de aposentadoria. Contudo, quando a política pública é formulada em termos sensíveis à raça, cada grupo tem interesse em se mobilizar ao longo de linhas étnicas para lutar por seus próprios interesses. E em uma democracia, lutas pela distribuição de recursos escassos são, virtualmente por definição, em geral vencidas por grupos mais numerosos e mais poderosos do que por grupos menos numerosos e menos poderosos – tornando isso, na melhor das hipóteses, uma ferramenta extremamente arriscada para superar injustiças históricas. Como Hubert Humphrey, um fervoroso defensor da dessegregação, teria insistido ao conduzir a Lei de Direitos Civis pelo Senado, dar tratamento preferencial a um grupo com base em suas características étnicas, raciais ou religiosas pode facilmente dar errado. "Você quer uma sociedade que seja nada além de uma luta de poder interminável entre grupos organizados?"

Tudo isso ajuda a explicar por que tem sido, mesmo em estados altamente diversos como a Califórnia, muito difícil sustentar o apoio a políticas sensíveis à raça. Na década de 1990, o Golden State estava em meio a uma profunda reação política contra sua rápida diversidade demográfica. Em 1994, a Proposição 187, popularmente conhecida como Salve Nosso Estado (SOS), proibiu imigrantes sem documentos de terem acesso a benefícios de assistência social, de usarem cuidados de saúde não emergenciais e de se matricularem na educação pública. Dois anos depois, a maioria dos californianos votou para proibir entidades governamentais e universidades públicas do estado de adotarem ação afirmativa.

Desde então, a Califórnia passou por uma profunda mudança política. O estado é agora profundamente liberal. A maioria de sua população é negra, asiática ou hispânica. Com exceção de um obscuro comissário de seguros chamado Steve Poizner e de um famoso governador chamado Arnold Schwarzenegger, nenhum republicano ganhou um cargo estadual desde 1994. Um grupo proeminente de ativistas viu essa transformação política como uma oportunidade para revogar a proibição do estado à ação afirmativa. Eles garantiram o apoio de atores institucionais-chave, desde Kamala Harris até os principais jornais e muitas das maiores corporações do estado. Apoiados por doadores de grandes recursos, eles gastaram mais de dez vezes do que os opositores da ação afirmativa.

Mas tudo foi em vão. Em um referendo realizado no mesmo dia em que Joe Biden venceu Donald Trump por 64 por cento a 34 por cento no estado, uma clara maioria dos californianos votou para manter a proibição de dar tratamento preferencial a algumas pessoas com base em sua raça ou etnia. O fracasso do referendo sugere uma desvantagem final das políticas sensíveis à raça: em uma democracia, medidas supostamente progressistas que são incapazes de conquistar maiorias populares – mesmo em um estado altamente diversificado e inclinado à esquerda como a Califórnia – simplesmente não são capazes de cumprir os benefícios que prometem de forma sustentável.

Os benefícios das políticas públicas inspiradas na equidade são menos óbvios do que parecem à primeira vista. Por outro lado, os custos são maiores do que geralmente se percebe. Isso significa que elas nunca deveriam ser permitidas?

Imperfeito, Excepcional e Raro

Nos Estados Unidos, mais do que em praticamente qualquer outra democracia desenvolvida, questões-chave de moralidade e política pública são frequentemente reduzidas a debates sobre a melhor interpretação de frases específicas nos documentos fundadores do país. Em vez de considerarem as razões morais profundas que militam a favor ou contra a pena de morte, os norte-americanos discutem se ela constitui "castigo cruel e incomum". E em vez de abordarem as razões éticas e metafísicas para apoiarem ou se oporem aos direitos ao aborto, eles argumentam sobre se proibir a prática seria uma violação não permissível do "direito à privacidade".

Por essa razão, às vezes fico impaciente com a estrutura legal dos debates morais nos Estados Unidos. Muitas vezes chegaríamos a decisões melhores – e a uma maior compreensão de nossas respectivas posições – se ignorássemos a jurisprudência. No entanto, as questões sobre a desejabilidade de políticas sensíveis à raça são uma exceção interessante. Tanto a Décima Quarta Emenda à Constituição quanto a subsequente jurisprudência sobre sua interpretação criaram um poderoso arcabouço moral que captura muito bem as considerações mais importantes.

Ruth Bader Ginsburg era fortemente favorável à ação afirmativa. Antonin Scalia era fortemente contrário. Mesmo assim, ambos concordavam com um conjunto básico de critérios para avaliar programas que beneficiam candidatos minoritários. Como afirmou a Suprema Corte no caso Adarand Constructors Inc. *vs.* Peña, a Décima Quarta Emenda "protege *pessoas*, não *grupos*". Isso cria uma forte presunção contra qualquer tentativa das autoridades públicas de tratar membros de grupos diferentes de maneira diferente entre si: "O governo pode tratar pessoas de maneira diferente por causa de sua raça apenas por razões extremamente imperiosas".

Qualquer programa governamental que faça distinção entre pessoas com base em sua raça, portanto, deve atender a três critérios rigorosos. Primeiro, deve servir a um "interesse imperioso". Isso significa que fazer distinção entre diferentes cidadãos com base em sua raça

264 A Armadilha da Identidade

deve servir a um propósito essencial ou necessário da política pública, não apenas ser motivado por considerações que sejam razoáveis ou racionais.

Segundo, esses programas precisam ser "estruturados de forma estreita" para alcançar esse interesse estatal convincente. Isso significa que a entidade governamental relevante precisa ter feito um esforço sério para servir ao interesse imperioso em questão de uma maneira que não exija uma distinção explícita entre pessoas com base em sua raça.

E terceiro, os tribunais precisam aplicar um "escrutínio rigoroso" a todos esses programas governamentais. Como escreveu a Suprema Corte em 1989: "Aplicamos escrutínio rigoroso a todas as classificações raciais para 'descobrir usos ilegítimos da raça, assegurando que [o governo] esteja perseguindo um objetivo importante o suficiente para justificar o uso de uma ferramenta altamente suspeita'".

A luta jurídica sobre políticas públicas sensíveis à raça tem consistido principalmente em diferentes juízes fornecendo respostas diferentes sobre se esses programas atendem a esses testes rigorosos. Como a Suprema Corte há muito tende a ter uma inclinação liberal, ela tem em grande parte deferido para as universidades quando estas argumentam que têm um interesse imperioso em praticar a ação afirmativa para garantir que tenham um corpo discente diversificado. Juízes conservadores têm consistentemente discordado dessas decisões sob o argumento de que tais políticas não servem a um interesse estatal suficientemente convincente ou que seus objetivos poderiam ser efetivamente perseguidos de outras formas. Uma vez que os conservadores agora estão em maioria na corte, pela primeira vez em duas gerações, eles podem em breve impor limites muito mais rigorosos à ação afirmativa. (Uma decisão em um caso emblemático, Students for Fair Admissions *vs.* Harvard University, provavelmente será anunciada antes da publicação deste livro.)

Os norte-americanos continuarão a discordar sobre as circunstâncias em que políticas sensíveis à raça servem a um interesse tão imperioso, e as alternativas são tão inadequadas que políticas sensíveis à raça são apropriadas. Haverá casos difíceis nos quais muitas pessoas se sentirão profundamente divididas, como eu mesmo me sinto no caso da ação afirmativa. Contudo, o arcabouço moral adotado tanto por Ruth Bader Ginsburg quanto por Antonin Scalia permanece o melhor guia para pensar sobre essas questões. E sugere fortemente que mesmo aqueles que estão convencidos de que políticas públicas sensíveis à raça são justificadas em contextos particulares devem reconhecer seus altos custos... e esperar que sua necessidade seja temporária.

A Constituição dos EUA promete tratar cada cidadão como um indivíduo, não como membro de um grupo. Em uma democracia liberal, os direitos civis devem ser baseados na cidadania, não em religião, etnia ou cor da pele. Isso cria uma forte suspeita contra políticas sensíveis à identidade.

Principais Conclusões

- Nos últimos anos, os Estados Unidos começaram a adotar políticas públicas sensíveis à raça em todos os níveis de governo. Decisões com consequências existenciais, como quem deve ter prioridade para vacinas salvadoras de vidas, agora estão sendo tomadas com base em considerações de equidade. E, embora a justificativa inicial para tais políticas tenha assumido que elas seriam temporárias, seus defensores cada vez mais enxergam essa abordagem como procedimento padrão para os governos no futuro.

- Defensores da equidade fazem duas afirmações que pretendem mostrar por que políticas universais são moralmente inaceitáveis. Primeiro, políticas mais universais supostamente nos obrigam a ignorar o papel contínuo do racismo na realidade. E segundo, elas são supostamente incapazes de atenuar disparidades entre diferentes grupos identitários ou lidar com as repercussões de longo prazo de injustiças passadas, como a escravidão. Ante um olhar mais atento, porém, políticas universais revelam-se mais atraentes do que parecem inicialmente. Elas não nos tornam incapazes de reconhecer ou remediar a existência de discriminação racial. Elas podem ajudar a atenuar disparidades raciais porque um Estado de bem-estar universal, de qualquer forma, canalizará mais recursos para grupos cujos membros estiverem desproporcionalmente necessitados. E, por fim, elas até aceitam reparações por injustiças passadas, que devem ser baseadas na ascendência individual, não em categorias de identidade amplas.

- Ao mesmo tempo, o ideal de equidade revela-se muito menos atraente do que parece à primeira vista. Filosoficamente, ela sofre de duas grandes desvantagens: Primeiro, como a equidade apenas se concentra nas disparidades entre diferentes grupos étnicos, é possível alcançar a equidade tornando alguns membros de grupos historicamente marginalizados muito ricos; portanto, uma sociedade equitativa poderia ser altamente desigual. Segundo, é possível alcançar a equidade deixando os membros de todos os grupos piores; portanto, uma sociedade equitativa poderia ser uma sociedade muito pobre.

- Essas objeções não são meramente teóricas. Algumas das primeiras aplicações da equidade, incluindo as orientações sobre vacinas emitidas pelos Centros de Controle e Prevenção de Doenças, provavelmente levaram a resultados piores para todos os grupos demográficos. Políticas públicas sensíveis à raça também tendem a enraizar divisões entre diferentes grupos identitários, tornando conflitos futuros mais prováveis. Por fim, tais políticas tendem a ser altamente impopulares entre todos os grupos demográficos, tornando mais difícil sustentar o apoio a um Estado de bem-estar generoso e às melhorias a longo prazo que promete.

- O arcabouço jurídico adotado tanto por juízes progressistas como Ruth Bader Ginsburg quanto por juízes conservadores como Antonin Scalia pode estabelecer melhores diretrizes para quando adotar políticas públicas sensíveis à raça. Deve sempre haver uma forte suspeita sobre o Estado fazer com que o tratamento das pessoas dependa de marcadores de identidade como a cor da pele. Essa suspeita só pode ser superada quando três condições estritas são cumpridas: Deve haver um interesse estatal imperioso em prosseguir com a política. A política deve ser estritamente adaptada para alcançar esse interesse. E alternativas neutras em relação à raça para a política devem ser impossíveis. Por todas essas razões, é um erro tanto moral quanto prático transformar políticas públicas sensíveis à identidade em procedimento padrão.

13 | Racismo Estrutural, Gênero e Meritocracia

Nos últimos capítulos, foquei cinco aplicações comuns da síntese de identidades aos debates culturais e políticos contemporâneos. Argumento que é um erro desistir da esperança de que membros de diferentes grupos étnicos possam desenvolver empatia genuína um pelo outro; colocar formas de influência cultural entre membros de diferentes grupos sob uma nuvem geral de suspeita; subestimar as perigosas consequências decorrentes do abandono de uma genuína cultura de livre expressão; aceitar apelos por uma forma supostamente progressista de separatismo que mina esforços de integração genuína; e tornar políticas públicas sensíveis à raça o modo padrão de operação do governo.

Em cada caso, defendi uma solução que leve a sério as preocupações com as injustiças persistentes sem renunciar a normas universais de longa data. É possível para os cidadãos desenvolverem empatia genuína uns pelos outros se dedicarem tempo e esforço para ouvir as experiências de seus compatriotas. Podemos abordar a exploração genuína ou ridicularização sem estigmatizar a troca cultural saudável como uma forma perigosa de "apropriação cultural". Políticos e líderes das principais instituições sociais podem expressar seu desacordo apaixonado com o racismo ou outras formas de intolerância sem abrir mão da Primeira Emenda ou minar uma cultura de livre expressão. A sociedade pode respeitar a liberdade de associação e incentivar membros de culturas minoritárias a se orgulharem de sua herança sem sucumbir a formas perniciosas de separatismo progressista. Por fim, políticas públicas podem proteger os cidadãos contra a discriminação e abordar desigualdades persistentes sem rotineiramente fazer com que o modo como o Estado trata as pessoas dependa de marcadores de sua identidade, como a cor da pele.

Os tópicos que cobri nestas páginas são a um tempo importantes e amplamente debatidos. No entanto, como os defensores da síntese de identidades esperam remodelar as maneiras tradicionais como as democracias lidam com uma vasta gama de assuntos, as aplicações de sua ideologia também são influentes em muitos outros contextos. Eu poderia facilmente ter adicionado cinco capítulos extras a esta parte do livro.

Seria exagero entrar em detalhes sobre cada uma dessas potenciais aplicações da síntese de identidades, mas três delas são especialmente proeminentes ou consequentes e precisam ser brevemente abordadas antes de seguirmos em frente: a afirmação de que o racismo não tem nada a ver com motivações ou preconceitos individuais; a afirmação de que o gênero de um indivíduo deve, em todos os contextos, sobrepor-se a qualquer consideração sobre seu sexo biológico; e a afirmação de que devemos abandonar completamente o ideal de meritocracia.

Racismo Estrutural

Muitos defensores da síntese de identidades apontam com razão que uma explicação do racismo que se concentra puramente em crenças ou motivações individuais corre o risco de ocultar formas importantes de injustiça. Mesmo que todos tenham as melhores intenções, as consequências das injustiças históricas podem garantir que muitos estudantes imigrantes frequentem escolas públicas subfinanciadas ou que muitos membros de minorias étnicas sofram desvantagens no mercado imobiliário. Portanto, faz sentido, argumentam, adicionar um novo conceito ao nosso vocabulário: racismo estrutural.

Como explica o *Cambridge Dictionary* com referência ao conceito intimamente relacionado de racismo sistêmico, ele consiste em

Racismo Estrutural, Gênero e Meritocracia

"políticas e práticas que existem em toda uma sociedade ou organização, e que resultam e apoiam uma contínua vantagem injusta para algumas pessoas e tratamento injusto ou prejudicial para outras com base na raça". Ao apontarmos que algumas formas de racismo são "estruturais" dessa maneira, somos capazes de identificar – e quem sabe remediar – circunstâncias em que membros de alguns grupos raciais sofrem significativas desvantagens por razões que não são vieses individuais.

Nos últimos dez anos, muitos defensores da síntese de identidades efetivamente argumentaram que esse conceito mais recente de racismo estrutural deveria substituir inteiramente o conceito mais antigo de racismo individual. Em vez de reconhecerem que existem duas formas diferentes de racismo, cada uma das quais merecendo atenção cuidadosa e precisando ser combatida, passaram a conceituar o racismo de modo exclusivamente estrutural. "Racismo", diz um guia *online* refletindo o consenso crescente, "é diferente de preconceito racial, ódio ou discriminação" porque deve envolver "um grupo que tenha o poder de realizar discriminação sistemática por meio das políticas e práticas institucionais da sociedade e moldar as crenças e valores culturais que apoiam essas políticas e práticas racistas".

Em sua forma mais radical, essa alegação explicita que é impossível para um membro de um grupo historicamente marginalizado ser racista em relação a um membro de um grupo historicamente dominante. Como o racismo não tem nada a ver com atributos individuais, e membros de grupos que são comparativamente desprovidos de poder são incapazes de realizar "discriminação sistemática" contra membros de grupos que são comparativamente poderosos, mesmo as formas mais vis de ódio não devem ser consideradas racistas. Como Manisha Krishnan colocou em *Vice* (Vício): "É literalmente impossível ser racista com uma pessoa branca".

O resultado tem sido, repetidamente, uma forma de cegueira seletiva quando membros de grupos minoritários expressaram atitudes preconceituosas em relação a grupos supostamente mais privilegiados, incluindo aqueles que também são minorias. Quando Tamika Mallory, uma das fundadoras da Marcha das Mulheres, foi criticada por chamar o orgulhosamente antissemita (bem como homofóbico e misógino) Louis Farrakhan de "o maior de todos os tempos", por exemplo, ela se defendeu dizendo ao *The New York Times* que "judeus brancos, como pessoas brancas, sustentam a supremacia branca".

Essa incapacidade de reconhecer a importância da concepção mais tradicional de racismo tem consequências sérias. Por exemplo, torna impossível nomear o que está acontecendo quando membros de um grupo minoritário são vítimas de crimes de ódio cometidos por membros de outro grupo minoritário que historicamente sofreu maiores desvantagens. Nos Estados Unidos, por exemplo, os asiático--americanos geralmente são considerados mais "privilegiados" (ou até mais "próximos dos brancos") do que os afro-americanos. Como resultado, os principais jornais relutaram em relatar os crimes de ódio cometidos por afro-americanos contra asiático-americanos durante a pandemia de covid, raramente rotulando tais ataques como racistas. Isso tem dificultado a capacidade do país de tomar medidas eficazes contra esses ataques e exacerbado as tensões entre esses grupos.

Sexo, Gênero e o Debate sobre os Direitos Transgêneros

O debate sobre sexo, gênero e direitos transgêneros sofre de um conjunto de confusões conceituais surpreendentemente semelhantes. As feministas enfatizam corretamente que perdemos aspectos importantes do mundo quando nos concentramos exclusivamente no sexo biológico. Para entender como homens e mulheres se relacionam há muito tempo, também devemos considerar o gênero, o conjunto de expectativas sociais sobre como indivíduos biologicamente do sexo masculino ou feminino agem ou devem agir.

O reconhecimento da importância do gênero abre espaço para uma contestação das normas de gênero tradicionais. Como as feministas há muito argumentam, subverter as normas de gênero tradicionais pode ser uma forma eficaz de desafiar as expectativas injustas que historicamente foram colocadas sobre as mulheres. E como os ativistas trans têm apontado ultimamente, algumas pessoas que nascem

Racismo Estrutural, Gênero e Meritocracia

biologicamente do sexo masculino serão profundamente infelizes se forem forçadas a obedecer às normas de gênero masculino. A justiça, portanto, exige que lhes seja permitido, se desejarem, viver como mulheres. (O mesmo vale para mulheres biológicas que desejam viver como homens, ou para pessoas de qualquer sexo biológico que, desejando evitar as normas de gênero masculinas e femininas, declaram-se "não binárias".)

Mas, como no caso do racismo estrutural, os problemas começam quando o reconhecimento fundamentado da importância de um conceito mais recente (neste caso, gênero) transforma-se em uma negação ideologicamente motivada da importância do conceito mais antigo (neste caso, sexo biológico). Nos últimos anos, um número crescente de escritores e organizações ativistas tem insistido que, nos seres humanos, não há utilidade em pensar no sexo como um conceito biológico; muitos também acolheram as alegações de que não há motivos para considerar o sexo como binário e que qualquer política que leve em conta o sexo biológico deve, portanto, ser considerada transfóbica.

Nessa visão, a existência de pessoas intersexuais demonstra que categorias biológicas como masculino e feminino são uma construção social opressiva. E como as pessoas devem ter a permissão de viver de acordo com seu senso interno de gênero, qualquer menção de que isso pode não corresponder ao seu sexo biológico ofende sua dignidade. Como argumentou Agustín Fuentes, um antropólogo biológico da Universidade de Princeton: "Uma visão binária simples cria um modelo fictício (...) que se manifesta em uma deseducação sobre biologia básica". Devemos resistir a isso porque pode levar à "criação de leis antitransgênero". Às vezes, os ativistas até afirmam que qualquer pessoa que pense que o sexo biológico de uma pessoa pode ter relevância em determinados contextos está negando o direito dos transgêneros de existirem; essa acusação, que é especialmente popular nas redes sociais, usa os diferentes significados da palavra "existir" para insinuar que aqueles que têm uma visão diferente sobre o papel do sexo biológico querem que determinados indivíduos que se identificam como trans morram.

274 A Armadilha da Identidade

Contudo, a negação do sexo biológico está equivocada. Tanto cientistas quanto profissionais médicos, por exemplo, sabem que o sexo biológico é um determinante-chave de atributos humanos importantes, desde a prevalência de doenças cardíacas até a capacidade de engravidar. Uma pequena porcentagem de indivíduos – de acordo com estimativas, menos de uma em mil pessoas – tem uma condição intersexual que significa que eles não se encaixam claramente na categoria de homem biológico ou mulher biológica. No entanto, como também é verdade em muitos outros contextos, incluindo questões sobre quando a liberdade de expressão se confunde com chantagem ou difamação, é um erro acreditar que a existência de "casos difíceis" que não se enquadram em uma categoria clara significa que a dicotomia subjacente é incoerente. Seria errado dizer que a existência de pessoas que têm pouco cabelo significa que não há pessoas carecas ou de cabelo cheio; da mesma forma, é errado dizer que a existência de pessoas intersexuais significa que não há pessoas biologicamente masculinas ou biologicamente femininas.

Algo semelhante se aplica à afirmação de que é sempre ofensivo distinguir entre mulheres que são e mulheres que não são transgênero. Considere um tuíte celebratório enviado pela GLAAD, uma das defensoras mais agressivas dos direitos dos transgêneros nos Estados Unidos: "Histórico! A dra. Rachel Levine foi confirmada como a próxima Secretária Assistente de Saúde. Ela é a primeira servidora federal abertamente transgênero confirmada pelo Senado". Esse tuíte parece bem simples, mas tem significado apenas por causa de uma suposição implícita, aparentemente compartilhada pela GLAAD: assim como às vezes faz sentido distinguir entre mulheres que são lésbicas e aquelas que não são, às vezes faz sentido distinguir entre mulheres que são transgênero (como Levine) e aquelas que não são (como todas as outras mulheres que o Senado confirmou como servidores federais no passado).

Juntas, essas percepções podem oferecer uma forma mais coerente de pensar sobre políticas públicas e direitos dos transgêneros. Sexo e gênero são ambas categorias importantes. Na maior parte, isso não é um problema social. Pessoas cujo senso de gênero não corresponde ao seu sexo biológico devem ser autorizadas a viver como desejarem.

Todos nós devemos tratá-las de maneira respeitosa e acolhedora. Há boas razões para celebrar o rápido crescimento na aceitação social de homens trans, mulheres trans e pessoas que são não binárias.

No entanto, existem algumas áreas de políticas públicas em que as demandas de sexo e gênero potencialmente se chocam. Em alguns contextos, por exemplo, os médicos precisam saber o sexo biológico de seus pacientes para poder diagnosticar sua condição com precisão e tratá-los de maneira eficaz. Em muitos esportes, os homens biológicos que fizeram a transição após a puberdade desfrutam de vantagens físicas significativas quando competem contra mulheres biológicas. E, por fim, existem certos espaços, como prisões, nos quais mulheres biológicas têm apreensões bem fundamentadas ou preocupações religiosas compreensíveis sobre ter de compartilhar espaços íntimos com pessoas que têm órgãos sexuais masculinos.

A melhor maneira de lidar com aquelas situações em que as demandas de sexo e gênero entram em conflito é reconhecer que elas envolvem um verdadeiro dilema entre os interesses legítimos de dois grupos diferentes. Na maioria das vezes, esse reconhecimento pode abrir caminho para concessões humanitárias que respeitam as necessidades e a dignidade de ambos. No entanto, identificar tais situações torna-se impossível se hospitais, ligas esportivas ou diretores de prisão insistirem que a noção de sexo biológico é uma construção social opressora que nunca deve ser considerada ao se estabelecerem regras.

Meritocracia

Por séculos, os Estados Unidos atraíram imigrantes com a promessa de que até mesmo o mais humilde lavador de pratos poderia se tornar um milionário. Porém, uma grande parte da razão de o sonho norte-americano figurar tão proeminentemente na imaginação da humanidade é que os Estados Unidos também ofereciam uma boa vida para pessoas que não chegavam ao topo. Hoje, cada uma dessas promessas começa a soar oca. Enquanto os lavadores de pratos norte--americanos tornavam-se menos propensos a ficar milionários, garçons e operários norte-americanos tornaram-se muito menos seguros financeiramente. Ao longo das últimas três décadas, os rendimentos da maioria dos norte-americanos permaneceram mais ou menos estagnados. Enquanto isso, os custos com moradia, educação e cuidados médicos aumentaram rapidamente. Muitos norte-americanos sem diploma universitário agora enfrentam dificuldades sérias para sustentar um padrão de vida decente.

Em uma era em que a promessa de mobilidade social é tão frequentemente quebrada – não apenas nos Estados Unidos, mas também no Canadá, no Reino Unido e em outras democracias ao redor do mundo –, muitas pessoas compreensivelmente sentem que o vocabulário da meritocracia às vezes pode se transformar em uma maneira fácil de justificar uma hierarquia social íngreme e injusta. Como resultado, escritores e políticos de todos os lados do espectro político começaram recentemente a atacar o ideal meritocrático. Como propõe o título de uma entrevista viral com o estudioso jurídico de Yale Daniel Markovits, "Meritocracia prejudica a todos". Ou, como argumenta o filósofo de Harvard Michael Sandel, em *A tirania do mérito*, "mesmo uma meritocracia justa (...) induz à impressão equivocada de que conseguimos por conta própria". Para quebrar sua tirania, devemos reconhecer que "o ideal meritocrático não é um remédio para a desigualdade; é uma justificativa para a desigualdade".

Defensores da síntese de identidades são especialmente propensos a rejeitar a ideia de meritocracia. "A verdade objetiva, como o mérito, não existe", escrevem Richard Delgado e Jean Stefancic em sua influente obra *Teoria crítica da raça: uma introdução*. A partir dessa premissa, é apenas um pequeno passo afirmar, como fez um artigo recente no *American Journal of Public Health*, que "a promessa de igualdade inerente à ideologia meritocrática serve para ocultar o racismo". Em sua forma mais radical, críticos da meritocracia até sugerem que o ideal é em si mesmo racista, pois atua para aprofundar as disparidades raciais. Como opinou um consultor de negócios, aplicar padrões racialmente neutros para candidatos a emprego em nome da meritocracia pode parecer uma "política inerentemente imparcial"; na verdade, "é absolutamente racista".

Racismo Estrutural, Gênero e Meritocracia

As deficiências de nosso sistema supostamente meritocrático são uma forte defesa para a mudança. Sandel está, por exemplo, correto ao apontar que muitas democracias, incluindo a Grã-Bretanha e os Estados Unidos, agora dão aos filhos dos ricos uma grande vantagem, apenas para justificar seu sucesso na linguagem do mérito, permitindo-lhes acreditar que conquistaram seu confortável lugar no mundo graças ao seu trabalho árduo e talento superior. Para dar a todos os cidadãos uma chance de prosperar, devemos garantir que uma boa vida não permaneça exclusivamente reservada àqueles que vencem a corrida até o topo. Se quisermos viver em uma sociedade justa, precisamos garantir que qualquer pessoa que trabalhe honestamente tenha direito de viver em uma casa decente, tenha acesso a cuidados médicos de qualidade e possa enviar seus filhos para uma boa escola. E se quisermos cumprir a promessa de uma democracia justa, nem a qualidade da educação que as crianças recebem nem a probabilidade de que viverão até os cem anos devem depender da cor de sua pele.

Contudo, mesmo se conseguirmos transformar a economia dessa maneira radical, ainda haverá algumas posições na sociedade que carregam muito mais recompensa e prestígio do que outras. Com base em que essas posições devem ser alocadas? A meritocracia, parece-me, é o pior sistema para distribuir esses tipos de posições, exceto por todas as alternativas.

Uma razão essencial para manter alguma forma básica de meritocracia é, simplesmente, preservar um incentivo para que os jovens desenvolvam habilidades socialmente valiosas. Em muitos países, as pessoas têm pouco motivo para estudar ou se esforçar porque o avanço social depende principalmente do poder e das conexões. Nessas nações, as pessoas têm menos probabilidade de desenvolver seus talentos e o crescimento econômico anda a passos de tartaruga. Se o mérito é recompensado, por outro lado, os jovens têm motivo para investir tempo e esforço no desenvolvimento de seus talentos. E isso não apenas ajuda a garantir que tenhamos médicos, engenheiros, artesãos e encanadores suficientes para cuidar de nossas necessidades coletivas; também dá a um número muito maior de pessoas a satisfação de se destacar em uma profissão que trabalharam duro para dominar.

278 A Armadilha da Identidade

Outro motivo para defender a meritocracia está enraizado nos tipos de explicações que as instituições podem legitimamente invocar para justificar suas decisões àqueles a que são negados os cargos que desejam. Se você tentar uma vaga em um time esportivo, provavelmente ficará decepcionado ao descobrir que não foi selecionado. No entanto, seu direito de reclamar depende de por que outra pessoa foi escolhida em vez de você. Se o treinador lhe disser que seu concorrente tem mais chances de ajudar o time a vencer, sua decisão é justificada pelo propósito dessa instituição social em particular. Se, por outro lado, o treinador lhe disser que escolheu seu concorrente porque ele ofereceu mais dinheiro para fazer parte do time, vem de uma família com as conexões certas ou tem a cor da pele certa, você tem boas razões para se sentir injustiçado.

Ao olhar para o Reino Unido ou os Estados Unidos hoje, é tentador concluir que a meritocracia desviou esses países do caminho, mas o oposto está mais próximo da verdade: as aspirações legítimas de milhões de pessoas foram traídas porque poucas pessoas podem acessar conforto material, e essas posições que vêm com poder ou privilégio especial não são distribuídas de maneira suficientemente meritocrática. O problema não é que o Reino Unido ou os Estados Unidos sejam demasiado meritocráticos; é que não são suficientemente meritocráticos.

*

Nas três primeiras partes do livro, expliquei as origens da síntese de identidades; mostrei como ela passou de uma ideologia relativamente marginal para altamente influente, e avaliei criticamente algumas das maneiras mais importantes pelas quais ela remodelou pressupostos generalizados sobre cultura e política. No processo, também comecei a formular o cerne de uma resposta sistemática às suas reivindicações mais importantes. Ao longo dos últimos seis capítulos, demonstrei como aqueles de nós que são comprometidos com valores universais podem conceituar e combater as injustiças que motivam muitos defensores da síntese de identidades sem renunciar a nossos ideais.

De fato, minha crítica às reivindicações populares sobre tópicos importantes, desde a apropriação cultural até a meritocracia, pode servir como um modelo de como apresentar uma resposta fundamentada à síntese de identidades. O truque é levar a sério as preocupações que motivam essas demandas; expor as falhas lógicas que elas implicam e as dificuldades práticas que inspirariam, e demonstrar como uma abordagem mais universalista pode servir melhor para expressar injustiças e melhorar o mundo. No restante do livro, vou partir dessa base para apresentar uma defesa completa de como escapar da armadilha da identidade.

Principais Conclusões

- O conceito de racismo estrutural corretamente aponta que formas de discriminação racial podem persistir mesmo que nenhuma pessoa individual tenha visões negativas sobre membros de grupos marginalizados. Isso é uma adição importante ao nosso repertório conceitual para descrever injustiças reais. Contudo, os defensores da síntese de identidade erram ao afirmar que o novo conceito de racismo estrutural deve suplantar noções mais antigas. É possível que membros de grupos marginalizados tenham preconceitos perigosos contra membros de grupos comparativamente "privilegiados". Não reconhecer isso dificulta a compreensão do mundo ou o combate a certos tipos de crimes de ódio.
- Algumas pessoas sentem que seu gênero não corresponde ao seu sexo biológico. Devemos permitir que vivam como desejam e celebrar a maior aceitação das pessoas trans. É um erro, porém, pensar que a importância do conceito de gênero torna o conceito de sexo biológico incoerente ou sem importância. Em alguns contextos, incluindo a medicina, as instituições precisam levar em conta o sexo biológico de um indivíduo. O reconhecimento da relevância duradoura tanto do sexo quanto do gênero pode nos ajudar a encontrar concessões humanas em situações que

apresentam verdadeiros conflitos entre os interesses legítimos de diferentes grupos, como prisões ou competições esportivas.

- A promessa de mobilidade social foi quebrada para muitas pessoas. Isso torna tentador culpar a meritocracia, alegando que esse ideal serve apenas para manter um sistema injusto. Se levado a sério, contudo, esse remédio teria efeitos desastrosos. Um mundo em que as posições de destaque nem mesmo deveriam ir para os mais merecedores seria menos próspero, porque pessoas não qualificadas ascenderiam a posições importantes de liderança e todos teriam menos incentivos para desenvolver seus talentos. Uma solução melhor é manter o ideal de meritocracia, lutando para criar uma sociedade na qual as pessoas realmente tenham oportunidades iguais – e aqueles que não acabam nas posições mais prestigiosas ou lucrativas também tenham uma boa vida.
- As críticas às principais aplicações da síntese de identidades na parte III podem servir como um modelo de como responder a casos semelhantes. A chave é levar a sério as preocupações e injustiças que motivam essas posições, mostrar onde os supostos remédios para esses problemas estão errados e demonstrar como uma abordagem universalista pode ser melhor para abordar essas injustiças do que as soluções da moda que se enraizaram na síntese de identidades.

PARTE IV
Em Defesa do Universalismo

A síntese de identidades tem uma rica história intelectual. No entanto, as tentativas de aplicar as premissas centrais dessa tradição a tópicos que vão da liberdade de expressão a políticas públicas sensíveis à raça têm se mostrado contraproducentes. Longe de resolver as verdadeiras injustiças que persistem em muitos países, ela agora ameaça exacerbá-las. Em sua forma atual, a nova obsessão com a identidade é uma armadilha. Portanto, na quarta e última parte deste livro, faço um apelo sincero por uma alternativa universalista às premissas e prescrições da síntese de identidades.

Os defensores da síntese de identidade têm sido historicamente hostis a uma ideologia que eles culpam por muitas das injustiças do mundo contemporâneo: o liberalismo. No capítulo 14, explico a natureza dessas críticas e mostro como os liberais – assim como outros que acreditam na importância de valores universais e regras neutras – podem apresentar uma resposta convincente a elas.

Minha própria política é baseada na convicção de que princípios como a igualdade política de todos os cidadãos, a capacidade de nos governarmos por meio de instituições democráticas e o papel central que a liberdade individual deve desempenhar no mundo continuam sendo o melhor guia para construir um futuro melhor – especialmente se reconhecermos que esses ideais ainda não foram totalmente

282 A Armadilha da Identidade

realizados. É por isso que, no capítulo 15, passo a defender o liberalismo filosófico.

Antes de prosseguirmos, preciso fazer um esclarecimento obrigatório sobre o que quero dizer com o termo "liberalismo". De maneira confusa, a palavra tornou-se associada a uma identidade política partidária em vários países. Na França, um liberal tende a ser de direita em questões econômicas. No Reino Unido, um liberal às vezes é considerado um apoiador dos Liberal Democrats, um partido político que disputa votos tanto com o Trabalhista quanto com os Conservadores. Nos Estados Unidos, um liberal frequentemente é interpretado como sendo de esquerda tanto em questões econômicas quanto culturais. De fato, alguns escritores e políticos de esquerda que considero *il*iberais por causa de sua defesa da forma popularizada da síntese de identidades são frequentemente rotulados de "liberais" por veículos de mídia *mainstream*. De minha parte, uso o termo "liberal" para me referir a um conjunto de princípios filosóficos fundamentais que muitas pessoas em todo o espectro político compartilham. Progressistas orgulhosos, moderados apaixonados e conservadores devotos podem todos, no meu sentido do termo, ser liberais.

O liberalismo, no sentido em que o defenderei, é baseado na rejeição da hierarquia natural. Em vez de acreditarem que algumas pessoas têm o direito de governar outras em virtude de seu nascimento nobre ou de seu esclarecimento espiritual, os liberais estão convencidos de que nascemos iguais. Portanto, insistem em instituições políticas que nos permitem determinar as regras que nos governam; garantir a cada um de nós a liberdade de viver nossas vidas de acordo com nossas próprias convicções, e assegurar aos membros de qualquer grupo de identidade que o tratamento que receberão do Estado não deve depender de seu gênero, sua orientação sexual ou a cor de sua pele.

O liberalismo é, nos dias de hoje, muito malvisto tanto pela esquerda quanto pela direita. Na verdade, porém, seus ideais permanecem extremamente atraentes e as instituições que eles inspiraram são responsáveis por grande parte do progresso moral e material que o mundo fez ao longo dos últimos três séculos. O caminho para construir um futuro justo ainda é longo e incerto, mas é pavimentado com uma

Em Defesa do Universalismo

determinação de implementar os princípios liberais mais plenamente, dia após dia e ano após ano – não com uma resolução equivocada de descartar essas aspirações em nome de uma ideologia cuja visão do futuro é simultaneamente menos ambiciosa e menos realista.

14 | Uma Resposta à Síntese de Identidades

Desde o início da síntese de identidades, seus defensores foram muito claros sobre quem eles veem como seu principal alvo: os liberais. O movimento, escrevem Richard Delgado e Jean Stefancic em sua influente *Teoria crítica da raça: uma introdução*, sempre acreditou que os "liberais complacentes e vacilantes representavam o principal impedimento para o progresso racial". Foi apenas décadas depois que alguns de seus membros começaram a ampliar seu foco além do "liberalismo e seus males".

Não é toda tese central da síntese de identidades que entra em conflito com cada princípio básico do liberalismo filosófico. No entanto, há uma razão pela qual os defensores dessa ideologia, de Derrick Bell a Robin DiAngelo e Ibram X. Kendi, têm atacado tão consistentemente os liberais. Em seu julgamento, é o compromisso liberal básico com o universalismo que é responsável pelo suposto fracasso das principais democracias em fazer qualquer progresso substancial em oferecer aos membros de grupos marginalizados algum mínimo de igualdade. Então, qual é o cerne da acusação identitária contra o liberalismo? E os liberais têm uma resposta convincente para isso?

O conjunto de ideias que animam a armadilha da identidade é vasto. Essa complexidade torna difícil responder à síntese de identidades de maneira sistemática; pode até sugerir que a ideologia não tenha um núcleo ao qual valha a pena responder. Contudo, o ímpeto por trás dessas ideias não é mais disperso do que o que anima muitas outras ideologias políticas. Portanto, qualquer pessoa que queira demonstrar que os liberais podem apresentar uma resposta convincente à síntese de identidades deve começar por reformular seus compromissos centrais.

Felizmente, a filosofia pode ajudar nesse desafio. Os filósofos há muito pensam sobre como reformular um conjunto vasto de ideias de modo que permaneça fiel ao seu núcleo. Na formulação influente de Rudolf Carnap, devemos visar uma "reconstrução racional de uma entidade que já foi construída de maneira parcialmente intuitiva, parcialmente racional na vida cotidiana ou nas ciências". A clareza e a precisão dessa reconstrução, sugeriu Carnap, tornariam possível avaliar suas teses centrais de maneira mais produtiva do que seria possível de outro modo. Portanto, para começar, quero oferecer uma "reconstrução racional" da síntese de identidades.

O Cerne do Argumento contra o Liberalismo

Pode parecer que eu já fiz o suficiente para descrever a síntese de identidades. Na parte I, tracei suas origens e dei uma explicação de seus principais temas. Na parte II, mostrei como essas ideias se transformaram ao serem popularizadas em redes sociais e em veículos de comunicação *mainstream*. Na parte III, examinei algumas de suas aplicações mais importantes em áreas que vão desde a liberdade de expressão até políticas públicas sensíveis à raça. No entanto, embora inevitavelmente haja alguma sobreposição com essas discussões anteriores, o que proponho fazer aqui é diferente. Isso porque o tipo de reconstrução racional que estou prestes a empreender foca não os principais temas ou implicações de uma ideologia, mas sim sua lógica subjacente. E no caso da síntese de identidade, tal análise revela três teses fundamentais.

Uma Resposta à Síntese de Identidades

1. *A chave para entender o mundo é examiná-lo através do prisma das identidades de grupo, como raça, gênero e orientação sexual.*[10]

Muitas ideologias implicam a definição de um prisma através do qual devemos enxergar o mundo para compreendê-lo. Para os primeiros escritores cristãos, parecia impossível entender eventos históricos importantes sem prestar atenção em fatos religiosos sobre seus protagonistas. Para os marxistas, parece impossível entender eventos históricos importantes sem prestar atenção em questões relacionadas à propriedade dos meios de produção, ao tamanho relativo do proletariado ou à capacidade de uma vanguarda intelectual de espalhar a consciência de classe. Uma insistência similar em um prisma particular para interpretar o mundo constitui o primeiro postulado-chave da síntese de identidades. Contudo, segundo seus adeptos, não é a graça ou a classe que fornece a lente mais importante para entender

---

[10] Pode ser tentador adicionar outro prisma a esta lista: religião. Contudo, embora defensores da síntese de identidades frequentemente mencionem minorias religiosas, esse interesse é principalmente epifenomenal. Em vez de ser impulsionado por uma preocupação com liberdade religiosa, é uma consequência de uma preocupação mais profunda com raça e etnia.

De fato, defensores da síntese de identidades geralmente concebem as comunidades religiosas em nome das quais falam como minorias *étnicas* ou *raciais* marginalizadas. Isso ajuda a explicar por que, presumindo que sejam predominantemente pardas ou negras, os defensores da síntese de identidades frequentemente falam sobre grupos minoritários muçulmanos no Reino Unido e nos Estados Unidos. E também ajuda a explicar por que a tradição não tem interesse especial em dissidentes religiosos individuais, como hereges; ou em grupos religiosos que eles consideram pertencentes a grupos étnicos ou raciais majoritários, incluindo judeus.

Enquanto isso, a orientação sexual é um prisma-chave e irredutível através do qual os defensores da síntese de identidades veem o mundo. No entanto, o grau em que os defensores da síntese de identidades veem as pessoas como membros de grupos marginalizados sempre depende do poder relativo e do prestígio social que elas possuem. Como resultado, o foco na homossexualidade dentro da tradição diminuiu significativamente à medida que o movimento pelos direitos dos gays conquistou importantes vitórias e os homens gays, especialmente se forem brancos, passaram a ser vistos como relativamente prósperos e poderosos. (Da mesma maneira, as lésbicas cisgênero agora às vezes são retratadas como privilegiadas em comparação com mulheres trans, resultando em menos ênfase, ou até preocupação, com suas reivindicações e interesses.)

288   A Armadilha da Identidade

os eventos históricos; ao contrário, são as identidades de grupo como raça, gênero e orientação sexual.

Esse foco explicativo em categorias de identidade de grupo destina--se a explicar grandes eventos históricos, desde a dissolução de impérios até a eleição de Donald Trump. Ele até se estende a intera-ções aparentemente triviais ou disputas interpessoais. Quando um amigo interrompe o outro para terminar sua frase, alguns podem interpretar isso como uma forma de afirmar sua compreensão mútua; linguistas chamam isso de "interrupção de rapport". Mas se a identi-dade de gênero ou étnica dos dois interlocutores for diferente, muitos adeptos da síntese de identidade interpretarão tal interação como um exercício de poder; afinal, como Robin DiAngelo afirmou, toda vez que uma pessoa branca interrompe uma pessoa negra, ela está empregando todo o aparato da supremacia branca sobre ela.

2. *Supostamente valores universais e regras neutras servem apenas para obscurecer as maneiras como grupos privilegiados dominam aqueles que são marginalizados.*

Muitas sociedades adotam regras neutras que prometem tratar todos os seus membros igualmente, seja qual for o grupo de identidade ao qual pertencem. De acordo com os adeptos da síntese de identi-dades, no entanto, a maneira como as pessoas são tratadas sempre e inevitavelmente depende de sua raça, gênero e orientação sexual. Em vez de serem um controle útil sobre a tendência das pessoas de favorecerem seus grupos, valores universais e regras neutras servem apenas para ocultar o verdadeiro propósito da ordem social que eles mantêm: perpetuar o poder e o privilégio dos grupos de identidade dominantes.

A maneira como os defensores da síntese de identidades desconfiam da liberdade de expressão é particularmente instrutiva. Tradicional-mente, como mostrei na parte III, a esquerda em sua maioria defendia a liberdade de expressão como uma ferramenta crucial, ainda que inevitavelmente imperfeita, no arsenal dos fracos e oprimidos. Eles reconheciam que era precisamente a universalidade dessa norma que tornava mais difícil para os poderosos encontrar desculpas que lhes

Uma Resposta à Síntese de Identidades   **289**

permitissem silenciar os dissidentes – embora poucas pessoas fossem tão ingênuas a ponto de acreditar que eles nunca tentariam fazê-lo. Agora, grandes partes da esquerda, sob a influência da síntese de identidades, passaram a acreditar que normas como a liberdade de expressão são ativamente prejudiciais. Eles não apenas enfatizam o ponto óbvio de que as aspirações universais da liberdade de expressão são frequentemente violadas na prática – por exemplo, porque os poderosos às vezes desrespeitam as normas declaradas de sua sociedade punindo os marginalizados por criticá-los. Pelo contrário, argumentam que as normas de liberdade de expressão devem ser abandonadas completamente porque elas apenas encobrem o que está realmente acontecendo, ajudando ativamente a consolidar o poder dos privilegiados.

3. *Para construir um mundo justo, devemos adotar normas e leis que explicitamente façam com que a maneira como o Estado trata cada cidadão – e como os cidadãos tratam uns aos outros – dependa do grupo de identidade ao qual pertencem.*

Quando valores supostamente universais ou regras neutras acabam discriminando membros de grupos de identidade específicos, pode ser tentador instituir reformas que garantam que elas realmente operem de maneira justa. No entanto, de acordo com os adeptos da síntese de identidades, isso seria uma tarefa inútil, porque formas de discriminação como o patriarcado, a normatividade cis e a supremacia branca são tão profundamente enraizadas que as sociedades nunca serão capazes de aplicar padrões neutros de maneira imparcial. O único remédio é descartar qualquer aspiração de viver de acordo com valores universais ou regras neutras. Em vez disso, as sociedades devem explícita e permanentemente fazer com que a maneira como as pessoas são tratadas dependa dos grupos de identidade aos quais pertencem, favorecendo membros daqueles que historicamente foram marginalizados.

Esse princípio ajuda a justificar políticas públicas sensíveis à raça, como a decisão de algumas autoridades de saúde nos Estados Unidos de priorizar "pessoas não brancas" para vacinas salvadoras de vida e medicamentos anticovid. Também se aplica a muitas áreas menos óbvias

290 A Armadilha da Identidade

politicamente, desde a educação até as normas sociais que regem a vida no trabalho. Nos treinamentos de diversidade, por exemplo, o foco tem se deslocado cada vez mais de incentivar uma forma de respeito mútuo que visa tratamento igualitário para uma consciência do potencial eterno do viés implícito e das microagressões que encorajam as pessoas a estarem muito conscientes dos marcadores de identidade específicos de seu interlocutor.

A Resposta Liberal à Síntese de Identidades

Existem razões racionais pelas quais a síntese de identidades tem tido um apelo tão forte. Inúmeras pessoas realmente foram oprimidas com base em marcadores de identidade como raça e gênero. Grupos dominantes realmente se recusam, com frequência, a reconhecer essa verdade dolorosa. E é realmente verdade que maiorias étnicas ou religiosas podem usar padrões supostamente neutros como cortinas de fumaça que lhes permitem perpetuar sua dominação. Quando a síntese de identidades é comparada com versões caricatas de ideologias universalistas como o liberalismo – ou com as muitas maneiras pelas quais a realidade empírica fica aquém de nossas aspirações –, ela parece muito atraente.

Contudo, o liberalismo possui respostas coerentes a essas ideias. Baseando-se nas críticas que fiz de aplicações específicas da síntese de identidades na parte III, essas respostas levam a sério as críticas bem fundamentadas das injustiças passadas e persistentes enquanto oferecem um caminho mais construtivo para o futuro; reconhecem a grande importância que os marcadores de identidade grupal desempenham no mundo real sem considerá-los a chave de toda a vida cultural e política; alertam para a tendência de todas as instituições favorecerem os poderosos, enquanto reconhecem a capacidade de valores universais e regras neutras de aproximar as sociedades e de tratar todas as pessoas como genuinamente iguais, e incentivam-nos a viver de acordo com os ideais sobre os quais a democracia liberal se baseia, em vez de abandoná-los porque falharemos em fazê-lo com perfeição. De fato, a resposta liberal à síntese de identidades pode ser resumida na forma de uma reformulação dos três postulados fundamentais da síntese de identidades.

1. *Para entender o mundo, devemos prestar atenção a um amplo conjunto de categorias, incluindo – mas não limitadas a – formas de identidade grupal como raça, gênero e orientação sexual.*

Marcadores de identidade como raça frequentemente dividiram o mundo em grupos internos e externos. Portanto, não deve ser surpresa que muitas das piores guerras e injustiças tenham colocado membros de diferentes grupos raciais ou religiosos uns contra os outros. E ainda assim, as identidades com as quais nascemos não são tudo. Em outros momentos, os grupos mais destacados foram formados com base em categorias que os defensores da síntese de identidades tendem a negligenciar. Entre essas categorias estão as econômicas, como classe; considerações teológicas, como disputas sobre quem deve ser considerado o herdeiro legítimo do profeta Maomé; e considerações ideológicas, como se um país deve ser governado por um monarca ou por representantes eleitos.

Tudo isso torna os liberais filosóficos, como eu, céticos em relação a qualquer concepção do que realmente importa nos assuntos humanos que se concentre em uma única dimensão. Concordamos com os defensores da síntese de identidades que é impossível entender muitos aspectos fundamentais da vida humana sem prestar a devida atenção a categorias de identidade grupal como raça, gênero e orientação sexual. No entanto, também concordamos com muitos marxistas que é impossível entender outros aspectos fundamentais da vida humana sem prestar a devida atenção a categorias econômicas como classe social; com historiadores nacionalistas que é impossível entender ainda outros aspectos fundamentais da vida humana sem prestar a devida atenção a categorias ideológicas como o patriotismo; com historiadores religiosos que é impossível entender ainda outros aspectos fundamentais da vida humana sem prestar a devida atenção a categorias teológicas como as crenças que as pessoas têm sobre a natureza de seus deveres religiosos, e assim por diante.

292   A Armadilha da Identidade

Nosso entendimento de nossas próprias sociedades deve muito a estudiosos que demonstram rigorosamente as maneiras como elas são moldadas por forças como competição étnica e discriminação racial. Outras categorias, no entanto, desde classe econômica até ideologia política, são igualmente importantes. Para entender nosso mundo – desde interações sociais cotidianas até as causas de eventos políticos importantes –, devemos estar atentos à importância potencial desse conjunto muito mais amplo de considerações, deixando que os fatos específicos de cada situação nos guiem em direção ao prisma apropriado para entendê-lo.

2. *Na prática, valores universais e regras neutras frequentemente excluem pessoas de maneiras injustas. No entanto, uma aspiração para que as sociedades estejam à altura dos padrões que professam pode permitir que elas façam progressos genuínos em tratar seus membros de forma justa.*

Toda sociedade na história apresentou-se de forma mais favorável do que sua realidade permitia. No entanto, existem diferenças importantes entre elas. Em alguns momentos e lugares, os governantes invocam ideais que têm tão pouco a ver com o que está realmente acontecendo no mundo real que a maioria dos cidadãos aprende a ignorar seus mantras vazios. Em outros momentos e lugares, a autoconcepção de uma sociedade ajuda a estruturar algumas de suas instituições fundamentais; a limitar as ações de seus governantes de maneiras significativas, embora incompletas; e a fornecer a dissidentes e ativistas um vocabulário poderoso para expressar suas queixas.

É assim que devemos pensar sobre o liberalismo e seu fracasso em fazer jus a seus ideais. Como toda sociedade, as democracias liberais contêm pessoas e grupos poderosos que fazem o que podem para servir a seus próprios interesses. Como em toda sociedade, essas pessoas e grupos poderosos frequentemente tentam obscurecer as maneiras pelas quais seus privilégios violam os princípios que professam. Nem agora nem nunca adotar formalmente um conjunto de regras e valores foi suficiente para garantir que todos sejam realmente tratados de acordo com ele.

Uma Resposta à Síntese de Identidades 293

Essas deficiências ajudam a explicar por que, mesmo em sociedades declaradamente liberais, muitos membros de comunidades historicamente marginalizadas continuam a experimentar pobreza e privação, discriminação e racismo flagrante, violência policial e encarceramento em massa. Verdadeiros liberais enfrentarão essa situação com um reconhecimento inabalável de sua injustiça, tornando-se ainda mais determinados a construir um futuro mais justo. E ainda assim, os liberais devem rejeitar a conclusão, tão central para a síntese de identidades, de que esses valores universais e regras neutras são apenas uma cortina de fumaça que ajuda a sustentar os privilégios da maioria opressora. Pois na verdade o compromisso democrático liberal com valores universais como a liberdade de expressão e regras neutras como as proibições à discriminação racial inspirou um progresso tremendo ao longo dos últimos três séculos.

Valores universais e regras neutras alimentaram a derrubada de instituições profundamente injustas, como a segregação racial ou a exclusão das mulheres do mundo profissional. Repetidamente, eles deram àqueles que sofreram tais injustiças um vocabulário poderoso que se mostrou capaz de mobilizar os oprimidos e despertar a consciência dos historicamente dominantes. É esse apego popular aos valores universais que tornou possível para os ativistas dos direitos civis pressionar por igualdade ao perguntar a seus compatriotas com que lógica deveriam permanecer excluídos da cidadania plena – e para os ativistas dos direitos gays superarem séculos de homofobia ao perguntar por que deveriam ter de esconder seu amor. Embora valores universais e regras neutras não sejam uma solução mágica – diante de injustiças profundas e persistentes, isso não existe –, eles desempenharam um papel fundamental em tornar as democracias lugares mais decentes para todos os seus membros.

3. *Para construírem um mundo mais justo, as sociedades devem se esforçar para estar à altura de suas aspirações universalistas, em vez de abandoná-las.*

Ao longo de meio século, a maioria das democracias liberais, da Alemanha aos Estados Unidos e do Reino Unido à Austrália, deu

294　　　　　A Armadilha da Identidade

grandes passos em direção a tratar seus membros como verdadeiros iguais. Cinquenta anos atrás, a maior parte dos norte-americanos acreditava que o casamento entre membros de "raças" diferentes era imoral, com dezenove entre vinte entrevistados dizendo a pesquisadores que era errado. Na Europa Ocidental, a maioria dos cidadãos achava que apenas pessoas descendentes do mesmo grupo étnico poderiam se tornar verdadeiros membros de suas nações, tornando impossível para os imigrantes se integrarem verdadeiramente. Em ambos os lados do Atlântico, a maioria dos cidadãos acreditava que a homossexualidade era profundamente imoral, que gays e lésbicas que admitissem sua orientação sexual deveriam ser excluídos da vida pública e que era absurdo sugerir que eles deveriam ser autorizados a se casar.

Hoje, a maioria dos cidadãos desses países acredita que não há nada de errado com a homossexualidade, acostumou-se completamente a ver gays e lésbicas ocupando os mais altos escalões de suas sociedades e aplaudem o fato de que o casamento gay há muito se tornou uma realidade. Na Europa Ocidental, a maioria dos cidadãos ampliou sua concepção de pertencimento à nação, reconhecendo que imigrantes com raízes em partes distantes do mundo podem se tornar verdadeiros compatriotas. E nos Estados Unidos, a grande maioria dos cidadãos agora acredita que o casamento inter-racial é perfeitamente normal, com apenas cerca de um em vinte entrevistados continuando a dizer que é errado.

Essa mudança notável de opiniões tem acompanhado mudanças igualmente grandes na vida real. Na Europa Ocidental, membros de grupos étnicos minoritários estão rapidamente ascendendo nas fileiras socioeconômicas, com os filhos de imigrantes propensos a experimentar mobilidade ascendente em taxas mais altas do que os filhos de "nativos" em situações similares. Nos Estados Unidos, imigrantes de El Salvador, Vietnã e Nigéria têm mobilidade social aproximadamente na mesma taxa que italianos e irlandeses há um século. De fato, nos EUA, mulheres asiáticas agora ganham tanto quanto ou até mais do que homens brancos, e imigrantes de lugares tão diferentes quanto Índia e Nigéria têm muito mais probabilidade de estar no quintil

Uma Resposta à Síntese de Identidades

superior da distribuição de renda do que norte-americanos brancos cujos ancestrais estão no país há gerações. Como resultado, praticamente todas as democracias tornaram-se muito mais diversas no topo, com maior probabilidade de mulheres, imigrantes, minorias sexuais e membros de grupos étnicos historicamente marginalizados serem advogados e médicos, líderes empresariais e políticos eleitos do que no passado.

A maior dificuldade enfrentada pelas democracias liberais reside em como remediar as consequências duradouras da discriminação e da injustiça. Muitos grupos que foram horrivelmente oprimidos no passado continuam a sofrer graves desvantagens no presente. Nos Estados Unidos, por exemplo, afro-americanos, em média, ganham salários mais baixos e possuem muito menos riqueza do que os norte-americanos brancos; isso se deve em grande parte ao fato de uma porcentagem significativa de afro-americanos continuar a sofrer com pobreza extrema, a viver em bairros carentes e a não ter acesso a escolas de alta qualidade. A luta contra essas injustiças persistentes é urgente.

Porém, mesmo na área em que é mais fácil e apropriado culpar as democracias liberais por suas falhas, seria simplesmente errado afirmar que o último meio século não trouxe progressos significativos. Nas últimas cinco décadas, uma grande classe média afro-americana surgiu. Hoje, o afro-americano médio tem um emprego de escritório, vive em um subúrbio razoavelmente próspero e está significativamente melhor que seus pais. Como resultado, os afro-americanos estão muito mais otimistas sobre suas perspectivas futuras do que se poderia esperar ao ouvir os defensores da síntese de identidades. De acordo com pesquisas recentes, eles são mais propensos a ser otimistas sobre o futuro dos Estados Unidos, ou a acreditar que o futuro será melhor, do que os norte-americanos brancos.

Entendo perfeitamente por que enfatizar esse progresso muitas vezes incomoda as pessoas. É fácil insinuar que a única motivação daqueles que enfatizam o progresso que fizemos deve ser minimizar as injustiças que persistem. Contudo, existem muitas razões importantes para obter uma visão precisa da realidade, uma que não seja

296   A Armadilha da Identidade

nem prematuramente otimista nem ceticamente pessimista. Talvez a mais importante seja que precisamos de uma avaliação precisa das mudanças recentes para saber se as ferramentas que implementamos para progredir estão funcionando. E justamente uma avaliação precisa dos últimos cinquenta anos sugere que o esforço para viver de acordo com os valores universais e regras neutras é capaz de trazer enormes melhorias.

Uma visão do mundo que afirma falsamente que não houve progresso facilmente leva à conclusão de que os valores universais e regras neutras esposados pelas democracias liberais são apenas um pretexto para a manutenção da opressão, e que, portanto, devem ser abandonados. Uma avaliação mais realista chega a uma conclusão diferente. Ela reconhece que não basta propalar valores universais e regras neutras. Contudo, também reconhece que tentativas sinceras de viver de acordo com esses padrões têm ajudado as democracias liberais a fazerem progressos rápidos e reais, embora inevitavelmente imperfeitos. A melhor esperança para continuar fazendo esse progresso não está em abandonar o liberalismo, mas em redobrar nossos esforços para viver de acordo com os ideais que o representam. Para entendermos como fazer isso, é hora de explicar a natureza dessa ideologia tão difamada e frequentemente mal compreendida em seus próprios termos.

Principais Conclusões

- Defensores da síntese de identidades há muito consideram os liberais filosóficos seus principais adversários. Para avaliar a síntese de identidades e seu ataque ao liberalismo, faz sentido reduzir essa tradição às suas principais teses. Uma "reconstrução racional" desse tipo se concentraria em três proposições. Primeiro, a chave para entender o mundo é examiná-lo através do prisma das identidades de grupo como raça, gênero e orientação sexual. Segundo, valores supostamente universais e regras neutras apenas servem para obscurecer as maneiras como

Uma Resposta à Síntese de Identidades

grupos privilegiados dominam aqueles que são marginalizados. E terceiro, para construir um mundo justo, devemos adotar normas e leis que explicitamente façam com que a maneira como o Estado trata cada cidadão – e como os cidadãos tratam uns aos outros – dependa do grupo de identidade ao qual pertencem.

- Os liberais podem oferecer uma resposta convincente a esse ataque enquanto absorvem as percepções mais valiosas da síntese de identidades. Eles apontam que, para entender o mundo, devemos prestar atenção a um amplo conjunto de categorias, incluindo – mas não se limitando a – formas de identidade de grupo como raça, gênero e orientação sexual. Na prática, valores universais e regras neutras muitas vezes excluem pessoas de maneiras injustas, mas uma aspiração para que as sociedades vivam de acordo com os padrões que professam pode permitir que façam progressos genuínos no tratamento justo de seus membros. E para construir um mundo mais justo, as sociedades devem se esforçar para viver de acordo com suas aspirações universalistas em vez de abandoná-las.

- A síntese de identidades se retrata como uma ideologia ambiciosa que busca tornar o mundo um lugar melhor. Contudo, sua visão não é realista nem desejável. Um dos principais atrativos do liberalismo é que ele mira mais alto.

15 Uma Breve Defesa da Alternativa Liberal

A história da humanidade é um registro de crueldade e injustiça. A maioria das sociedades na história foi profundamente hierárquica, concedendo a um pequeno grupo vastos poderes sobre os demais. Elas eram extremamente violentas, escravizando estrangeiros, tratando seus próprios camponeses como servos, às vezes até exigindo o sacrifício de crianças para fins rituais. Estavam imersas em conflitos endêmicos, desde batalhas entre tribos e aldeias adjacentes até guerras destrutivas que engolfavam o mundo todo. As normas da comunidade quase sempre tinham precedência sobre os desejos do indivíduo, sendo aqueles que ousavam se desviar, fossem hereges ou homossexuais, punidos com a máxima crueldade.

Essas crueldades não conheciam limites de tempo ou lugar, de credo ou raça. Os cruzados cristãos converteram dezenas de pessoas à força, matando aqueles que não se submetiam. Colonos norte-americanos travaram campanhas violentas de erradicação contra povos indígenas e mantiveram um brutal sistema de escravidão. No subcontinente indiano, um rígido sistema de castas relegou uma vasta parte da população ao *status* de intocáveis por mais de mil anos. Na China, imperadores persistiram em vastos projetos de construção mesmo que custassem centenas de milhares de vidas. Na África subsaariana, membros de tribos rivais travaram guerras endêmicas entre si por séculos. Escravos existiram no Egito faraônico e na antiga Atenas;

300 A Armadilha da Identidade

na República Romana e na dinastia Shang da China; na África Ocidental e no sul da Ásia; entre os incas da América do Sul e os *creeks* da Geórgia. Alguma forma de escravidão persistiu oficialmente até 1981, quando a Mauritânia finalmente aboliu o sistema; de forma não oficial, ela continua a existir em partes do mundo até hoje.

Já no início do período moderno, muitos pensadores passaram a acreditar que o aprendizado e a tecnologia ajudariam a remediar essas injustiças. No entanto, mesmo com a rápida expansão da capacidade humana de entender e manipular o mundo natural, atrocidades em massa e períodos de intenso sofrimento persistiram. O século XX viu a descoberta da penicilina e do DNA, a invenção da estação espacial e da internet, mas também foi testemunha de duas guerras mundiais que ceifaram mais de 100 milhões de vítimas; da primeira tentativa de erradicar uma etnia inteira por meios industriais; de genocídios na Armênia e em Ruanda; e de fomes politicamente induzidas que mataram milhões de pessoas na China e em Bengala, na Ucrânia e no Cazaquistão, na Grécia e na Etiópia.

Observando a persistência desses horrores, muitas pessoas passaram a acreditar que alguma ideologia política poderia ser capaz de remodelar o mundo do zero. Entre aqueles que pensavam que tinham um chamado histórico para libertar a humanidade impondo sobre ela sua visão de tudo o que é certo e bom estão teocratas e nacionalistas, monarquistas e socialistas utópicos. De todos esses sonhadores e idealistas, foram os comunistas como meus próprios avós que provaram ter a maior influência nos eventos do último século. Em todos os países em que suas ideias foram testadas, falharam em cumprir suas promessas sedutoras. Coreia do Norte, União Soviética, China maoista e Alemanha Oriental de Erich Honecker entregaram despotismo em vez de emancipação e privação em lugar de opulência.

Para quem olha com atenção para essas esperanças frustradas e vidas destruídas, pode parecer que os seres humanos são, por natureza, maus, e o desespero com nossas perspectivas futuras parece tentador. Não estou invocando a longa história dos horrores humanos para pregar o fatalismo ou insinuar que nosso caráter falho nos torna irredimíveis. A razão é mais construtiva: a longa história dos horrores humanos pode nos ensinar algo fundamentalmente importante sobre o que fazer a seguir.

Qualquer pessoa que busque evitar tais desastres no futuro deve perguntar que tipos de sociedades têm sido comparativamente bem-sucedidas em evitar o pior do que a humanidade é capaz. Existem sociedades que, embora possam permanecer falhas em todos os tipos de aspectos importantes, têm um histórico comprovado de progresso genuíno em dar a seus membros a oportunidade de construir uma vida próspera, pacífica e autodeterminada? E, se sim, quais princípios ajudaram a animar as instituições dessas sociedades?

É impressionante como é consistente a resposta a essas perguntas. Existem muitas sociedades hoje que proporcionam a seus membros uma liberdade e dignidade muito maiores, opulência e segurança do que os humanos têm desfrutado em praticamente qualquer momento desde o início da história registrada. Elas são prova diária de que o futuro não precisa se parecer com o passado. E, ao examiná-las mais de perto, descobre-se que um conjunto de instituições se mostrou muito melhor do que seus concorrentes na criação de tais sociedades: aquelas que são guiadas pela ênfase filosoficamente liberal na liberdade individual e no autogoverno coletivo.

Os Princípios Essenciais do Liberalismo

Os seres humanos precisam de governo. Sem alguma autoridade central, não seríamos capazes de manter a paz entre bandos rivais de guerreiros ou de fornecer bens públicos básicos. Mesmo o ser humano mais engenhoso não conseguiria prosperar se tivesse que viver com medo de ser assassinado pelos vizinhos ou se não tivesse acesso a escolas, hospitais e cuidados médicos básicos.

Contudo, a necessidade de governo também dá origem a um – talvez o – problema fundamental da política: Quem tem o direito de governar? Os humanos são cacofônicos e vaidosos. Isso quer dizer que diferimos em nossas opiniões e compartilhamos uma devoção em promover nossos próprios interesses. Com isso, não é surpresa que também

302 **A Armadilha da Identidade**

sejamos propensos a lutar uns com os outros sobre quem deve estar no controle. Todo sistema político precisa dar alguma explicação, explícita ou implícita, de como resolver essa tensão entre a necessidade de governo e a propensão humana para lutar sobre quem o constitui.

A maioria das sociedades historicamente encontrou uma solução aparentemente simples para esse problema fundamental: afirmavam que algumas pessoas têm naturalmente mais direito de governar do que outras. Os líderes dessas sociedades afirmam, por exemplo, que seu nascimento nobre lhes conferia um direito natural, até mesmo divino, de governar; que sua filiação a uma casta hereditária os destacaria para o privilégio de estar no comando; ou que sua sabedoria religiosa os tornaria pastores naturais do rebanho dos fiéis. O que todas essas reivindicações têm em comum é um compromisso em resolver o problema do desacordo por meio do reconhecimento e da manutenção de uma hierarquia natural enraizada em fatores como nascimento nobre, *status* de casta ou iluminação religiosa.

O liberalismo filosófico é fundado na rejeição dessa premissa. Os liberais reconhecem que os seres humanos diferem em velocidade, força, inteligência e caráter moral. No entanto, insistem que nenhuma diferença é suficientemente marcante ou evidente para justificar que uma pessoa ou grupo governe sobre todos os outros. O melhor fundamento de uma ordem política legítima, afirmam os liberais, não é alguma hierarquia supostamente natural, mas o reconhecimento de que, em assuntos políticos, todos nós fomos "criados iguais".

O que significa esse compromisso fundamental com a igualdade política, em termos concretos, para os tipos de instituições que devemos adotar? Com o tempo, os liberais derivaram três conclusões ambiciosas desse ponto de partida simples. Primeiro, os liberais negam que alguém possa invocar seu nascimento nobre ou sua sabedoria superior para forçar os outros a obedecer. Em vez disso, eles pensam no poder como emanando do povo e insistem no princípio igualitário de "uma pessoa, um voto". Alguns cidadãos podem ser mais ricos, mais inteligentes ou mais altos do que outros. As eleições podem até conferir alguns privilégios e responsabilidades especiais àqueles que ocupam altos cargos. Em uma democracia bem-sucedida, no entanto, os detentores de cargos

Uma Breve Defesa da Alternativa Liberal   303

são elevados ao seu *status* com base em um voto livre de seus pares e, se caírem em desgraça, podem ser rapidamente removidos do poder da mesma maneira. Em vez de serem governados por reis, aristocratas ou sacerdotes, os seres humanos devem coletivamente ser capazes de decidir que tipos de regras devem obedecer; isso ajuda a resolver a questão complexa de como manter um governo eficaz sem chegar a conflitos sobre quem tem o direito de governar.

O mesmo argumento que leva os liberais a acreditar que ninguém tem o direito inerente de governar também cria um poderoso argumento para a liberdade individual. Se ninguém desfruta de uma superioridade marcante ou aparente sobre todos os outros, isso não apenas limita quem tem uma reivindicação especial ao governo; também questiona por que alguém deveria ter a palavra final sobre como todos os outros devem viver. Levado a sério, o compromisso com a igualdade política implica, portanto, que cada um de nós deve ter o direito de determinar o que desejamos dizer, quais relacionamentos perseguir e se devemos ou não adorar um deus e de que maneira. É em reconhecimento a esse preceito fundamental que as democracias liberais impõem limites estritos sobre quanta autoridade o Estado pode, mesmo que goze da bênção da maioria, exercer sobre seus cidadãos. Essa é a segunda inferência institucional que os liberais extraem de seus princípios fundamentais: mesmo leis que são legítimas porque são derivadas da vontade do povo precisam deixar decisões-chave sobre como viver, quem adorar e o que dizer a cargo de cada indivíduo.

Por fim, um governo que leva a igualdade de seus cidadãos a sério também se abstém de privilegiar alguns (grupos de) cidadãos em relação a outros. Um monarca que acredita que pode determinar a verdadeira resposta a questões morais ou religiosas fundamentais, como a verdade da Bíblia ou a veracidade do Alcorão, naturalmente será tentado a preferir súditos que vivam de acordo com as normas morais que ela implica. Da mesma maneira, um ditador que acredita que os membros de algum grupo étnico ou cultural são superiores aos de outro naturalmente será tentado a conceder-lhes privilégios especiais que garantam que eles prosperem. Contudo, um governo que se abstém

304 **A Armadilha da Identidade**

de tais julgamentos não pode favorecer uns em detrimento de outros. Respeitar a igualdade política dos cidadãos é conceder a cada um deles os mesmos direitos e deveres, independentemente do grupo religioso, étnico ou cultural ao qual pertençam. A insistência dos liberais em valores universais e regras neutras não decorre de uma obediência cega a alguma tradição idiossincrática; deriva de um dos princípios mais fundamentais do pensamento político moderno: que, para fins políticos, todos os seres humanos nascem iguais.

Por que os Princípios Fundamentais do Liberalismo Ajudam a Criar Sociedades Prósperas

Os princípios fundamentais do liberalismo são atraentes por si sós. A maioria das pessoas deseja ter alguma influência sobre as regras que estruturam suas sociedades. Elas querem sentir que seu governo as trata com o mesmo respeito e consideração que estende aos seus vizinhos. E elas não gostam que lhes ordenem o que dizer ou a quem adorar (a menos que fantasiem que o governo imporá a todos os outros crenças que já têm e costumes que já praticam).

No entanto, a defesa do liberalismo é ainda mais forte do que isso. Alguns cínicos podem afirmar que não se importam com sua capacidade de participar do governo, de ter autonomia básica sobre suas próprias vidas e de desfrutar dos mesmos direitos e deveres que os membros de outros grupos identitários. Até mesmo eles, contudo, devem enfrentar um forte argumento empírico que favorece o liberalismo. Pois as sociedades guiadas por valores liberais, em comparação com sociedades estruturadas por outros tipos de ideais, tiveram muito mais sucesso em alcançar resultados como evitar as piores formas de abuso do governo, manter a paz e conter a competição entre grupos. Isso não é coincidência.

1. *O compromisso com a autodeterminação coletiva ajuda a evitar as piores formas de abuso governamental.* Em uma sociedade baseada em algum princípio de hierarquia natural, não há

Uma Breve Defesa da Alternativa Liberal 305

um mecanismo fácil para remover governantes abusivos ou incompetentes. Em comparação, em uma sociedade baseada na igualdade política, o povo mantém a capacidade de eleger e destituir governos conforme desejar. Isso dá aos governos que buscam permanecer no cargo um incentivo para atender às necessidades de seus cidadãos – e aos cidadãos insatisfeitos com seus governos uma maneira pacífica de destituí-los. Há boas razões para pensar que esses mecanismos ajudam a reduzir o risco de falhas governamentais calamitosas – desde a extrema opressão, que frequentemente sustentou supostas hierarquias naturais de poder, até o mau gerenciamento econômico que frequentemente produziu surtos de hiperinflação destrutiva. Segundo um famoso estudo do economista vencedor do Prêmio Nobel Amartya Sen, por exemplo, um compromisso eficaz com a autodeterminação coletiva até reduz radicalmente a chance de fome.

2. *O compromisso com a liberdade individual ajuda a manter a paz.* Em uma sociedade que não garante a liberdade de expressão ou culto, qualquer pessoa que queira permanecer fiel à sua consciência deve ganhar o favor dos poderosos ou assumir o controle da máquina do Estado, elevando enormemente as apostas da competição política. Historicamente, isso levou a conflitos constantes, desde as guerras religiosas da Europa moderna até as batalhas sectárias no Oriente Médio de hoje. Em uma democracia liberal, por outro lado, todo cidadão sabe que pode levar sua vida como desejar, expressando opiniões ainda que sejam profundamente impopulares e adorando seu deus ainda que seus compatriotas acreditem que tal comportamento seja blasfemo. O único preço que todos devemos pagar por essa liberdade e tranquilidade é abster-se de usar a força para privar os outros de desfrutar do mesmo – um preço que não é trivial para aqueles que sentem um chamado para propagar suas convicções morais ou religiosas, mas que a maioria historicamente se tornou disposta a pagar quando confrontada com as consequências de lutas violentas e prolongadas pelo poder.

3. *O compromisso com a neutralidade governamental ajuda a evitar as formas mais destrutivas de competição entre grupos.* Em muitos momentos e lugares, os benefícios que os cidadãos podem esperar receber do governo dependem de sua proximidade com o poder. Se um monarca compartilha de sua fé, se um representante de sua tribo vence uma eleição acirrada ou se sua vila vota no partido político da situação, eles podem esperar receber benefícios do governo; caso contrário, provavelmente serão negligenciados ou explorados. Essas formas de parcialidade governamental aumentam as chances de conflitos étnicos, rebeliões regionais e guerras civis. Tornam mais difícil sustentar bens públicos importantes como boas estradas e escolas de qualidade. E incentivam os cidadãos a ver aqueles de seus compatriotas que pertencem a grupos diferentes como concorrentes, até mesmo inimigos. Felizmente, os governos podem reduzir o perigo dessas armadilhas ao se vincularem a valores universais e a regras neutras. Quando o governo concede os mesmos direitos e deveres a membros de todos os grupos, reduz o incentivo para lutar pelo controle sobre as alavancas do poder, constrói maior apoio para bens públicos que beneficiam todos os cidadãos e facilita para eles enxergarem uns aos outros como parceiros em potencial, em vez de como concorrentes perenes.

Muitos fatores, incluindo a maior probabilidade de que as instituições democráticas sobrevivam em um país que já é próspero e altamente educado, ajudam a explicar por que as democracias liberais estão super-representadas entre os países mais bem-sucedidos do mundo. Mas talvez o maior motivo pelo qual as democracias liberais prosperam tenha a ver com os princípios que as animam. Os valores de igualdade política, liberdade individual e autodeterminação coletiva contribuem muito para promover a tolerância e a prosperidade, ajudando as democracias liberais a evitar o terrível sofrimento que tantas vezes assolou a humanidade no passado.

O Sucesso das Democracias Liberais

Permita-me, por um momento. Pense em um país, além do seu próprio, onde você adoraria viver. Um lugar onde você poderia imaginar passar uma vida de estudo e trabalho, desenvolvendo seus interesses e (se assim desejar) criando uma família. Qual você escolheria?

Não posso fingir saber sua resposta. Há tantas culturas e países maravilhosos no mundo, e cada um tem sérios problemas ao lado de suas qualidades sedutoras. Mas a única coisa na qual estou disposto a apostar é que, mais provável do que não, o país que você escolheu tem um governo profundamente moldado pelos preceitos do liberalismo filosófico.

Países autoritários, como o Vietnã e a Etiópia, podem até estar na lista de lugares para visitar como turista. Algumas ditaduras abastadas, como China e Arábia Saudita, podem parecer atraentes para uma estadia profissional de alguns meses ou anos. No entanto, quando pensam em como e onde desejam viver, a maioria das pessoas, como revelam pesquisas sobre os destinos dos sonhos para potenciais imigrantes, escolherá países como França e Alemanha, Canadá e Reino Unido, Austrália e Estados Unidos: países nos quais poderiam falar livremente, desfrutar de grande autonomia em suas vidas privadas e contestar as decisões de um governo que considerarem descolado da realidade.

Há uma boa razão para isso. As estatísticas mostram que as democracias liberais superam seus rivais em métricas-chave que praticamente todo ser humano valoriza. Todos os vinte países nos quais as pessoas relatam ser mais felizes são democracias. Dos trinta países com o maior índice de desenvolvimento humano, 27 são democracias liberais. Dos trinta países com a maior expectativa de vida, 29 são democracias liberais. Mesmo em métricas econômicas, que muitas vezes se pensa favorecerem as autocracias eficientes, as democracias desfrutam de uma vantagem marcante: dos 25 países com mais de 4 milhões de habitantes que têm o maior PIB *per capita*, 22 são democráticos. (As exceções são uma cidade-estado semiautoritária, Cingapura, bem como duas ditaduras que se tornaram ricas com o petróleo, Kuwait e Emirados Árabes Unidos.)

308   A Armadilha da Identidade

Importa ter os recursos para se alimentar e se vestir. Importa ter acesso a uma educação de qualidade. Importa quanto tempo você vive e quão feliz você é. O que mais importa, no entanto, é que essas conquistas sociais valem mais do que a soma de suas partes. Pois é apenas quando pode cuidar de suas necessidades básicas, viver em uma comunidade comparativamente pacífica e ser livre para desenvolver seus talentos que você tem a melhor chance de ordenar sua vida de acordo com suas convicções e aspirações.

Algumas pessoas buscam seguir uma carreira de sucesso; outros buscam maximizar o tempo que passam com a família. Alguns sonham em ser estrelas do rock; outros concentram-se em cumprir as regras de sua religião. Uma sociedade liberal não impõe uma visão particular de prosperidade humana a seus cidadãos, mas se sai muito melhor do que qualquer outro sistema alternativo em fornecer a eles os direitos, as liberdades e os recursos de que precisam para buscar o que eles próprios consideram sucesso na vida.

Nenhum defensor da autodeterminação coletiva, da liberdade individual e da igualdade política deve ser tão ingênuo a ponto de acreditar que esses valores já foram totalmente realizados em alguma parte do mundo. Ao mesmo tempo, devemos evitar um ceticismo a-histórico que nos cegaria para o marcante contraste entre as democracias liberais e os outros sistemas de governo que historicamente dominaram o mundo. Isso significa que os liberais devem ter duas crenças em nossa mente ao mesmo tempo. Devemos celebrar a maneira como nossos princípios ajudaram a trazer vastas melhorias para o mundo. E devemos lembrar que o liberalismo é uma força de progresso, não do *statu quo* – prometendo que continuaremos a fazer o que pudermos para trazer o mundo para uma maior harmonia com nossos ideais.

*

A síntese de identidades apresenta-se como uma ideologia progressista que tenta remodelar o mundo de maneira radical, mas essa pintura radical não consegue esconder seu profundo pessimismo ou a pobreza de suas ambições. No cerne de sua visão está uma aceitação da importância duradoura de categorias duvidosas como raça. Tenta convencer as pessoas de um futuro em que elas serão para sempre definidas pelos grupos de identidade aos quais pertencem; em que diferentes comunidades estarão sempre atoladas em competições de soma zero, e em que a maneira como nos tratamos sempre dependerá de nossas respectivas cores de pele e inclinações sexuais.

O liberalismo, por outro lado, é baseado em um conjunto de aspirações muito mais ambicioso para o futuro. No seu melhor, acreditam os liberais filosóficos, os seres humanos são impulsionados por sua capacidade de se solidarizar com pessoas que têm crenças e origens diferentes, não pela sua filiação a grupos específicos. Pessoas que vêm de diferentes partes do mundo e agora se consideram membros de diferentes grupos de identidade podem construir uma solidariedade real entre si. Valores universais e regras neutras podem tornar o mundo um lugar melhor se forem aplicados com convicção e implementados com cuidado. Talvez o mais importante, categorias de identidade que historicamente foram a base para injustiça e opressão, como raça, podem com o tempo se tornar menos proeminentes do que são hoje – não porque nos esforcemos para ignorar as injustiças que ainda inspiram, mas porque trabalhamos duro para superá-las.

Isso me traz ao último conjunto de perguntas que desejo abordar neste livro. Quão provável é que permaneçamos presos na armadilha da identidade? E como nós, liberais – e outros que discordam das premissas fundamentais da síntese de identidades –, podemos lutar contra isso enquanto permanecemos fiéis aos nossos princípios?

Principais Conclusões

- A história da humanidade é uma extensa lista de crueldades, mas essas injustiças persistentes não são motivo para desespero. Pois existem sociedades que, pelos padrões históricos, fizeram enormes progressos em tratar seus membros como iguais. Essas sociedades adotaram instituições políticas inspiradas nos princípios básicos do liberalismo filosófico.

- O cerne da tradição liberal é a rejeição das formas de hierarquia supostamente naturais que tradicionalmente justificaram os governantes históricos; segundo os liberais, todos os seres humanos são criados iguais. Os liberais derivam três princípios fundamentais para instituições justas a partir dessa premissa: Acreditam na autodeterminação coletiva, permitindo que todos estabeleçamos as regras pelas quais vivemos. Acreditam na liberdade individual, permitindo que cada um de nós determine como queremos conduzir nossa vida. E acreditam na igualdade política, garantindo que a maneira como o Estado trata as pessoas não dependa do grupo de identidade ao qual pertencem.
- Esses princípios são atraentes por si sós, mas eles também têm importantes benefícios empíricos. Em particular, a autodeterminação coletiva ajuda a evitar as piores formas de abuso governamental, desde perseguições politicamente motivadas até fome. A liberdade individual ajuda a manter a paz, permitindo que cada um de nós permaneça fiel à nossa consciência, ainda que estejamos em minoria. E a igualdade política ajuda a evitar as formas mais destrutivas de competição entre grupos, garantindo que todos tenhamos uma chance justa, mesmo que não controlemos o governo.
- As democracias liberais superam em muito outras formas de regime em métricas que a maioria das pessoas tem fortes razões para valorizar. Quase todos os países mais ricos e felizes do mundo são democracias liberais. Assim como são aqueles com o índice de desenvolvimento humano (IDH) mais alto. Isso não é mera coincidência: as instituições liberais ajudam a sustentar a paz e a prosperidade.

Como Escapar da Armadilha da Identidade

Conclusão

Eboo Patel nasceu em Chicago, filho de um imigrante muçulmano da Índia que veio para o país como um estudante pobre e ascendeu a uma relativa riqueza ao adquirir franquias de lojas de sanduíches Subway. Ele foi criado nos subúrbios afluentes da cidade, desfrutando das oportunidades de uma vida de classe média alta, ao mesmo tempo que era profundamente consciente das diferenças étnicas e religiosas que o separavam da maioria de seus colegas.

Portanto, quando Patel aprendeu pela primeira vez sobre "racismo institucionalizado" e "estruturas de opressão" como aluno de sociologia na Universidade de Illinois, o vocabulário da síntese de identidades ajudou-o a entender suas próprias experiências. Supremacia branca, ele leu em uma aula, consistia na crença de que "padrões culturais associados aos brancos" são a norma, marcando aqueles associados a outros grupos como inferiores. Ele pensou consigo mesmo: "Isso não descreve basicamente *toda a minha vida*?".

A visão de Patel sobre sua infância mudou radicalmente. Uma vez, lembrou-se então, acompanhou seu pai a uma conferência de empresários do Sul da Ásia. Quando uma pessoa da plateia quis saber por que ele havia adquirido uma franquia de uma loja Subway em vez de iniciar uma lanchonete própria, seu pai retrucou com uma pergunta: "Quais brancos você conhece que comprariam sanduíches de um cara marrom nascido na Índia chamado Sadruddin?".

312 A Armadilha da Identidade

Na época, a resposta de seu pai parecia não ter nada de extraordinário para Patel. Mas então ele passou a vê-la como um testemunho do racismo que o cercava em todos os lugares que olhava: "Quanto mais eu lia, mais via o mundo inteiro por essa lente. Logo não conseguia enxergar muito mais. O racismo permeava tudo. Minha identidade principal era a de vítima do racismo".

Patel, em outras palavras, caiu na armadilha da identidade. Ele deixou de notar as maneiras pelas quais sua criação havia sido de oportunidade e privilégio. Ele se tornou excessivamente crítico, julgando qualquer pessoa que não compartilhasse totalmente de seus valores ou de sua visão de mundo. Quando uma de suas professoras progressistas, uma mulher negra que gentilmente concordara em realizar um estudo independente com ele, encenou uma peça que deveria se concentrar na experiência das crianças, ele pensou que a deixaria orgulhosa ao encontrar falhas nela: "E quanto a todas as famílias em que as crianças não têm seu próprio quarto?", ele perguntou em uma sessão de perguntas e respostas após o espetáculo. "Ou as famílias negras e pardas que não têm casa? Você não percebe que sua peça só está oprimindo mais essas pessoas?"

Alguns dias depois, a professora de Patel lhe enviou um e-mail. Ela explicou gentilmente que estava magoada com seus comentários. Em vez de julgar os esforços dos outros, ele deveria tentar criar algo melhor. O e-mail causou uma grande impressão. "Sei que há um papel para as pessoas que estão na plateia e criticam o espetáculo, mas estava começando a perceber que não era isso que eu queria ser. Eu queria ser a pessoa que está encenando."

Gradualmente, Patel percebeu que a ideologia que parecia explicar seu mundo tinha sérios pontos cegos. Não era apenas que sua representação do mundo não permitia tons de cinza. É que parecia afastar Patel do tipo de vida que ele próprio queria viver. Os conceitos que ele havia aprendido na faculdade o encorajaram a ver o pior nas pessoas. Mas à medida que amadurecia, ele percebeu que queria encorajar as pessoas a ser suas melhores versões – e aspirava a construir, ele mesmo, algo de valor.

Agora que se tornou pai, Patel está determinado a transmitir uma perspectiva mais positiva a seus filhos. "Eu estaria negligenciando

Como Escapar da Armadilha da Identidade

meus deveres se permitisse que meus filhos caíssem na mesma mentalidade de vítima à qual sucumbi quando estudante universitário", ele escreveu recentemente. "Quero que meus dois filhos entendam que a cidadania responsável em uma democracia diversificada não é principalmente notar o que é ruim; é construir o que é bom."

Maurice Mitchell passou por uma evolução semelhante. Ativista progressista de longa data, organizador-chave do Movimento pelas Vidas Negras e agora líder do Partido das Famílias Trabalhadoras, Mitchell costumava acreditar que os preceitos fundamentais da síntese de identidades poderiam ajudá-lo a combater a injustiça. Hoje, no entanto, ele está profundamente preocupado com a maneira como suas ideias estão remodelando os Estados Unidos, incluindo algumas das organizações progressistas que ele conhece intimamente. Como escreveu em um artigo recente: "Executivos em instituições profissionais de justiça social, ativistas de base em movimentos locais e jovens radicais em linhas de protesto estão todos trazendo preocupações urgentes sobre o funcionamento interno de espaços progressistas". Baseando-se em suas próprias experiências, eles lamentam como o ambiente dentro dessas organizações se tornou "tóxico", dificultando a realização qualquer coisa.

Um dos principais culpados por esse fracasso, argumenta Mitchell, é uma compreensão simplista da identidade. No artigo, ele mira particularmente a maneira como muitos ativistas e políticos invocam sua herança como justificativa para sua posição política. "O que é implícito," escreve Mitchell, "é que a identidade de alguém é um validador abrangente de sua estratégia política – que a identidade é evidência de alguma legitimidade ideológica ou estratégica intrínseca. A identidade marginalizada é usada como portador de uma verdade estratégica que simplesmente deve ser aceita." Embora essa suposição possa ser popular, ela é perigosamente falha: "A identidade é um descritivo amplo demais para se prever a política de alguém ou a validade de uma posição específica (...). Curvar-se a indivíduos com base exclusivamente em suas identidades socializadas ou histórias pessoais priva-os das condições que aguçam argumentos, desenvolvem habilidades e ganham debates".

314 A Armadilha da Identidade

Patel e Mitchell não são exceções. Muitos outros críticos relutantes da armadilha da identidade agora se encontram em uma posição semelhante. Por serem altamente progressistas e profundamente conscientes das injustiças que ainda moldam a América, inicialmente receberam a chegada da síntese de identidades com curiosidade ou até entusiasmo. Agora eles estão cada vez mais preocupados com a influência destrutiva que ela teve em causas e comunidades nas quais estão investidos. Quanto mais nos afundamos na armadilha da identidade, mais oposição ela está gerando. Essa reação será suficiente para reverter as tendências da última década, relegando a influência da síntese de identidades a um momento estranho, porém breve, na história do Reino Unido, dos Estados Unidos e de outras democracias ao redor do mundo?

Três Futuros Possíveis para a Armadilha da Identidade

A síntese de identidades foi adotada nos escalões mais altos da sociedade com uma rapidez notável. Muitas escolas têm abraçado a lógica do separatismo progressista, incentivando seus alunos a se verem principalmente em termos de sua identidade étnica ou sexual. Instituições culturais-chave aceitaram a ideia de que formas de apropriação cultural são inerentemente prejudiciais e continuarão a patrulhar romances e filmes, obras de arte e exposições em busca de possíveis violações dessa nova norma. Grandes corporações institucionalizaram treinamentos de diversidade, equidade e inclusão baseados nas ideias de Robin DiAngelo e Ibram X. Kendi e continuarão a espalhar essa visão de mundo maniqueísta para seus funcionários. Por fim, grandes setores do Partido Democrata absorveram a retórica da equidade e provavelmente permanecerão comprometidos com políticas públicas sensíveis à identidade que fazem com que a forma como o Estado trata as pessoas dependa de fatores como a cor de sua pele.

Cada vez mais, a influência da síntese de identidades também está sendo sentida fora dos Estados Unidos. No Canadá, escolas públicas da província de Ontário, seguindo o conselho de um membro sênior do

Como Escapar da Armadilha da Identidade

Partido Liberal no poder, realizaram queimas cerimoniais de livros supostamente "ofensivos" em uma "cerimônia de purificação pelo fogo". Na Grã-Bretanha, sérias ameaças de violência por parte de estudantes em sua própria universidade forçaram uma filósofa conhecida a renunciar ao cargo de professora por causa de suas opiniões sobre a natureza do gênero e do sexo biológico. Na Suíça, a apresentação de uma banda de rock foi cancelada no último momento porque seu vocalista, que é branco, usa cabelo rastafári desde a adolescência. E na Espanha, uma editora decidiu que era moralmente inaceitável que um homem branco traduzisse a obra de um proeminente poeta negro.

Diante desses acontecimentos desanimadores, muitos observadores concluíram que é tarde demais para escapar da armadilha da identidade. O jogo, sugerem eles, acabou efetivamente. Como observou Andrew Sullivan, "Agora todos nós vivemos no campus".

No entanto, o que as previsões confiantes sobre a vitória duradoura da síntese de identidades parecem ignorar é a maneira como seu próprio sucesso gradualmente afastou pessoas como Patel e Mitchell. As mudanças na cultura da elite norte-americana que ocorreram ao longo da última década foram tão rápidas que estavam praticamente completas antes que a maioria das pessoas tivesse a chance de entender sua natureza ou suas consequências. À medida que a influência da síntese de identidades aumentou, porém, seu efeito perverso em inúmeras comunidades e organizações em todo o país tornou-se mais evidente. Como resultado, muitas pessoas que inicialmente relutavam em expressar seu descontentamento com a armadilha da identidade estão começando a reconhecer suas sérias desvantagens e até a reunir coragem para falar contra ela.

Essa resistência já está mostrando os primeiros sinais de sucesso. Nos últimos anos, muitas empresas e organizações sem fins lucrativos atraíram indignação pública por demitirem injustamente seus funcionários ou difamarem seus parceiros comerciais; como resultado, líderes institucionais em todo o país estão começando a reconhecer que ceder a pânicos morais nas mídias sociais carrega tanto risco quanto se recusar a fazê-lo. Enquanto isso, os tribunais estão desempenhando um papel importante em reverter alguns dos excessos mais flagrantes da síntese de identidades, incluindo treinamentos obrigatórios por agências públicas que efetivamente obrigam os funcionários públicos a divulgar essa ideologia. Quanto mais os defensores da síntese de identidades tentam colocar suas aspirações em prática, mais claro fica que elas estão em tensão direta com as convicções morais da grande maioria dos norte-americanos.

Nos últimos anos, têm surgido sinais de que a armadilha da identidade está começando a sair de moda. Nas redes sociais, atos performáticos de autoflagelação por parte de jornalistas brancos que antes recebiam milhares de curtidas por sua suposta coragem agora encontram apenas sorrisos educados ou zombaria aberta. Jornalistas culturais interessaram-se brevemente por uma pequena cena de escritores e artistas de Nova York que se reuniram no bairro de Dimes Square, no sul de Manhattan, durante a pandemia, em parte porque sua "vibe" parece contrastar fortemente com o caráter *"woke"* que dominava as cenas artística e literária da cidade nos anos anteriores. Pontos de vista que antes eram considerados muito controversos ou "heterodoxos" para as páginas do *The Washington Post* e do Th*e New York Times* estão lentamente encontrando espaço em publicações *mainstream*. Até mesmo líderes do Partido Democrata estão percebendo que o tom repreensivo que dominou o discurso de esquerda ao longo da última década está prejudicando seriamente suas perspectivas políticas. Aparecendo no *Pod Save America*, um *podcast* progressista administrado por quatro de seus ex-colaboradores, algumas semanas antes das eleições de meio de mandato de 2022, Barack Obama alertou que "às vezes as pessoas só querem não sentir que estão pisando em ovos. Elas querem algum reconhecimento de que a vida é confusa e que todos nós, a qualquer momento, podemos dizer as coisas da maneira errada".

Isso fornece material para um conjunto diametralmente oposto de previsões sobre o futuro provável da síntese de identidades. À medida que seus excessos escapam do campus, vêm à tona e geram cada vez mais resistência, os oponentes da armadilha da identidade, nesse cenário, terão uma vitória incondicional. A influência da síntese de identidades provavelmente diminuirá ao longo dos próximos anos. "Na década de 1960, os radicais de esquerda queriam derrubar o

Como Escapar da Armadilha da Identidade

capitalismo. Conseguimos o Whole Foods", observa David Brooks no *The New York Times*. Da mesma maneira, "a cooptação do *woke* parece estar acontecendo agora".

A maioria das previsões sobre o futuro provável da armadilha da identidade oscila entre esses dois extremos, prevendo sua vitória duradoura ou sua iminente queda. Mas também há uma terceira possibilidade, uma que pode ser mais plausível do que qualquer uma desses extremos. Nesse cenário, muitos dos pressupostos básicos da síntese de identidades tornam-se tão arraigados na ideologia e nas instituições dos Estados Unidos que não podem mais ser eliminados. Algumas normas iliberais, incluindo sanções sociais implacáveis para discursos impopulares, a necessidade de defender uma versão maniqueísta do antirracismo e a eventual caça às bruxas contra inocentes, provavelmente permanecerão parte da cultura das instituições mais influentes dos EUA no futuro previsível.

Ao mesmo tempo, a crescente resistência à armadilha da identidade tornará mais viável desfazer alguns de seus piores excessos. Outras normas iliberais, incluindo as proibições mais extremas de formas de suposta apropriação cultural e as tentativas mais flagrantes do Estado de discriminar entre cidadãos com base em sua raça, provavelmente serão de curta duração. As próximas décadas serão, em outras palavras, marcadas por uma luta prolongada sobre o grau em que os mundos da cultura e da educação, dos negócios e da política serão governados pelas ideias e pelos pressupostos centrais da síntese de identidades.

Nesse terceiro cenário – que considero o mais provável –, as forças que favorecem a armadilha da identidade e as forças que favorecem seu recuo continuarão a se chocar por muitos anos. Depois de décadas em que os debates ideológicos pareciam marginais para a política, voltamos a ter um sério e prolongado desentendimento sobre a natureza de nossas sociedades e a melhor maneira de governá-las. O resultado geral não será nem uma derrota completa para a síntese de identidades nem sua vitória definitiva. Pelo contrário, o conflito sobre o grau em que devemos rejeitar o liberalismo e abraçar a síntese de identidades provavelmente moldará as linhas de frente em alguns dos debates intelectuais e batalhas políticas mais importantes das próximas décadas.

318 A Armadilha da Identidade

A forma precisa como essas fronteiras serão desenhadas dependerá da paixão e da habilidade com que cada lado apresenta seus argumentos, e isso torna ainda mais importante para os oponentes da armadilha da identidade agir de maneira inteligente e escrupulosa.

Como Argumentar contra a Armadilha da Identidade

Muita gente chegou à conclusão de que a armadilha da identidade representa um perigo real para seus valores mais fundamentais. Elas querem se posicionar contra isso, seja em público, no local de trabalho ou dentro de seu grupo de amigos. Mas têm medo. Afinal, não querem arriscar alienar seus amigos ou sabotar suas carreiras. E certamente não estão tão obcecadas com política a ponto de se tornarem críticos em tempo integral da "cultura *woke*".

Entendo a apreensão delas. Nos últimos cinco anos, os jornais têm estado cheios de histórias de pessoas decentes perdendo seus meios de subsistência por ofensas triviais ou imaginárias contra os sentimentos predominantes. Dado que os jornalistas têm muito mais probabilidade de relatar sobre pessoas e instituições famosas, a maioria desses casos envolveu figuras conhecidas ou organizações renomadas. Mas seria errado concluir que essas práticas iliberais afetam apenas os ricos e famosos. Longe do foco dos principais veículos de mídia, um destino semelhante tem atingido a vida de inúmeras pessoas comuns em todos os cantos do mundo social e profissional, desde escolas locais até estúdios de ioga e de comunidades construídas em torno de games até aquelas focadas em costura. Como sei por meio das minhas próprias reportagens, muitas dessas vítimas eram "civis" nas "guerras culturais" – como o eletricista latino que foi demitido da San Diego Gas & Electric Company porque alguém o acusou erroneamente de fazer um gesto associado ao supremacismo branco.

Então, não culpo ninguém que opte por ficar à margem na esperança de que o atual frenesi, com o tempo, se dissipe por si só. Contudo, embora o desejo de minimizar o risco para a própria carreira ou reputação seja compreensível, há um problema simples com isso.

Na linguagem dos economistas, agora enfrentamos um clássico caso do dilema do prisioneiro. Para cada um de nós, pode ser racional aproveitar os esforços dos outros, mantendo nossas críticas à armadilha da identidade em silêncio. Mas se todos fizermos isso, a pequena minoria de ativistas que têm um compromisso ideológico profundo com as formas mais grosseiras da síntese de identidades continuará a ter uma influência desproporcional. O atual frenesi pode muito bem diminuir com o tempo, mas isso só acontecerá se pessoas razoáveis apontarem os perigos da armadilha da identidade.

Esse é um motivo-chave pelo qual decidi escrever este livro. É também o principal motivo pelo qual espero que você (se concordar com suas conclusões principais) encontre uma maneira de lutar contra os perigos da armadilha da identidade dentro de seus próprios círculos pessoais e profissionais. Expressar sua opinião trará algum risco. Contudo, há uma maneira de fazer isso que maximiza as chances de fazer a diferença e minimiza as chances de experimentar consequências adversas. Então, aqui estão seis conselhos para argumentar e organizar-se contra a armadilha da identidade de maneira enérgica, sem correr riscos desnecessários, e com alguma chance de persuadir efetivamente seus interlocutores.

1. Reivindique a posição moralmente superior

Existe um fenômeno estranho que tenho observado entre muitos tipos diferentes de pessoas, incluindo críticos da armadilha da identidade, que discordam das opiniões predominantes em seus círculos sociais: algo como um senso internalizado de vergonha. Pode ser assustador discordar de seus amigos e colegas. Quando há uma forte pressão social para repetir certos *slogans* ou prestar homenagem a certas opiniões, uma recusa em se juntar ao coro pode, até mesmo para o potencial objetor, parecer uma espécie de falha moral. E assim, muitas das pessoas que ousam falar contra as opiniões predominantes cedem a posição moralmente superior antes mesmo de abrirem a boca.

320 A Armadilha da Identidade

O primeiro grupo de pessoas que sofrem com essa vergonha internalizada pode ser chamado de herege relutante. Eles ficam tão nervosos em discordar dos sentimentos predominantes que praticamente pedem desculpas por suas próprias ideias. Mesmo quando falam, eles condicionam cada ponto em tantas concessões que sua própria posição se perde de vista. Ao adotarem essa tática, os hereges relutantes esperam proteger-se de críticas. Mas isso muitas vezes acaba sendo contraproducente. Ao sinalizarem que eles próprios parecem considerar suas opiniões de algum modo ilícitas, encorajam os aplicadores da ortodoxia a usar a vergonha moral ou a intimidação para silenciá-los.

Há também um segundo grupo de objetores – um que, à primeira vista, pode parecer muito mais inflexível, mas simplesmente expressa sua vergonha internalizada de maneira diferente. Chame-os de hereges desafiadores. O sentimento de que eles devem esconder suas opiniões reais os deixou amargos, compreensivelmente. Convencidos de que tudo o que dizem será de qualquer maneira mal recebido, eles se expressam na forma de palestras agressivas ou ataques raivosos. Mas essa tática é ainda mais contraproducente. Ao concordarem em desempenhar o papel de vilões desde o início, eles desistem da chance de persuadir seus interlocutores da justiça de sua posição.

A melhor maneira de evitar essas armadilhas é superar o sentimento internalizado de vergonha. Então, quando percebo que estou nervoso em argumentar por uma posição que é impopular entre muitos dos meus amigos e colegas (como fiz em partes deste livro), lembro a mim mesmo que tenho orgulho das opiniões que defendo. Eu as pensei longa e profundamente. Elas estão enraizadas em uma nobre tradição que fez um tremendo bem para o mundo. E embora reconheça que sou, como todos os outros, propenso a estar errado sobre algumas coisas importantes, as opiniões que mantenho são – por definição – aquelas que me parecem mais propensas a estarem certas. Isso torna um pouco mais fácil falar a partir de uma posição de confiança calma.

Como Escapar da Armadilha da Identidade

2. Não vilipendie quem discorda

É tentador pensar nas pessoas com as quais você discorda profundamente como tendo algum tipo de defeito moral ou intelectual. Isso torna fácil menosprezá-las ou até mesmo desumanizá-las. Se seus interlocutores mantêm suas opiniões devido a estupidez ou desvio moral, há pouco motivo para tratá-los com decência.

Mas as coisas não são tão simples assim. Durante praticamente toda a história humana, a grande maioria das pessoas em todas as culturas e em todos os continentes estava convencida de algumas crenças que hoje consideramos hediondas. Mesmo durante minha vida, as opiniões predominantes sobre questões importantes transformaram-se radicalmente; de fato, muitas pessoas que agora vilipendiam outras por se desviarem das opiniões que consideram sagradas mantiveram tais opiniões "desviantes" até alguns anos atrás. Seria tão tolo quanto arrogante concluir que tantos de nossos ancestrais e compatriotas são simplesmente maus ou estúpidos.

Os defensores mais radicais da síntese da identidade muitas vezes se recusam a aceitar que as pessoas possam discordar deles por razões legítimas; é precisamente sua tendência a confundir discordância política com falha moral que piorou o discurso público ao longo da última década. Mas isso torna ainda mais importante para aqueles de nós que são críticos da armadilha da identidade evitar cometer o mesmo erro. Nós também devemos lembrar que pessoas inteligentes e decentes podem chegar a conclusões radicalmente diferentes sobre todos os tipos de questões importantes – incluindo se a síntese de identidades é uma força para o bem ou para o mal.

3. Lembre-se de que os adversários de hoje podem se tornar os aliados de amanhã

Por mais que você tente, é praticamente impossível fazer um amigo ou membro da família mudar de ideia sobre uma questão importante no meio de uma discussão. Isso torna tentador ser cético sobre as

322   A Armadilha da Identidade

perspectivas de persuasão. Como as pessoas raramente mudam de posição, fazer progresso político parece ser uma questão de lutar em vez de convencer seus adversários.

Alguns argumentaram que isso é especialmente verdadeiro quando se trata dos defensores mais devotos da síntese de identidades. Como há algo religioso no fervor com que os que ele chama de "os Eleitos" abraçaram sua causa, John McWhorter adverte, formas normais de persuasão são fúteis. A única questão é como limitar sua influência sobre o resto da sociedade.

Felizmente, as evidências não confirmam tal ceticismo sobre as perspectivas de persuasão. Embora poucas pessoas reconheçam a derrota no meio de uma discussão, a maioria muda sua visão de mundo ao longo do tempo. De acordo com uma pesquisa recente do YouGov, por exemplo, mais de três em cada quatro norte-americanos relatam que mudaram de ideia sobre uma questão importante de política pública ao longo de suas vidas. Como outros estudos mostram que as pessoas têm a tendência de minimizar o quanto mudaram de opinião, o verdadeiro número provavelmente é ainda maior.

Com o tempo, tais mudanças podem – e isso é frequente – representar uma mudança real na visão de mundo. Cientistas políticos, por exemplo, há muito descobriram que as pessoas no Reino Unido e nos Estados Unidos tendem a se tornar mais conservadoras à medida que envelhecem. Mas, embora isso seja verdade em termos gerais, a inclinação geral para a direita pode esconder que também há muitas pessoas que se deslocam para a esquerda ao longo da vida. Quanto mais você amplia sua visão, mais a mudança ideológica e a persuasão política parecem ser a regra, e não a exceção. Especialmente quando se trata de fundamentos, tal processo de mudança e persuasão geralmente ocorre de maneira tão gradual que pode parecer imperceptível. Você pode começar rejeitando algum ponto de vista como obviamente repugnante; passar a reconhecer por que pessoas decentes podem acreditar nele; e, finalmente, para sua própria surpresa, você mesmo chegar a abraçá-lo.

Nos últimos dois anos, testemunhei uma transformação semelhante na maneira como muitos dos meus amigos pensam sobre a

Como Escapar da Armadilha da Identidade **323**

armadilha da identidade. Por estarem à esquerda e conscientes das grandes injustiças que persistem em suas sociedades, muitos deles inicialmente simpatizaram com a síntese da identidade. Mas então eles pouco a pouco testemunharam quão destrutiva tem sido sua influência em suas próprias comunidades e começaram a reconhecer até que ponto suas aplicações entravam em conflito com outros valores que possuem. Gradualmente, eles passaram de defensores a críticos da armadilha da identidade. Apesar das preocupações de McWhorter, eles estão longe de estar sozinhos. Afinal, até mesmo alguns dos críticos mais proeminentes e sofisticados da armadilha da identidade, como Eboo Patel e Maurice Mitchell, já endossaram seus princípios fundamentais e descartaram seus perigos de maneira precipitada.

4. Apele para a maioria sensata

Nas redes sociais e na televisão a cabo, pode parecer que a sociedade está dividida em duas metades mutuamente antagônicas. A maioria dos norte-americanos é ou *"woke"* ou "MAGA."[11] Eles pensam que a história norte-americana é definida pelas iniquidades de 1619 (o ano em que africanos foram trazidos acorrentados pela primeira vez para a América) ou pelo heroísmo de 1776 (o ano em que a Declaração de Independência foi assinada). Ou se ofendem com qualquer coisa trivial ou não se importam quando membros de grupos minoritários sofrem injustiça e discriminação. Um conjunto de opiniões igualmente polarizadas parece cada vez mais dominar a discussão pública em outros países. Na Grã-Bretanha, por exemplo, alguns acreditam que o caráter da nação é definido pelas crueldades do imperialismo, enquanto outros acham que consiste exclusivamente no heroísmo da Batalha da Grã-Bretanha.

Há uma razão para essa impressão. Um pequeno número de pessoas realmente tem visões extremas sobre as questões mais controversas do

---

[11] "Make America Great Again" (Torne a América Grande Novamente) é um *slogan* de campanha de Donald Trump associado a ideias conservadoras e nacionalistas. (N. T.)

324   A Armadilha da Identidade

dia. E por causa da maneira como a política e a mídia funcionam, essas vozes recebem uma plataforma desproporcional e agora têm considerável influência.

Felizmente, porém, a maioria das pessoas tem visões sensatas sobre questões complexas, incluindo aquelas que tocam na história e na identidade nacional. De acordo com um estudo recente, por exemplo, a grande maioria dos norte-americanos, incluindo a maioria dos republicanos, acredita que "é importante que todo estudante norte-americano aprenda sobre a escravidão, Jim Crow e segregação"; "Martin Luther King e Rosa Parks devem ser ensinados como exemplos de norte--americanos que lutaram pela igualdade"; e "os Estados Unidos estão melhores hoje porque mulheres, imigrantes e afro-americanos progrediram em direção à igualdade". Ao mesmo tempo, a grande maioria dos norte-americanos, incluindo a maioria dos democratas, também acredita que "George Washington e Abraham Lincoln devem ser admirados por seus papéis na história norte-americana"; "não precisamos ter vergonha de ser norte-americanos"; e "os estudantes não devem se sentir pessoalmente responsáveis pelas ações de gerações anteriores". Essa abordagem matizada da história da nação é ainda mais impressionante porque contradiz as percepções populares de ambos os lados – com a maioria dos democratas duvidando que os republicanos queiram aprender a história da escravidão e a maioria dos republicanos duvidando que os democratas queiram destacar as realizações de George Washington.

Longe de ser predominantemente brancos, os membros dessa maioria sensata são altamente diversos. Estudos indicam que tanto na Grã-Bretanha quanto nos Estados Unidos membros de grupos étnicos minoritários não apenas têm menos probabilidade de adotar visões de extrema direita; eles também têm menos probabilidade de abraçar os princípios-chave da síntese de identidades. Quando o More in Common, uma organização sem fins lucrativos que visa combater a polarização, estudou as tribos ideológicas da América, por exemplo, descobriu que os chamados ativistas progressistas – que são céticos em relação às normas e às instituições há muito estabelecidas porque acreditam que foram "estabelecidas por grupos socialmente

Como Escapar da Armadilha da Identidade

dominantes como homens brancos heterossexuais para seu próprio benefício" – eram desproporcionalmente brancos, ricos e altamente educados. Norte-americanos asiáticos, hispânicos e afro-americanos, por outro lado, eram todos menos propensos do que os brancos a compartilhar essa visão de mundo.

No passado, os políticos frequentemente apelavam para uma "maioria silenciosa" para perpetuar a discriminação contra grupos minoritários. Mas hoje a maioria silenciosa em países como Estados Unidos, Reino Unido e muitas outras democracias do mundo não é nem *"woke"* nem intolerante. Pelo contrário, é surpreendentemente razoável e altamente diversa. A maioria das pessoas de todas as origens deseja que os membros de grupos minoritários sejam tratados com respeito e rejeita os princípios fundamentais da síntese de identidades. Os oponentes da armadilha da identidade devem tentar persuadir essa maioria sensata.

5. Seja solidário com outros opositores da síntese de identidades...

Quando critico os perigos da armadilha da identidade, faço isso a partir da perspectiva de um liberal filosófico. No entanto, em uma democracia grande e diversificada, a política inevitavelmente envolve a construção de uma ampla coalizão. Portanto, liberais como eu devem estar abertos a fazer causa comum com outros que se preocupam com o aumento da armadilha de identidade por motivos próprios e fundamentados. E é fato que as proposições fundamentais da síntese de identidades não apenas colocam essa ideologia em rota de colisão direta com os valores liberais básicos que ancoram minha política; elas também contrastam profundamente com vertentes centrais de outras tradições políticas e religiosas influentes, desde o marxismo até o conservadorismo, e do cristianismo ao budismo.

Muitos críticos da síntese de identidades a deploraram como uma forma de "marxismo". É fácil entender por quê. O marxismo e a síntese de identidades compartilham tanto um desprezo pelas instituições

326 A Armadilha da Identidade

tradicionais da democracia parlamentar quanto uma profunda inimizade ao liberalismo. Alguns pensadores marxistas, como Frantz Fanon, Paulo Freire e Herbert Marcuse, até mesmo continuam a influenciar defensores da síntese de identidades. Mas equiparar as duas ideologias é ignorar que as diferenças e tensões entre elas são pelo menos tão importantes quanto suas semelhanças.

As principais raízes da síntese de identidades residem na rejeição pós-moderna de grandes narrativas, incluindo o marxismo. Seus seguidores acreditam que categorias baseadas na identidade, como raça, gênero e orientação sexual, e não categorias econômicas como classe, são o prisma-chave para se entender o mundo. Isso ajuda a explicar por que escritores marxistas, desde antigos defensores como Adolph Reed Jr. até jovens estudiosos como Olúfẹ́mi Táíwò, tornaram-se alguns de seus críticos mais ferrenhos. Como lamentou Reed: "A disposição para catalogar e agregar identidades bem definidas não é nem de longe radical". (Ofereço uma explicação mais detalhada da relação entre marxismo e síntese de identidades no Apêndice.)

Assim como os marxistas, os conservadores têm uma relação ambivalente com questões de identidade. Alguns conservadores caem em uma armadilha de identidade própria ao sustentar que os grupos étnicos, culturais ou religiosos que tradicionalmente dominaram seus países têm maior valor e, portanto, devem continuar a ter poderes e privilégios especiais. Mas muitos outros conservadores reconhecem que países como França, Grã-Bretanha e Estados Unidos têm (embora de forma imperfeita) sido organizados de acordo com os princípios universalistas da democracia liberal por muito tempo. Chegaram portanto à conclusão de que princípios conservadores clássicos como o compromisso com mudanças graduais e um ceticismo em relação a promessas utópicas lhes dão boas razões para defender esse acordo político duradouro.

Isso torna tais conservadores céticos em relação a pensadores "pós--liberais" da direita, como Sohrab Ahmari, Adrian Vermeule e Curtis Yarvin, que buscam usar o poder coercitivo do Estado para impor sua visão da boa vida a todos os outros. Ao mesmo tempo, isso também coloca conservadores de princípios em rota de colisão com defensores

Como Escapar da Armadilha da Identidade

de esquerda da síntese de identidades que acreditam que devemos sacrificar normas tradicionais como a liberdade de expressão e políticas públicas neutras em relação à raça em prol da justiça social.

A armadilha da identidade, advertem esses conservadores, oferece uma visão utópica de uma sociedade perfeitamente justa. Na prática, porém, apenas conseguiria derrubar as proteções que, ao longo das últimas décadas, permitiram que membros de diferentes grupos étnicos e religiosos vivessem juntos em relativa paz. Como lamentou David French, o colunista conservador do *New York Times* que é um dos defensores mais firmes do liberalismo filosófico nos Estados Unidos, tanto a "direita pós-liberal quanto a esquerda pós-liberal priorizam fundamentalmente o poder do Estado sobre a liberdade do indivíduo". O resultado inevitável é que ambos diminuiriam "a liberdade de expressão, a liberdade econômica, a propriedade privada e a liberdade religiosa".

Algumas das tradições políticas mais celebradas do mundo, portanto, estão em tensão com os preceitos básicos da síntese de identidades, assim como algumas de suas tradições religiosas mais influentes. O Antigo Testamento, por exemplo, afirmava que todos os seres humanos são feitos à imagem do divino, um ponto que inspirou gerações de pensadores políticos, desde os redatores da Constituição dos EUA até Martin Luther King Jr. O Novo Testamento, enquanto isso, enfatizava repetidamente a irrelevância de marcadores de identidade de grupo como raça e etnia. (Talvez a expressão mais proeminente disso venha em Gálatas, quando o apóstolo Paulo escreve que "não há judeu nem grego, não há escravo nem livre, não há homem nem mulher; pois todos vós sois um só em Cristo Jesus".)

Outras tradições religiosas, do islamismo ao budismo, expressam à sua própria maneira a ideia de que a igualdade fundamental entre os seres humanos é mais importante do que suas diferenças étnicas ou culturais. A fé Bahá'í, por exemplo, coloca especial ênfase no "princípio da unidade do mundo da humanidade". Em uma das obras mais influentes da tradição, Abdu'l-Bahá, filho do fundador da fé, pergunta: "O mesmo sol não brilha sobre todos? Não são todas as ovelhas de um único rebanho? Não é Deus o pastor universal?".

328　　A Armadilha da Identidade

Em suma, há uma espécie de consenso sobreposto entre os críticos da síntese de identidades. Um conjunto surpreendentemente amplo e variado de tradições políticas e religiosas dá aos seus seguidores motivos para encarar com profundo ceticismo qualquer visão de mundo que coloque identidades de grupo como raça e etnia em seu centro moral e epistemológico. Os liberais filosóficos devem receber esses aliados de braços abertos. Mas, embora devamos celebrar que alguns farão causa comum conosco por razões de princípios próprios, devemos evitar uma tentação que nos desviaria de nossos próprios ideais: a de endossar qualquer ponto de vista, não importa quão grosseiro ou desprovido de princípios, que por acaso seja crítico da síntese de identidades.

...mas não se torne um reacionário

Certa vez perguntaram a Norman Davies, um dos historiadores mais renomados da Europa Central, qual ele considerava o maior defeito de seus colegas. Davies pensou nos muitos estudiosos corajosos e talentosos da Europa Central que passaram a vida documentando os abusos dos regimes comunistas da região, tentando demonstrar que os marxistas, que veem tudo através do prisma monomaníaco da classe, distorcem aspectos importantes da realidade. Então ele deu uma resposta surpreendente: "O marxismo".

Davies acreditava que o marxismo havia moldado tão profundamente a Europa Central que até mesmo os historiadores mais avessos a ele eram incapazes de escapar de sua influência? Eu não acho. Pelo contrário, Davies lamentava que os melhores historiadores da Europa Central haviam se consumido tanto em sua resistência justa ao marxismo que achavam difícil se concentrar em qualquer outra coisa. O marxismo deformou sua erudição porque eles não conseguiam deixar de criticá-lo.

Um perigo semelhante agora enfrentam alguns críticos da armadilha da identidade. Seus oponentes estão unidos por aquilo a que se opõem, não pelo que endossam. Isso cria uma tentação de terceirizar seus julgamentos morais para seus oponentes. Em vez de militarem por uma visão positiva do futuro, esses críticos da armadilha da identidade começaram a atacar qualquer coisa que de alguma forma parecesse "*woke*". Em outras palavras, tornaram-se culpados do que, baseado em uma ideia de Emily Yoffe, uma vez chamei de "180ismo": "a tendência de muitos participantes do debate público de ouvir o que seus inimigos percebidos têm a dizer e imediatamente se declararem diametralmente opostos".

A alternativa é simples: os oponentes da síntese de identidades precisam ser guiados por uma bússola própria, clara e consistente. No meu caso, essa bússola consiste em valores liberais como igualdade política, liberdade individual e autodeterminação coletiva. Para outros, consistirá na fé cristã ou na convicção marxista, em princípios conservadores ou nos preceitos do budismo. O que todos os oponentes inteligentes da armadilha de identidade compartilharão, contudo, é a determinação de evitar que sua frustração compreensível com as ideias de que não gostam os consuma a ponto de perderem de vista os compromissos fundamentais que devem orientar suas próprias ações.

Como as Organizações Podem Escapar da Armadilha da Identidade

Um dos aspectos mais estranhos da maneira como as redes sociais transformaram os Estados Unidos ao longo da última década é o medo de muitos líderes institucionais de exercerem sua autoridade. Enquanto escrevia este livro, conversei com pessoas extremamente poderosas – incluindo CEOs de grandes empresas, presidentes de universidades de ponta e diretores de grandes organizações sem fins lucrativos – que me confidenciaram suas preocupações sobre a influência da armadilha da identidade. Cada um deles estava preocupado com a maneira como alguns membros juniores da equipe conseguiam intimidar seus colegas e minar a moral. Cada um deles temia que isso estivesse tornando mais difícil para sua organização cumprir sua missão. E ainda assim todos se sentiam incapazes de resistir ou manifestar suas dúvidas.

330 A Armadilha da Identidade

É compreensível que esses líderes institucionais tenham medo de expressar sua opinião, especialmente quando isso pode lhes render acusações – por mais injustas que sejam – de serem sexistas ou racistas. No entanto, os riscos reais de fazer demais tornaram-se agora uma desculpa para o caminho igualmente perigoso de fazer muito pouco. E, no final, os líderes institucionais que têm medo de fazer cumprir regras racionais ou punir aqueles que as desrespeitam descaradamente só terão sucesso em encorajar ativistas determinados a usurpar o que resta de sua autoridade, tornando suas organizações ainda mais ressentidas e disfuncionais.

É por isso que os líderes institucionais precisam de um plano. Eles devem pensar no que farão se estiverem em meio a um turbilhão das redes sociais antes de serem bombardeados de todos os lados. Melhor ainda, devem tomar proativamente medidas para estabelecer expectativas claras, restaurar sua autoridade e tornar menos provável que tais crises surjam em primeiro lugar. Uma lista incompleta das ações e dos princípios que eles devem adotar incluiria, no mínimo, os seguintes cinco pontos:

1. *Comunique claramente que se espera que os funcionários sejam tolerantes com diferentes pontos de vista.* As organizações devem cultivar proativamente um espírito de tolerância e diversidade de opiniões. Empresas privadas têm que deixar claro que os funcionários devem se sentir confortáveis em trabalhar com colegas que têm valores políticos e convicções diferentes. Organizações sem fins lucrativos, veículos de mídia e editoras devem enfatizar que sua equipe às vezes precisará trabalhar em causas ou produtos dos quais podem discordar pessoalmente. Universidades devem adotar princípios de liberdade de expressão e comunicar ativamente o valor do debate aberto para seus alunos, professores e administradores.

2. *Solicite* feedback *real em vez de permitir que ativistas assumam a conversa.* As organizações devem implementar mecanismos, como pesquisas anônimas regulares, para que os funcionários ofereçam *feedback* honesto. Esses mecanismos devem transmitir

Como Escapar da Armadilha da Identidade

o sentimento geral dentro da organização, em vez de se tornarem um fórum para as pessoas mais radicais ou descontentes assumirem a conversa. Muitas vezes, os resultados dessas pesquisas ajudarão a aliviar a tensão. Em uma grande organização sem fins lucrativos, por exemplo, muitos funcionários brancos jovens reclamaram de formas difusas de supremacia branca, mas a maioria dos funcionários negros relatou estar satisfeita com a cultura da organização.

3. *Impeça que os funcionários intimidem uns aos outros nas redes sociais.* Nos últimos cinco anos, muitas organizações foram empurradas para crises à medida que os funcionários usaram as redes sociais para intimidar seus colegas ou pressioná-los a repetir suas opiniões. Diretrizes claras e consistentes para as redes sociais podem tornar mais provável que os conflitos sejam resolvidos de maneira compartilhada dentro da organização. Embora essas diretrizes não devam restringir o direito à liberdade de expressão política privada, elas podem e devem proibir os funcionários de atacar seu empregador ou criticar seus colegas publicamente.

4. *Não discipline ninguém antes que os fatos estejam claros e as paixões tenham se acalmado.* As organizações devem adotar procedimentos claros para lidar de maneira justa e imparcial com reclamações e acusações contra seus funcionários. Especialmente quando os funcionários são acusados nas redes sociais de terem dito ou feito algo moralmente inaceitável, é tentador agir com rapidez. O objetivo desses procedimentos é adiar qualquer decisão definitiva até que os fatos relevantes tenham sido investigados. Muitas vezes, isso terá o benefício adicional de garantir que o tumulto inicial tenha diminuído, tornando um pouco mais fácil para a organização chegar à decisão apropriada, dadas as circunstâncias do caso, em vez daquela que parece mais provável de aplacar estranhos no Twitter, no Facebook e no Instagram.

5. *Não peça desculpas a menos que tenha feito algo errado.* As organizações e seus líderes nunca devem se desculpar por algo que não seja moralmente errado ou que não tenham de fato feito. Embora

a intenção de emitir tais desculpas seja geralmente acalmar uma tempestade nas redes sociais, o efeito muitas vezes é alimentá-la. O mesmo vale para outros membros da organização. Os líderes institucionais nunca devem encorajar ou incentivar seus subordinados a emitir essas desculpas insinceras; quando o fazem, os funcionários devem ser muito céticos em relação a quaisquer promessas de que assinar tais desculpas os salvará de serem demitidos.

Tudo isso é, reconhecidamente, mais fácil de dizer do que de fazer. Mas eu acredito que essas ações e princípios podem ajudar a preparar os líderes institucionais para os tipos de situações difíceis que, dadas as circunstâncias atuais, mais cedo ou mais tarde enfrentarão. Imagine, por exemplo, que você é presidente de uma universidade enfrentando o tipo de controvérsia que tem consumido muitos campi ao longo da última década. Uma organização estudantil convidou um palestrante com pontos de vista que você considera genuinamente nocivos. Muitas outras organizações estudantis estão planejando protestar. É provável que algumas tentem usar a força para interromper o evento. O que você faz?

Se você se aliar aos manifestantes, corre o risco de aprovar um claro ataque à liberdade acadêmica. Se ficar ao lado do palestrante convidado, corre o risco de se associar aos seus pontos de vista nocivos. Parece que você está condenado de um jeito ou de outro.

Mas, na verdade, há uma maneira bastante simples para você tanto defender a liberdade acadêmica quanto expressar seu desagrado pelos pontos de vista do palestrante convidado: você deve enfatizar publicamente a importância da liberdade de expressão, deixando claro que qualquer estudante que recorrer à violência ou impedir o palestrante convidado de expressar suas opiniões sofrerá uma punição séria. Ao mesmo tempo, você está livre para expressar sua discordância pessoal com o palestrante convidado, prometendo juntar-se a qualquer protesto estudantil que conteste pacificamente suas ideias.

Isso fará com que todos fiquem felizes? Claro que não. Mas vai comunicar os valores da instituição, reduzir significativamente a

Como Escapar da Armadilha da Identidade

probabilidade de um confronto violento e começar a construir uma cultura universitária mais saudável: uma em que as pessoas sejam calorosamente encorajadas a se manifestar ou protestar, mas firmemente dissuadidas de perseguir seus objetivos pelo uso da força. E, ao longo do caminho, pode ser que reafirme sua autoridade como líder institucional, permitindo que você desempenhe um papel ativo na construção de uma cultura interna que seja ao mesmo tempo racional e resiliente.

O que Perdemos se Cairmos na Armadilha da Identidade

Este livro é profundamente pessoal para mim. A história do preconceito étnico e religioso moldou profundamente a vida de meus antepassados. Eles sofreram séculos de restrições sobre o que podiam fazer e onde podiam viver. Meus bisavós foram assassinados por serem judeus. Meus avós perderam praticamente todos os seus familiares no Holocausto. Até meus próprios pais tiveram de reconstruir a vida do zero quando, em seus vinte e poucos anos, foram expulsos do único país que conheciam como lar.

A história da minha família me enche de profunda empatia pelas vítimas de discriminação racial e religiosa. É impossível entender o mundo sem estar atento às maneiras reais como categorias como raça, religião e orientação sexual historicamente moldaram a forma como as pessoas são tratadas. Nada pode justificar desviar os olhos das graves injustiças que, ainda hoje, persistem em todos os países do mundo.

Quando se torna monomaníaco, porém, um foco devido nas categorias de identidade de grupo transforma-se em uma distorção perigosa da realidade. Ao nos encorajarem a interpretar cada fato histórico e cada interação pessoal pela lente da raça, do gênero e da orientação sexual, os defensores da síntese de identidades tornam impossível entender o mundo em toda a sua complexidade. E ao retratarem a sociedade como cheia de intolerantes que representam uma ameaça constante aos membros de todos os grupos minoritários concebíveis, encorajam cada vez mais pessoas a se sentirem perdidas em um mundo implacavelmente hostil.

334 A Armadilha da Identidade

É por isso que o risco apresentado por essas distorções é, em última análise, tão pessoal quanto político. Para aqueles que sofrem com sentimentos de isolamento, a síntese de identidades promete uma orientação muito necessária, até mesmo iluminação. Como Eboo Patel experimentou quando encontrou essas ideias pela primeira vez na universidade, elas podem parecer dar às pessoas uma compreensão mais profunda de seu lugar na sociedade e conceder-lhes maior acesso ao seu verdadeiro eu. Mas, como Patel também veio a aprender, a promessa de consolação acaba por se revelar uma quimera.

A armadilha da identidade seduz pessoas complexas a se verem completamente definidas por características externas cujas combinações e permutações, por mais numerosas que sejam, nunca serão suficientes para retratar satisfatoriamente seus seres mais íntimos. Seu suposto foco validador em nossa identidade como produto dos vários atributos de grupo nos quais nascemos deixa pouco espaço para os gostos individuais e os temperamentos idiossincráticos que realmente nos tornam únicos. O problema com as ideias que ganharam tanto poder na última década não é, como alguns críticos da síntese de identidades gostam de sugerir, que tratam cada um de nós como se fôssemos "um alecrim dourado". É que oferecem a ilusão de que seremos plenamente reconhecidos em nossa singularidade enquanto nos reduzem a atores que leem roteiros simplistas sobre o que é ser homem ou mulher, pardo ou negro, gay ou heterossexual, cis ou trans.

A armadilha da identidade apresenta sérios perigos. Ela mina valores importantes como a liberdade de expressão. Suas aplicações equivocadas têm se mostrado profundamente contraproducentes em áreas que vão da educação à medicina. Se implementada em grande escala, não fornecerá a base para uma sociedade justa e tolerante; inspirará uma competição de soma zero entre grupos de identidade mutuamente hostis.

Para escapar desse perigo, devemos aspirar a superar os preconceitos e as inimizades que, durante grande parte da história humana, nos encaixaram nos papéis aparentemente predestinados pela religião de nossos antepassados ou pela cor de nossa pele. Devemos continuar lutando por uma sociedade na qual categorias como raça, gênero e orientação sexual importem muito menos do que importam agora, porque o que cada um de nós pode realizar – e como todos nos tratamos – não depende mais dos grupos nos quais nascemos. Não devemos deixar que a armadilha da identidade nos convença a desistir de um futuro no qual o que temos em comum finalmente se torna mais importante do que o que nos divide.

Por que a Síntese de Identidades Não É Marxista

Apêndice

Muitos críticos da chamada "cultura *woke*" afirmam que a síntese de identidades é uma forma de "marxismo cultural". Sua reivindicação básica é simples: se você remover a classe e a economia do marxismo e substituir por raça e identidade, chegará às ideias que estão transformando atualmente o *mainstream* norte-americano.

É fácil entender por que muitas pessoas chegaram a essa conclusão. Muitos pensadores na tradição marxista continuam exercendo uma influência significativa nos temas-chave e aplicações da síntese de identidades. Para citar apenas alguns exemplos, defensores da síntese de identidades frequentemente criticam o capitalismo em termos claramente influenciados pelo trabalho de Karl Marx e Friedrich Engels. O foco na hegemonia cultural em muitas disciplinas acadêmicas é em parte inspirado por Antonio Gramsci. Críticas à liberdade de expressão frequentemente invocam o trabalho de Herbert Marcuse. E um dos textos mais amplamente lidos nas escolas de educação norte-americanas é de Paulo Freire.

Também existem algumas semelhanças marcantes entre as visões centrais das duas tradições. Talvez o mais importante, tanto o marxismo quanto a síntese de identidades são profundamente céticos em relação à promessa central da democracia liberal. Ambos desconfiam de valores universais e normas neutras como uma espécie de pretexto que permite ao grupo que realmente está no comando manter-se no

338 A Armadilha da Identidade

poder. E ambos inferem que essas regras e normas precisam ser derrubadas, tornando-os hostis aos ideais liberais fundamentais.

No entanto, apesar de todas essas semelhanças, as diferenças entre a síntese de identidades e o marxismo pesam igualmente. Vamos começar com as respectivas origens dessas tradições. Como mostrei na parte I, simplesmente não é verdade que as principais raízes intelectuais da síntese de identidades sejam marxistas. Pelo contrário, seu impulso original vem de pensadores pós-modernos como Michel Foucault e Jean-François Lyotard, que estavam profundamente preocupados com o que chamavam de "grandes narrativas", incluindo tanto o liberalismo quanto o marxismo, que então desfrutavam de uma forte influência sobre a vida intelectual em Paris.

Essa oposição às grandes narrativas tornou pensadores como Foucault e Lyotard altamente céticos em relação aos princípios liberais nos quais as democracias do pós-guerra na Europa afirmavam ser baseadas. Isso ajuda a explicar por que os defensores da síntese de identidades desde o início têm sido muito desdenhosos em relação às instituições centrais das democracias ocidentais. Contudo, Foucault e Lyotard também eram profundamente opostos a outra ideologia, que era ainda mais influente sobre seus interlocutores: o marxismo. De fato, seus contemporâneos, incluindo Jean-Paul Sartre, interpretaram corretamente a rejeição da verdade universal e o ceticismo em relação às categorias estáveis de identidade como um ataque frontal aos pressupostos fundamentais que sustentam o marxismo; afinal, o pós-modernismo também representava uma crítica àqueles que reivindicavam falar em nome do proletariado ou faziam proclamações confiantes sobre as leis deterministas do progresso histórico que supostamente previam a chegada iminente do comunismo.

As semelhanças estruturais entre a síntese de identidades e o marxismo são, sem dúvida, impressionantes. Como mostro na parte IV, uma reconstrução racional da síntese de identidades se concentraria em três reivindicações-chave:

1. A chave para entender o mundo é examiná-lo através do prisma das identidades de grupo, como raça, gênero e orientação sexual.

Por que a Síntese de Identidades Não É Marxista

2. Valores supostamente universais e regras neutras servem apenas para obscurecer as formas como grupos privilegiados dominam aqueles que são marginalizados.
3. Para construir um mundo justo, devemos adotar normas e leis que explicitamente façam com que a maneira como o Estado trata cada cidadão – e como os cidadãos tratam uns aos outros – dependa do grupo de identidade ao qual pertencem.

Seria fácil oferecer uma reconstrução racional das teses centrais do marxismo que se parecem muito com isso:

1. A chave para entender o mundo é examiná-lo através do prisma da classe social.
2. Valores supostamente universais e regras neutras servem apenas para obscurecer as formas como classes privilegiadas dominam aquelas que são oprimidas.
3. Para construir um mundo justo, devemos adotar normas e leis que explicitamente façam com que a maneira como o Estado trata cada cidadão – e como os cidadãos tratam uns aos outros – dependa de sua condição econômica.

Isso parece ser um argumento bastante convincente de que aqueles que falam sobre "marxismo cultural" estão no caminho certo. Contudo, embora a estrutura do marxismo realmente se assemelhe à estrutura da síntese de identidades, suas dissimilaridades relevantes são, em última análise, mais importantes.

A primeira dissimilaridade relevante é óbvia. As duas tradições discordam sobre o prisma fundamental através do qual ver o mundo: a categoria que motiva a ação humana e cujos membros devem ser libertados se quisermos criar um mundo melhor. Os marxistas acreditam que a categoria econômica de classe é fundamental. Enquanto isso, os adeptos da síntese de identidades concentram-se em identidades de grupo como raça, gênero e orientação sexual, incluindo a classe em sua lista, caso incluam, como uma reflexão tardia.

340   A Armadilha da Identidade

Essa diferença tem sido amplamente observada. (Na verdade, aqueles que comparam a síntese de identidades ao marxismo implicitamente a reconhecem ao acrescentar que o marxismo do qual falam é de natureza *cultural*.) Mas também há uma segunda dissimilaridade relevante, que é igualmente importante, mas tem sido negligenciada.

Os marxistas tradicionalmente teorizam o proletariado como uma classe universal. O objetivo da revolução, segundo eles, é superar todo antagonismo de classe, colocando os proletários no comando e abolindo todas as distinções de classe. Isso confere ao marxismo uma promessa utópica de um futuro no qual as classes desaparecem e todos os seres humanos finalmente podem se solidarizar uns com os outros – uma promessa utópica de que a síntese de identidades notavelmente carece.

Alguns estudiosos, como Karen e Barbara Fields, advogam pelo objetivo paralelo da "abolição da raça": ecoando o objetivo utópico que os marxistas abraçam em relação à classe, eles esperam por um futuro no qual essa categoria de análise deixe de ser útil. Contudo, os adeptos da síntese de identidades rejeitam veementemente esse objetivo como equivocado ou irrealista. Abraçando uma forma de essencialismo estratégico que deixou de ser estratégico, resignaram-se a um futuro no qual os aspectos mais básicos da realidade, desde como dois amigos devem interagir até quem deve receber bens médicos escassos, devem depender para sempre de categorias de identidade. Como resultado, os adeptos da síntese de identidades ficam presos a uma visão de futuro na qual a realidade social e política continuará para sempre a ser estruturada por conflitos, ou pelo menos por tensões significativas, entre diferentes grupos de identidade. Portanto, eles carecem da promessa utópica que tornou o marxismo tão atraente.

As asas dos pássaros e as asas das borboletas compartilham muitas características anatômicas. Isso torna tentador assumir que devem ter um ancestral comum, mas não é o caso. Na biologia evolutiva, elas são consideradas um exemplo central de "evolução convergente". A forma de suas asas evoluiu, independentemente uma da outra, para realizar a mesma função: permitir-lhes voar.

Com o marxismo e a síntese de identidades acontece algo similar. As duas ideologias têm importantes similaridades estruturais porque compartilham um propósito central: opor-se e superar o liberalismo filosófico. Mas isso não deve nos tentar a simplificar demais a relação entre as duas tradições. Longe de ser uma mera adaptação do marxismo, a síntese de identidades é um novo desafio à democracia liberal que devemos levar a sério – e nos opor – em seus próprios termos.

Agradecimentos

Escrever um livro é um processo solitário. Escrever um livro que vai contra a corrente pode ser ainda mais solitário. Então, ao trabalhar neste manuscrito, senti-me ainda mais grato do que costumo sentir por ter colegas maravilhosos, amigos leais e leitores confiáveis.

Meus primeiros agradecimentos vão para Scott Moyers, um editor visionário que – precisamente porque não concordava com cada palavra que eu escrevia – me incentivou a tornar este livro mais inteligente, profundo, sutil e persuasivo a cada passo. É sempre verdade que um bom editor ajuda a moldar um projeto; raramente é tão verdadeiro quanto neste caso.

Também sou profundamente grato a Stuart Proffitt. Stuart foi incansável em comentários grandes e pequenos, ajudando a me levar a uma maior clareza em muitos pontos-chave e melhorando imensamente o fluxo de todo o manuscrito.

Este livro não existiria sem Andrew Wylie. Em um momento em que o medo de criticar a síntese de identidades era palpável na publicação, Andrew nunca vacilou em seu apoio ou sua crença em sua importância. Ele ofereceu orientações valiosas sobre o manuscrito desde o início e provou-se um defensor apaixonado quando seu destino estava em jogo.

Também sou imensamente grato pelas equipes maravilhosas da Penguin Press, Allen Lane e da Wylie Agency. Na Penguin Press,

A Armadilha da Identidade

sou especialmente grato a Mia Council por seus comentários úteis e por conduzir pacientemente o livro pelo processo de publicação, e a Elisabeth Calamari por ser a melhor e mais direta assessora de imprensa que um autor pode esperar. Na Allen Lane, devo agradecer a Alice Skinner por seus comentários e assistência; a Annabel Huxley por ser uma defensora tão cuidadosa e enérgica do livro, e à equipe de design que criou uma capa belíssima. Na Wylie Agency, tem sido um prazer trabalhar com James Pullen e Claire Devine, que ajudaram a garantir que este livro veja a luz do dia em sua melhor forma possível em muitas edições e traduções; sou profundamente grato por sua paciência e persistência.

É um prazer especial trabalhar em edições internacionais com editores de todo o mundo. Sou grato pela minha terceira colaboração com Muriel Beyer, Adèle van Reeth, Séverine Courtaud, Jeanne de Saint-Hilaire e Benjamin Peylet na Editions L'Observatoire, assim como com Carlo Feltrinelli, Camilla Cottafavi, Adolfo Frediani, Elisa Martini e Serafina Ormas na Feltrinelli. Também sou grato a Tom Kraushaar, Marion Preuß e Katharina Wilts na Klett-Cotta; a Barend Wallet e Léon Groen no Het Spectrum; e a toda a equipe da Paidos.

Também sou profundamente grato às maravilhosas instituições que posso chamar de lar. A Johns Hopkins University tem sido uma incrível base acadêmica desde que me juntei ao corpo docente em 2019. Meus agradecimentos especiais vão para Ron Daniels, Hahrie Han e Stephen Ruckman, aos meus maravilhosos colegas tanto no SNF Agora Institute quanto no SAIS – e, é claro, às centenas de alunos a quem tive o prazer de ensinar, e com quem aprendi muito.

O Council on Foreign Relations é uma segunda instituição à qual sou profundamente grato. Conversas e comentários de Richard Haass, James Lindsay e Shannon O'Neill aprimoraram este projeto em aspectos-chave; sou muito grato a Barbaralee Diamonstein-Spielvogel por ser uma apoiadora generosa e visionária do Programa de Democracia do CFR, e tenho uma grande dívida com meus assistentes de pesquisa Gideon Weiss e Anya Konstantinovsky, por sua ajuda e paciência.

Agradecimentos

Uma publicação é citada mais do que qualquer outra nas páginas deste livro: a *Persuasion*. Portanto, não é exagero dizer que devo uma gratidão especial aos meus amigos e colegas que me ajudaram a pensar em tantos aspectos diferentes da política contemporânea ao longo dos últimos anos, incluindo David Hamburger, Luke Hallam, Sam Kahn, Emily Yoffe, Sahil Handa, Seth Moskovitz, Bea Frum, Francisco Toro e Moises Naim.

Um agradecimento especial vai para a minha equipe estelar de *podcast*, incluindo John Taylor Williams, Brendan Ruberry e (anteriormente) Rebecca Rashid.

Nos últimos cinco anos, o *The Atlantic* tem sido a publicação indispensável onde pude desenvolver muitas das minhas ideias e encontrar um público para elas. Sou grato a Jeff Goldberg, Yoni Applebaum, Juliet Lapidos, Matt Seaton e muitos outros por me fornecerem ideias e garantirem que elas sejam apresentadas da melhor forma possível.

A equipe da Lavin Agency tem sido sempre prestativa em garantir que meu trabalho alcance aquilo que é mais vital e antiquado: uma audiência presencial. Sou especialmente grato a David Lavin, Charles Yao, Tom Gagnon e Kenneth Calway.

Tive muita sorte de contar com excelentes assistentes de pesquisa para ajudar neste projeto. Brittin Alfred, Devontae Lacasse e Maggie O'Brien foram muito úteis na montagem de fontes e na assistência com referências. Um agradecimento muito especial é devido a Anders Knospe, que acompanhou este projeto desde o início até as últimas revisões. É uma bênção rara ter um colaborador em quem se pode confiar tão plenamente; é ainda mais raro ter alguém que pareça mais um parceiro de escrita – ajudando a gerar ideias, a fortalecer cada posição e a testar cada argumento. Espero aparecer nos agradecimentos de seu primeiro livro em breve.

Por último, mas não menos importante, um grande número de pessoas ajudou a moldar este livro, desde a proposta inicial até o manuscrito final, seja por meio de comentários formais (grandes e pequenos) ou por anos de conversas sobre o mundo. Eles são responsáveis por grande parte do que há de melhor no livro e por muitos dos momentos mais felizes que tive enquanto o escrevia. Entre eles estão Shira Telushkin, David Plunkett, Katarina Podlesnaya, Francis Fukuyama, Eleni Arzoglou, Sam Koppelman, Benjamin Shinogle, Ian Bassin, Anne Applebaum, Samantha Holmes, Carl Schoonover, Carly Knight, Jonathan Rauch, Bernardo Zacka, Samantha Rose Hill, George Packer, Rachel Prtizker, Martin Eiermann, Jonathan Haidt, Lidal Dror, Rachel Fraser, David Miliband, Garry Kasparov, David Hamburger, Amelia Atlas, Seth Klarman, Noam Dworman, Mike Berkowitz, Russ Muirhead, Manual Hartung, Marie Thibault de Maisieres, Thomas Chatterton-Williams, Tom Meaney e Guillermo del Pinal.

Notas

Introdução: O Atrativo e a Armadilha

1 **Kila Posey perguntou:** Todas as citações de Kila Posey são baseadas em entrevista com o autor, jan. 2023, salvo indicação em contrário. Posey também forneceu materiais de apoio adicionais, incluindo trocas de e-mails e gravações de áudio. Consulte também Lateshia Beachum, "Diretora de Atlanta Acusada de Separar Crianças Negras de Outros Estudantes em Prática 'Discriminatória'", *Washington Post*, 13 de ago. de 2021, www.washingtonpost.com/education/2021/08/12/atlanta-principal-black-students; e Vanessa McCray, "Pai Alega que Escola de Atlanta Designou Classes Negras', Outros Contestam Essa Alegação", *Atlanta Journal-Constitution*, 19 de ago. de 2021, www.ajc.com/education/parent-alleges-atlanta-school-designated-black-classes-others-dispute-that-claim/ODR2JJVNXJBQ7 DAQRRNPQ6Q764/.

1 **"incrédulo por estar tendo":** Niara Savage, "'Foi Apenas Incredulidade': Pai Protocola Reclamação Contra Escola Primária de Atlanta Após Descobrir que a Diretora Segregou Estudantes com Base na Raça", *Atlanta Black Star*, 10 de ago. de 2021, atlantablackstar.com/2021/08/10/it-was-just-disbelief-parent-files-complaint-against-atlanta-elementary-school-after-learning-the-principal-segregated-students-based-on-race/.

2 **aulas de cálculo reservadas:** "Matemática / Cursos - Evanston Township High School", acesso em 26 de jan. de 2023, www.eths.k12.il.us/Page/3025.

2 **convite por e-mail enfatizado:** Diane Adame, "Distrito Escolar de Wellesley Enfrenta Queixa de Direitos Civis de Grupo de Pais",

348　　　　　　　　A Armadilha da Identidade

WGBH, 20 de mai. de 2021, www.wgbh.org/news/education/2021/05/20/wellesley-school-district-faces-civil-rights-complaint-from-parents-group.

2 **estabelecer limites estreitos:** *Brown v. Board of Education de Topeka*, 347 U.S. 483 (1954).

2 **inspirou desafios legais:** Veja, por exemplo, Nick Valencia, "Escola de Atlanta Sob Investigação Federal Após Alegações de que Diretora Atribuiu Estudantes Negros a Classes com Base na Raça", CNN, 5 de dez. de 2022, www.cnn.com/2022/12/01/us/atlanta-school-federal-investigation-separate-classes-reaj/index.html.

2 **dividido por raça:** Shanon L. Connor e Julie Parsons, "Amando a Pele em que Estão: Grupos de Afinidade com Base na Raça para os Mais Jovens", NAIS, 18 de ago. de 2020, www.nais.org/learn/independent-ideas/august-2020/loving-the-skin-theyre-in-race-based-affinity-groups-for-the--youngest-learners/.

2 **"Um currículo baseado em jogos":** Connor e Parsons, "Amando a Pele". Os esforços de Gordon têm sido há muito elogiados pela National Association of Independent Schools. Em 2004, a Gordon School recebeu um prêmio "Leading Edge" da NAIS por seu trabalho em equidade e inclusão. Julie Parsons, "Identidade, Afinidade, Realidade", NAIS, Inverno de 2012, www.nais.org/magazine/independent-school/winter-2012/identity-affinity-reality/.

2 **no site da Dalton:** "Sobre DEI na Dalton", Escola Dalton, acesso em 28 de jan. de 2023, www.dalton.org/about/diversity-equity-and-inclusion/about-dei-at-dalton.

2 **apropriadamente chamado EmbraceRace:** O EmbraceRace é vinculado como um recurso pela Dalton. Veja "DEI Hospeda Oficina para Pais 'O que é o Desenvolvimento da Identidade Racial'", Escola Dalton, 11 de fev. de 2021, www.dalton.org/dalton-news?pk=1398973. O EmbraceRace está longe de ser um grupo de nicho. De acordo com seu relatório de impacto de 2021, a organização recebeu financiamento de organizações como LEGO Community Fund, Gap, Price Chopper e Adobe ("Relatório de Impacto de 2021", EmbraceRace, 5, acesso em 26 de jan. de 2023, embracerace-prod.imgix.net/assets/2021-ER--Impact.pdf, 10). Ele também recebeu cobertura de imprensa elogiosa, com seus recursos recomendados em jornais como *The Washington Post* e *The New York Times*. Veja Martha Conover, "Nove Coisas que os Pais Devem Considerar ao Procurar por Mídias Antirracistas para seus Filhos", *Washington Post*, 2 de jul. de 2020, www.washingtonpost.com/lifestyle/2020/06/12/9-things-parents-should-consider-when-searching-anti-racist-media-their-kids/; e

Perri Klass, "O Impacto do Racismo na Saúde das Crianças", *New York Times*, 12 de ago. de 2019, www.nytimes.com/2019/08/12/well/family/the-impact--of-racism-on-childrens-health.html.

3 **"Somos seres raciais"**: Sandra Chapman, "Compreendendo o Desenvolvimento da Identidade Racial-Étnica", EmbraceRace, 23 de mai. de 2017, www.embracerace.org/resources/recording-and-resources-understanding-racial-ethnic-identity-development.

3 **Escola Bank Street:** Por exemplo, Shael Polakow-Suransky, o atual presidente do Bank Street College of Education e ele próprio um ex-aluno da escola, serviu como segundo em comando do Departamento de Educação da Cidade de Nova York entre 2010 e 2014.

3 **"reconhecer" sua "ancestralidade europeia"**: Paul Sperry, "Escola Elite K–8 Ensina que Alunos Brancos Nascem Racistas", *New York Post*, 1 de jul. de 2016, nypost.com/2016/07/01/elite-k-8-school-teaches-white-students-theyre-born-racist/. Veja também Bank Street College of Education, "Carta à Comunidade Sobre Nosso Programa de Justiça e Advocacia Racial", 3 de jul. de 2016, www.bankstreet.edu/news-events/news/letter-to-the-community-about-our-racial-justice-and-advocacy-program.

3 **Beverly Daniel Tatum:** Beverly Daniel Tatum, *Por que Todos os Jovens Negros Estão Sentados Juntos na Cantina?*, ed. rev. (Nova York: Basic Books, 2017), 96.

3 **"colocar minhas filhas em uma turma":** Posey, entrevista com o autor, jan. de 2023.

4 **"seres raciais":** Por exemplo, um guia da UCLA para reconhecimento de microagressões afirma a importância de reconhecer os indivíduos como "seres raciais/culturais". "Ferramenta: Reconhecendo Microagressões e as Mensagens que Elas Enviam", UCLA, https://web.archive.org/web/20150611163315/https:// www.ucop.edu/academic-personnel--programs/_files/seminars/Tool_Recognizing_Microaggressions.pdf.

4 **o médico ficou perplexo:** Jon Levine, "NYC Considerará Raça ao Distribuir Tratamentos Contra Covid que Salvam Vidas", *New York Post*, 1 de jan. de 2022, nypost.com/2022/01/01/nyc-considering-race-in-distributing-life-saving-covid-treatment/. As diretrizes do estado de Nova York não concediam aos farmacêuticos o poder de recusar o preenchimento de receitas de médicos com base na raça de um paciente. Mas como essas diretrizes sugeriam que os médicos deveriam priorizar alguns pacientes não brancos em relação aos brancos em situações semelhantes, os médicos poderiam

350 A Armadilha da Identidade

interpretar razoavelmente tal pergunta como uma forma de pressão para repensar suas práticas de prescrição.

5 **medicamentos como o Paxlovid:** O Paxlovid, a primeira pílula para covid, foi autorizado para uso emergencial em 22 de dezembro de 2021, embora o suprimento do medicamento inicialmente fosse "extremamente limitado". Veja, por exemplo, Berkeley Lovelace, "FDA Autoriza Primeira Pílula para Covid, da Pfizer, para Uso de Emergência", NBCNews.com, 23 de dez. de 2021, www.nbcnews.com/health/health-news/fda-authorizes-first-covid-pill-pfizer-emergency-use-rcna8760.

5 **na maioria dos países fora:** Por exemplo, a *Vox* caracterizou a recomendação inicial do Comitê Consultivo sobre Práticas de Imunização de que os trabalhadores essenciais deveriam ser priorizados em relação aos idosos como "uma grande divergência em relação à forma como outros países estavam priorizando a vacinação". Kelsey Piper, "Quem Deve Receber a Vacina Primeiro? O Debate sobre as Diretrizes de um Painel do CDC, Explicado", *Vox*, 22 de dez. de 2020, www.vox.com/future-perfect/22193679/who-should-get-covid-19-vaccine-first-debate-explained. Para mais informações sobre isso, veja o início do capítulo 12.

5 **como idade avançada:** As diferentes províncias do Canadá podem priorizar diferentes pessoas. Mas o governo federal sugere fortemente que os idosos e aqueles que têm condições preexistentes devem ter precedência. Megan DeLaire, "O que Você Precisa Saber Sobre a Obtenção do Medicamento Antiviral para Covid-19 Paxlovid no Canadá", *CTV News*, 28 de jul. de 2022, www.ctvnews.ca/health/what-you-need-to-know-about-getting-covid-19-antiviral-medication-paxlovid-in-canada-1.6006441.

5 **como afro-americanos:** Gregorio A. Millett et al., "Avaliando Impactos Diferenciais da Covid-19 nas Comunidades Negras", *Annals of Epidemiology* 47 (2020): 37–44, doi.org/10.1016/j.annepidem.2020.05.003; Maritza Vasquez Reyes, "O Impacto Desproporcional da Covid-19 sobre os Afro-americanos", *Health and Human Rights* 22, nº 2 (2020): 299–307.

5 **grupos de britânicos asiáticos:** Os dados do Reino Unido são interessantes porque sugerem que as diferenças nos resultados médicos por raça são fortemente mediadas por diferenças no *status* socioeconômico. No Reino Unido, residentes com origens no Paquistão e em Bangladesh têm uma expectativa de vida "livre de incapacidade" muito menor do que os pacientes brancos britânicos. Mas os residentes com origens na Índia, que tendem a ter uma posição socioeconômica mais alta, saem-se muito melhor. Por razões semelhantes, os residentes chamados de africanos negros do Reino Unido, a

Notas

maioria dos quais descende de imigrantes relativamente recentes, saem-se melhor, não pior, do que a média em métricas-chave como "pontuações de qualidade de vida relacionada à saúde". Veja Veena Raleigh e Jonathon Holmes, "A Saúde das Pessoas de Grupos Étnicos Minoritários na Inglaterra", *King's Fund*, 17 de set. de 2021, www.kingsfund.org.uk/publications/health-people-ethnic-minority-groups-england.

5 **Bram Wispelwey e Michelle Morse:** "Sensíveis a essas injustiças, tomamos a reparação em nossa iniciativa particular para significar prover exatamente o que foi negado por pelo menos uma década: uma opção de admissão preferencial para pacientes com insuficiência cardíaca negros e latinos em nosso serviço de cardiologia especializada. O Healing ARC incluirá um alerta em nosso prontuário médico eletrônico e sistema de admissões sugerindo que os provedores admitam pacientes negros e latinos com insuficiência cardíaca na cardiologia, em vez de dependerem do critério do provedor ou da defesa do paciente para determinar se devem ir para cardiologia ou medicina geral." Bram Wispelwey e Michelle Morse, "Uma Agenda Antirracista para a Medicina", *Boston Review*, 17 de mar. de 2021, www.bostonreview.net/articles/michelle-morsebram-wispelwey-what-we-owe-patients-case--medical-reparations. Veja também Lauren A. Eberly et al., "Identificação de Inequidades Raciais no Acesso ao Atendimento Hospitalar Especializado para Insuficiência Cardíaca em um Centro Médico Acadêmico", *Circulation: Heart Failure* 12, nº 11 (2019): e006214.

6 **"deve ser avaliado":** Lori Bruce e Ruth Tallman, "Promovendo Equidade Racial na Alocação de Recursos para Covid-19", *Journal of Medical Ethics* 47, nº 4 (2021): 212, doi.org/10.1136/medethics-2020-106794.

6 **"um protocolo de triagem racialmente equitativo":** Bruce e Tallman, "Promovendo Equidade Racial na Alocação de Recursos para Covid-19", 208.

6 **"as famílias se lembrarão de terem sido negadas":** Bruce e Tallman, "Promovendo Equidade Racial na Alocação de Recursos para Covid-19", 212.

6 **rejeitou os frameworks "neutros em relação à raça":** FDA, *Folha de Dados para Profissionais de Saúde Autorização de Uso Emergencial (EUA) de Sotrovimabe*, 2022, www.fda.gov/media/149534/download.

6 **"não significa simplesmente tratar a todos igualmente":** "Iniciativa de Máquinas de Venda de Saúde Pública na Cidade de Nova York", acesso em 28 de jan. de 2023, fphnyc.org/wp-content/uploads/sites/76/2021/12/Public-Health-Vending-Machine-Initiative-in-NYC-RFP-FINAL.pdf.

6 Departamento de Saúde do Estado de Nova York: Embora a justificativa aparente para essa política fosse priorizar grupos étnicos que haviam experimentado taxas de mortalidade mais altas por covid, esse grupo incluía asiático-americanos, que estavam morrendo de covid em taxas mais baixas do que outros grupos étnicos desde o início da pandemia. Veja, por exemplo, Latoya Hill e Samanta Artiga, "Casos e Mortes por Covid-19 por Raça/Etnia: Dados Atuais e Mudanças ao Longo do Tempo", KFF, 22 de ago. de 2022, www.kff.org/coronavirus-covid-19/issue-brief/covid-19-cases-and-deaths-by-race-ethnicity-current-data-and-changes-over-time/.

6 Nova-iorquinos de outra forma idênticos: "Tratamentos Antivirais Orais para Covid-19 Autorizados e Grave Escassez de Produtos de Tratamento Antiviral Oral e Anticorpos Monoclonais", Departamento de Saúde de Nova York, 27 de dez. de 2021, www.mssnyenews.org/wp-content/uploads/2021/12/122821_Notification_107774.pdf. Veja também Wang Ying e Zuma Press, "Tratamentos Preferenciais para Covid Baseados em Raça de Nova York", *Wall Street Journal*, 7 de jan. de 2022, www.wsj.com/articles/new-york-race-based-covid-treatment-white-hispanic-inequity-monoclonal-antibodies-antiviral-pfizer-omicron-11641573991.

Para dar o mérito devido às autoridades que adotaram esses critérios raciais para quem deveria receber tratamento, alguns grupos étnicos, como latinos e afro-americanos, sofreram taxas de hospitalização e morte significativamente mais altas do que outros grupos étnicos, incluindo brancos e asiático-americanos, no início da pandemia. É justo que as autoridades estivessem empenhadas em proteger os americanos mais vulneráveis dos estragos da doença. Mas isso não justifica as políticas empiricamente equivocadas, moralmente questionáveis e politicamente inflamatórias que os funcionários de saúde pública e os sistemas hospitalares em todos os Estados Unidos realmente adotaram. Como a maioria dos estudos sugere, as diferenças raciais nos resultados foram principalmente resultado de outros atributos socioeconômicos ou atitudes políticas. Latinos e afro-americanos eram especialmente vulneráveis no início da pandemia porque são mais propensos a trabalhar em profissões braçais ou a viver em unidades habitacionais apertadas, tornando mais difícil para eles evitar a infecção. De fato, os níveis de educação previam a probabilidade de morrer de covid muito melhor do que a raça durante as primeiras fases da pandemia, com latinos e afro-americanos com diploma universitário sendo hospitalizados e morrendo em taxas mais baixas do que brancos apenas com o ensino médio.

Além disso, a composição racial das fatalidades mudou significativamente ao longo da pandemia, com a parcela de americanos brancos que foram hospitalizados ou mortos por causa da covid aumentando constantemente ao longo do tempo. Na verdade, os brancos eram especialmente vulneráveis nas fases posteriores da pandemia porque são comparativamente mais velhos e menos propensos a serem vacinados (Akilah Johnson e Dan Keating, "Agora Brancos São Mais Propensos a Morrer de Covid que Negros: Por que a Pandemia Mudou", *Washington Post*, 24 de out. de 2022, www.washingtonpost.com/health/2022/10/19/covid-deaths-us-race). Enquanto isso, os asiático-americanos saíram-se comparativamente bem ao longo de toda a pandemia, em parte porque são, em média, mais ricos e mais propensos a serem vacinados.

As ações das principais autoridades médicas dos Estados Unidos ignoraram essas complexidades. Na maioria das vezes, elas não priorizaram as pessoas com base em viver em condições apertadas ou ter um *status* socioeconômico mais baixo. Elas até não distinguiram entre grupos étnicos que inicialmente correram um risco mais alto de doença grave do que os brancos, como os afro-americanos, e aqueles que tinham um risco marcadamente mais baixo de doença grave o tempo todo, como os asiático-americanos. Diante de uma realidade complicada, elas recorreram a um binário simplista e inflamatório: "brancos" são privilegiados e "não brancos" são oprimidos.

6 parte de uma tendência mais ampla: Minnesota estava entre vários estados que adotaram protocolos "sensíveis à raça" para distribuir tratamentos escassos no auge da onda ômicron. Como as diretrizes oficiais emitidas pelo Departamento de Saúde do estado afirmavam: "Raça e etnia isoladamente, além de outras condições de saúde subjacentes, podem ser consideradas na determinação da elegibilidade". (Minnesota, juntamente com Nova York e Utah, baseou-se no reconhecimento da FDA de que a raça poderia ser usada como critério para determinar o tratamento com prescrição. Aaron Sibarium, "Minnesota Recua na Racionalização Racial de Medicamentos para Covid", *Washington Free Beacon*, 14 de jan. de 2022, freebeacon.com/coronavirus/minnesota-recua-na-racionalização-racial-de-covid-drugs/.) Sob o esquema, uma mulher asiático-americana de vinte anos teria prioridade sobre um homem branco de 64 anos, mesmo que este último, de acordo com todas as métricas disponíveis, tivesse uma probabilidade de morrer de covid muito maior.

Utah adotou sua própria versão de um plano "consciente da raça" para distribuir drogas que salvam vidas. Sob o sistema do estado, que priorizava

354 **A Armadilha da Identidade**

pacientes dependendo do número de pontos que eles acumulavam, alguns dos fatores de risco mais graves contavam muito pouco. Ser gravemente imuno-comprometido ou sofrer de insuficiência cardíaca congestiva, por exemplo, contava um ponto; ser asiático-americano, por outro lado, contava dois.

Na prática, essa forma de orientação às vezes era aplicada de maneira ainda mais extrema. A SSM Health, uma grande rede hospitalar católica com unidades em Illinois, Missouri, Oklahoma e Wisconsin, instruiu seus médicos a prescreverem tratamentos escassos com anticorpos como sotrovimabe e Regeneron apenas para pacientes que obtivessem pelo menos vinte pontos em um sistema de pontuação proprietário. O esquema dava aos pacientes um ponto por terem condições preexistentes graves como hipertensão, obesi-dade ou asma; ser negro, asiático-americano, hispânico ou nativo-americano contava sete pontos. Como resultado, um homem de quarenta anos sem condições preexistentes se qualificaria para sotrovimabe se seus ancestrais fossem da Espanha; enquanto isso, um homem de 49 anos com asma, obesi-dade e hipertensão não se qualificaria se seus ancestrais fossem da França. Veja Aaron Sibarium, "Sistema Hospitalar Desiste de Política de Tratamento Baseada em Raça Após Ameaça Legal", *Washington Free Beacon*, 14 de jan. de 2022, freebeacon.com/coronavirus/hospital-system-desiste-de-política-de-tratamento-baseada-em-raça-após-ameaça-legal/.

6 Vermont incentivou jovens: Phil Galewitz, "Vermont Dará Priori-dade a Residentes Minoritários para Vacinas Contra Covid", *Scientific American*, 6 de abr. de 2021, www.scientificamerican.com/article/vermont-to-give-minority-residents-priority-for-covid-vaccines/.

6 instou os estados a priorizarem trabalhadores essenciais: Yascha Mounk, "Por que Estou Perdendo a Confiança nas Instituições", *Persuasion*, 23 de dez. de 2020, www.persuasion.community/p/why-im-losing-trust-in--the-institutions. Veja também a descrição detalhada dessa política no início do capítulo 12.

7 um parecer de *amicus curiae*: James W. Lytle, "Litígios Desafiam Priorização de Raça ou Etnia na Alocação de Terapias para Covid-19," *Bill of Health*, 28 de mar. de 2022, blog.petrieflom.law.harvard.edu/2022/03/28/new-york-state-covid-therapy-litigation/.

7 fundos de emergência disponíveis: Na linguagem própria da administração Biden, o Plano de Resgate incluiu "a criação de um período de priorização de financiamento inicial para aplicações no Fundo de Revitalização de Restaurantes de proprietários de empresas historica-mente subatendidas e de pequenas empresas de propriedade de mulheres e veteranos". "O Pequeno Boom Empresarial sob a Administração Biden--Harris," Casa Branca, abril de 2022, www.whitehouse.gov/wp-content/uploads/2022/04/President-Biden-Small-Biz-Boom-full-report-2022.04.28.pdf.

7 Cidade de São Francisco: "São Francisco Lança Novo Programa de Renda Garantida para a Comunidade Trans," Cidade e Condado de São Francisco, 16 de nov. de 2022, sf.gov/news/san-francisco-launches-new--guaranteed-income-program-trans-community.

7 vítimas de um "grupo de cancelamento": Por exemplo, o apelo do membro do Conselho Municipal de Los Angeles, Gil Cedillo, à "cultura do cancelamento" após enfrentar pedidos de renúncia por seus comentários sobre pessoas negras e indígenas foi uma artimanha desonesta para se retratar como vítima. Veja Julia Wick, "'Por que Não Renunciei': Gil Cedillo Sugere que É Vítima da 'Cultura do Cancelamento,'" *Los Angeles Times*, 12 de dez. de 2022, www.latimes.com/california/story/2022-12-12/former--councilmember-gil-cedillo-issues-three-page-letter; Conselho Editorial do Los Angeles Times, "Renunciem, Conselheiros Nury Martinez, Kevin De León e Gil Cedillo," *Los Angeles Times*, 10 de out. de 2022, www.latimes.com/opinion/story/2022-10-10/nury-martinez-kevin-deleon-gil-cedillo-should-resign. O *impeachment* do presidente Trump por incitamento a uma insurreição também não foi uma tentativa de "cancelar o presidente e quem discorda deles", como afirmou o representante Jim Jordan. Associated Press, "Assista: Jordan Diz que Segundo Impeachment de Trump É um Produto da 'Cultura do Cancelamento,'" *PBS*, 13 de jan. de 2021, www.pbs.org/newshour/politics/watch-jordan-says-second-trump-impeachment-is-a-product-of--cancel-culture.

7 Associated Press: "AP Apaga Tweet 'os Franceses' e se Desculpa Depois de Ser Amplamente Zombado," *BBC News*, 28 de jan. de 2023, www.bbc.com/portuguese/internacional-64439261.

7 Instituto de Tecnologia de Massachusetts: Yascha Mounk, "Por que o Último Cancelamento no Campus É Diferente," *Atlantic*, 19 de out. de 2021, www.theatlantic.com/ideas/archive/2021/10/por-que-ultimo-cancelamento-campus-diferente/620352/.

7 ele já molda: Sobre ACLU e Coca-Cola, veja o capítulo 5.

8 Serviço Nacional de Saúde: Veja, por exemplo, Andrew Gregory, "NHS Vai Fechar Clínica de Identidade de Gênero para Crianças Travistock," *Guardian*, 28 de jul. de 2022, www.theguardian.com/society/2022/jul/28/nhs-encerrando-clinica-londres-identidade-genero-criancas; e Keira

356 **A Armadilha da Identidade**

Bell, "Minha História," *Persuasion*, 7 de abr. de 2021, www.persuasion. community/p/keira-bell-minha-história.

8 Centro Nacional de Artes: Claire Clarkson, "Evento do Centro Nacional de Artes Apenas para Patrocinadores que se Identificam como Negros," *Canada Today*, 27 de jan. de 2023, canadatoday.news/on/ national-arts-center-event-patrons-identifying-as-black-only-197957/.

8 Para estar à esquerda: Para algumas defesas contemporâneas dessa linha de pensamento de esquerda, veja Amartya Sen, *Identidade e Violência: A Ilusão do Destino* (São Paulo: Companhia das Letras, 2011); Kwame Anthony Appiah, *Cosmopolitanism: Ethics in a World of Strangers* (Cosmopolitismo: Ética em um Mundo de Estranhos) (Nova York: Norton, 2006); Tony Judt, *O mal ronda a Terra* (Edições 70, 2017); e Brian Barry, *Culture & Equality (Cultura e Igualdade: Uma Crítica Egalitária ao Multiculturalismo)* (Cambridge, Mass.: Harvard University Press, 2002).

8 coisas que compartilhamos: Essa política de união é evidente no discurso principal de Barack Obama na Convenção Nacional Democrata de 2004: "Ao lado de nosso famoso individualismo, há outro ingrediente na saga americana. Uma crença de que estamos conectados como um povo (...) [N]ão há uma América liberal e uma América conservadora — há os Estados Unidos da América. Não há uma América negra e branca, latina ou asiática; há os Estados Unidos da América". Barack Obama, "Discurso Principal na Convenção Nacional Democrata de 2004" (discurso, Boston, 27 de jul. de 2004), American Presidency Project, www.presidency.ucsb.edu/documents/ keynote-address-the-2004-democratic-national-convention.

8 ao lado de sérias discriminações: Veja o capítulo 3. Frederick Douglass criticou a mesma desconexão entre ideais e prática um século antes: "As bênçãos que vocês hoje celebram não são compartilhadas por mim. A rica herança de justiça, liberdade, prosperidade e independência legada por seus pais é compartilhada por vocês, não por mim. O sol que trouxe vida e cura para vocês trouxe açoites e morte para mim. Este Quatro de Julho é de vocês, não meu. Vocês podem se alegrar, eu devo lamentar." Frederick Douglass, "O que É o Quatro de Julho para o Escravo?" (discurso, Rochester, Nova York, 1852).

8 há muito sido hostil: Isso também tem uma longa tradição. Veja, por exemplo, Sojourner Truth, "Não Sou uma Mulher?" (discurso, Akron, Ohio, 1851). Mas as críticas à esquerda da perspectiva de vários grupos de identidade, incluindo mulheres e minorias étnicas, tornaram-se mais pronunciadas nas décadas de 1960 e 1970. Veja, por exemplo, Frantz Fanon, *Os Condenados*

Notas

da Terra, trad. Regina Salgado Campos (Zahar, 2022); Robin Archer, *Fora da Apatia: Vozes da Nova Esquerda Trinta Anos Depois: Documentos Baseados em uma Conferência Organizada pelo Grupo de Discussão Socialista da Universidade de Oxford* (Londres: Verso, 1989); e Lynne Segal, Sheila Benson e Dorothy Wedderburn, "Mulheres na Nova Esquerda," site da Verso, 26 de out. de 2017, www.versobooks.com/blogs/3460-women-in-the-new-left.

8 consciência e compreensão: Esse sentimento é mais evidente no movimento Black Power. Como Stokely Carmichael e Charles V. Hamilton escreveram, o Black Power é "um apelo para que as pessoas negras neste país se unam, reconheçam sua herança, construam um senso de comunidade. É um apelo para que as pessoas negras comecem a definir seus próprios objetivos, liderar suas próprias organizações e apoiar essas organizações." Stokely Carmichael e Charles V. Hamilton, *Black Power: The Politics of Liberation in America* (Nova York: Random House, 1992), p. 23.

8 incentivar gays ou negros: Veja o capítulo 2 sobre "essencialismo estratégico".

9 "pequenos meninos e meninas negras": Martin Luther King, "Eu Tenho um Sonho", 28 de ago. de 1963, transcrição fornecida por "Leia o Discurso 'Eu Tenho um Sonho' de Martin Luther King Jr. na Íntegra", *NPR*, 16 de jan. de 2023, www.npr.org/2010/01/18/122701268/i-have-a-dream-speech-in-its-entirety.

9 dependem dos grupos: Veja o capítulo 12 para uma discussão sobre política consciente da raça.

9 sobre "política de identidade": Veja, por exemplo, Christine Emba, "Em Defesa da Política de Identidade", *Washington Post*, 6 de dez. de 2016, www.washingtonpost.com/news/in-theory/wp/2016/12/06/in-defense-of--identity-politics; David French, "A Política de Identidade Está nos Dividindo", *National Review*, 19 de mai. de 2016, www.nationalreview.com/2016/05/identity-politics-race-ripping-us-apart/.

9 se descrevem como "*woke*": John McWhorter, "Como 'Woke' se Tornou um Insulto", *New York Times*, 17 de ago. de 2021, www.nytimes.com/2021/08/17/opinion/woke-politically-correct.html.

9 Nenhum termo geralmente aceito: Veja, por exemplo, Perry Bacon, "O que Realmente Queremos Dizer Quando Dizemos 'Woke', 'Elites' e Outros Termos Politicamente Carregados", *Washington Post*, 19 de set. de 2022, www.washingtonpost.com/opinions/2022/09/19/decoding-political-phrases-midterms-perry-bacon/.

9 muitos tipos diferentes de grupos: Pode ser natural adicionar "religião" a essa lista. Para uma discussão mais detalhada sobre a importância que a religião, assim como a orientação sexual, tem e não tem na síntese de identidade, veja o rodapé na p. 243.

10 Essas injustiças são indubitavelmente reais: Para boas sínteses de cada uma, consulte Madeline E. Heilman e Suzette Caleo, "Discriminação de Gênero no Local de Trabalho", *Oxford Handbooks Online*, 2018, doi. org/10.1093/oxfordhb/9780199363643.013.7; Elizabeth A. Nowicki e Robert Sandieson, "Uma Meta-análise das Atitudes de Crianças em Idade Escolar em Relação a Pessoas com Deficiências Físicas ou Intelectuais", *International Journal of Disability, Development, and Education* 49, nº 3 (2002): 243–65, doi.org/10.1080/1034912022000007270; Devah Pager e Hana Shepherd, "A Sociologia da Discriminação: Discriminação Racial no Emprego, Habitação, Crédito e Mercados de Consumo", *Annual Review of Sociology* 34, nº 1 (Jan. 2008): 181–209, doi.org/10.1146/annurev.soc.33.040406.131740; Wesley Myers et al., "A Vitimização de Estudantes LGBTQ na Escola: Uma Meta-análise", *Journal of School Violence* 19, nº 4 (Jul. 2020): 421–32, doi.org/ 10.1080/15388220.2020.1725530.

10 Restrições explícitas sobre: "Lei dos Direitos de Voto (1965)", Administração Nacional de Arquivos e Registros, www.archives.gov/ milestone-documents/voting-rights-act#; "Lei dos Direitos Civis (1964)", Administração Nacional de Arquivos e Registros, www.archives.gov/miles-tone-documents/civil-rights-act; Loving v. Virginia, 388 U.S. 1 (1967).

10 grande classe média negra: Veja Yascha Mounk, *O Drande Experimento: Por que as democracias diversificadas fracassam e como podem triunfar* (São Paulo: Companhia das Letras, 2024, cap. 8).

10 ganhar menos: Palash Ghosh, "Negros Americanos Ganham 30 por cento Menos que Brancos Americanos, Enquanto Famílias Negras Possuem Apenas um Oitavo da Riqueza das Famílias Brancas", *Forbes*, 10 de dez. de 2021, www.forbes.com/sites/palashghosh/2021/06/18/ blacks-earn-30-less-than-whites-while-black-households-have-just-one-eighth-of-wealth-of-white-households/?sh=57a2b847550c.

10 frequentar uma escola subfinanciada: Ashley Nellis, "The Color of Justice: Disparidade Racial e Étnica em Prisões Estaduais", Sentencing Project, 13 de out. de 2021, www.sentencingproject.org/reports/ the-color-of-justice-racial-and-ethnic-disparity-in-state-prisons-the--sentencing-project/; Laura Meckler, "Estudo Descobre que Estudantes Negros e Latinos Enfrentam uma 'Lacuna de Financiamento' Significativa",

Washington Post, 22 de jul. de 2020, www.washingtonpost.com/ education/study-finds-black-and-latino-students-face-significant-funding-gap/2020/07/21/712f376a-caca-11ea-b0e3-d55bda07d66a_story.html; Erika Harrell, "Vítimas Negras de Crimes Violentos", Relatório Especial do Bureau of Justice Statistics, ago. de 2007; Gabriel L. Schwartz e Jaquelyn L. Jahn, "Mapeamento da Violência Policial Fatal nas Áreas Metropolitanas dos EUA: Taxas Globais e Desigualdades Raciais/Etnias, 2013–2017", *PLoS One* 15, nº 6 (2020), doi.org/10.1371/journal.pone.0229686.

11 muito mais inclusivas: Sobre escolas, veja, por exemplo, Ludmila Nunes, "Novas Direções para Diversidade, Equidade e Inclusão no Ensino Superior", Associação para a Ciência Psicológica, 6 de jan. de 2021, www. psychologicalscience.org/observer/words-to-action. Sobre corporações, veja, por exemplo, Pippa Stevens, "Empresas Estão Fazendo Promessas Audaciosas Sobre Maior Diversidade, mas Ainda Há um Longo Caminho a Percorrer", CNBC, 15 de jun. de 2020, www.cnbc.com/2020/06/11/companies-are--making-bold-promises-about-greater-diversity-theres-a-long-way-to-go. html. Embora ambos os artigos ainda afirmem que há melhorias a serem feitas, eles também reconhecem os esforços para tornar as escolas e corporações mais inclusivas.

11 mais difícil para os de primeira geração: Veja, por exemplo, Ross Perlin, *Nação Estágio: Como Ganhar Nada e Aprender Pouco na Nova Economia* (Nova York: Verso, 2012).

11 "forte e lentamente enfadonho": Max Weber, "A Política como Vocação", em *De Max Weber: Ensaios de Sociologia*, trad. e ed. H. H. Gerth e C. Wright Mills (Nova York: Oxford University Press, 1946), 27.

12 tratados com consideração especial: Para uma explicação mais detalhada das origens dessas reivindicações, consulte partes I e II. Para uma explicação mais detalhada dos três princípios fundamentais nos quais a síntese de identidade se baseia, consulte a parte IV.

13 traçando linhas entre diferentes grupos: Veja os capítulos 7 e 11.

13 grande coragem e altruísmo: Jonathan Haidt, *A Mente Justa: Por que as Pessoas Boas Não se Entendem Sobre Política e Religião* (Edições 70, 2023), 189–220.

13 "nós" e "eles": Veja minha discussão do paradigma do grupo mínimo em Mounk, *Grande Experimento*, cap. 1.

14 em um pedestal: Veja Yascha Mounk, *O Povo Contra a Democracia: Por que Nossa Liberdade Corre Perigo e Como Salvá-la* (São Paulo: Companhia das Letras, 2019), caps. 1 e 6.

360　　　　　A Armadilha da Identidade

14 uma competição de soma zero: Quando defensores da síntese de identidades encorajam as pessoas a se definirem por sua identidade étnica, de gênero ou sexual, eles geralmente têm em mente membros de grupos historicamente marginalizados. Mas quando instituições sociais prestigiadas tentam promover esse tipo de consciência de grupo, e políticas públicas priorizam explicitamente as necessidades de pessoas que são membros de certas comunidades, é improvável que o efeito permaneça contido. Em uma sociedade organizada em torno dessas linhas comunitárias, membros de grupos historicamente dominantes são, mais cedo ou mais tarde, propensos a abraçar explicitamente suas próprias identidades raciais, de gênero e sexuais, clamando pela maior fatia possível do bolo. E porque esses grupos historicamente dominantes são, quase por definição, propensos a permanecer numerosos e poderosos por um longo tempo, eles têm todas as chances de ter sucesso. A síntese de identidades não apenas encoraja formas de competição que provavelmente anunciam novas formas de conflito social; ela pode acabar tornando mais difícil para os grupos marginalizados obterem justiça e igualdade.

14 "real" ou "autêntico": Pessoas que nascem em uma minoria marginalizada dentro de uma minoria, como os dalits ou muçulmanos ismaelitas, provavelmente enfrentarão um problema relacionado: muitos membros da sociedade presumirão que eles se identificam com uma comunidade mais ampla que muitas vezes os maltrata.

15 as vítimas são pessoas comuns: Veja, por exemplo, meu relato sobre Emmanuel Cafferty, um eletricista latino que foi demitido depois que um ativista tirou uma foto dele fazendo o símbolo OK, um gesto com uma longa e inofensiva história que recentemente foi apropriado por alguns grupos de nicho como um sinal de apoio ao chamado movimento supremacista branco. Yascha Mounk, "Parem de Demitir os Inocentes", *Atlantic*, 27 de junho de 2020, www.theatlantic.com/ideas/archive/2020/06/stop-firing-innocent/613615.

16 Hoje, demagogos perigosos continuam: Yasmeen Serhan, "O Livro de Jogadas Trump-Modi", *Atlantic*, 25 de fevereiro de 2020, www.theatlantic.com/international/archive/2020/02/donald-trump-narendra-modi-autocrats/607042/; Steven Erlanger, "O que a Europa Deve Fazer Sobre Viktor Orban e a 'Democracia Iliberal'?", *New York Times*, 23 de dezembro de 2019, www.nytimes.com/2019/12/23/world/europe/tusk-orban-migration-eu.html.

17 documentário de rádio, dois livros: Veja, por exemplo, Mounk, *O Povo vs. Democracia*; Mounk, *Grande Experimento*; Yascha Mounk, "Política do Garfo", *Relações Exteriores*, 18 de agosto de 2014. www.foreignaffairs.com/articles/united-states/2014-08-18/pitchfork-politics; Roberto Stefan Foa e Yascha Mounk, "O Perigo da Desconsolidação: O Desconecte Democrático", *Revista da Democracia* 27, nº 3 (2016): 5–17; Roberto Stefan Foa e Yascha Mounk, "Os Sinais da Desconsolidação", *Revista da Democracia* 28, nº 1 (2017): 5–15; Yascha Mounk, "A Semana em que a Democracia Morreu: Sete Dias em Julho que Mudaram o Mundo Como o Conhecemos", *Slate*, 14 de agosto de 2016, www.slate.com/articles/news_and_politics/cover_story/2016/08/the_week_democracy_died_how_brexit_nice_turkey_and_trump_are_all_connected.html; Yascha Mounk, "Como a Morte de um Adolescente se Tornou uma Arma Política", *New Yorker*, 21 de janeiro de 2019, www.newyorker.com/magazine/2019/01/28/how-a-teens-death-has-become-a-political-weapon; Yascha Mounk, *A Cortina Populista*, BBC Radio 4, www.bbc.co.uk/programmes/m00048p9; Jordan Kyle e Yascha Mounk, "O Dano Populista à Democracia: Uma Avaliação Empírica", Instituto Tony Blair para Mudança Global, 26 de dezembro de 2018; Yascha Mounk, "Ataque dos Populistas Zumbis", *Atlantic*, 26 de outubro de 2022, www.theatlantic.com/ideas/archive/2022/10/boris-johnson-donald-trump-zombie-populists/671865/; e Yascha Mounk, *A Boa Luta*, podcast, open.spotify.com/show/3nhfO2XVPsv2wZafZ5n7Hk.

18 acelerou a tomada de controle: Veja o capítulo 7.

18 estão profundamente polarizadas: Yascha Mounk, "A Espiral da Perigosa Polarização", *Atlantic*, 21 de maio de 2022, www.theatlantic.com/ideas/archive/2022/05/us-democrat-republican-partisan-polarization/629925/.

18 andam de mãos dadas com: Para uma versão mais longa desse argumento, veja Kenan Malik, "Racismo Renomeado: Como a Ideologia de Extrema Direita se Alimenta da Política Identitária", *Guardian*, 8 de janeiro de 2023, www.theguardian.com/world/2023/jan/08/racism-rebranded-how-far-right-ideology-feeds-off-identity-politics-kenan-malik-not-so-black-and-white.

19 forma de "marxismo cultural": Alexander Zubatov, "Só porque Antissemitas Falam sobre 'Marxismo Cultural' Não Significa que Não Seja Real", *Tablet*, 29 de novembro de 2018, www.tabletmag.com/sections/news/articles/just-because-anti-semites-talk-about-cultural-marxism-doesnt-mean-it-isnt-real. Para uma versão amplamente divulgada desse ponto de vista, veja Ruminar, "Pós-modernismo e Marxismo Cultural | Jordan B Peterson", YouTube, vídeo, 43:46, 7 de julho de 2017, www.youtube.com/watch?v=wLoG9zBvvLQ.

362 A Armadilha da Identidade

PARTE I: As Origens da Síntese de Identidades

26 simplesmente uma forma de "marxismo cultural": Veja, por exemplo, James Lindsay, "A Relação Complexa entre Marxismo e Despertar", *New Discourses*, 28 de julho de 2020, newdiscourses.com/2020/07/complex-relationship-between-marxism-wokeness/.

Capítulo 1: Paris Pós-guerra e o Julgamento da Verdade

27 impondo regimes satélites comunistas: Veja, por exemplo, Anne Applebaum, *Cortina de Ferro: O Esfacelamento do Leste Europeu, 1944–56* (Três Estrelas, 2017).

27 "Quando se tratava de mudar": Tony Judt, *Pós-Guerra* (Edições 70, 2017), 401.

28 havia colaborado com: Veja, por exemplo, Julian Jackson, *France: the Dark Years (França: Os Anos Sombrios), 1940–1944* (Oxford: Oxford University Press, 2001).

28 movimento de resistência heroica: Veja, por exemplo, H. R. Kedward, *The French Resistance and Its Legacy (A Resistência Francesa e Seu Legado)* (Londres: Bloomsbury Academic, 2022), 455–61.

28 a Louis Althusser: Althusser, por exemplo, foi membro de longa data do Partido Comunista Francês. Como o filósofo William Lewis colocou, "Durante a década de 1950, Althusser viveu duas vidas que eram apenas um pouco inter-relacionadas: uma era a de um filósofo acadêmico bem-sucedido, embora um pouco obscuro, e pedagogo, e a outra a de um membro leal do Partido Comunista". William Lewis, "Louis Althusser", in *Enciclopédia Stanford de Filosofia*, 22 de agosto de 2022, plato.stanford.edu/entries/althusser/.

28 Marxismo, ele afirmou: Citado em Judt, *Pós-Guerra*, 401. Sobre Sartre, veja também Annie Cohen-Solal, Norman MacAfee e Annapaola Cancogni, *Jean-Paul Sartre: A Life (Jean-Paul Sartre: Uma Vida)* (Nova York: New Press, 1985).

28 um discurso chocante: "Discurso Secreto de Khrushchev, 'Sobre o Culto da Personalidade e Suas Consequências', Entregue no 20º Congresso do Partido Comunista da União Soviética", 25 de fevereiro de 1956, Arquivo Digital do Centro Wilson, digitalarchive.wilsoncenter.org/document/115995. Ele também relatou que "dos 1.966 delegados com direitos

Notas

de voto ou consultivos, 1.108 pessoas foram presas sob acusações de crimes antirrevolucionários".

28 transcrições vazadas do discurso: Como a jornalista Vivian Gornick, relembrando sua luta e a de sua família para lidar com o discurso de Khrushchev, escreveu em 2017: "Eu tinha vinte anos em fevereiro de 1956 quando Nikita Khrushchev dirigiu-se ao 20º Congresso do Partido Comunista Soviético e revelou ao mundo o horror incalculável do governo de Stalin. Noite após noite, as pessoas na mesa da cozinha do meu pai ficavam furiosas ou choravam ou ficavam olhando para o espaço. Eu estava fora de mim de raiva juvenil. 'Mentiras!' Eu gritei para eles. 'Mentiras, traição e assassinato. E tudo em nome do *socialismo*! Em nome do socialismo!' Confusos e despedaçados, eles me imploraram para esperar e ver, isso não poderia ser toda a verdade, simplesmente não poderia ser. Mas era". Vivian Gornick, "Quando o Comunismo Inspirava os Americanos", *New York Times*, 29 de abril de 2017, www.nytimes.com/2017/04/29/opinion/sunday/when-communism--inspired-americans.html.

29 inquestionavelmente leal ao Kremlin: Quando a União Soviética invadiu a Hungria em 1956, Sartre justificou a invasão, acusando o governo do país de ter um "espírito direitista". Judt, *Pós-Guerra*, 321–22.

29 uma criança profundamente infeliz: Para uma visão geral da vida e obra de Foucault, veja Didier Eribon, *Michel Foucault* (Cambridge, Mass.: Harvard University Press, 1989); David Macey, *Michel Foucault* (Londres: Hutchinson, 1993); e James Miller, *The Passion of Michel Foucault (A Paixão de Michel Foucault)* (Cambridge, Mass.: Harvard University Press, 1993).

29 "em isolamento feroz e elevado": Miller, *Paixão*, 39.

29 "Os estudantes posam contra": Miller, *Paixão*, 39–40. (Título de *Folie et déraison* em francês no original.)

29 os anos de Foucault na universidade: Miller, *Paixão*, 40–56.

30 estudou com Jean Hyppolite: Leonard Lawlor e John Nale, eds., "Jean Hyppolite (1907–1968)", in *The Cambridge Foucault Lexicon* (Cambridge: Cambridge University Press, 2014), 639–40.

30 ingressou no Partido Comunista Francês: Miller, *Paixão*, 57. Veja também David Scott Bell e Byron Criddle, *The French Communist Party in the Fifth Republic (O Partido Comunista Francês na Quinta República)* (Oxford: Oxford University Press, 1994), especialmente os capítulos 4 e 5.

30 "Sobre qualquer um que fingisse": Miller, *Paixão*, 57

30 ele seria um adversário: Pelo resto da década de 1950, Foucault trabalhou como uma espécie de diplomata, servindo em diversos institutos

364 A Armadilha da Identidade

de cultura e língua francesa patrocinados pelo governo em toda a Europa, enquanto continuava a trabalhar em sua dissertação de doutorado. Após uma estada em Uppsala, ele foi para a Polônia para dirigir o Instituto Francês na Universidade de Varsóvia em 1956. Sua experiência de viver em um estado--satélite socialista o ajudou a perceber o quanto a população local se ressentia por estar sob o domínio da União Soviética e como um regime repressivo, que havia prometido a emancipação do proletariado, se revelou na prática. Indo além de sua rejeição à ortodoxia comunista, Foucault cada vez mais começou a duvidar do projeto como um todo. "O marxismo existe no pensamento do século XIX", concluiu, "como um peixe existe na água; isto é, deixa de respirar em qualquer outro lugar." Citado em Sara Mills, *Michel Foucault* (Nova York: Routledge, 2003), 15.

30 idade de consentimento: A petição para baixar a idade de consentimento foi assinada por vários contemporâneos de Foucault, incluindo Gilles Deleuze, Jacques Derrida, Simone de Beauvoir, Jean-Paul Sartre e Jean--François Lyotard. Embora a petição não mencione uma idade específica, faz referência, de forma simpática, ao "Affaire de Versailles", um incidente que envolveu adultos tendo relações sexuais com crianças de doze e treze anos. "Lettre ouverte à la Commission de révision du code pénal pour la révision de certains textes régissant les rapports entre adultes et mineurs" [Carta aberta à Comissão de Revisão do Código Penal para a revisão de alguns textos que regem as relações entre adultos e menores], *Archives Françoise Dolto*, Association des Archives et Documentation Françoise Dolto, Paris. Sobre o apoio de Foucault ao aiatolá Khomeini, veja Jeremy Stangroom, "Michel Foucault's Iranian Folly," *Philosophers' Magazine*, 15 de outubro de 2015, www.philosophersmag.com/opinion/80-michel-foucault-s-iranian-folly.

31 apoiou movimentos de oposição: Miller, *Paixão*, 327.

31 História da Loucura: Michel Foucault, *História da Loucura na Idade Clássica*, trad. José Teixeira Coelho Neto (São Paulo: Perspectiva, 2001), 116.

31 relatos-padrão da psiquiatria: Em épocas anteriores, os estudiosos acreditavam que aqueles cujo comportamento se desviava das normas contemporâneas estavam "em contato com as misteriosas forças da tragédia cósmica" (como o consenso no Renascimento) ou escolhendo renunciar à razão (como o consenso no século XVII). Por outro lado, os cientistas modernos, que argumentam que a loucura deve ser entendida como uma "doença mental", fazendo com que seja trabalho dos médicos curar os pacientes de sua aflição, acreditam que estão sendo muito mais tolerantes e humanos. Veja, por exemplo, Gary Gutting e Johanna Oksala, "Michel

Foucault", in *Enciclopédia Stanford de Filosofia*, 5 de agosto de 2022, plato. stanford.edu/entries/foucault/.

31 não para curar: "Ou seja, por um lado, a loucura é imediatamente percebida como diferença: daí as formas de julgamento espontâneo e coletivo buscadas, não por médicos, mas por homens de bom senso, para determinar o confinamento de um louco; e, por outro lado, o confinamento não pode ter outro objetivo senão uma correção (ou seja, a supressão da diferença, ou o cumprimento desse nada na morte)." Foucault, *História da Loucura*, 116.

31 aparência de progresso científico: Miller, *Paixão*, 62.

31 sistema de justiça criminal: Entre estudar a loucura e os sistemas de punição, Foucault publicou uma de suas obras metodológicas mais ambiciosas, e aquela que, tornando-se um best-seller surpresa, o transformou em uma estrela internacional: *As Palavras e as Coisas: Uma Arqueologia das Ciências Humanas*. Algumas de suas visões sobre a natureza socialmente contingente das afirmações de verdade são discutidas posteriormente.

31 linchado, até decapitado: Michel Foucault, *Vigiar e Punir: Nascimento da Prisão*, trans. Raquel Ramalhete (Petrópolis: Vozes, 2014), 6–9.

31 "punir menos, talvez": Foucault, *Vigiar e Punir*, 82.

31 um panóptico desenvolvido: Jeremy Bentham, *O Pan-óptico* (Autêntica, 2019), 29–95.

31 ato de disciplina autoimposta: "No outro extremo [da disciplina], com o pan-opticismo, está o mecanismo de disciplina: um mecanismo funcional que deve melhorar o exercício do poder tornando-o mais leve, mais rápido, mais eficaz, um desenho de coerção sutil para uma sociedade por vir" (Foucault, *Vigiar e Punir*, 209). "Nessa sociedade pan-óptica da qual o encarceramento é a armadura onipresente, o delinquente não está fora da lei; ele está, desde o início, na lei, no próprio coração da lei, ou pelo menos no meio dos mecanismos que transferem o indivíduo imperceptivelmente da disciplina para a lei, da desvio para a ofensa" (Foucault, *Vigiar e Punir*, 301).

32 servir como sua metáfora: "Conduzido pela onipresença dos mecanismos de disciplina, baseando-se em todos os aparatos carcerários, tornou-se uma das principais funções de nossa sociedade. Os juízes da normalidade estão presentes em toda parte. Estamos na sociedade do juiz-professor, do juiz-médico, do juiz-educador, do 'assistente social'-juiz; é neles que se baseia o reinado universal do normativo." Foucault, *Vigiar e Punir*, 304.

32 "transformar os indivíduos": Foucault, *Vigiar e Punir*, 172.

32 terceiro grande tema: Michel Foucault, *História da Sexualidade*, trad. Maria Thereza da Costa Albuquerque (Rio de Janeiro: Paz e Terra, 1988).

366   A Armadilha da Identidade

32 hora de: Veja, por exemplo, Anne-Claire Rebreyend, "Maio 68 e as Mudanças na Vida Privada: Uma 'Liberdade Sexual'?", em *May 68 (Maio 68)* (Londres: Palgrave Macmillan, 2011), 148–60. Alternativamente, para uma das muitas abordagens populares do tema, veja o filme *A Crônica Francesa*.

32 a narrativa está completamente errada: Como Foucault estabelece sua análise, "Podemos levantar três sérias dúvidas em relação ao que chamarei de 'hipótese repressiva'. Primeira dúvida: é a repressão sexual verdadeiramente um fato histórico estabelecido? O que surge primeiro — e consequentemente permite avançar uma hipótese inicial — é realmente a acentuação ou mesmo o estabelecimento de um regime de repressão sexual a partir do século XVII?". Foucault, *História da Sexualidade*, 10.

32 cientistas vitorianos estavam obcecados: "Mas a medicina fez uma entrada vigorosa nos prazeres do casal: criou uma patologia orgânica, funcional ou mental inteira decorrente de práticas sexuais 'incompletas'; classificou cuidadosamente todas as formas de prazeres relacionados; incorporou-os às noções de 'desenvolvimento' e 'distúrbios' instintivos; e se propôs a gerenciá-los." Foucault, *História da Sexualidade*, 41.

32 ideia de um "homossexual": "A homossexualidade apareceu [depois do *Arquivo de Neurologia* de 1870 de Carl Westphal] como uma das formas de sexualidade quando foi transposta da prática da sodomia para uma espécie de androginia interior, um hermafroditismo da alma. O sodomita havia sido uma aberração temporária; o homossexual era agora uma espécie." Foucault, *História da Sexualidade*, 43.

32 "Prazer", Foucault insistiu uma vez: Citado em Mark Jordan, "Nossas Identidades, Nós Mesmos?", *Boston Review*, 27 de maio de 2020, www.bostonreview.net/articles/mark-d-jordan-nossas-identidades-nos-mesmos/.

32 cético em relação às convocações: Como Jeffrey Weeks, um simpatizante de Foucault, colocou, "Não podemos mais aceitar a política libertadora de (...) Reich e Marcuse, nem acreditar na libertação sexual transcendente". Jeffrey Weeks, "A Contribuição de Michel Foucault para a Teoria Sexual Recente" (palestra apresentada na conferência "História do Presente: Sexo, Lei, Literatura e Questões Sociais Contemporâneas", Universidade da Califórnia, Berkeley, 29-31 de março de 1985), 7.

33 dependeu dos "discursos" predominantes: "A questão central, então (pelo menos em primeiro lugar), não é determinar se se diz sim ou não ao sexo, se se formula proibições ou permissões, se se afirma sua importância

ou se nega seus efeitos, ou se se refinam as palavras usadas para designá-
-lo; mas para dar conta do fato de que se fala sobre isso, para descobrir
quem fala, as posições e pontos de vista de onde falam, as instituições que
incentivam as pessoas a falar sobre isso e que armazenam e distribuem as
coisas ditas. O que está em questão, em suma, é o 'fato discursivo' geral,
a maneira como o sexo é 'colocado em discurso'." Foucault, *História da
Sexualidade*, 11.

33 tão constrangedor quanto: "Onde há poder, há resistência, e
ainda assim, ou melhor, consequentemente, essa resistência nunca está em
uma posição de exterioridade em relação ao poder." Foucault, *História da
Sexualidade*, 95.

33 desapontado e até enfurecido: No prefácio da edição alemã de
A História da Sexualidade, Foucault dirigiu-se aos críticos, escrevendo: "Isso
é o que aconteceu na França, onde críticos que de repente se converteram
a ver a luta contra a repressão como benéfica (sem demonstrar muito zelo
neste departamento) criticaram-me por negar que a sexualidade tenha sido
reprimida". Foucault continua esclarecendo que ele não nega a repressão, mas
sim a entende em um contexto de poder, que sempre é exercido de forma mais
ampla. Prefácio da edição alemã de *A História da Sexualidade* (Frankfurt:
Suhrkamp, 1983).

33 natureza do poder: Para uma boa discussão recente sobre a influência da concepção de poder de Foucault, veja Colin Koopman, "Por que
o Trabalho de Foucault sobre o Poder É Mais Importante do que Nunca",
Aeon, 15 de março de 2017, aeon.co/essays/why-foucaults-work-on-power-is-
more-important-than-ever.

33 subjugou sistematicamente uma categoria específica: Notavelmente, muitos defensores da síntese de identidades conceituam o mundo
de forma semelhante, colocando "pessoas não brancas" no lugar da classe
subjugada que os marxistas reservariam para os trabalhadores ou que as
feministas reservariam para as mulheres.

33 "produzidos a partir de um momento": Foucault, *História da
Sexualidade*, 93.

33 "Onde há poder": Foucault, *História da Sexualidade*, 95.

33 "nunca está em uma posição": Foucault, *História da Sexualidade*,
95–96. Tendo desistido da perspectiva de uma libertação ou emancipação em
massa, o máximo que Foucault pode oferecer aos seus leitores é a perspectiva
de que novas formas de resistência produzirão "cisões em uma sociedade que
se movimentam, fraturando unidades e efetuando reagrupamentos, sulcando

através dos próprios indivíduos, cortando-os e remodelando-os". Foucault, *História da Sexualidade*, 96.

34 "Simplificando ao extremo": Jean-François Lyotard, *A Condição Pós-Moderna*, trad. Ricardo Corrêa Barbosa (Rio de Janeiro: José Olympio, 1986), xxiv.

34 veracidade das descobertas científicas: O método científico, Lyotard argumentou em *A Condição Pós-Moderna*, faz reivindicação à validade universal: ele se apresenta como um padrão objetivo que pode avaliar a precisão de todos os tipos de afirmações sobre o mundo, incluindo aquelas que não são apresentadas em um registro científico. Se a ciência contemporânea for capaz de corroborar os artigos de uma fé religiosa amplamente mantida ou as suposições de um narrador contando uma história convincente, então essas são legítimas; se não for, então são meros erros ou superstições.

Mas esses padrões de julgamento, argumentou Lyotard, são fundamentalmente autossabotadoras. Se todas as afirmações só podem ser válidas enquanto forem justificadas por uma rigorosa avaliação científica, isso também deve ser verdadeiro para os padrões que constituem o próprio método científico. Mas submeter esses padrões a tal teste prova-se impossível. Enquanto é possível testar, por exemplo, o ponto de ebulição da água de forma experimental aplicando o método científico, não há teste empírico para as regras que constituem o próprio método científico. Veja Lyotard, *Condição Pós-Moderna*, 53–60.

35 Deleuze agora concluiu: Michel Foucault, *Linguagem, Contramemória, Prática: Ensaios e Entrevistas* Selecionados, trans. Ronaldo Lima Lins (Rio de Janeiro: Forense Universitária, 2015), 206.

35 "as massas não precisam mais": Foucault, *Linguagem, Contramemória, Prática*, 207.

35 debate muito aguardado: Martin Mortenson, "Noam Chomsky—Noam *vs.* Michel Foucault (com legendas em inglês)," YouTube, vídeo, 6:50, 17 de abril de 2007, www.youtube.com/watch?v=kawGakdNoT0. Veja também Noam Chomsky e Michel Foucault, *O Debate Chomsky-Foucault: On Human Nature (Sobre a Natureza Humana)* (Nova York: New Press, 1974).

36 "Eu nunca havia conhecido um ser tão amoral": Yascha Mounk, "Noam Chomsky sobre Política Identitária, Liberdade de Expressão e China," *A Boa Luta*, 6 de novembro de 2021, podcast, 54:07, www.persuasion.community/p/chomsky#details.

Notas

Capítulo 2: O Fim do Império e a Adoção do "Essencialismo Estratégico"

39 alguns países na Europa: Em 1914, por exemplo, estima-se que os países europeus controlavam cerca de 84 por cento da superfície terrestre do mundo. Philip Hoffman, *Why Did Europe Conquer the World? (Por que a Europa Conquistou o Mundo?)* (Princeton, N.J.: Princeton University Press, 2015), 2.

39 o Reino Unido ainda governava: Mark Harrison, ed., *The Economics of World War II: Six Great Powers in International Comparison (A Economia da Segunda Guerra Mundial: Seis Grandes Potências em Comparação Internacional)* (Cambridge: Cambridge University Press, 1998), 3.

39 nações europeias menores: Sobre o domínio belga no Congo, veja Adam Hochschild, *O Fantasma do Rei Leopoldo: Uma História de Ganância, Terror e Heroísmo na África Colonial* (São Paulo: Companhia das Letras, 1999). Sobre o domínio português em Angola, veja Inge Tvedten, *Angola: Struggle for Peace and Reconstruction (Angola: Luta pela Paz e Reconstrução)* (Boulder, Colo.: Westview Press, 1997), cap. 2.

39 o Império Britânico: Veja Michael Collins, "Descolonização," em *Encyclopedia of Empire* (Chichester, Reino Unido: John Wiley & Sons, 2016).

40 liceus francófonos: *Encyclopædia Britannica*, s.v. "Frantz Fanon," acesso em 20 de jan. de 2023, www.britannica.com/biography/Frantz-Fanon.

40 como a Sorbonne: *Encyclopædia Britannica*, s.v. "Habib Bourguiba," acesso em 20 de jan. de 2023, www.britannica.com/biography/Habib-Bourguiba.

40 École Normale Supérieure: *Encyclopædia Britannica*, s.v. "Assia Djebar," acesso em 20 de jan. de 2023, www.britannica.com/biography/Assia-Djebar.

40 estudo em Cambridge: *Encyclopædia Britannica*, s.v. "Jawaharlal Nehru," acesso em 20 de jan. de 2023, www.britannica.com/biography/Jawaharlal-Nehru.

40 Oxford (Indira Gandhi): *Encyclopædia Britannica*, s.v. "Indira Gandhi," acesso em 20 de jan. de 2023, www.britannica.com/biography/Indira-Gandhi.

40 University of London: *Encyclopædia Britannica*, s.v. "Jomo Kenyatta," acesso em 20 de jan. de 2023, www.britannica.com/biography/Jomo-Kenyatta.

40 Inns of Court: *Encyclopædia Britannica*, s.v. "Mahatma Gandhi," acesso em 20 de jan. de 2023, www.britannica.com/biography/Mahatma-Gandhi.

40 Mohammed Ali Jinnah: *Encyclopædia Britannica*, s.v. "Mohammed Ali Jinnah," acesso em 20 de jan. de 2023, www.britannica.com/biography/Mohammed-Ali-Jinnah.

40 tradição nacionalista liberal: Por exemplo, o líder do movimento nacionalista indiano, Jawaharlal Nehru. Veja C. A. Bayly, "Os Fins do Liberalismo e o Pensamento Político da Índia de Nehru," *História Intelectual Moderna* 12, nº 3 (2015): 605–26, doi.org/10.1017/s1479244314000754.

40 promessas do marxismo: Enquanto estudava na França na década de 1920, Ho Chi Minh voltou-se para o socialismo, mantendo-se influenciado pelo marxismo-leninismo durante todo o seu tempo como presidente do Vietnã do Norte. Veja Sophie Quinn-Judge, *Ho Chi Minh: The Missing Years (Os Anos Perdidos), 1919–1941* (Berkeley: University of California Press, 2003).

40 expoentes do liberalismo: Alguns dos pensadores liberais mais influentes, como Immanuel Kant e Adam Smith, eram ferrenhos opositores do colonialismo. Mas, como frequentemente apontam seus críticos, outros filósofos importantes que trabalharam na tradição, incluindo Adam Ferguson e Alexis de Tocqueville, foram cúmplices no projeto colonial ou até mesmo o defenderam abertamente.

John Stuart Mill, que trabalhou para a Companhia das Índias Orientais Britânicas por grande parte de sua vida, personifica essa ambivalência. Ele se opôs veementemente a noções anteriores segundo as quais a lei natural concedia aos monarcas europeus o direito de governar terras distantes, bem como a teorias raciais mais recentes que denegriram asiáticos ou africanos como biologicamente inferiores. Em uma de suas principais obras, *Considerações sobre o Governo Representativo*, Mill até apresentou uma explicação sofisticada para por que o domínio permanente pelos colonizadores seria profundamente prejudicial aos colonizados, mesmo que fossem bem-intencionados; os administradores coloniais nunca poderiam entender totalmente as condições locais, ele alertou, e sempre estariam mais ligados aos seus próprios valores ou interesses do que aos das pessoas que governavam. Mas, ao mesmo tempo, Mill aceitou uma defesa temporária do colonialismo com base na alegação de que muitos povos na Ásia e na África ainda não estavam prontos para se autogovernar. Como ele colocou em *Considerações sobre o Governo Representativo*: "Territórios periféricos de certo tamanho e população, que são mantidos como dependências, isto é, que estão sujeitos, mais ou menos, a atos de poder soberano por parte do país dominante, sem serem igualmente representados (se representados) em sua legislatura, podem ser divididos em duas classes. Alguns são compostos por pessoas de civilização semelhante ao país dominante, capazes e prontas para o governo representativo, como as possessões britânicas na América e na Austrália. Outros, como a Índia, ainda estão a uma grande distância desse estado." Veja John Stuart Mill, *Considerações sobre o Governo Representativo* (L&PM, 2018), 337. Para uma discussão das opiniões de Mill sobre a Índia e sobre o empreendimento colonial de forma mais ampla, veja Duncan Bell, "John Stuart Mill sobre as Colônias", *Teoria Política* 38, nº 1 (2010): 34–64.

40 o socialismo havia encontrado desculpas: Intelectuais radicais que buscavam alinhar seus países com o mundo comunista frequentemente se apoiavam em justificativas liberais do colonialismo para desacreditar toda a tradição. Mas eles enfrentavam um problema próprio. A visão de Karl Marx sobre o colonialismo tinha uma estrutura surpreendentemente similar à de John Stuart Mill. Marx não acreditava que as nações europeias tinham um direito inerente de governar sobre outras e lamentava que as contradições internas do capitalismo, com sua constante necessidade de novos mercados impulsionada por crises periódicas de superprodução, continuariam a levar as nações ocidentais a empreender aventuras coloniais. Mas ao mesmo tempo, ele também acreditava que o colonialismo era um passo necessário para o progresso de muitas nações.

Em suas análises da Índia, por exemplo, Marx argumentou que a região precisava realizar vastos projetos de infraestrutura como a irrigação para progredir economicamente, tornar-se uma nação moderna e se preparar para o socialismo. Segundo ele, nem a forma tradicional de governo da Índia, que ele denominou "despotismo oriental", nem uma reforma agrária, que daria aos agricultores a propriedade sobre os pequenos lotes de terra que cultivavam, seriam capazes de sustentar os investimentos necessários. A opção menos ruim, concluiu Marx, era uma forma de dominação colonial que ajudasse a modernizar a economia indiana e preparar o país para a revolução comunista. Veja Karl Marx, "O Domínio Britânico na Índia", *New-York Daily Tribune*, 25 de junho de 1853, www.marxists.org/archive/marx/works/1853/06/25.htm.

40 "Os países subdesenvolvidos deveriam": Frantz Fanon, *Os Condenados da Terra*, trad. Ligia Fonseca Ferreira (Zahar, 2022), 111. Como Fanon deixa claro, "Poder-se-ia pensar, de uma maneira geral, que era chegada a hora de o mundo, e particularmente o Terceiro Mundo, escolher entre os sistemas capitalista e socialista. Os países subdesenvolvidos, que se utilizaram da feroz competição existente entre os dois sistemas para assegurar o triunfo de sua luta pela libertação nacional, deveriam, no entanto, recusar-se a se tornar um fator nessa competição" (Fanon, *Os Condenados da Terra*, 109). Conforme a literatura secundária deixa claro, essa ambivalência em relação ao marxismo era típica dos pensadores pós-coloniais mais influentes. Segundo Julian Go, por exemplo, "Du Bois, Fanon, Césaire, Cabral e outros leram Marx ou escritores marxistas, utilizaram ideias marxistas em seus escritos e filiaram-se a partidos políticos comunistas ou socialistas", mas esses pensadores também encontraram falhas na tradição, argumentando que "o problema era a falha do marxismo comunista em levar a diferença suficientemente a sério, um problema que decorria de suas tendências universalizantes." Julian Go, "Ondas do Pensamento Pós-Colonial", em *Postcolonial Thought and Social Theory* (Pensamento Pós-Colonial e Teoria Social) (Nova York: Oxford University Press, 2016).

41 dar-lhe um nome aspiracional: Para uma visão geral da vida e do pensamento de Edward Said, veja Timothy Brennan, *Places of Mind: a Life of Edward Said (Lugares da Mente: Uma Vida de Edward Said)* (Nova York: Farrar, Straus and Giroux, 2021), bem como os escritos autobiográficos de Edward Said, incluindo *Fora do Lugar: Memórias* (São Paulo: Companhia de Letras, 2003) e *Reflexões sobre o Exílio e Outros Ensaios* (São Paulo: Companhia das Letras, 2003).

41 ser chamado de Edward: Pankaj Mishra, "As Reorientações de Edward Said," *New Yorker*, 19 de abril de 2021, www.newyorker.com/magazine/2021/04/26/as-reorientações-de-edward-said.

41 forçado a abdicar: *Encyclopædia Britannica*, s.v. "Edward VIII", acesso em 29 de janeiro de 2023, www.britannica.com/biography/Edward-VIII.

41 seguindo um currículo britânico: Mishra, "Reorientações de Edward Said."

41 internato em Nova Inglaterra: "Ao final do meu primeiro mês na escola, eu havia alcançado uma espécie de má fama como um agitador revoltoso, falando durante as aulas, confraternizando com outros líderes da rebeldia e da falta de respeito, sempre pronto com uma resposta irônica ou evasiva, uma atitude que eu considerava uma forma de resistência ao britânico." Said, *Fora do Lugar*, 186.

41 doutorado em literatura inglesa: *Encyclopaedia Britannica*, s.v. "Edward Said", acesso em 10 de julho de 2022, www.britannica.com/biography/Edward-Said.

41 "Minha educação inteira": Edward Said, "Entre Mundos", em *Reflexões sobre o Exílio e Outros Ensaios*.

Notas   373

41 "criatura de um americano": Citado em Mishra, "Reorientações de Edward Said."

41 "Quando os estudantes protestavam contra a guerra": Mishra, "Reorientações de Edward Said."

42 proibido de falar árabe: "Com um sobrenome excepcionalmente árabe como 'Said', ligado a um primeiro nome britânico improvável (...) Eu era um aluno desconfortavelmente anômalo durante toda a minha juventude: um palestino indo para a escola no Egito, com um primeiro nome inglês, um passaporte americano e nenhuma identidade certa, de todo." Said, "Entre Mundos", 512.

42 seus colegas e conhecidos: Como Said escreveu em *Orientalismo*, "Minha própria experiência com essas questões é em parte o que me fez escrever este livro. A vida de um árabe palestino no Ocidente, particularmente na América, é desanimadora... A teia de racismo, estereótipos culturais, imperialismo político, ideologia desumanizadora que prende o árabe ou o muçulmano é muito forte de fato, e é esta teia que cada palestino passou a sentir como seu destino particularmente punitivo". Edward Said, *Orientalismo* (Londres: Penguin, 2003), 27.

42 licença no Líbano: Said, *Reflexões sobre o Exílio e Outros Ensaios*, 3.

42 "a noção de um discurso de Michel Foucault": Said, *Orientalismo*, 3.

42 "o consenso liberal geral": Said, *Orientalismo*, 10.

43 "que o imperialismo político governa": Said, *Orientalismo*, 14.

43 abraçar grandes narrativas: Veja também as notas nas pp. 308-9.

43 propósito do Orientalismo: "Para leitores do chamado Terceiro Mundo, este estudo se propõe a ser um passo em direção a uma compreensão não tanto da política ocidental e do mundo não ocidental nessa política, mas sim da *força* do discurso cultural ocidental, uma força muitas vezes equivocadamente considerada como decorativa ou meramente 'superestrutural'. Minha esperança é ilustrar a formidável estrutura de dominação cultural e, especificamente para os povos anteriormente colonizados, os perigos e tentações de empregar essas estruturas sobre si mesmos ou sobre outros." Said, *Orientalismo*, 25.

43 citado quase 80 mil vezes: "Orientalismo", Google Scholar, acesso em 10 de julho de 2022, scholar.google.com/scholar?cluster=1210354863168 5263959&hl=en&as_sdt=0,44.

43 o pós-modernismo rapidamente ganhou popularidade: Veja Paul Ardoin, "Pós-estruturalismo e Suas Insatisfações", no *Oxford Research Encyclopedia of Literature* (2021), doi.org/10.1093/

374 A Armadilha da Identidade

acrefore/9780190201098.013.1002. Para um tratamento literário, veja Jeffrey Eugenides, *A Trama do Casamento* (Nova York: Farrar, Straus and Giroux, 2011).

43 "institucionalização e profissionalização": Said palestrou sobre o assunto em uma conferência em 1982. Como Timothy Brennan colocou em sua biografia de Said, "As mesmas teorias que uma década antes pareciam uma aventura intelectual haviam dado lugar a jargões codificados de credenciamento, onde a universidade estava envolvida em pouco mais do que uma produção em série de 'teóricos' profissionais duvidosos". Brennan, *Lugares da Mente*, 219.

43 "retirada para um labirinto": Edward Said, *O Mundo, o Texto e o Crítico* (Cambridge, Mass.: Harvard University Press, 1983), 3.

43 "comprometer-se com descrições": Said, *O Mundo*, 87.

44 "visão vastamente simplificada": Said, *O Mundo*, 244.

44 "justificar o quietismo político": Said, *O Mundo*, 245.

44 forma de análise do discurso: Na década de 1990, um antropólogo resumiu de forma útil como essa forma de análise do discurso estava sendo usada em sua disciplina: "Na maioria dos modelos morais, há alguma maneira de corrigir o mal. No modelo moral atual na antropologia, isso é feito desmascarando a hegemonia simbólica que esconde e legitima a opressão. O ato moral corretivo é a denúncia. Também se pode agir moralmente dando voz àqueles que resistem à opressão; isso pelo menos identifica a opressão e os opressores. Hoje em dia, é possível ter uma carreira moral na antropologia; ter uma carreira moral na antropologia é ser conhecido pelo que se denunciou". Roy D'Andrade, "Modelos Morais em Antropologia," *Current Anthropology* 36, nº 3 (junho de 1995): 400, www.jstor.org/stable/2744050.

44 modo dominante de investigação: Essa adoção da análise do discurso em campos como estudos das mulheres e estudos de deficiência frequentemente enfrentava duras críticas de acadêmicos materialistas mais "antigos". Veja, por exemplo, a crítica de Stevi Jackson à "virada cultural" pós-moderna de "coisas" para "palavras": Stevi Jackson, "Por que um Feminismo Materialista É (Ainda) Possível—e Necessário," *Women's Studies International Forum* 24, nº 3–4 (2001): 283–93, doi.org/10.1016/s0277-5395(01)00187-x. Susan Bordo também criticou essa virada em termos semelhantes: "Sobre a sexualização e objetificação do corpo feminino, o feminismo contemporâneo (com algumas exceções notáveis) é surpreendentemente mudo. Alguns formas de feminismo pós-moderno (...) são piores que mudas, (...) angustiantemente em sintonia com a cultura ao celebrar a agência criativa dos indivíduos e negar

Notas

375

padrões sistêmicos". Susan Bordo, *Unbearable Weigth: Feminism, Western Culture, and the Body (Peso Insustentável: Feminismo, Cultura Ocidental e o Corpo)* (Berkeley: University of California Press, 2013).

44 "os miseráveis da terra": Isso é, claro, uma alusão a um dos textos seminais na tradição pós-colonial, Os *Miseráveis da Terra* de Fanon.

45 A maioria dos estudiosos pós-coloniais: Gayatri Spivak, "Pode o Subalterno Falar?," in *Marxism and the Interpretation of Culture (Marxismo e a Interpretação da Cultura)*, ed. Cary Nelson e Lawrence Grossberg (Londres: Macmillan, 1988).

45 Calcutá em 1942: Jon Simons, *From Agamben to Žižek (De Agamben a Žižek)* (Edimburgo: Edinburgh University Press, 2013), 210. Para visões gerais do trabalho de Spivak, veja também Stephen Morton, *Gayatri Chakravorty Spivak* (Nova York: Routledge, 2002); e Sangeeta Ray, *Gayatri Chakravorty Spivak: In Other words (Em Outras Palavras)* (Malden, Mass.: Wiley-Blackwell, 2009). Existem também compêndios úteis de suas entrevistas, incluindo Gayatri Chakravorty Spivak, *The Post- colonial Critic: Interviews, Strategies, Dialogues (O Crítico Pós-Colonial: Entrevistas, Estratégias, Diálogos)*, ed. Sarah Harasym (Nova York: Routledge, 2014).

45 escrevendo a introdução: Jacques Derrida, *Gramatologia* (São Paulo: Perspectiva, 2011).

45 estudiosos como Spivak: Gayatri Spivak, "Crítica, Feminismo e a Instituição: Uma Entrevista com Gayatri Chakravorty Spivak," entrevista por Elizabeth Gross, *Thesis Eleven* 10–11, nº 1 (fev. 1985): 178, doi. org/10.1177/072551368501000113.

45 abraçar marcadores de identidade: Isso envolveu rejeitar a noção de que poderia haver algo de universal sobre os seres humanos ou sua dignidade de uma maneira ainda mais radical do que Foucault havia feito. "Quando li Derrida pela primeira vez, estava muito interessada em ver que ele estava realmente desmantelando a tradição filosófica de *dentro para fora*, em vez de *fora para dentro*, porque é claro que fomos educados em um sistema educacional na Índia onde o nome do herói desse sistema filosófico era o ser humano universal, e nos ensinaram que se pudéssemos começar a nos aproximar de uma internalização desse ser humano universal, então seríamos humanos." Spivak, "Crítica, Feminismo e a Instituição," 180.

45 "Acho que temos que escolher novamente estrategicamente": Spivak, "Crítica, Feminismo e a Instituição," 178.

46 usar conceitos essencialistas: Spivak, "Crítica, Feminismo e a Instituição," 184.

46 autodefinição comum: Spivak, "Crítica, Feminismo e a Instituição," 184. Ironicamente, muitos estudiosos que são influenciados pela ideia de essencialismo estratégico agora considerariam profundamente ofensiva a ideia de que todas (e apenas) as mulheres têm um clitóris. Veja também nota na p. 337.

46 em nome dos "oprimidos": Para uma avaliação crítica da influência do essencialismo estratégico, veja Diana Fuss, *Essentially Speaking: Feminism, Nature, and Difference (Falando Essencialmente: Feminismo, Natureza e Diferença)* (Nova York: Routledge, 1989).

46 tentativa de conciliar o impossível: Para uma discussão mais detalhada sobre a influência que o essencialismo estratégico teve nos espaços ativistas e no discurso popular, veja o capítulo 8 sobre epistemologia do ponto de vista.

46 desmantelar a categoria: Essa é a posição que Barbara e Karen Fields adotaram em relação à raça. Veja Karen E. Fields e Barbara Jeanne Fields, *Racecraft: The Soul of Inequality in American Life (Racismo: A Alma da Desigualdade na Vida Americana)* (Londres: Verso, 2022). Para uma discussão mais profunda de seu trabalho, veja o capítulo 11.

47 acolhimento do essencialismo estratégico: Para uma discussão mais completa da influência do essencialismo estratégico no que chamo de "separatismo progressivo", veja o capítulo 11.

Capítulo 3: A Rejeição do Movimento de Direitos Civis e o Surgimento da Teoria Crítica da Raça

49 apenas cinco legisladores afro-americanos: Os representantes Dawson (D-IL), Diggs (D-MI), Hawkins (D-CA), Nix (D-PA) e Powell (D-NY) serviram no Congresso dos Estados Unidos da América na 88ª legislatura (de 3 de janeiro de 1963 a 3 de janeiro de 1965). "Membros Afro--Americanos por Congresso," Câmara dos Representantes dos Estados Unidos da América: História, Arte e Arquivos, acesso em 19 de março de 2023, history.house.gov/Exhibitions-and-Publications/BAIC/Historical-Data/Black-American-Representatives-and-Senators-by-Congress/.

49 inconstitucional manter: *Brown v. Board of Education of Topeka*, 347 U.S. 483 (1954).

49 proibição de discriminação no emprego: Consulte o Título VII e a Vigésima Quarta Emenda para emprego e testes de alfabetização, respectivamente. "Título VII da Lei de Direitos Civis de 1964," EEOC, www.eeoc.gov/statutes/title-vii-civil-rights-act-1964; Vigésima Quarta Emenda, Constituição dos Estados Unidos da América, constitution.congress.gov/constitution/amendment-24/.

50 boicotes e ocupações coreografados: Veja, por exemplo, Russell Freedman, *Freedom Walkers: A História do Boicote aos Ônibus de Montgomery* (Nova York: Holiday House, 2009).

50 "Eu Tenho um Sonho": Martin Luther King, "Eu Tenho um Sonho", 28 de agosto de 1963, transcrição fornecida por "Leia o Discurso 'Eu Tenho um Sonho' de Martin Luther King Jr. na íntegra", *NPR*, 16 de janeiro de 2023,

50 eleitos para altos cargos: A Geórgia é representada no Senado por Raphael Warnock, um pastor negro que foi anteriormente pastor sênior da igreja batista Ebenezer, onde Martin Luther King Jr. foi copastor de 1960 a 1968. (Ele foi eleito em um segundo turno contra Herschel Walker, outro afro-americano; Jon Ossoff, o outro senador da Geórgia, tem um pai judeu.) As mulheres negras compõem 16,9 por cento da legislatura estadual da Geórgia. Enquanto isso, a Virgínia foi o primeiro estado a eleger um governador negro, Douglas Wilder, em 1990; sua atual vice-governadora, Winsome Earle-Sears, é uma mulher negra. "Vice-Governadora da Virgínia Winsome Earle-Sears", Selo do Estado da Virgínia, acesso em 29 de janeiro de 2023, www.ltgov.virginia.gov/; Douglas Wilder, Biblioteca da Virgínia, acesso em 19 de março de 2023, www.lva.virginia.gov/exhibits/political/douglas_wilder.htm; Taylor Reimann, "Geórgia Lidera o País em Legisladoras Negras", Georgia Public Broadcasting, 16 de outubro de 2021, www.gpb.org/news/2021/11/16/georgia-leads-the-nation-in-black-female-legislators.

50 ideia de casamento inter-racial: Justin McCarthy, "Aprovação dos EUA ao Casamento Inter-racial em Novo Recorde de 94 por Cento", Gallup, 10 de setembro de 2021, news.gallup.com/poll/354638/approval-interracial-marriage-new-high.aspx.

50 o Congresso contém 62: Katherine Schaeffer, "O Congresso dos EUA Continua a Crescer em Diversidade Racial e Étnica", Centro de Pesquisa Pew, 9 de janeiro de 2023, www.pewresearch.org/fact-tank/2023/01/09/u-s-congress-continues-to-grow-in-racial-ethnic-diversity/. Note que isso está razoavelmente próximo da parcela de afro-americanos na população em geral. Legisladores afro-americanos compõem 12 por cento do Congresso; enquanto isso, afro-americanos, de acordo com o censo de 2020, compõem 14 por cento da população em geral.

378   A Armadilha da Identidade

50 devido ao "êxodo branco": "O condado de Wayne (Detroit) perdeu 26,6 por cento de sua população branca na década de 1970. O condado de Cook (Chicago) perdeu 15,5 por cento e o condado de Cuyahoga (Cleveland), 20,1 por cento." Emily Badger, "Mapeando 60 Anos de Êxodo Branco, Fuga de Cérebros e Migração Americana", Bloomberg, 1 de novembro de 2013, www.bloomberg.com/news/articles/2013-11-01/mapping-60-years-of-white-flight-brain-drain-and-american-migration. Além disso, veja Matt Nowlin, Kelly Davila e Unai Miguel Andres, "Mudança no Bairro, 1970–2016", SAVI, Verão de 2018, www.savi.org/feature_report/neighborhood-change-1970-2016; Patrick Reardon, "Cidade Quase Igual em Termos de Raça", *Chicago Tribune*, 23 de setembro de 1986, www.chicagotribune.com/news/ct-xpm-1986-09-23-8603110287-story.html.

50 alunos negros ficaram: Charles T. Clotfelter, *After Brown: The Rise and Retreat of School Desegregation (Depois de Brown: O Surgimento e o Retrocesso da Dessegregação Escolar)* (Princeton, N.J.: Princeton University Press, 2006).

50 muito menos riqueza: Em 2011, a renda média das famílias negras ($32.229) era inferior a dois terços da renda média das famílias brancas ($52.214) (Carmen DeNavas-Walt, Bernadette D. Proctor e Jessica C. Smith, *Renda, Pobreza e Cobertura de Seguro de Saúde nos Estados Unidos: 2012*, U.S. Census Bureau, setembro de 2013, 7, 32, 34). Em 2019, a riqueza da família média branca ($188.200) era oito vezes maior do que a riqueza da família média negra ($24.100) (Emily Moss et al., "A Diferença de Riqueza Entre Negros e Brancos Deixou as Famílias Negras Mais Vulneráveis", Brookings, 8 de dezembro de 2020, www.brookings.edu/blog/up-front/2020/12/08/the-black-white-wealth-gap-left-black-households-more-vulnerable/).

51 continuam sendo super-representados: Audrey Murrell, "O 'Viés do Privilégio' e Desafios de Diversidade na Admissão Universitária", *Forbes*, 7 de maio de 2019, www.forbes.com/sites/audreymurrell/2019/05/07/the-privilege-bias-and-diversity-challenges-in-college-admissions/?sh=a2f2b4a139a0.

51 frio e alienante: Por exemplo, veja Richard D. Kahlenberg, "Como os Estudantes de Baixa Renda Estão se Encaixando em Faculdades de Elite", *Atlantic*, 24 de fevereiro de 2016, www.theatlantic.com/education/archive/2016/02/the-rise-of-first-generation-college-students/470664/; Martha Burwell e Bernice Maldonado, "Como Sua Empresa Apoia 'Profissionais de Primeira Geração'?", *Harvard Business Review*, 7 de janeiro de 2022, hbr.org/2022/01/how-does-your-company-support-first-generation-professionals.

51 bairros predominantemente negros: Stuart M. Butler e Jonathan Grabinsky, "Enfrentando o Legado da Desigualdade Urbana Persistente e da Pobreza Concentrada", Brookings, 16 de novembro de 2020, www.brookings.edu/blog/up-front/2020/11/16/tackling-the-legacy-of-persistent-urban--inequality-and-concentrated-poverty/.

51 os afro-americanos permanecem encarcerados: Até o final de 2018, havia 465.200 presos negros em prisões estaduais ou federais. John Gramlich, "Taxa de Encarceramento de Negros nos EUA Caiu um Terço Desde 2006", Pew Research Center, 6 de maio de 2020, www.pewresearch.org/fact-tank/2020/05/06/share-of-black-white-hispanic-americans-in-prison-2018-vs-2006/.

51 os tiroteios policiais são desproporcionalmente: Gabriel L. Schwartz e Jaquelyn L. Jahn, "Mapeamento da Violência Policial Fatal em Áreas Metropolitanas dos EUA: Taxas Gerais e Desigualdades Raciais/Etnias, 2013–2017", PLOS One 15, nº 6 (2020), doi.org/10.1371/journal.pone.0229686.

51 as redes sociais têm dado espaço ao discurso de ódio: Zachary Laub, "Discurso de Ódio nas Redes Sociais: Comparação Global", Conselho de Relações Exteriores, 7 de junho de 2019, https://www.cfr.org/backgrounder/hate-speech-social-media-global-comparisons; Kim Hart, "Discurso de Ódio Dispara entre Jovens Usuários de Redes Sociais", Axios, 17 de março de 2021, https://www.axios.com/2021/03/17/hate-speech-social-media-youth-2020. "Relatório: Ódio Online Aumentando Contra Minorias, Diz Especialista", OHCHR, 23 de março de 2021, www.ohchr.org/en/stories/2021/03/report-online-hate-increasing-against-minorities-says-expert.

51 primeiro juiz afro-americano: "William Henry Hastie", Faculdade de Direito da Universidade Howard, acesso em 24 de março de 2023, law.howard.edu/brownat50/BrownBios/BioJudgeWmHastie.html.

51 luta pela igualdade: Urban Agenda, "Derrick Bell sobre Racismo", filmado em 1994, YouTube, vídeo, 1:42, www.youtube.com/watch?v=RVy8w0Sz9LY&t=102s.

52 imperativo de dessegregar escolas: Urban Agenda, "Derrick Bell sobre Racismo", 1:42.

52 encontro com Hastie: Para uma visão geral da vida e obra de Derrick Bell, veja, por exemplo, Richard Delgado e Jean Stefancic, eds., *The Derrick*

380 A Armadilha da Identidade

Bell Reader (Nova York: New York University Press, 2005). Também, Jelani Cobb, "O Homem por Trás da Teoria Crítica da Raça", *New Yorker*, 13 de setembro de 2021, www.newyorker.com/magazine/2021/09/20/the-man-behind-critical-race-theory.

52 único aluno negro: Fred A. Bernstein, "Derrick Bell, Professor de Direito e Defensor dos Direitos, Morre aos 80 Anos", *New York Times*, 6 de outubro de 2011, www.nytimes.com/2011/10/06/us/derrick-bell-pioneering--harvard-law-professor-dies-at-80.html.

52 renunciou ao seu cargo no governo: Bernstein, "Derrick Bell, Professor de Direito e Defensor dos Direitos, Morre aos 80 Anos".

53 trezentos casos de dessegregação: "Em Memória: Derrick Bell, 1930–2011", Faculdade de Direito da NYU, acesso em 30 de janeiro de 2023, www.law.nyu.edu/news/DERRICK_BELL_MEMORIAM.

53 escolas recém-"integradas": Cobb, "Homem por Trás da Teoria Crítica da Raça".

53 posição como membro do corpo docente: Bernstein, "Derrick Bell, Professor de Direito e Defensor dos Direitos, Morre aos 80 Anos".

54 "Qualquer passo para alcançar": Derrick Bell, "Servindo a Dois Senhores: Ideais de Integração e Interesses dos Clientes na Litigância de Dessegregação Escolar", *Yale Law Journal* 85, nº 4 (março de 1976): 470, doi.org/10.2307/795339. Veja também 482–83 para mais contexto.

54 "servem dois mestres": Bell, "Servindo Dois Mestres." Veja especialmente 482, 512–15.

54 "Tendo convencido a si mesmos de que Brown": Bell, "Servindo Dois Mestres," 482.

54 abertos a remédios legais: Como Bell perguntou, "Por que, pode-se perguntar, [advogados de direitos civis] foram tão relutantes em reconhecer a crescente futilidade da 'dessegregação total' e, mais importante, o crescente número de deserções dentro da comunidade negra?", (Bell, "Servindo Dois Mestres," 488.) Em um livro de 2004, Bell expôs sua visão de forma ainda mais explícita: Derrick A. Bell, *Pactos Silenciosos: Brown v. Board of Education e as Esperanças Não Realizadas para a Reforma Racial* (Oxford: Oxford University Press, 2006), 20–28.

54 mérito da dessegregação: Veja especialmente Derrick Bell, "O Custo Real da Igualdade Racial," *Revisão de Liberdades Civis* 1 (1974): 79–95; Derrick A. Bell Jr., "*Brown v. Board of Education* e o Dilema da Convergência de Interesses," *Harvard Law Review* 93, nº 3 (Jan. 1980): 518–33; Derrick Bell, "Realismo Racial," *Connecticut Law Review* 24, nº 2 (Inverno de 1992):

Notas

363; e sua alegórica "A Crônica dos Comerciantes Espaciais," em Delgado e Stefancic, *Leitor de Derrick Bell*, 57–73.

54 escritos de Frederick Douglass: Para uma boa introdução aos discursos e escritos de Frederick Douglass, veja sua autobiografia *A Vida e a Época de Frederick Douglass Escritas por Ele Mesmo*, trad.: Rogerio Galindo (Carambaia, 2022), bem como Philip S. Foner e Yuval Taylor, eds., *Frederick Douglass: Selected Speeches and Writings (Discursos e Escritos Selecionados)* (Chicago: Chicago Review Press, 2000). Para sua visão da Constituição e da Declaração de Independência, veja especialmente "O que É o Quatro de Julho para o Escravo?". Como ele escreve lá, rejeitando a visão de que a escravidão era sancionada pela Constituição, "Sustento que não há mandado, licença ou sanção para a coisa odiosa; mas, interpretada como deveria ser interpretada, a Constituição é um GLORIOSO DOCUMENTO DE LIBERDADE. Leia seu preâmbulo, considere seus propósitos. A escravidão está entre eles? Está na entrada? Ou está no templo? Não é nenhum dos três". Por isso, no final do discurso, Douglass enfatiza que, "apesar do quadro sombrio que apresentei hoje do estado da nação, não desespero deste país"; pelo contrário, ele tira "encorajamento da Declaração de Independência, dos grandes princípios que ela contém e do gênio das instituições americanas".

54 sermões de Martin Luther King Jr.: Da mesma maneira, às vezes é sugerido que Martin Luther King Jr. tornou-se muito mais radical em sua rejeição aos ideais e instituições americanas nos últimos meses antes de seu trágico assassinato. Mas ele expressou claramente sua fé duradoura em sua capacidade de inspirar mudanças positivas na véspera de sua morte: "Porque se eu tivesse espirrado, não estaria mais por aqui em 1960, quando estudantes em todo o Sul começaram a se sentar em lanchonetes. E eu sabia que enquanto eles estavam sentados, estavam realmente defendendo o melhor do sonho americano e levando toda a nação de volta a essas grandes fontes de democracia, que foram cavadas profundamente pelos pais fundadores na Declaração de Independência e na Constituição". Martin Luther King Jr., "Eu estive no Monte" (discurso, Memphis, 3 de abril de 1968).

54 discursos de Barack Obama: Essa postura é característica de grande parte da escrita, fala e carreira política de Barack Obama. Mas é provavelmente expressa de maneira mais clara em seus dois discursos mais famosos sobre raça, que marcam o início e o fim de sua gestão. O primeiro foi realizado quando ele era candidato à presidência, apresentando sua visão sobre raça nos Estados Unidos no rastro da controvérsia sobre o reverendo Jeremiah Wright, cujos sermões eram, de muitas maneiras, um canal teológico da

382   A Armadilha da Identidade

teoria crítica da raça. Como Obama disse na Filadélfia em março de 2008, "A resposta à questão da escravidão já estava embutida em nossa Constituição — uma Constituição que tinha em seu cerne o ideal de cidadania igual perante a lei; uma Constituição que prometia a seu povo liberdade e justiça e uma união que poderia e deveria ser aperfeiçoada ao longo do tempo" (Barack Obama, "Uma União Mais Perfeita" [discurso, Filadélfia, 18 de março de 2008], NPR, www.npr.org/templates/story/story.php?storyId=88478467). Obama retornou a esse tema quando, durante o segundo mandato de sua presidência, ele falou no quinquagésimo aniversário da marcha em Selma. Como ele disse naquele momento, "Que maior expressão de fé no experimento norte-americano do que [a marcha em Selma], que maior forma de patriotismo existe do que a crença de que a América ainda não está terminada, que somos fortes o suficiente para ser autocríticos, que cada geração sucessiva pode olhar para nossas imperfeições e decidir que está em nosso poder recriar esta nação para se alinhar mais de perto com nossos ideais mais elevados?" (Barack Obama, "Observações do Presidente no 50º Aniversário das Marchas de Selma a Montgomery," 7 de março de 2015, Arquivos Nacionais e Administração de Registros, obamawhitehouse.archives.gov/the-press-office/2015/03/07/remarks-president-50th-anniversary-selma-montgomery-marches).

55 "A América falhou": Martin Luther King, "Eu Tenho um Sonho", 28 de agosto de 1963, transcrição fornecida por "Leia o Discurso 'Eu Tenho um Sonho' de Martin Luther King Jr. na Íntegra", *NPR*, 16 de janeiro de 2023, https://www.npr.org/2010/01/18/122701268/i-have-a-dream-speech-in-its-entirety.

55 conjunto de críticas pós-modernas: Sobre a relação institucional entre os estudos legais críticos e o emergente campo da teoria crítica da raça, bem como a influência mais ampla do pós-modernismo na tradição, veja Kimberlé Williams Crenshaw, "Vinte Anos de Teoria Crítica da Raça: Olhando para Trás para Avançar", *Connecticut Law Review* 43, nº 5 (julho de 2011): 1253–352. Para críticas aos estudos legais críticos de importantes estudiosos dentro da disciplina emergente da teoria crítica da raça, veja "Parte 2: Teoria Crítica da Raça e Estudos Legais Críticos: Contestação e Coalizão", em *Critical Race Theory: The Key Writings That Formed the Movement (Teoria Crítica da Raça: Os Principais Escritos que Formaram o Movimento)*, ed. Kimberlé Crenshaw et al. (Nova York: New Press, 1995), 63–126. Veja especialmente Harlon T. Dalton, "O Prisma Turvado: Crítica das Minorias ao Movimento de Estudos Legais Críticos".

56 interesse racial próprio: Bell, "Dilema da Convergência de Interesses". Veja também Bell, *Pactos Silenciosos*.

Notas

56 luta por seu país: Bell, "Dilema da Convergência de Interesses", 524–25.

56 o Sul dos Estados Unidos: Bell, "Dilema da Convergência de Interesses", 525.

56 "fornecer credibilidade imediata": Bell, "Dilema da Convergência de Interesses", 524.

56 "Os interesses dos negros em alcançar": Bell, "Dilema da Convergência de Interesses", 523.

56 "Mesmo esses esforços hercúleos": Derrick Bell, "A Tese do Racismo é Permanente: Revelação Corajosa ou Negação Inconsciente do Genocídio Racial", *Capital University Law Review* 22, nº 3 (1993): 573. Com grandes contratempos inevitáveis, Bell previu que até mesmo os avanços mais fundamentais da era dos direitos civis se provariam "temporários". Bell, "Tese do Racismo É Permanente", 578.

56 "O racismo", ele afirmou: Bell, "Tese do Racismo É Permanente", 571, 573.

56 sua esperança idealista: Noah Adams, "A Força Inspiradora de 'We shall overcome'", *NPR*, 28 de agosto de 2013, www.npr.org/2013/08/28/216482943/the-inspiring-force-of-we-shall-overcome.

56 "canção tema": Bell, "Tese do Racismo É Permanente", 572.

57 "barreiras de cor contemporâneas": Bell, "Realismo Racial", 374.

57 "revisão e substituição": Bell, "Realismo Racial", 374.

57 direitos de grupo explícitos: Vale ressaltar, no entanto, que Bell considerava insuficientes as políticas sensíveis à raça implementadas durante sua vida. Por exemplo, ele reconheceu que a ação afirmativa foi útil para os afro-americanos. No entanto, ele argumentou em 2000, "assim como muitas outras reformas na sociedade dos EUA, embora muitas vezes resultado dos esforços dos negros, [ela] tem sido de muito mais ajuda para os brancos, especialmente para as mulheres brancas" (Derrick Bell, "Epílogo: Ação Afirmativa: Outro Exemplo de Funcionamento Racial nos Estados Unidos", *Journal of Negro Education* 69, nº 1/2 [2000]: 145–49, www.jstor.org/stable/2696270).

57 na forma de um curso: Registro Oficial da Universidade de Harvard, *Catálogo da Faculdade de Direito de Harvard 1970/71 67*, nº 19 (setembro de 1970): 112–13, iiif.lib.harvard.edu/manifests/view/drs:427001963$1i.

57 curso mais tradicional: Lauren Michele Jackson, "O Vazio que a Teoria Crítica da Raça Foi Criada para Preencher", *New Yorker*,

27 de julho de 2021, www.newyorker.com/culture/cultural-comment/
the-void-that-critical-race-theory-was-created-to-fill.

57 achou isso inaceitável: Jackson, "Vazio".

57 esses jovens acadêmicos: Jackson, "Vazio".

58 organizar uma oficina de verão: Angela Onwuachi-Willig,
"Celebrando a Teoria Crítica da Raça aos 20 Anos", *Iowa Law Review* 94
(2009).

58 Um novo movimento: Isaac Gottesman, *The Critical Turn in
Education: From Marxist Critique to Poststructuralist Feminism to Critical
Theories of Race (A Virada Crítica na Educação: da Crítica Marxista ao
Feminismo Pós-Estruturalista às Teorias Críticas da Raça)* (Nova York:
Routledge, 2016), 124.

58 papel organizacional-chave: Para uma visão geral dos principais
escritos de Kimberlé Crenshaw, especialmente sobre o termo que ela cunhou,
veja Kimberlé Crenshaw, *On Intersectionality: Essential Writings (Sobre
Interseccionalidade: Escritos Essenciais)* (Nova York: New Press, 2017).

58 "Isso forneceu uma lente": Amanda Cassandra, "Kimberle
Crenshaw: Uma Jet-Setter Jurídica", *New York Amsterdam News*, 5 de agosto
de 2005, 5.

58 cunhou um termo: Kimberlé Crenshaw, "Desmarginalizando
a Interseção de Raça e Sexo: Uma Crítica Feminista Negra da Doutrina
Antidiscriminatória, Teoria Feminista e Política Antirracista", *University
of Chicago Legal Forum* 1989, nº 1 (1989): 139–67. Embora Crenshaw tenha
cunhado o termo "interseccionalidade", as ideias por trás do conceito já
estavam presentes na teoria feminista e no ativismo há várias décadas
naquele momento. Uma das expressões mais proeminentes dessa ideia vem do
Coletivo do Rio Combahee, um grupo feminista negro localizado em Boston.
Como elas escreveram em uma famosa declaração, "Sempre houve ativistas
negras — algumas conhecidas, como Sojourner Truth, Harriet Tubman,
Frances E. W. Harper, Ida B. Wells Barnett e Mary Church Terrell, e milhares
e milhares desconhecidas — que tiveram uma consciência compartilhada de
como sua identidade sexual combinada com sua identidade racial tornava
únicos sua situação de vida como um todo e o foco de suas lutas políticas".
Coletivo do Rio Combahee, "Declaração do Coletivo do Rio Combahee",
da Biblioteca do Congresso, abril de 1977, https://www.loc.gov/item/lcwa
N0028151/.

58 Em um caso, por exemplo: Crenshaw, "Desmarginalizando a
Interseção", 141.

Notas

59 "Sob esta visão, as mulheres negras": Crenshaw, "Desmarginalizando a Interseção", 143.

59 seus primeiros artigos: Seus primeiros artigos sobre o tema incluem "Mapeando as Margens: Interseccionalidade, Política de Identidade e Violência Contra Mulheres de Cor", *Stanford Law Review* 43,

59 Grito de mobilização improvável: O conceito de interseccionalidade não está isento de críticas dentro dos estudos femininos, especialmente devido à sua ambiguidade. Jennifer Nash é um dos exemplos mais proeminentes da atualidade. Veja Jennifer C. Nash, *Black Feminism Reimagined: After Intersectionality* (Durham, N.C.: Duke University Press, 2019).

59 como Donna Haraway: Donna Haraway, "Conhecimentos Situados: A Questão da Ciência no Feminismo e o Privilégio da Perspectiva Parcial," *Estudos Feministas* 14, nº 3 (1988), doi.org/10.2307/3178066.

60 "A percepção de qualquer situação": Aikaterini Antonopoulou, "Conhecimentos Situados e Mudanças de Terreno: Questionando o Efeito de Realidade de Imagens de Alta Resolução," *Tornando-se uma Arquiteta Feminista* 7, nº 1 (Nov. 2017): 53. Para o artigo original, veja Haraway, "Conhecimentos Situados."

60 "uma perspectiva neutra": Derrick Bell, "Quem Tem Medo da Teoria Crítica da Raça?", *Revista de Direito da Universidade de Illinois* 1995, nº 4 (1995): 901.

60 "Devemos aprender a confiar": Charles R. Lawrence, "A Palavra e o Rio: Pedagogia como Erudição como Luta," *Southern California Law Review* 65, nº 2551 (1992): 2231–98.

60 foi muito além: Haraway, "Conhecimentos Situados."

60 assim, a interseccionalidade veio a representar: Como o livro didático de estudos de mulheres e gênero, *Feminisms Matter*, afirmou sobre interseccionalidade, "O conhecimento [em si] está *localizado* em experiências vividas e contextos". Victoria Bromley, *Feminisms Matter: Debates, Theories, Activism (Feminismos Importam: Debates, Teorias, Ativismo)* (Toronto: University of Toronto Press, 2012), 48.

60 também deve estar comprometido: Crenshaw, "Desmarginalizando a Interseção," 166–67. No mundo do ativismo, por exemplo, funcionários mais jovens ficaram preocupados que o Instituto Guttmacher, uma ONG que busca promover a saúde sexual e reprodutiva, estivesse focando muito estreitamente a liberdade reprodutiva. Como disse um funcionário, "havia questões sobre por que o grupo estava tão focado no aborto", mesmo quando um Supremo Tribunal conservador se movia para revogar

386 A Armadilha da Identidade

Roe *v*. Wade. Veja Ryan Grim, "Colapsos Trouxeram Grupos de Advocacia Progressista a uma Paralisação em um Momento Crítico na História Mundial," *Intercept*, 13 de junho de 2022, theintercept.com/2022/06/13/progressive-organizing-infighting-callout-culture/.

61 conjunto de posições específicas: Por exemplo, a ativista e copresidente da Marcha das Mulheres de 2017, Linda Sarsour, negou que alguém pudesse ser feminista e sionista: "Simplesmente não faz sentido para alguém dizer, 'Há espaço para pessoas que apoiam o Estado de Israel e não o criticam no movimento?' Não pode haver no feminismo. Você defende os direitos de todas as mulheres, incluindo as palestinas, ou nenhuma. Não há saída". Collier Meyerson, "Você Pode Ser uma Feminista Sionista? Linda Sarsour Diz que Não," *Nação*, 13 de março de 2017, www.thenation.com/article/archive/can-you-be-a-zionist-feminist-linda-sarsour-says-no/. Veja também Eric Levitz, "A Greve das Mulheres Não Pode Abrir Espaço para Todas as Mulheres," *Intelligencer*, 8 de março de 2017, nymag.com/intelligencer/2017/03/the-womens-strike-cant-make-room-for-all-women.html.

61 Em 1996, a jornalista: Larissa MacFarquhar, "A Cor da Lei," *Lingua Franca*, jul./ago. 1996, linguafranca.mirror.theinfo.org/9607/criticalrace.html.

Capítulo 4: A Síntese de Identidades

63 questões de identidade: Steven Best, "Virada Cultural", na *Enciclopédia Blackwell de Sociologia* (2008), doi.org/10.1002/9781405165518.wbeosc201.

64 a esquerda cultural: Chris Rojek e Bryan Turner, "Sociologia Decorativa: Rumo a uma Crítica da Virada Cultural", *Sociological Review* 48, nº 4 (2000), 365, doi.org/10.1111/1467-954x.00236.

64 tornou-se menos interessada: Rojek e Turner, "Sociologia Decorativa".

64 um lar dedicado: Novos departamentos como estudos de mulheres estavam intimamente ligados ao ativismo desde sua criação. Como afirmou a proeminente estudiosa feminista Jean Robinson, "Quando os estudos de mulheres nasceram no meio dos anos 1970, a política foi sua parteira". Citado em Scott Jaschik, "'A Evolução dos Estudos de Mulheres Americanas'", *Inside Higher Ed*, 27 de março de 2009, www.insidehighered.com/news/2009/03/27/evolution-american-womens-studies.

Notas

64 unidades acadêmicas fundadas: Em 2013, 361 instituições americanas tinham departamentos formais focados nas experiências dos afro-americanos, com mais de 1.000 oferecendo programas ou cursos sobre o assunto (Abdul Alkalimat et al., *Estudos Afro-Americanos 2013: Uma Pesquisa Nacional Baseada na Web* [Urbana: Departamento de Estudos Afro-Americanos da Universidade de Illinois em Urbana-Champaign, 2013], afro.illinois.edu). Mais de setecentas instituições agora oferecem programas em estudos de gênero (Michele Berger e Cheryl Radeloff, *Transforming Scholarship: Why Women's and Gender Studies Students Are Changing Themselves and the World — Transformando a Bolsa de Estudos: Por que os Estudantes de Estudos de Mulheres e Gênero Estão Mudando a Si Mesmos e o Mundo* [Nova York: Routledge, 2022], 6–7). Cerca de 230 instituições oferecem programas em estudos latinos ("Faculdades de Estudos Latino-Americanos e do Caribe", College Board, acesso em 7 de julho de 2022, bigfuture.collegeboard.org/college-search/filters?mc=Latin_American_ Studies_and_Caribbean_Studies). Também existem inúmeros programas em estudos queer, estudos de deficiência e estudos asiático-americanos.

64 não exagerar: Existem diferenças importantes de ênfase — e em alguns casos até mesmo de consenso intelectual predominante — entre diferentes departamentos. Acadêmicos em estudos de gênero como Judith Butler, por exemplo, há muito celebram a fluidez das categorias de identidade, especialmente aquelas centradas no gênero. Por outro lado, acadêmicos em estudos afro-americanos ou latinos tendem a enfatizar até que ponto as categorias raciais, embora socialmente construídas, nem são nem devem ser sujeitas a mudanças pela ação de um indivíduo.

64 Ibram X. Kendi da Universidade de Boston: Da mesma maneira, alguns departamentos de estudos de gênero estão agora profundamente divididos entre acadêmicos que defendem a importância social do sexo biológico, como Kathleen Stock, e aqueles que argumentam que essa distinção é discriminatória, como Katrina Karkazis.

66 progredir coletivamente: Para uma excelente defesa recente dessa posição, veja Jonathan Rauch, *The Constitution of Knowledge: A Defense of Truth* (Washington, D.C.: Brookings Institution Press, 2021).

66 "expressa ceticismo em relação a": Mari Matsuda et al., *Words That Wound: Critical Race Theory, Assaultive Speech, and the First Amendment* (Nova York: Routledge, 2018), 6. Da mesma maneira, Derrick Bell argumenta que reivindicações de verdade objetiva tentam simplesmente passar "a escolha privilegiada dos privilegiados (...) como a autoridade universal e o

388 **A Armadilha da Identidade**

bem universal." Derrick Bell, "Quem Tem Medo da Teoria Crítica da Raça?", *University of Illinois Law Review* 1995, nº 4 (1995): 901.

66 "Democracia liberal e subordinação racial": Richard Delgado, *The Rodrigo Chronicles: Conversations about America and Race* (Nova York: New York University Press, 1995), 144. No lugar de uma busca fútil por verdades universais, os adeptos da síntese de identidades advogam uma aceitação do relativismo e do subjetivismo. Como Charles Lawrence colocou, "Devemos aprender a confiar em nossos próprios sentidos, sentimentos e experiências e dar-lhes autoridade." Charles R. Lawrence, "A Palavra e o Rio: Pedagogia como Erudição como Luta", *Southern California Law Review* 65, nº 2551 (1992): 2253. Delgado ecoa um sentimento semelhante: Aqueles que fingem ser guiados por formas objetivas de investigação, ele diz, "também contam histórias. Mas as que eles contam — sobre mérito, causalidade, culpa, responsabilidade e justiça racial — não lhes parecem histórias, mas sim a verdade." Richard Delgado, "Sobre Contar Histórias na Escola", *Vanderbilt Law Review* 46, nº 3 (abril de 1993): 666.

66 outras tradições intelectuais: Linda Martin Alcoff, por exemplo, argumenta que "a filosofia latina não é simplesmente distinta da filosofia anglo-americana e europeia"; ao contrário, ela "fornece uma crítica das abstrações essencialistas e idealizadas que buscam uma verdade descontextualizada." Deborah R. Vargas e Linda Martin Alcoff, "Filosofia", em *Keywords for Latina/o Studies*, ed. Deborah R. Vargas, Nancy Raquel Mirabal e Lawrence La Fountain-Stokes (Nova York: New York University Press, 2017), 159.

66 núcleo da "teoria decolonial": Como resumido por María Lugones, "Decolonial", em Vargas, Mirabal e La Fountain-Stokes, *Palavras-Chave para Estudos Latina/o*, 44.

66 ferramentas de "análise do discurso": Esse foco no discurso, como diz a filósofa Martha Nussbaum, "é a virtual completa mudança do lado material da vida [pela academia feminista], em direção a um tipo de política verbal e simbólica que faz apenas as conexões mais frágeis com a situação real de mulheres reais". Martha C. Nussbaum, "O Professor de Paródia," *New Republic*, 22 de fevereiro de 1999, newrepublic.com/article/150687/professor-parody.

67 perpetuar inadvertidamente a discriminação: "Iniciativa de Eliminação de Linguagem Prejudicial", Universidade Stanford, 19 de dezembro de 2022, s.wsj.net/public/resources/documents/stanfordlanguage.pdf.

Notas **389**

67 um termo recém-popular: Para uma discussão completa do significado e problemas com o termo "apropriação cultural", veja o capítulo 9.

67 Studenten com Studierende: Julia Goncalves, "StudentInnen, Student*innen ou Student_innen: Como Seis Universidades Alemãs Estão Construindo uma Linguagem Equitativa de Gênero e Aumentando a Representação Linguística e Visual Feminina" (2020), Projetos do Programa de Honras do Chanceler, trace.tennessee.edu/utk_chanhonoproj/2381.

67 tornar a linguagem comum: Alguns críticos que compartilham amplamente objetivos de esquerda criticaram essa estratégia como ineficaz. Como escreveu um acadêmico proeminente sobre seu próprio campo de estudo: "Escritores de estudos críticos de deficiência geralmente parecem estar muito mais interessados em textos e discursos do que nas vidas cotidianas de pessoas com deficiência" (Tom Shakespeare, *Disability Rights and Wrongs Revisited – Direitos e Errados da Deficiência Revisitados* [Nova York: Routledge, 2014], 52). Como resultado, aponta outro queixoso, acadêmicos focados na análise do discurso "desviaram a atenção crítica de identificar e desafiar forças materiais que sustentam o impedimento 'para um foco politicamente benigno em cultura, linguagem e discurso'" (Colin Barnes, *Understanding the Social Model of Disability: Past, Present, and Future — Compreendendo o Modelo Social de Deficiência: Passado, Presente e Futuro* [Nova York: Routledge, 2012], 23). No entanto, seria um erro subestimar a enorme influência que essa forma de análise teve no mundo, tanto dentro da universidade quanto além. A luta pelo controle do discurso tornou-se uma parte fundamental do ativismo contemporâneo, e o poder real que a síntese de identidade tem, para o bem ou para o mal, acumulado em instituições de elite sugere que essa estratégia não se mostrou tão ineficaz quanto alguns de seus críticos simpáticos sugerem.

68 são "socialmente construídos": Como alguns defensores da síntese de identidades reconhecem, um conceito pode ser ao mesmo tempo socialmente construído e extremamente difícil, ou até impossível, de mudar. No entanto, como o conceito de construção social geralmente é usado, ele implica o ponto de que algo que parece natural na verdade está sujeito à agência humana; frequentemente, é acompanhado por um chamado explícito à ação para mudá-lo ou derrubá-lo.

68 para perturbá-los: Veja Judith Butler, *Problemas de Gênero: Feminismo e a Subversão da Identidade*, 2ª ed. (Civilização Brasileira, 2003).

390 A Armadilha da Identidade

69 uma condição permanente: Veja Derrick Bell, *Faces at the Bottom of the Well: The Permanence of Racism (Faces no Fundo do Poço: A Permanência do Racismo)* (Nova York: Basic Books, 2018).

69 tradição mais pessimista: Ta-Nehisi Coates, *Entre o Mundo e Eu* (Objetiva, 2015), especialmente 149–52.

69 de forma alguma limitada: Veja, por exemplo, a crítica contundente da filósofa Martha Nussbaum a Judith Butler e seu tipo de feminismo: "O novo feminismo, além disso, instrui seus membros que há pouco espaço para mudanças sociais em grande escala, e talvez nenhum espaço mesmo. Todos nós, mais ou menos, somos prisioneiros das estruturas de poder que definiram nossa identidade como mulheres; nunca podemos mudar essas estruturas em grande escala, e nunca podemos escapar delas. Tudo o que podemos esperar fazer é encontrar espaços dentro das estruturas de poder para parodiá-las, zombar delas, transgredi-las em discurso. E assim, a política verbal simbólica, além de ser apresentada como um tipo de política real, é considerada a única política realmente possível". Nussbaum, "O Professor de Paródia".

69 o progresso é uma ilusão: Larry Kramer, "Para Gays, o Pior Ainda Está por Vir. Novamente," *New York Times*, 11 de julho de 2018, www.nytimes.com/2018/07/11/opinion/gay-rights-larry-kramer.html.

70 abandonar a aspiração: Veja exemplos no capítulo 12.

70 "Apenas esforços agressivos, conscientes da cor": Richard Delgado e Jean Stefancic, *Teoria Crítica da Raça: Uma Introdução*. (Editora Contracorrente, 2021), 27.

70 elogiou seu compromisso: Veja o capítulo 12.

71 distinguir entre cidadãos: Essa rejeição de soluções neutras é especialmente pronunciada em contextos legais e políticos e geralmente ecoa em campos que vão desde o gênero até os estudos asiático-americanos. Mas a insistência em responder aos preconceitos existentes rejeitando a própria possibilidade de um quadro neutro, em vez de tentar tornar esses quadros inclusivos, também é evidente em contextos mais surpreendentes. Como Christopher Gabbard, um dos principais estudiosos em estudos de deficiência, resume o ponto: "Uma perspectiva de deficiência expõe o liberalismo clássico como uma ideologia repleta de capacitismo: a crença de que pessoas com deficiências são inferiores àquelas com corpos e mentes funcionais" (Christopher Gabbard, "Humano", em *Keywords for Disability Studies (Palavras-chave para Estudos de Deficiência)*, ed. Rachel Adams, Benjamin Reiss e David Serlin [Nova York: New York University Press, 2015], 101). A solução, argumentam muitos dos principais expoentes dos estudos de deficiência, não é primordialmente mudar o ambiente físico de tal modo que aqueles que são cegos ou surdos possam participar plenamente da sociedade; é rejeitar a ideia de que é preferível ver do que ser cego, ou ouvir do que ser surdo.

71 lógica de organização política: De acordo com Judy Tzu-Chun Wu, por exemplo, um dos principais objetivos empíricos da síntese de identidade é "entender como gênero, raça, sexualidade, classe e outras formas de diferença e hierarquia social são mutuamente influenciados e entrelaçados". Judy Tzu-Chun Wu, "Gênero", em K*eywords for Asian American Studies (Palavras--chave para Estudos Asiático-Americanos)*, ed. Cathy Schlund-Vials, K. Scott Wong e Linda Trinh Võ (Nova York: New York University Press, 2015).

71 tirar a inferência: Veja Kat Rosenfield, "Como o Feminismo se Autodevorou", UnHerd, 22 de setembro de 2021, unherd.com/2021/09/how-feminism-ate-itself.

71 com a postura necessária: Essa deferência às partes afetadas é fundamentada na epistemologia do ponto de vista; veja a próxima seção, sobre "Epistemologia do Ponto de Vista", dentro deste capítulo, bem como a discussão mais extensa da teoria do ponto de vista no capítulo 8.

71 Essa interpretação da interseccionalidade: Mark Hemingway, "O 'Mission Creep' para a Esquerda dos Grupos de Defesa Está se Aproximando da Liberdade de Expressão", RealClearInvestigations, 1º de maio de 2019, www.realclearinvestigations.com/articles/2019/04/30/how_rights_groups_mission_creep_creeps_up_on_free_speech.html.

72 muitas crenças falsas: Pamela Duncan e Alexandra Topping, "Homens Subestimam Nível de Assédio Sexual Contra Mulheres — Pesquisa", *Guardian*, 6 de dezembro de 2018, www.theguardian.com/world/2018/dec/06/men-underestimate-level-of-sexual-harassment-against-women-survey.

72 capaz de comunicar: Para uma discussão completa das origens da epistemologia do ponto de vista e dos problemas com a forma como os ativistas desde então levaram os *insights* centrais da tradição além do que é filosoficamente plausível ou praticamente útil, veja o capítulo 8.

72 texto altamente influente: Donna Haraway, "Conhecimentos Situados: A Questão da Ciência no Feminismo e o Privilégio da Perspectiva Parcial", *Estudos Feministas* 14, nº 3 (1988), doi.org/10.2307/3178066. Como Chela Sandoval, uma estudiosa proeminente em estudos de gênero, colocou, o componente epistemológico da interseccionalidade "nega qualquer perspectiva como a única resposta, mas em vez disso postula uma subjetividade tática e estratégica em mudança que tem a capacidade de recentrar dependendo das

392   A Armadilha da Identidade

formas de opressão a serem confrontadas". Chela Sandoval, "Feminismo do Terceiro Mundo dos EUA: Teoria e Método da Consciência Oposicional no Mundo Pós-Moderno", *Genders*, nº 10 (Primavera de 1991): 14.

72 "Diferenças de poder": Patricia Hill Collins, "Em Direção a uma Nova Visão: Raça, Classe e Gênero como Categorias de Análise e Conexão", *Raça, Sexo e Classe* 1, nº 1 (1993): 36, www.jstor.org/stable/41680038.

73 Era uma noite fria e ventosa: Isso é levemente adaptado da versão de Eliot/Jacobs da fábula de Esopo "O Velho e a Morte" e inclui citações textuais dessa fonte. Veja Joseph Jacobs, ed., "O Velho e a Morte", em *As Fábulas de Esopo* (Londres: Macmillan, 1902), 164.

74 "um assunto tão chato": Edward Said, "Entre Mundos", em *Reflexões Sobre o Exílio e Outros Ensaios* (São Paulo: Companhia das Letras, 2003), 567.

74 forma de acesso privilegiado: Edward Said, "A Política do Conhecimento", em *Reflexões sobre o Exílio e Outros Ensaios*, 384.

74 "incapazes de compartilhar": Edward Said, "Identidade, Autoridade e Liberdade: O Potentado e o Viajante", em *Reflexões sobre o Exílio e Outros Ensaios*, 403.

74 isso impressionou Said: Adam Shatz, "Palestinismo", *London Review of Books*, 6 de maio de 2021, www.lrb.co.uk/the-paper/v43/n09/adam-shatz/palestinianism.

75 "Marginalidade e falta de moradia": Said, "Política do Conhecimento", 31.

75 "uso político do humor": Sara Danius e Stefan Jonsson, "Entrevista com Gayatri Chakravorty Spivak", *Boundary* 2 20, nº 2 (1993): 44, doi.org/10.2307/303357.

75 "simplesmente tornou-se o bilhete de união": Danius e Jonsson, "Entrevista". Como Spivak argumentou em outra ocasião: "Uma das razões pelas quais o uso estratégico do essencialismo pegou dentro de uma cultura personalista é que ele dá uma certa desculpa ao essencialismo. O foco recai sobre a capacidade de falar a partir de seu próprio terreno, em vez do que a palavra estratégia implica, então eu a reconsiderei. Acho que é um slogan muito arriscado em uma cultura acadêmica personalista, dentro da qual ele foi adotado e celebrado". Gayatri Chakravorty Spivak, "Em uma palavra. Entrevista", por Ellen Rooney, *Differences* 1, nº 2 (Verão de 1989): 127–28.

75 "experiência fora do corpo": Jane Coaston, "As Guerras da Interseccionalidade", *Vox*, 28 de maio de 2019, www.vox.com/the-highlight/2019/5/20/18542843/intersectionality-conservatism-law-race-gender-discrimination.

Notas

PARTE II: A Vitória da Síntese de Identidades

79 ela parecia pessimista: Kimberlé Williams Crenshaw, "Vinte Anos de Teoria Crítica da Raça: Olhando para Trás para Avançar", *Connecticut Law Review* 43, nº 5 (julho de 2011): 1253–352.

79 "Amplas parcelas da população": Crenshaw, "Vinte Anos de Teoria Crítica da Raça", 1318.

79 quase negando: Crenshaw, "Vinte Anos de Teoria Crítica da Raça", 1324.

79 "em desacordo com elementos-chave": Crenshaw, "Vinte Anos de Teoria Crítica da Raça", 1324.

79 "críticas ao racismo": Crenshaw, "Vinte Anos de Teoria Crítica da Raça", 1333. "À medida que a defesa da justiça racial enfrenta pressões crescentes de vitórias cegas à cor tanto nos campos jurídico quanto político, advogados, pesquisadores e defensores veem-se empurrados de volta para sua própria zona final" (Crenshaw, "Vinte Anos de Teoria Crítica da Raça", 1261–62). Embora Crenshaw expressasse algum otimismo de que os teóricos críticos da raça pudessem virar o jogo, ela estava profundamente preocupada com o "abandono virtual do quadro de injustiça racial" no discurso público contemporâneo (Crenshaw, "Vinte Anos de Teoria Crítica da Raça", 1341). No entanto, ela expressou sua esperança de que "Além da academia, a oportunidade de apresentar uma contranarrativa ao acordo prematuro da sociedade que marcha sob a bandeira do pós-racialismo está madura" (Crenshaw, "Vinte Anos de Teoria Crítica da Raça", 1262).

Capítulo 5: A Síntese de Identidade Torna-se *Mainstream*

83 "Uma ligação de três minutos": Friedman estava citando o preço em dólares de 1996. Em dólares de 2022, o preço seria cerca de US\$ 559. Thomas L. Friedman, *O Lexus e a Oliveira* (Objetiva, 1999), 8.

83 "unir o mundo": Friedman, *O Lexus e a Oliveira*, 8.

83 propenso a se conectar: Friedman até mesmo mencionou o novo passatempo de sua mãe quando, em *O Lexus e a Oliveira*, ele rejeitou aqueles que estavam céticos quanto ao potencial positivo da internet. "Para todos aqueles que dizem que esta era de globalização não é diferente da anterior, eu simplesmente perguntaria: Sua bisavó estava jogando bridge com franceses na Internet em 1900? Eu não acho." Friedman, *O Lexus e a Oliveira*, 8.

84 idade do diálogo: Para mais informações sobre isso, consulte *Lá Vem Todo Mundo* de Clay Shirky. Como exemplo da capacidade da internet de impulsionar mudanças sociais, Shirky aponta para os protestos "flash mob" de 2009 contra o presidente autocrático da Bielorrússia, Alexander Lukashenko. O desafio dos protestos organizados pela internet é claro: "Como tantas pessoas têm acesso à Web, o governo bielorrusso não consegue conter a formação de flash mobs antecipadamente e, como os participantes têm câmeras, não pode dispersar os grupos sem atrair a atenção que deseja evitar. Nessa situação, o governo bielorrusso está limitado a reações excessivas (um toque de recolher em Oktyabrskaya, uma proibição de sorvete ou da internet) ou a esperar que o grupo se forme, e então interrompê-lo". Clay Shirky, *Here Comes Everybody: O Poder de Organizar sem Organizações* (Zahar, 2012), 170.

84 reduzir divisões de longa data: Isso não significa que a internet seja culpada por todos os males sociais ou políticos. Em 2014, vi como minha tarefa furar o otimismo fácil de meus alunos. Se eu fosse ensinar a mesma turma hoje, eu incentivaria meus alunos a serem igualmente céticos em relação ao novo consenso que culpa as redes sociais por praticamente tudo que deu errado ao longo da última década. Pois acontece que as evidências a favor do novo consenso não são muito mais sólidas do que eram as evidências a favor do antigo consenso. Uma revisão abrangente e em curso do trabalho acadêmico sobre redes sociais e política, por exemplo, constatou que não há consenso claro na pesquisa existente sobre como as redes sociais podem levar a várias formas de disfunção política. Veja Jonathan Haidt e Chris Bail, "Social Media and Political Dysfunction: A Collaborative Review," manuscrito não publicado, Universidade de Nova York, https://docs.google.com/document/d/1vVAtMCQnz8WVxtSNQev_e1cGmY9rnY96ecYuAj6C548/edit.

85 Fundada em 2007: Josh Halliday, "David Karp, Fundador do Tumblr, Realizando Seu Sonho," *Guardian*, 29 de jan. de 2012, www.theguardian.com/media/2012/jan/29/tumblr-david-karp-entrevista.

85 clique de um botão: "Uma vez que você entendesse sua interface, uma amálgama de entradas de diário expansivas e memes de cultura pop concisos, e os comentários dispersos inscritos sobre esses artefatos por outros usuários, estariam ao seu alcance. Você também poderia encontrar seus interesses através de tags e seguir tags de interesse. E esses interesses poderiam ser de nicho — extremamente." Emma Sarappo, "Como o Tumblr Ensinou Justiça Social a uma Geração de Adolescentes,"

Pacific Standard, 13 de dez. de 2018, psmag.com/social-justice/como-o-tumblr-ensinou-justiça-social-a-uma-geração-de-adolescentes.

85 O serviço cresceu muito rapidamente: Joanna Stern, "Yahoo Compra Serviço de Rede Social Tumblr por US\$ 1,1 Bilhão," *ABC News*, 20 de mai. de 2013, abcnews.go.com/Technology/yahoo-compra-serviço-de-rede-social-tumblr-11-bilhões/story?id=19215310.

85 tornou-se um lugar: Além de recursos como tags de tópicos, a ampla difusão de novas ideias e identidades no Tumblr provavelmente também foi auxiliada pela estrutura densa incomum do site. Como mostrou uma análise computacional, o Tumblr "produz uma estrutura de rede significativamente diferente da blogosfera tradicional. A rede do Tumblr é muito mais densa e mais bem conectada. Cerca de 29,03 por cento das conexões no Tumblr são recíprocas, enquanto a blogosfera tem apenas 3 por cento A distância média entre dois usuários no Tumblr é de 4,7, que é aproximadamente a metade daquela na blogosfera. O componente conectado gigante cobre 99,61 por cento dos nós, em comparação com 75 por cento na blogosfera." Yi Chang et al., "O que é o Tumblr," *ACM SIGKDD Explorations Newsletter* 16, nº 1 (2014): pp. 21-29, https://doi.org/10.1145/2674026.2674030.

85 enraizado em fandom: Katherine Dee, "Tumblr Transformou a Política Americana," *American Conservative*, 11 de ago. de 2021, www.theamericanconservative.com/articles/tumblr-transformed-american-politics/.

85 lugar para jovens: O forte ênfase na autoexploração sexual também se deve ao fato de que o site não censurava conteúdo explícito nos primeiros anos de sua existência; ele só começou a fazer isso em 2018, um ano após ser adquirido pela Verizon. Shannon Liao, "Tumblr Banirá Todo o Conteúdo Adulto em 17 de Dezembro," *Verge*, 3 de dez. de 2018, www.theverge.com/2018/12/3/18123752/tumblr-banirá-todo-o-conteúdo-adulto-em-17-dezembro-que-mudanças-why-safe-mode.

85 um lado mais sombrio: Carolyn Gregoire, "Os Blogs da Fome: Um Mundo Secreto de 'Thinspiration' Adolescente," *HuffPost*, 9 de fev. de 2012, www.huffpost.com/entry/thinspiration-blogs_n_1264459. Para uma discussão sobre a migração do movimento "thinspiration" para o TikTok, veja Laura Pitcher, "O Conteúdo de Transtornos Alimentares do Tumblr dos Anos 2000 Não Desapareceu — Ele Mudou," *Nylon*, acesso em 19 de mar. de 2023, www.nylon.com/beauty/tumblr-eating-disorder-content-is-on-tiktok-how-to-navigate-it.

85 "O Tumblr se tornou um lugar": Dee, "Tumblr Transformou a Política Americana."

86 "O Tumblr foi o primeiro lugar": Sarappo, "Como o Tumblr Ensinou Justiça Social a uma Geração de Adolescentes."

86 "queríamos nos educar": Lu esclareceu, "Eu não vejo ser woke como algo ruim." Sarappo, "Como o Tumblr Ensinou Justiça Social a uma Geração de Adolescentes."

86 "Para cada estranho": "A maioria das pessoas com quem conversei compartilhou que a primeira vez que foi exposta a algo relacionado à política de identidade (...) foi no Tumblr", escreve Dee. Dee, "Tumblr Transformou a Política Americana."

86 aquém da sofisticação: Embora a ideologia do Tumblr não alcançasse o nível de sofisticação do trabalho acadêmico que formou o núcleo da síntese de identidades, ela foi influenciada por pensadores como Crenshaw e campos como estudos de gênero. Como descobriu um jovem pesquisador, a maioria dos usuários que eram figuras-chave nos debates proeminentes do Tumblr sobre feminismo tinha "formação em estudos de mulheres e gênero em nível de graduação, e vários deles também estão na pós-graduação, buscando carreiras acadêmicas". Fredrika Thelandersson, "Feminismo do Tumblr: Subjetividades de Terceira Onda na Prática" (tese de mestrado, Universidade de Nova York, 2013), 2.

86 Dois temas principais: "Essencialismo estratégico", que abandonou os últimos vestígios de sua natureza estratégica, também foi importante. Embora os postadores ocasionalmente continuassem a prestar homenagem à ideia de que a raça era uma construção social, os usuários eram incentivados a se verem, antes de tudo, definidos por suas identidades atribuídas.

86 essa percepção intuitiva: Para um tratamento muito mais profundo sobre a relação entre epistemologia de ponto de vista e essa forma popularizada de teoria de ponto de vista, veja o capítulo 8.

87 "Se seu feminismo não é interseccional": A citação parece ter origem não no Tumblr, mas sim no blog feminista Tiger Beatdown. Veja, por exemplo, Aja Romano, "A Citação Mais Famosa Dessa Feminista Foi Vendida por Toda a Internet. Ela Não Viu um Centavo," *Vox*, 12 de ago. de 2016, www.vox.com/2016/8/12/12406648/flavia-dzodan-my-feminism-will-be-intersectional-merchandise.

88 fundou um site: Matthew Newton, "Thought Catalog e a Nova Era da Mídia Confessional," *Forbes*, 8 de fev. de 2012, www.forbes.com/sites/matthewnewton/2012/02/08/thought-catalog-and-the-new-age-of-confessional-media/?sh=50fabd0c320d.

Notas

88 "Nossa filosofia é que qualidade": Zach Schonfeld, "O Acerto de Contas do Thought Catalog," *Newsweek*, 20 de mai. de 2016, www.newsweek.com/thought-catalogs-reckoning-332545.

88 explodiu em visibilidade: Tim Herrera, "Dentro do Mundo Contraditório do Thought Catalog, um dos Sites Mais Odiados da Internet," *Washington Post*, 21 de out. de 2014, www.washingtonpost.com/news/the-intersect/wp/2014/10/21/inside-the-contradictory-world-of-thought-catalog-one-of-the-internets-most-reviled-sites/.

88 artigos mais virais: Curiosamente, o autor do artigo, Macy Sto. Domingo, descreve-o como diretamente inspirado por "Privilégio Branco: Desembalando a Mochila Invisível", um ensaio influente da feminista e teórica crítica da raça Peggy McIntosh. Macy Sto. Domingo, "18 Coisas que as Pessoas Brancas Parecem Não Entender (Porque, Privilégio Branco)," Thought Catalog, 5 de abril de 2014, thoughtcatalog.com/macy-sto-domingo/2014/04/18-things-white-people-seem-to-not-understand-because-white-privilege/.

88 uma forma popularizada: Veja, por exemplo, Jen Caron, "ISSO ACONTECEU COMIGO: Não Há Pessoas Negras nas Minhas Aulas de Ioga e de Repente Estou me Sentindo Desconfortável com Isso," *xoJane*, 28 de jan. de 2014, https://web.archive.org/web/20140131063708/http://www.xojane.com/it-happened-to-me/it-happened-to-me-there-are-no-black-people-in-my-yoga-classes-and-im-uncomfortable-with-it; e Laura Beck, "O Problema com Bonecas Brancas," *Jezebel*, 27 de mar. de 2013, jezebel.com/the-problem-with-white-dolls-5992550.

88 publicações mais estabelecidas: Randa Jarrar, "Por que Eu Não Suporto Dançarinas do Ventre Brancas," *Salon*, 4 de mar. de 2014, www.salon.com/2014/03/04/why_i_cant_stand_white_belly_dancers/; Kali Holloway, "10 Maneiras Pelas Quais Pessoas Brancas São Mais Racistas do que Elas se Dão Conta," *Salon*, 11 de mar. de 2015, www.salon.com/2015/03/04/10_ways_white_people_are_more_racist_than_they_realize_partner/.

89 decorava a página inicial: Roopa Singh, "4 Pensamentos para o Seu Professor de Ioga que Acha que a Apropriação É Divertida," *Everyday Feminism*, 8 de mar. de 2015, everydayfeminism.com/2015/03/letter-to-my-yoga-teacher/; Kerry Truong, "Pessoas de Cor Não Podem Curar Seu Racismo, Mas Aqui Estão 5 Coisas que Você Pode Fazer em Vez Disso," *Everyday Feminism*, 8 de mar. de 2015, everydayfeminism.com/2015/03/poc-cant-cure-your-racism/; Carmen Rios, "Você Chama Isso de Profissionalismo; Eu Chamo de Opressão de Terno," *Everyday Feminism*,

15 de fev. de 2015, everydayfeminism.com/2015/02/professionalism-and-oppression/.

89 eu lia artigos: Aliya Khan, "6 Maneiras de Responder a Microagressões Sexistas em Conversas Cotidianas," *Everyday Feminism*, 18 de jan. de 2015, everydayfeminism.com/2015/01/responses-to-sexist-microaggressions/; Melissa A. Fabello, "Privilégio Branco, Explicado em um Quadrinho Simples," *Everyday Feminism*, 21 de set. de 2014, everydayfeminism.com/2014/09/white-privilege-explained/; Jenika McCrayer, "Então Você É um 'Homem de Seios'? Aqui Estão 3 Razões que Podem Ser Sexistas," *Everyday Feminism*, 5 de abril de 2015, everydayfeminism.com/2015/04/breasts-man/.

90 nova revista digital: Ezra Klein, "*Vox* É o Nosso Próximo Passo," *Verge*, 26 de jan. de 2014, www.theverge.com/2014/1/26/5348212/ezra-klein-vox-is-our-next.

90 por que isso importa: Como Ezra Klein descreveu a importância do jornalismo explicativo ao anunciar o *Vox*, "Novas informações nem sempre — e talvez nem mesmo frequentemente — são as mais importantes para entender um tópico (...). O negócio das notícias, no entanto, é apenas um subconjunto do negócio de informar o nosso público — e é nesse negócio que pretendemos estar. Nossa missão é criar um site que seja tão bom em explicar o mundo quanto em reportá-lo." Klein, "*Vox* É o Nosso Próximo Passo."

91 uma característica muito aclamada: Em 2017, três anos após a fundação do *Vox*, as pilhas de cartões foram descontinuadas ("Ezra Klein do *Vox* Explica Tudo," Yahoo, acesso em 18 de dez. de 2022, www.yahoo.com/lifestyle/vox-ezra-klein-explains-232044265.html). Matthew Yglesias elaborou esse ponto em um *post* em seu *blog* refletindo sobre a fundação do *Vox*: "Para atender às necessidades dos anunciantes, era necessário atender às necessidades das plataformas, e isso significava que nós simplesmente não éramos senhores do nosso destino. Quaisquer que sejam os méritos ou defeitos da ideia de pilha de cartões, ela nunca teve uma chance porque não funcionava com o Facebook em um nível técnico". Em vez disso, Yglesias escreve, os algoritmos do Facebook pareciam favorecer "política de identidade *hardcore*" na época, incentivando tanto escritores quanto publicações a abraçarem ideias mais radicais. Matthew Yglesias, "O que Aprendi Cofundando o *Vox*," *Slow Boring*, 7 de dez. de 2022, www.slowboring.com/p/what-i-learned-co-founding-vox.

91 suas próprias experiências: Eleanor Barkhorn, "Primeira Pessoa, Nova Seção do *Vox* Dedicada a Ensaios Narrativos, Explicada," *Vox*, 12 de jun. de 2015, https://web.archive.org/web/20150614001232/https://www.vox.com/2015/6/12/8767221/vox-first-person-explained.

91 uma carta aberta: "Uma Carta Sobre Justiça e Debate Aberto," *Harper's*, 7 de jul. de 2020, harpers.org/a-letter-on-justice-and-open-debate/. (Junto com mais de cem outros escritores e artistas, que vão de Salman Rushdie a Noam Chomsky, fui um dos cossignatários.)

91 funcionários o atacaram: Emily VanDerWerff, Twitter, 7 de jul. de 2020, 12:12 p.m., twitter.com/emilyvdw/status/1280580388495097856?lang=en. A escritora, que agora se chama Emily St. James, enfatizou repetidamente que não queria que Yglesias fosse punido por coassinar a carta.

91 começar sua própria newsletter: Conor Friedersdorf, "Por que Matthew Yglesias Deixou o *Vox*," *Atlantic*, 13 de nov. de 2020, www.theatlantic.com/ideas/archive/2020/11/substack-and-medias-groupthink-problem/617102/.

91 Klein seguiu o exemplo: Ezra Klein (@ezraklein), "Depois de quase oito incríveis anos construindo, editando e trabalhando no @voxdotcom, estou deixando para me juntar ao @nytopinion," Twitter, 20 de nov. de 2020, 13:25, twitter.com/ezraklein/status/1329853360258748416?s=20.

92 "uma consequência direta da influência do Facebook": Yglesias, "O que Aprendi Cofundando o *Vox*."

93 uma explosão notável: No início dos anos 2010, esse conteúdo era predominantemente publicado por novatos digitais que eram vistos como muito fora do *mainstream* (como constituído pelas publicações de legado mais prestigiosas). Mas à medida que sites como o *xoJane* e o Thought Catalog explodiram em popularidade, as publicações *mainstream* ficaram ansiosas para garantir uma fatia do bolo. A CNN, por exemplo, expandiu sua vertical "First Person" em 2013. Veja Eve Fairbanks, "Como os Ensaios Pessoais Conquistaram o Jornalismo — e Por que Eles Não Dão Conta," *Washington Post*, 10 de out. de 2014, www.washingtonpost.com/posteverything/wp/2014/10/10/how-personal-essays-conquered-journalism-and-why-they-cant-cut-it/.

93 "Eu ensinarei aos meus meninos": Ekow N. Yankah, "Meus Filhos Podem Ser Amigos de Pessoas Brancas?," *New York Times*, 11 de nov. de 2017, www.nytimes.com/2017/11/11/opinion/sunday/interracial-friendship-donald-trump.html.

94 uma análise de Zach Goldberg: Zach Goldberg, "Como a Mídia Liderou o Grande Despertar Racial," *Tablet*, 4 de ago. de 2020, www.tabletmag.com/sections/news/articles/media-great-racial-awakening.

400　　　　　　　　A Armadilha da Identidade

94 veículos de mídia prestigiados: Cientistas políticos há muito acreditam que as crenças populares sobre raça são profundamente moldadas pela forma como são apresentadas na mídia. Como Paul Kellstedt mostrou em 2000, baseado em artigos da *Newsweek*, *"Como* a política racial é coberta na mídia é extremamente importante [para o ambiente político americano mais amplo]." (Paul M. Kellstedt, "Enquadramento Midiático e a Dinâmica das Preferências Políticas Raciais," *American Journal of Political Science* 44, nº 2 (2000): 245–60, doi.org/10.2307/2669308.) Não é surpresa, então, que a forma rapidamente mutante como os veículos de mídia *mainstream* falaram sobre raça ao longo da última década também pareça ter tido um efeito massivo nas visões sobre raça entre seu público-alvo principal.

94 aumento nas visões progressistas: Como Goldberg coloca, a "mídia liberal de elite e seu público-alvo — especialmente seu público-alvo liberal branco — passaram por uma mudança profunda". No entanto, ele também adverte que "essas descobertas, embora sugestivas, não provam que a cobertura da mídia em veículos liberais de destaque como o *New York Times* e o *Washington Post* esteja *causando* mudanças nas atitudes raciais. O que mostra de forma decisiva é que os jornais cobertos aqui estão falando tanto sobre desigualdade racial quanto sobre questões relacionadas à raça muito mais frequentemente do que têm feito desde pelo menos 1970, além de cada vez mais enquadrarem essas questões usando os termos e jargões associados à 'consciência social'. Além disso, mostra que o liberalismo racial dos liberais brancos seguiu de perto essas tendências na cobertura da mídia, em vez de precedê-las. Está além do escopo deste artigo explicar totalmente as causas subjacentes dessas mudanças". Goldberg, "Como a Mídia Liderou o Grande Despertar Racial."

94 atitudes sobre raça: Matthew Yglesias, "O Grande Despertar," *Vox*, 1 de abr. de 2019, www.vox.com/2019/3/22/18259865/great-awokening-white-liberals-race-polling-trump-2020.

95 mais propensos a dizer: Zach Goldberg (@ZachG932), "Diferenciais de termômetro entre brancos e grupos raciais/étnicos," Twitter, 25 de mar. de 2021, 17:30, twitter.com/zachg932/status/1375198311355969542. A mesma dinâmica também parece estar se desenrolando em muitos locais de trabalho. Como o diretor executivo de uma organização progressista, que é negro, disse a um jornalista, "Os mais zelosos na minha organização quando se trata de raça são brancos". Ryan Grim, "Colapsos Levaram Grupos de Advocacia Progressista a uma Paralisação em um Momento Crítico da História

Mundial," *Intercept*, 13 de jun. de 2022, theintercept.com/2022/06/13/progressive-organizing-infighting-callout-culture/.

95 "Os liberais brancos avançaram tanto": Yglesias, "Grande Despertar."

Capítulo 6: A Curta Marcha pelas Instituições

97 "longa marcha através": "Para ampliar a base do movimento estudantil, Rudi Dutschke propôs a estratégia da longa marcha através das instituições." Herbert Marcuse, *Counterrevolution and Revolt (Contra-revolução e Revolta)* (Boston: Beacon Press, 1972), 55.

97 "trabalhando contra as instituições estabelecidas": Marcuse, *Contrarrevolução e Revolta*, 55.

98 cooptado pelas instituições: Quando Gerhard Schröder tornou-se presidente do movimento jovem do Partido Social-Democrata em 1971, por exemplo, ele se autodenominava um "marxista devotado". Mas, quando completou sua marcha pelas instituições e se tornou chanceler da Alemanha, suas antigas convicções começaram a diminuir. Schröder agora representava a ala moderada do Partido Social-Democrata, entrando em conflito com figuras de esquerda como Oskar Lafontaine. Seu gosto por ternos caros e suas relações próximas com os líderes corporativos do país lhe renderam o apelido de *Der Genosse der Bosse*, ou o Camarada dos CEOs. Quando deixou o cargo, em 2005, a única coisa que restou de suas antigas convicções foi um profundo antiamericanismo; ele se tornou um lobista para o regime ditatorial de Vladimir Putin, juntando-se aos conselhos das empresas de energia russas Rosneft e Gazprom. Katrin Bennhold, "O Antigo Chanceler que se Tornou o Homem de Putin na Alemanha," *New York Times*, 23 de abr. de 2022, www.nytimes.com/2022/04/23/world/europe/schroder-germany-russia-gas-ukraine-war-energy.html.

98 mudanças sociais e culturais: Por exemplo, o cientista político Russell Dalton usa a ideia da longa marcha pelas instituições para explicar a reversão para partidos políticos ideologicamente polarizados na década de 1970, que substituíram os partidos não ideológicos e consensuais do período pós-guerra. Russell J. Dalton, "Mudança Geracional nas Crenças Políticas da Elite: O Crescimento da Polarização Ideológica," *Journal of Politics* 49, nº 4 (1987): 976–97, doi.org/10.2307/2130780.

99 matrículas em departamentos: Nos estudos de mulheres e de gênero, por exemplo, o número de diplomas oferecidos cresceu 300 por cento entre 1990

402   A Armadilha da Identidade

e 2015. David Rutz, "Diplomas em Estudos de Gênero Aumentaram Mais de 300 por Cento Desde 1990," *Washington Free Beacon*, 6 de mar. de 2017, freebeacon. com/politics/report-genders-studies-degrees-increased-300-percent-1990/.

99 propensos a aprender: Segundo uma pesquisa de 2015, 76 por cento das faculdades relataram o uso de requisitos de distribuição que exigem que os alunos façam uma variedade de disciplinas fora de sua área principal. Scott Jaschik, "Distribuição Mais," *Inside Higher Ed*, 19 de jan. de 2016, www. insidehighered.com/news/2016/01/19/survey-colleges-finds-distribution- -requirements-remain-popular-new-features.

100 não conseguiu acompanhar o ritmo: Michael Delucchi et al., "O que É Esse Cheiro? Trabalhos Sem Sentido no Ensino Superior," *Review of Social Economy*, 17 de jun. de 2021, 1–22, doi.org/10.1080/00346764.2021. 1940255.

100 o número de funcionários não docentes disparou: Delucchi et al., "O que É Esse Cheiro?," 3.

100 uma vez que confortavelmente superavam: Em 2018, havia 832.119 professores e 1.086.070 administradores e outros funcionários profissionais, enquanto em 1976 eles eram respectivamente 434.000 e 247.322. Delucchi et al., "O que É Esse Cheiro?".

100 ofereceu seminários sobre: Samuel J. Abrams, "Acha que os Professores São Liberais? Experimente os Administradores Escolares," *New York Times*, 16 de out. de 2018, www.nytimes.com/2018/10/16/opinion/ liberal-college-administrators.html.

100 abster-se de usar: Robby Soave, "A Polícia Insana da Fala da Universidade da Califórnia," *Daily Beast*, 14 de abr. de 2017, www.thedaily-beast.com/the-university-of-californias-insane-speech-police.

100 intervir quando os estudantes: Nick Gillespie, "Finalmente: Um Sistema Anônimo e Online com Geo-Tags para Relatar Microagressões na Faculdade!," *Reason*, 25 de mar. de 2015, https://reason.com/2015/03/25/ anonymous-online-geo-system-to/.

100 Yale, por exemplo: Philip Mousavizadeh, "Uma 'Proliferação de Administradores': Docentes Refletem sobre Duas Décadas de Expansão Rápida," *Yale Daily News*, 10 de nov. de 2021, yaledailynews.com/blog/2021/11/ 10/reluctance-on-the-part-of-its-leadership-to-lead-yales-administration- -increases-by-nearly-50-percent/.

100 monocultura no campus: Veja, por exemplo, Abrams, "Acha que os Professores São Liberais?"; e Samuel J. Abrams e Amna Khalid, "As Faculdades e Universidades São Muito Liberais? O que a Pesquisa Diz Sobre a Composição

Política dos Campi e o Clima do Campus," AEI, 21 de out. de 2020, www.aei.org/articles/are-colleges-and-universities-too-liberal-what-the-research--says-about-the-political-composition-of-campuses-and-campus-climate/.

101 um quadro preocupante: "As Escolas de Elite São as Mais Problemáticas no que Diz Respeito à Liberdade de Expressão," *RealClearEducation*, 9 de nov. de 2020, www.realcleareducation.com/articles/2020/11/09/elite_schools_are_the_most_problematic_on_speech_110505.html. Da mesma forma, um estudo da FIRE classificou Harvard, Princeton e Cornell como "abaixo da média" em direitos de expressão, Brown "ligeiramente abaixo da média" e Dartmouth "média". Columbia e a Universidade da Pensilvânia ficaram na parte inferior das 203 escolas classificadas. "2022 College Free Speech Rankings," Foundation for Individual Rights and Expression, acesso em 16 de dez. de 2022, www.thefire.org/research-learn/2022-college-free-speech-rankings.

101 especialmente bem-sucedidas em: Isso pode ser porque competem por talentos de primeira linha, são particularmente sensíveis a críticas nas mídias sociais ou têm um compromisso ideológico com valores progressistas.

102 por décadas lutou: Para uma história da ACLU, veja Samuel Walker, *In Defense of American Liberties: A History of the ACLU (Em Defesa das Liberdades Americanas: Uma História da ACLU)* (Nova York: Oxford University Press, 1990).

102 "As garantias constitucionais de liberdade": David Goldberger, "O Caso Skokie: Como Representei os Direitos de Liberdade de Expressão dos Nazistas," União Americana pelas Liberdades Civis, 2 de mar. de 2020, www.aclu.org/issues/free-speech/rights-protesters/skokie-case-how-i-came-represent-free-speech-rights-nazis. Como Goldberger diz no mesmo artigo, a lei de Illinois que serviu de base para a proibição original do comício nazista "usava uma linguagem tão abrangente que justificaria, por exemplo, a acusação criminal de um líder do Black Lives Matter por fazer um discurso culpando o racismo branco pelos tiroteios policiais contra afro--americanos".

102 continua a pregar: "História da ACLU," União Americana pelas Liberdades Civis, acesso em 16 de dez. de 2022, www.aclu.org/about/aclu-history.

102 "Uma vez um bastião da liberdade de expressão": Lara Bazelon, "A ACLU Perdeu o Rumo," *Atlantic*, 10 de mai. de 2022, www.theatlantic.com/ideas/archive/2022/05/aclu-johnny-depp-amber-heard-trial/629808/.

404   A Armadilha da Identidade

102 exército de pequenos doadores: Larry Neumeister, "ACLU Está Vendo um Aumento de Membros e Doações na Era Trump," *AP News*, 12 de fev. de 2017, apnews.com/article/1dbcc13bc0104edaabb1d55c13483101.

103 a ACLU tem exigido: A ACLU publicou uma carta de uma estudante do Smith College que pediu "moradias de afinidade" para minorias raciais no campus (Lucas Ropek, "Mulher no Centro do Incidente do Smith College Solicita 'Moradias de Afinidade' para Estudantes de Cor," *MassLive*, 14 de set. de 2018, www.masslive.com/news/2018/09/smith_college_student_pens_let.html). Sobre a desfinanciamento da polícia, veja "Segurança Pública Transformadora: Reduzindo os Papéis, Recursos e Poder da Polícia," União Americana pelas Liberdades Civis, 8 de jun. de 2021, www.aclu.org/news/topic/transformational-public-safety-reducing-the-roles-resources-and-power-of-police. Sobre dívida estudantil, veja "Cancelar a Dívida Estudantil: $50 mil para Cada Mutuário," União Americana pelas Liberdades Civis, acesso em 16 de dez. de 2022, action.aclu.org/petition/cancel-student-debt-50k-every-borrower. Sobre banda larga, veja ACLU (@ACLU), "O Acesso à Banda Larga É Mais do que Apenas Internet — É uma Questão de Igualdade Sistêmica," Twitter, 31 de mar. de 2021, 17:21, twitter.com/ACLU/status/1377370379753156608.

103 "Pessoas sem acesso à banda larga": "Acesso à Banda Larga para Todos Agora," União Americana pelas Liberdades Civis, acesso em 16 de dez. de 2022, action.aclu.org/send-message/broadband-access-all-now.

103 "orçamento anual cresceu": Michael Powell, "Antes um Bastião da Liberdade de Expressão, a ACLU Enfrenta uma Crise de Identidade," *New York Times*, 6 de jun. de 2021, www.nytimes.com/2021/06/06/us/aclu-free-speech.html.

103 "posição rígida" da ACLU: Joseph Goldstein, "Depois de Charlottesville, ACLU se Prepara para o Próximo Caso da Extrema Direita," *New York Times*, 4 de out. de 2017, www.nytimes.com/2017/10/04/us/aclu-charlottesville-white-supremacists.html.

103 "uma desculpa para os nazistas": Alex Blasdel, "Como o Resurgimento da Supremacia Branca nos EUA Desencadeou uma Guerra sobre a Liberdade de Expressão," *Guardian*, 31 de mai. de 2018, www.theguardian.com/news/2018/may/31/how-the-resurgence-of-white-supremacy-in-the-us-sparked-a-war-over-free-speech-aclu-charlottesville.

103 a calou: Jeremy Bauer-Wolf, "Palestrante da ACLU É Calada na William & Mary," *Inside Higher Ed*, 5 de out. de 2017, www.insidehighered.com/quicktakes/2017/10/05/aclu-speaker-shouted-down-william-mary.

Notas

104 "preocupada com os doadores": Joan Biskupic, "ACLU Recebe Críticas por sua Defesa da Liberdade de Expressão de Grupo Supremacista Branco," *CNN*, 17 de ago. de 2017, www.cnn.com/2017/08/16/politics/aclu-free-speech-white-supremacy/index.html.

104 Dentro de dez meses: O memorando da ACLU não está datado. Mas os primeiros relatos de imprensa sobre isso surgiram dez meses após os protestos em Charlottesville. Veja, por exemplo, Robby Soave, "Memorando Interno Vazado Revela que a ACLU Está Vacilando sobre a Liberdade de Expressão," *Reason*, 21 de jun. de 2018, reason.com/2018/06/21/aclu-leaked-memo-free-speech/.

104 deveriam considerar fatores: As diretrizes de seleção "foram desenvolvidas por um comitê conjunto de funcionários nacionais da ACLU e diretores jurídicos de seis afiliadas", presidido pelo diretor jurídico nacional da ACLU, David Cole. "Diretrizes de Seleção de Casos da ACLU: Conflitos entre Valores ou Prioridades Concorrentes", ACLU.org, acesso em 12 de jan. de 2023, www.aclu.org/sites/default/files/field_document/aclu_case_selection_guidelines.pdf.

104 o golpe final: Comunicação pessoal. Veja também Powell, "Antes um Bastião da Liberdade de Expressão".

104 Abigail Shrier argumentou: Abigail Shrier, *Irreversible Damage: The Transgender Craze Seducing Our Daughters (Dano Irreversível: A Moda Transgênero Seduzindo Nossas Filhas)* (Washington, D.C.: Regnery, 2020).

104 "parar a circulação": O tuíte de Strangio foi excluído desde então. Para um registro, veja Glenn Greenwald, "A Morte Contínua da Liberdade de Expressão: Advogado de Destaque da ACLU Comemora a Supressão de um Novo Livro," 15 de nov. de 2020, greenwald.substack.com/p/the-ongoing-death-of-free-speech.

104 "promove um processo injusto": ACLU (@ACLU), Twitter, 16 de nov. de 2018, 10:40, twitter.com/ACLU/status/1063456843706585089.

104 direitos ao devido processo legal: Conor Friedersdorf, "A ACLU Se Recusa a Defender Direitos Civis," *Atlantic*, 19 de nov. de 2018, www.theatlantic.com/ideas/archive/2018/11/aclu-devos-title-ix/576142/; Robby Soave, "A ACLU Condena as Reformas do Título IX de DeVos, Diz que Essas Salvaguardas de Devido Processo 'Favorecem Inadequadamente o Acusado'", *Reason*, 16 de nov. de 2018, reason.com/2018/11/16/aclu-betsy-devos-title-ix-due-process/.

104 "mais importante para a equipe da ACLU": Powell, "Antes um Bastião da Liberdade de Expressão".

105 compartilhar sua avaliação: "A arrecadação de fundos provavelmente desempenha um papel, mas acho que a ideologia é mais importante", afirmou recentemente Wendy Kaminer, membro do conselho da ACLU há muito tempo. "Acho que é uma mudança ideológica." Mark Hemingway, "A 'Expansão da Missão' para a Esquerda de Grupos de Defesa Está se Aproximando da Liberdade de Expressão," *RealClearInvestigations*, 1 de mai. de 2019, www.realclearinvestigations.com/articles/2019/04/30/how_rights_groups_mission_creep_creeps_up_on_free_speech.html.

105 "se eles se sentirem confortáveis": Powell, "Antes um Bastião da Liberdade de Expressão".

105 O Sierra Club: Em sua totalidade, sua declaração de missão promete: "Explorar, desfrutar e proteger os lugares selvagens da terra; Praticar e promover o uso responsável dos ecossistemas e recursos da terra; Educar e alistar a humanidade para proteger e restaurar a qualidade do ambiente natural e humano, e usar todos os meios legais para realizar esses objetivos". "Sobre o Sierra Club", Sierra Club, acesso em 12 de jan. de 2023, www.sierra-club.org/about-sierra-club.

105 "derrubar o muro": "Diga à Administração Biden: Respeite as Comunidades na Fronteira. Derrube o Muro!", Sierra Club, acesso em 12 de jan. de 2023, addup.sierraclub.org/campaigns/tell-the-biden-administration-honor-communities-on-the-border-tear-down-the-wall.

105 "desfinanciar a polícia": Heather Smith, "O que Significa Desfinanciar a Polícia?", *Sierra Club*, 17 de jun. de 2020, www.sierraclub.org/sierra/what-does-it-mean-defund-police.

106 causas cada vez mais radicais: "A Filantropia Americana se Torna de Esquerda," *Economist*, 4 de set. de 2021, www.economist.com/united-states/2021/09/04/american-philanthropy-turns-left.

106 concluído em 2021: "A Filantropia Americana se Torna de Esquerda."

106 cerca de US\$ 28 bilhões: Anna Koob, "O que os Dados de Subsídios da Candid Dizem Sobre o Financiamento para Equidade Racial nos Estados Unidos?", *Candid* (blog), 24 de jul. de 2020, blog.candid.org/post/what-does-candids-grants-data-say-about-funding-for-racial-equity-in-the-united-states/?utm.

106 direcionou dólares de doadores: Veja, por exemplo, Sean Campbell, "O Black Lives Matter Secretamente Comprou uma Casa de US\$ 6 Milhões," *Intelligencer*, 4 de abr. de 2022, nymag.com/intelligencer/2022/04/black-lives-matter-6-million-dollar-house.html. Veja também Ailsa Chang, Jason Fuller e Kathryn Fox, "Casa Secreta de US\$ 6 Milhões Tem Aliados e Críticos Céticos com as Finanças da Fundação BLM," *NPR*, 7 de abr. de 2022, www.npr.org/2022/04/07/1091487910/blm-leaders-face-questions-after-allegedly-buying-a-mansion-with-donation-money. Veja ainda William Bredderman, "Dentro do Obscuro Projeto de US$ 6,7 Milhões de Shaun King," *Daily Beast*, 21 de set. de 2022, www.thedailybeast.com/inside-shaun-kings-shadowy-dollar67-million-nonprofit-grassroots-law-project-formed-after-george-floyds-death.

106 causas políticas extremas: Thomas B. Edsall, "A Lei das Consequências Políticas Não Intencionais Ataca Novamente," *New York Times*, 5 de jan. de 2022, www.nytimes.com/2022/01/05/opinion/progressive-philanthropy-critics.html. Uma medida de votação para abolir o Departamento de Polícia de Minneapolis, por exemplo, recebeu financiamento significativo do Open Society Policy Center; ironicamente, uma maioria dos eleitores em algumas partes ricas e predominantemente brancas da cidade apoiou a medida, enquanto uma clara maioria daqueles em partes menos ricas e predominantemente negras da cidade a rejeitou. Como argumentou o jornalista Jonathan Chait na revista *New York*, o forte apoio que as principais fundações deram a grupos ativistas baseados em identidade teve uma influência significativa na composição ideológica da esquerda. "Nos últimos anos, uma série de novos *slogans* e planos—como o Green New Deal, 'Desfinanciar a polícia', 'Abolir o ICE', e assim por diante — saltaram do mundo do ativismo sem fins lucrativos para os letreiros de MSNBC e Fox News." Jonathan Chait, "A Grande Pressão de Joe Biden," *Intelligencer*, 22 de nov. de 2021, nymag.com/intelligencer/2021/11/joe-biden-agenda.html.

107 "Para ajudar a promover a conversa": "Enriquecimento de Funcionários para Inclusão," Coca-Cola Company, acesso em 12 de jan. de 2023, www.coca-colacompany.com/social-impact/diversity-and-inclusion/racial-equity/internal-action/employee-enrichment.

107 "tente ser menos branco": Dan MacGuill, "O Treinamento de Diversidade da Coca-Cola Disse aos Trabalhadores 'Tente Ser Menos Branco'?," *Snopes*, 23 de fev. de 2021, www.snopes.com/fact-check/coca-cola-training-less-white/.

107 programa de treinamento mais amplo: Uma declaração da Coca-Cola dizia: "O vídeo em questão estava acessível em uma plataforma de terceiros e não fazia parte do currículo da empresa, portanto, não era obrigatório". Embora o material fizesse parte de um curso oferecido pelo LinkedIn e não diretamente pela Coca-Cola, os funcionários afirmaram que a declaração

408 A Armadilha da Identidade

da Coca-Cola estava incorreta e que o curso era, na verdade, obrigatório. Paul Bond, "LinkedIn Remove Lição de Diversidade que Dizia aos Funcionários 'Seja Menos Branco'," *Newsweek*, 23 de fev. de 2021, www.newsweek.com/linkedin-removes-diversity-lesson-less-white-1571205.

107 dezenas de grandes corporações: Daniel Bergner, "'Fragilidade Branca' Está em Todos os Lugares. Mas o Treinamento Antirracista Funciona?," *New York Times*, 6 de ago. de 2021, www.nytimes.com/2020/07/15/magazine/white-fragility-robin-diangelo.html.

108 "O termo 'segurança psicológica'": Raafi-Karim Alidina, "Diversidade e Inclusão: Como Fomentar o Entendimento Inter-religioso no Local de Trabalho," *HRZone*, 14 de fev. de 2020, www.hrzone.com/lead/culture/diversity-and-inclusion-how-to-foster-interfaith-understanding-in-the-workplace.

108 O Google, por exemplo: Arooj Ahmed, "A Lista das Dez Principais Faculdades dos EUA de Onde a Apple, o Facebook e o Google Contratam," Digital Information World, 24 de jun. de 2020, www.digitalinformationworld.com/2020/06/the-list-of-top-ten-us-colleges-that-apple-facebook-and-google-hire-from.html.

108 formados pela Ivy League: Weng Cheong, "A Política de Contratação na McKinsey, Uma das Consultorias de Gestão Mais Elitizadas do Mundo, É Definida por Uma Coisa: Harvard," *Business Insider*, 22 de dez. de 2020, www.businessinsider.com/mckinsey-hiring-policy-2013-9.

108 Goldman Sachs expande: Jeff Schmitt, "As Principais Faculdades Alimentadoras do Google, Goldman Sachs e Mais," Poets & Quants for Undergrads, 7 de jan. de 2015, poetsandquantsforundergrads.com/rankings/the-top-feeder-schools-to-google-goldman-sachs-and-more/2/.

108 uma parcela significativa: Para uma visão geral do trabalho acadêmico sobre "ativismo interno", veja Forrest Briscoe e Abhinav Gupta, "Ativismo Social Dentro e em Torno das Organizações," *Academy of Management Annals* 10, nº 1 (2016): 671–727, doi.org/10.5465/19416520.2016.1153261, bem como Tom C. W. Lin, "Incorporating Social Activism," *Boston University Law Review* 98, nº 6 (2018): 1535–606.

109 "A voz da força de trabalho": Futuro do Trabalho: Adaptando-se ao Local de Trabalho Democratizado, Herbert Smith Freehills, acesso em 19 de mar. de 2023, 4, www.herbertsmithfreehills.com/latest-thinking/the-new-world-of-work-report-warns-of-an-unprecedented-rise-in-workplace-activism-v2.

109 quatrocentos executivos de alto escalão: *Futuro do Trabalho*, 8.

Notas

109 "No primeiro semestre de 2015": Adrian Ma, "'Os Movimentos Sociais São Contagiosos': Protestos Dentro de Empresas em Mass. Fazem Parte de uma Tendência Crescente," *WBUR News*, 4 de ago. de 2020, www.wbur. org/news/2020/08/04/company-protests-black-lives-matter-whole-foods. Essa pressão de dentro muitas vezes foi complementada por intervenções estratégicas de grupos de interesse externos. A Human Rights Campaign, um importante grupo ativista LGBTQIA+, por exemplo, desenvolveu um índice para medir até que ponto grandes empresas cumprem suas preferências e incentivá-las a melhorar. Como argumenta Apoorva Ghosh, o chamado Índice de Igualdade Corporativa serve como um "certificador" de conquistas em diversidade, incentivando "corporações *Fortune 500* que desejam reter e atrair talentos e mostrar uma imagem de diversidade inclusiva para seus clientes e mercados a buscar altas pontuações nesse índice para demonstrar suas credenciais de diversidade". Esse mecanismo foi especialmente poderoso em empresas de tecnologia, empresas de consultoria e bancos de investimento. Todas essas empresas competem ferozmente pelo melhor talento em cada classe de formandos, em parte prometendo aos futuros funcionários que a cultura da empresa corresponderá aos seus valores, permitindo-lhes "fazer o bem" enquanto "se saem bem". De fato, Ghosh descobre que a inclusão de novos critérios no índice teve um efeito muito rápido e significativo, com grandes empresas se esforçando para oferecer uma cobertura de saúde expandida a seus funcionários transgêneros para manter uma alta pontuação no Índice de Igualdade Corporativa. Como Ghosh escreve no contexto do ativismo LGBTQIA+, "os ativistas internos fazem o argumento empresarial defendendo como essas mudanças de políticas e práticas ajudariam seu empregador a reter (bem como atrair) talentosos funcionários LGBT". Veja Apoorva Ghosh, "A Política de Alinhamento e a 'Silenciosa Revolução Transgênero' em Corporações Fortune 500, 2008 a 2017," *Socio-economic Review* 19, nº 3 (2021): 1095–125.

109 "Tudo o que é preciso é um indivíduo particularmente falador": *Futuro do Trabalho*, 10.

109 processo de "difusão isomórfica": Além de Ghosh, veja Forrest Briscoe e Sean Safford, "O Efeito Nixon-na-China: Ativismo, Imitação e Institucionalização de Práticas Contenciosas," *Administrative Science Quarterly* 53, nº 3 (2008): 460–91, doi.org/10.2189/asqu.53.3.460.

109 "destacar a adoção": Ghosh, "Política de Alinhamento," 1099.

109 líderes de sua indústria: Gabriel Rossman, "Por Que Organizações Engajadas Soam Todas Iguais," *City Journal*, Outono de 2021, www.city--journal.org/why-woke-organizations-all-sound-the-same.

410 A Armadilha da Identidade

110 tipos de programas de treinamento: "Para decidir se uma instituição discriminou um grupo protegido, os tribunais e reguladores muitas vezes usariam uma abordagem de 'melhores práticas', o que significa que se seus concorrentes adotassem a última moda acadêmica ou do mundo de RH, você sentiria a necessidade de fazer o mesmo" (Richard Hanania, "Instituições Woke São Apenas Direitos Civis," *Boletim Informativo de Richard Hanania*, 1º de jun. de 2021, richardhanania.substack.com/p/woke-institutions-is-just-civil-rights). Da mesma maneira, um artigo de 2019 da *Harvard Business Review* descobriu que processos por discriminação resultaram em esforços aumentados de diversidade e inclusão e ganhos mensuráveis na diversidade gerencial. Existem múltiplos mecanismos por trás desse efeito, mas um provavelmente é a impressão de que os esforços de diversidade protegem contra futuros processos de discriminação. Elizabeth Hirsch, "Processos Legais Melhoram a Igualdade de Gênero e Racial no Trabalho?," *Harvard Business Review*, 14 de nov. de 2019, hbr.org/2019/11/do-lawsuits-improve-gender-and-racial-equality-at-work.

110 "Suponha que você seja um gerente": Rossman, "Por que Organizações Engajadas Soam Todas Iguais."

Capítulo 7: Desacordo Desencorajado

113 As razões para preocupação: Jessica Taylor, "Trump pede 'Fechamento Total e Completo de Entrada de Muçulmanos' nos EUA," *NPR*, 7 de dez. de 2015, www.npr.org/2015/12/07/458836388/trump-calls-for-total-and-complete-shutdown-of-muslims-entering-u-s; Mark Berman, "Trump Diz à Polícia para Não se Preocupar em Ferir Suspeitos Durante Prisões," *Washington Post*, 7 de jul. de 2017, www.washingtonpost.com/news/post-nation/wp/2017/07/28/trump-tells-police-not-to-worry-about-injuring-suspects-during-arrests/; Jeremy Diamond, "Trump sobre o Grito de 'Prendam Ela': 'Estou Começando a Concordar,'" *CNN*, 29 de jul. de 2016, www.cnn.com/2016/07/29/politics/donald-trump-lock-her-up/index.html; Alan Rappeport, "Donald Trump Vacila ao Desaprovar David Duke," *New York Times*, 28 de fev. de 2016, archive.nytimes.com/www.nytimes.com/politics/first-draft/2016/02/28/donald-trump-declines-to-disavow-david-duke/; Jeremy Diamond, "Donald Trump: 'Eu Aceitarei Totalmente' os Resultados das Eleições 'Se Eu Vencer'", *CNN*, 20 de out. de 2016, www.

cnn.com/2016/10/20/politics/donald-trump-i-will-totally-accept-election-
-results-if-i-win/index.html.

113 medos viraram realidade: Michael D. Shear e Helene Cooper,
"Trump Proíbe Refugiados e Cidadãos de 7 Países Muçulmanos," *New
York Times*, 27 de jan. de 2017, www.nytimes.com/2017/01/27/us/poli-
tics/trump-syrian-refugees.html; Joshua Block, Chase Strangio e James
Esseks, "Analisando a Proibição Militar Trans de Trump: Notícias e
Comentários," União Americana pelas Liberdades Civis, 30 de mar. de
2018, www.aclu.org/news/lgbtq-rights/breaking-down-trumps-trans-
-military-ban; Michael Shear e Matt Apuzzo, "Diretor do FBI James Comey
É Demitido por Trump," *New York Times*, 9 de mai. de 2017, www.nytimes.
com/2017/05/09/us/politics/james-comey-fired-fbi.html; Steve Inskeep,
"Cronologia: O que Trump Disse a Seus Apoiadores por Meses Antes de
Atacarem," *NPR*, 8 de fev. de 2021, www.npr.org/2021/02/08/965342252/
timeline-what-trump-told-supporters-for-months-before-they-attacked.

114 enorme onda de protesto: Perry Stein, Steve Hendrix e Abigail
Hauslohner, "Marchas das Mulheres: Mais de um Milhão de Manifestantes
Juram Resistir ao Presidente Trump," *Washington Post*, 22 de jan. de 2017,
www.washingtonpost.com/local/womens-march-on-washington-a-
sea-of-pink-hatted-protesters-vow-to-resist-donald-trump/2017/01/21/
ae4def62-dfdf-11e6-acdf-14da832ae861_story.html.

114 ordem executiva sobre imigração: Lauren Gambino et al.,
"Milhares Protestam Contra a Proibição de Viagens de Trump em Cidades e
Aeroportos em Todo o País," *Guardian*, 29 de jan. de 2017, www.theguardian.
com/us-news/2017/jan/29/protest-trump-travel-ban-muslims-airports.

114 Doações de pequenos doadores: Joanna Walters, "Causas
Progressistas Veem 'Crescimento sem Precedentes' em Doações Após Eleição
nos EUA," *Guardian*, 25 de dez. de 2016, www.theguardian.com/us-news/2016/
dec/25/progressive-donations-us-election-planned-parenthood-aclu.

114 Mobilizou seus membros: Ezra Levin, Leah Greenberg e Angel
Padilla, "Para Parar Trump, Democratas Podem Aprender com o Tea Party,"
New York Times, 2 de jan. de 2017, www.nytimes.com/2017/01/02/opinion/
to-stop-trump-democrats-can-learn-from-the-tea-party.html.

114 Nunca ocupou cargo político: Nas eleições intermediárias de 2018,
de 125 distritos da Câmara que estavam em disputa ou eram ocupados por um
democrata titular que se aposentou, 73 indicados democratas nunca tinham
concorrido a um cargo público antes. Elena Schneider, "'Algo Realmente
Mudou': Mulheres, Minorias, Candidatos de Primeira Viagem Impulsionam

412   A Armadilha da Identidade

Esperanças Democratas na Câmara," *Politico*, 11 de set. de 2018, www.politico. com/story/2018/09/11/white-men-democratic-house-candidates-813717.

114 "eleitores infiéis" no Colégio Eleitoral: Ed Pilkington, "'Eleitores Infiéis' Explicam Sua Tentativa Desesperada de Parar Donald Trump," *Guardian*, 19 de dez. de 2016, www.theguardian.com/us-news/2016/dec/19/ electoral-college-faithless-electors-donald-trump.

114 previsões entusiasmadas na televisão a cabo: Em um ponto no início do mandato de Trump, até mesmo os mercados de apostas davam a Trump cerca de uma chance em duas de deixar o cargo antes do final de seu mandato. Veja Gwynn Guilford, "Mercados de Apostas Colocam as Probabilidades de um *Impeachment* ou Renúncia de Donald Trump em Cerca de 48 por Cento," Quartz, 12 de fev. de 2017, https://qz.com/908600/will-donald-trump-be-impe-ached-or-resign-betting-markets-put-the-odds-at-around-48-percent.

114 impugnar o presidente: Mitt Romney foi o único senador a não concordar com sua bancada, votando pela impugnação de Trump por acusa-ções relacionadas a um "abuso de poder" (enquanto votava para absolver Trump das acusações relacionadas à obstrução do Congresso). Richard Cowan, "Romney Rompe com os Republicanos, Vota 'Culpado' no Julgamento de Impeachment de Trump," Reuters, 5 de fev. de 2020, www.reuters.com/ article/us-usa-trump-impeachment-romney/breaking-with-republi-cans-romney-votes-guilty-in-trump-impeachment-trial-idUSKBN1ZZ2Q6.

115 última marcha das mulheres: Os organizadores da marcha afir-maram que 25 mil pessoas participaram, mas isso provavelmente é um exagero. Austa Somvichian-Clausen, "Após Baixa Participação, a Marcha das Mulheres Ainda É Relevante?," *Hill*, 22 de jan. de 2020, thehill.com/ changing-america/respect/equality/479358-after-low-attendance-is-the--womens-march-still-relevant/.

115 "Talvez eu não possa acabar com o racismo": Ryan Grim, "Colapsos Levam Grupos Progressistas de Advocacia a um Impasse em um Momento Crítico da História Mundial," *Intercept*, 13 de jun. de 2022, theinter-cept.com/2022/06/13/progressive-organizing-infighting-callout-culture/.

116 Donald McNeil, o primeiro jornalista impresso: Veja, por exemplo, Joe Pompeo, "'É o Caos': Por Trás das Cenas da Saída de Donald McNeil do *New York Times*," *Vanity Fair*, 10 de fev. de 2021, www.vanityfair. com/news/2021/02/behind-the-scenes-of-donald-mcneils-new-york-times-exit; Maxwell Tani e Lachlan Cartwright, "Repórter Estrela do *NY Times* Acusado de Usar 'N-Word', Fazer Outros Comentários Racistas," *Daily Beast*, 28 de jan. de 2021, www.thedailybeast.com/star-new-york-times-

Notas

reporter-donald-mcneil-accused-of-using-n-word-making-other-racist--comments.

116 perdeu seu cargo: Matthew Yglesias, "Os Verdadeiros Riscos na Saga de David Shor," *Vox*, 29 de jul. de 2020, www.vox.com/2020/7/29/21340308/david-shor-omar-wasow-speech.

116 Interpretou erroneamente um gesto manual: Yascha Mounk, "Parem de Demitir os Inocentes," *Atlantic*, 27 de jun. de 2020, www.theatlantic.com/ideas/archive/2020/06/stop-firing-innocent/613615. Esses são três exemplos que acabaram ganhando manchetes. Mas, como uma coleção recente de incidentes similares mostra, há centenas ou milhares de histórias semelhantes por todo o país. Veja Philip K. Fry (@SoOppressed), "Como muitos afirmam que a cultura do cancelamento não existe, proponho um desafio: Para cada 1.000 seguidores adicionais que eu conseguir, apresentarei 10 exemplos da cultura do cancelamento," Twitter, 12 de jul. de 2020, 16h01, twitter.com/sooppressed/status/1282404647160942598.

117 "É difícil encontrar": Grim, "Colapsos."

117 Muitos membros do movimento: Como alerta o diretor do Working Families Party, Maurice Mitchell, muitos ativistas reclamam que "nossos espaços são 'tóxicos' ou 'problemáticos', frequentemente compartilhando relatos pessoais convincentes e preocupantes como evidência disso. Pessoas em cargos de liderança estão achando seus papéis insustentáveis, afirmando que é 'impossível' executar campanhas ou dizendo que estão em organizações que estão 'paradas'." Maurice Mitchell, "Construindo Organizações Resilientes: Rumo à Alegria e Poder Duradouro em um Momento de Crise," *Nonprofit Quarterly*, 29 de nov. de 2022, nonprofitquarterly.org/construindo-organizacoes-resilientes-rumo-a-alegria-e-poder-duradouro--em-um-momento-de-crise/. (Falo mais sobre Mitchell na Conclusão.)

117 "Tanta energia foi dedicada": Grim, "Colapsos."

117 "Costumávamos querer": Grim, "Colapsos."

117 "Não é estranho que o verdadeiro inimigo": Roy D'Andrade, "Modelos Morais em Antropologia," *Current Anthropology* 36, nº 3 (junho de 1995): 408, www.jstor.org/stable/2744050.

117 Na primavera de 1915: David Stout, "Solomon Asch Morre aos 88 Anos; Um dos Principais Psicólogos Sociais," *New York Times*, 29 de fev. de 1996, www.nytimes.com/1996/02/29/us/solomon-asch-is-dead-at-88-a-leading-social-psychologist.html.

118 propensos à conformidade: Solomon Asch, "Efeitos da Pressão do Grupo na Modificação e Distorção de Julgamentos," in: *Groups, Leadership,*

414   A Armadilha da Identidade

and Men: Research in Human Relations (Grupos, Liderança e Homens: Pesquisa em Relações Humanas), ed. Harold Steere Guetzkow (Nova York: Carnegie Press, 1951), 177–90. Como Asch colocou, "Pode ser de importância decisiva se um grupo vai, sob certas condições, submeter-se a pressões existentes" (Asch, "Efeitos da Pressão do Grupo," 177). Outros psicólogos confirmaram suas principais descobertas em uma variedade de culturas diferentes. Rod Bond e Peter B. Smith, "Cultura e Conformidade: Uma Meta-análise de Estudos Usando a Tarefa de Julgamento de Linha de Asch (1952b, 1956)," *Psychological Bulletin* 119, nº 1 (1996): 111–37, doi.org/10.1037/0033-2909.119.1.111.

118 replicado por psicólogos: Bond e Smith, "Cultura e Conformidade."

119 Nos experimentos: Cass R. Sunstein, David Schkade e Daniel Kahneman, "Os Júris São Menos Erráticos do que os Indivíduos? Deliberação, Polarização e Danos Punitivos" (John M. Olin Program in Law and Economics Working Paper Nº 81, 1999).

119 grupos deliberando sobre danos: Sunstein descobriu que, em uma variedade de casos fictícios de danos, a compensação média por um indivíduo era de \$385.000, enquanto a compensação média determinada por um grupo era de \$1.510.000. Sunstein, Schkade e Kahneman, "Os Júris São Menos Erráticos do que os Indivíduos?"

119 "a lei da polarização do grupo": Cass R. Sunstein, "A Lei da Polarização do Grupo" (John M. Olin Program in Law and Economics Working Paper Nº 91, 1999).

120 "Crítica interna e dissidência": Levi Adelman e Nilanjana Dasgupta, "Efeito da Ameaça e Identidade Social nas Reações à Crítica do Grupo: Defensividade, Abertura e um Remédio," *Personality and Social Psychology Bulletin* 45, nº 5 (2018): 740, doi.org/10.1177/0146167218796785. A tremenda influência que alguns dissidentes podem ter em mover a opinião de todo o grupo foi até evidente no experimento de Solomon que ajudou a moldar todo o campo. Quando todos os outros membros do grupo afirmavam que a linha errada correspondia ao comprimento da original, os alunos em seu experimento também davam a resposta errada 36,8 por cento das vezes (em comparação com 1 por cento quando deixados sozinhos). Mas se outro membro do grupo desse a resposta correta, eles eram muito mais propensos a desafiar a maioria: nesses casos, o número de respostas incorretas caía para um quarto da taxa de erro comum.

120 Muitos grupos são tolerantes: "Contrariando a sabedoria assumida de que dissidentes enfrentam censura pessoal, há um crescente corpo de trabalho mostrando que os grupos podem ser surpreendentemente acolhedores a dissidentes dentro de suas fileiras." Jolanda Jetten e Matthew J. Hornsey, "Desvio e Dissidência em Grupos," *Annual Review of Psychology* 65 (2014): 473, doi.org/10.1146/annurev-psych-010213-115151.

120 percebidos como membros leais: "[Estudos] consistentemente mostram que membros do grupo que criticam o grupo são rebaixados menos fortemente do que estranhos que fazem exatamente os mesmos comentários." Jetten e Hornsey, "Desvio e Dissidência em Grupos," 473. Veja, por exemplo, Aimée A. Kane, Linda Argote e John M. Levine, "Transferência de Conhecimento Entre Grupos por Meio da Rotação de Pessoal: Efeitos da Identidade Social e Qualidade do Conhecimento," *Organizational Behavior and Human Decision Processes* 96, nº 1 (2005): 56–71, doi.org/10.1016/j.obhdp.2004.09.002.

120 E a pesquisa também sugere: A ideia de cascata reputacional é introduzida por Timur Kuran e Cass Sunstein para se referir ao fenômeno pelo qual, "se uma percepção particular de um evento de alguma forma parece ter se tornado a norma social, pessoas que buscam construir ou proteger suas reputações começarão a endossá-la por meio de suas palavras e ações, independentemente de seus pensamentos reais". Timur Kuran e Cass R. Sunstein, "Cascatas de Disponibilidade e Regulação de Riscos," *Stanford Law Review* 51, nº 4 (1999): 687, doi.org/10.2307/1229439.

121 altas apostas morais: "A rebelião moral representa uma ameaça aos membros do grupo em três frentes: (*a*) A posição moral do rebelde é vista como uma crítica implícita àqueles que não adotaram a posição, então os membros do grupo antecipam condenação do rebelde; (*b*) as ações do rebelde fazem você questionar seus próprios pressupostos e atitudes, levando a um estado de dissonância, e (*c*) o rebelde despoja aqueles de nós que conspiram em atos imorais da racionalização de que não tínhamos escolha." Jetten e Hornsey, "Desvio e Dissidência em Grupos," 470.

121 fazendo seus membros se sentirem: "A vantagem do grupo relacionada à abertura à crítica é apagada quando os percebedores sentem que seu grupo está sob ameaça. Os resultados sugerem ainda que o mecanismo psicológico subjacente às respostas defensivas à crítica é atribucional — A ameaça provoca maior suspeita dos motivos dos críticos do grupo, o que elimina a vantagem do crítico do grupo em relação aos críticos do grupo exterior." Adelman e Dasgupta, "Efeito da Ameaça e Identidade Social nas Reações à Crítica do Grupo," 740.

121 "O conflito intergrupal aumenta a aplicação": Adelman e Dasgupta, "Efeito da Ameaça e Identidade Social nas Reações à Crítica do

Grupo," 741. Notavelmente, a preferência por críticos do grupo em relação aos do grupo exterior desaparece em tais circunstâncias: "Embora as pessoas respondam melhor à crítica de seu grupo quando vem de um membro do grupo, na ausência de conflito, essa preferência é diminuída ou eliminada quando o conflito é saliente". Adelman e Dasgupta, "Efeito da Ameaça e Identidade Social nas Reações à Crítica do Grupo," 741.

121 "crítica de membros do grupo": Adelman e Dasgupta, "Efeito da Ameaça e Identidade Social nas Reações à Crítica do Grupo," 742.

122 forma aberta de dissidência: Essa ideia, de que qualquer crítica está a serviço do extremismo de direita, é um componente central das críticas dirigidas àqueles que se preocupam com correntes iliberais na esquerda. Por exemplo, em um tópico do Twitter criticando a mim mesmo e a outros, o historiador Thomas Zimmer afirmou: "Eles irão intensificar: Continuar ridicularizando a crítica de esquerda como 'alarmismo', continuar minimizando a ameaça da direita e todos os avisos sobre o extremismo fascista como histéricos, continuar aumentando a ameaça do radicalismo 'woke' e da esquerda 'iliberal'." O fato de eu (e os outros escritores listados) ter falado extensamente sobre os perigos do extremismo de direita não importa; a crítica do grupo é evidência suficiente de traição. Thomas Zimmer (@tzimmer_history), Twitter, 26 de nov. de 2022, 14h06, twitter.com/tzimmer_history/status/1596581239036805120.

122 A alegação maniqueísta de Bush: "Discurso a uma Sessão Conjunta do Congresso e do Povo Americano," 20 de set. de 2001, Administração Nacional de Arquivos e Registros, georgewbush-whitehouse.archives. gov/news/releases/2001/09/20010920-8.html. Para críticas ao discurso de Bush, veja, por exemplo, Michael Kinsley, "Mentindo com Estilo," *Washington Post*, 19 de abr. de 2002, https://www.washingtonpost.com/archive/opinions/2002/04/19/lying-in-style/e99ef2a5-daf4-4d21-a5bed52cd97a1123/, assim como (de maneira mais divertida) Dan Skinner, "Chamar as Visões de Bush de Maniqueístas É um Insulto aos Maniqueístas," History News Network, http://hnn.us/articles/7202.html, último acesso em 24 de março de 2023.

122 "Ao escrever *Como Ser Antirracista*": Ibram X. Kendi, "Racista ou Antirracista," UUA.org, 4 de ago. de 2020, www.uua.org/worship/words/reading/racist-or-antiracist.

123 lacuna na renda: A falta de clareza sobre qual dimensão da disparidade racial deve ser reduzida é um dos muitos problemas com a teoria de Kendi. Como Amartya Sen argumentou em sua obra clássica, *Equality of*

What? (Igualdade de Quê?), reduzir a desigualdade ao longo de uma dimensão (como renda total) só é possível ao preço de aumentar a desigualdade ao longo de outra dimensão (como salário horário). Da mesma maneira, em muitos contextos, uma ação que reduz a disparidade racial ao longo de uma dimensão (como a disparidade racial nas notas no ensino médio) pode aumentar a disparidade racial ao longo de outra dimensão (como a disparidade racial nas taxas de formatura na faculdade). Sem um conjunto claro de critérios sobre *que tipo* de disparidade racial uma política antirracista precisaria reduzir, muitas políticas acabarão sendo simultaneamente racistas (agravando uma disparidade racial) e antirracistas (aliviando outra disparidade racial).

123 entre brancos e negros: Como Kendi coloca, "Uma política racista é qualquer medida que produz ou sustenta a desigualdade racial entre grupos raciais". Ibram X. Kendi, *Como Ser Antirracista* (Alta Cult, 2020), 19. Como aponta um artigo de um acadêmico da Brookings Institution, essa visão equivale a negar que "políticas podem ter resultados raciais disparatados sem serem racistas." A saúde universal, por exemplo, levaria a resultados raciais disparatados e, portanto, seria considerada racista enquanto "as comunidades negras tivessem menos ou piores provedores e instalações de saúde ou se os pacientes negros relutarem em aproveitar a saúde universal por qualquer motivo, como tratamento e discriminação passados". William G. Gale, "Reflexões sobre o que Torna uma Política Racial," Brookings Institution, 4 de nov. de 021,www.brookings.edu/wp-content/uploads/2021/11/Reflections-on-What-Makes-a-Policy-Racist-1.pdf.

123 disparidades raciais são racistas: "Testes padronizados tornaram-se a arma racista mais eficaz já concebida para degradar objetivamente mentes negras e pardas e excluir legalmente seus corpos de escolas prestigiosas" ("Leia o Testemunho de Ibram X. Kendi em Apoio à Recomendação do Grupo de Trabalho para #Suspendthetest," Coalizão de Educação de Boston, 21 de out. de 2020, www.bosedequity.org/blog/read-ibram-x-kendis-testimony-in-support-of-the-working-group-recommendation-to-suspendthetest). "Historicamente, capitalismo + racismo estão interligados, por isso os chamo de gêmeos unidos + historiadores como eu os chamamos de 'capitalismo racial', no singular. Contudo, algumas formas autodescritas de 'antirracismo' não são anticapitalistas, o que no meu livro significa que não são antirracistas" (Ibram X. Kendi [@DrIbram], Twitter, 6 de set. de 2020, 17h44, twitter.com/dribram/status/1302724276412387334?lang=en).

123 "Americanos que se identificam como não racistas": Othering & Belonging Institute, "Ibram X. Kendi sobre Como Ser Antirracista, na UC Berkeley | #400Years," YouTube, vídeo, 2:04:24, 18 de set. de 2019, www.youtube.com/watch?v=mxa43H8m034.

123 Robin DiAngelo tem uma mensagem para você: Sandee LaMotte, "Robin DiAngelo: Como 'Fragilidade Branca' Apoia o Racismo e Como os Brancos Podem Pará-lo," *CNN*, 7 de jun. de 2020, https://edition.cnn.com/2020/06/07/health/white-fragility-robindiangelo-wellness/index.html.

124 "Se você se opuser a qualquer": John McWhorter, "A Condescendência Desumanizadora da 'Fragilidade Branca,'" *Atlantic*, 15 de jul. de 2020, www.theatlantic.com/ideas/archive/2020/07/dehumanizing-condescension-white-fragility/614146/.

124 livros mais vendidos: Stephanie Merry e Ron Charles, "Livros sobre Raça e Racismo Dominam Listas de Mais Vendidos," *Washington Post*, 4 de jun. de 2020, www.washingtonpost.com/entertainment/books/books-about-race-and-racism-are-dominating-bestseller-lists/2020/06/04/e6efdab6-a69b-11ea-bb20-ebf0921f3bbd_story.html; Jemima McEvoy, "Livros Sobre Racismo Dominam Listas de Mais Vendidos em Meio a Protestos," *Forbes*, 11 de jun. de 2020, www.forbes.com/sites/jemimamcevoy/2020/06/11/black-lives-matter-dominates-best-seller-lists-amid-protests/.

124 originando uma franquia: Merry e Charles, "Livros sobre Raça e Racismo."

124 "Bebês são ensinados": Ibram X. Kendi e Ashley Lukashevsky, *Bebê Antirracista* (Nova York: Kokila, 2020).

124 principais programas de televisão: Donovan X. Ramsey, "Ser Antirracista É Trabalho, Até Mesmo para Ibram X. Kendi," *Wall Street Journal*, 6 de jul. de 2020, www.wsj.com/articles/being-antiracist-is-work-even-for-ibram-x-kendi-11594039803.

124 listas de leitura antirracistas: Veja, por exemplo, Diana Shi, "Lista de Leitura: Livros para Construir um Ambiente de Trabalho Antirracista," *Fast Company*, 4 de jun. de 2020, www.fastcompany.com/90512400/7-important-books-for-building-an-anti-racist-workplace.

PARTE III: As Falhas da Síntese de Identidades

129 Para os estudantes brancos usarem: Comunicação pessoal com um estudante da escola.

Notas

130 progressistas têm defendido: Dado o número de afirmações que escritores e ativistas enraizados na versão popularizada da síntese de identidades fizeram sobre uma vasta gama de tópicos de grande importância prática, eu poderia facilmente ter incluído uma discussão sobre outros tópicos controversos, como a natureza do gênero ou os méritos da meritocracia. (Eu tenho algo breve a dizer sobre ambos no capítulo 13.) Por outro lado, é claro que muitos acadêmicos que abraçam os princípios básicos da síntese de identidades não endossariam todas essas ideias; de fato, muitos dos progenitores intelectuais do identitarismo, desde Kimberlé Crenshaw até Michel Foucault, provavelmente teriam críticas incisivas sobre muitos deles.

Ainda assim, há uma lógica real para os tópicos discutidos nessa parte do livro. Todos os cinco são defendidos por escritores e ativistas que traçam sua posição de volta à linguagem e aos valores da forma popularizada da síntese de identidades; preocupam-se com questões de grande importância prática; rapidamente passaram a ter influência real no mundo, e estão em conflito direto ou indireto com as normas liberal-universalistas que são projetadas para substituir. Ao avaliá-los, podemos testar se a forma popularizada da síntese de identidade pode nos ajudar a superar as injustiças que persistem nas democracias contemporâneas — ou se é provável que nos desvie do caminho, correndo o risco de agravar as injustiças existentes.

Capítulo 8: Como nos Entendermos

133 "Cheguei lá durante o ensaio": Joseph Stein, "Fiddler on the Roof and Me," *Guardian*, 18 de maio de 2007, www.theguardian.com/stage/theatreblog/2007/may/18/fiddlerontheroofandme.

133 em algo "universal": Stein, "Fiddler on the Roof and Me."

134 "Eu sou humano": Terêncio, *Heauton Timorumenos*, ato 1, cena 1, linha 77.

134 esta tradição humanista: Mesmo os primeiros estudiosos e ativistas pós-coloniais ainda se agarravam a essa esperança, como quando Frantz Fanon argumentou que "um indivíduo deve se esforçar para assumir o universalismo inerente à condição humana". Frantz Fanon, *Pele Negra, Máscaras Brancas* (Ubu Editora, 2020), xiv.

134 "We Are the World": Michael Jackson, "We Are the World" (Columbia Records, 1985).

134 racismo arraigado e preconceito implícito: Veja o capítulo 5.

420   **A Armadilha da Identidade**

134 aconselhar aspirantes a romancistas: Como o autor Jared Marcel Pollen relatou: "O adágio muito usado de workshops de escrita — 'escreva sobre o que você conhece' — uma coisa frequentemente destinada a orientar a criatividade de uma pessoa para a vivacidade de sua própria experiência, agora está se tornando uma espécie de injunção, entregue com o mesmo tom ameaçador de 'verifique seu privilégio' ou 'mantenha- -se em sua pista'". Jared Marcel Pollen, "Verdade, Justiça Social e o Escritor Americano," *Smart Set*, 6 de abril de 2020, www.thesmartset.com/ truth-social-justice-and-the-american-writer/.

134 se desculpou por retratar personagens: Scottie Andrew, "Tom Hanks Diz que 'Filadélfia' Não Seria Feito Hoje com um Ator Heterossexual em um Papel Gay," *CNN*, 16 de junho de 2022, www.cnn.com/2022/06/16/enter- tainment/tom-hanks-gay-character-philadelphia-cec/index.html; Hannah Sparks, "Eddie Redmayne Diz que Papel Trans em 'A Garota Dinamarquesa' Foi 'um Erro,'" *New York Post*, 22 de novembro de 2021, nypost.com/2021/11/22/ why-eddie-redmayne-regrets-trans-role-in-the-danish-girl/; Eric Deggans, "Jenny Slate e Kristen Bell Deixarão de Interpretar Personagens de Desenhos Animados Birraciais," *NPR*, 25 de junho de 2020, www.npr.org/ sections/live-updates-protests-for-racial-justice/2020/06/25/883622069/ jenny-slate-and-kristen-bell-will-stop-playing-biracial-cartoon-characters.

134 dando voz a uma americana de origem vietnamita: Jordan Moreau, "'BoJack Horseman' Star Alison Brie Se Desculpa por Dar Voz a Personagem Vietnamita Americana," *Decider*, 28 de junho de 2020, decider. com/2020/06/28/bojack-horseman-star-alison-brie-apologizes-for-voicing- -vietnamese-american-character/.

134 "Não venha até mim": "8 Lições de 'O Futuro da Solidariedade: Como Pessoas Brancas Podem Apoiar o Movimento pelas Vidas Negras'", Catalyst Project, 18 de abril de 2016, uucsj.org/wp-content/uploads/2016/05/ How-White-People-Can-Support-the-Movement-for-Black-Lives.pdf.

134 "Mesmo que eles possam ouvir você": Reni Eddo-Lodge, *Por que não converso mais com pessoas brancas sobre raça* (Editora Letramento, 2020), x.

136 uma alucinação induzida: René Descartes, *Discurso do Método* (1637), partes 4 e 5.

136 os filósofos debatem essas questões: A compreensão tradicional "tripartida" de "conhecimento" acrescenta uma terceira condição além de crença verdadeira: o crente deve estar "justificado" em acreditar que a propo- sição é verdadeira. Por exemplo, se eu acredito que um lançamento de moeda

Notas

vai dar cara, e a moeda cai cara, minha crença estava correta, mas eu não "sabia" que daria cara. Veja Jonathan Jenkins Ichikawa e Matthias Steup, "A Análise do Conhecimento", na *Stanford Encyclopedia of Philosophy*, 7 de março de 2017, plato.stanford.edu/entries/knowledge-analysis/#KnowJust TrueBeli.

136 depende do grupo de identidade: Donna Haraway, "Conhecimentos Situados: A Questão da Ciência no Feminismo e o Privilégio da Perspectiva Parcial", *Feminist Studies* 14, nº 3 (1988), doi.org/10.2307/3178066.

136 "epistemologia do ponto de vista": Os primeiros defensores da epistemologia do ponto de vista criticaram formas tradicionais de adquirir conhecimento sobre o mundo por postular uma irrealista "visão de lugar nenhum". A pesquisa científica tradicional, eles apontaram, é escrita a partir da perspectiva da humanidade em geral: "O sujeito das reivindicações de conhecimento deveria ser um agente idealizado que realizava o 'truque de Deus' de falar autoritariamente sobre tudo no mundo a partir de nenhuma localização ou perspectiva humana em particular" (Sandra G. Harding, *The Feminist Standpoint Theory Reader: Intellectual and Political Controversies* [Londres: Routledge, 2009], 4). Mas, na prática, afirmaram, isso simplesmente equivale a atribuir uma autoridade neutra à perspectiva dos homens brancos que realizaram a maioria das pesquisas científicas. Esse ponto cego só poderia ser abordado reconhecendo que o ponto de vista de um pesquisador pode realmente aprimorar (ou limitar) sua capacidade de obter insights fundamentais.

136 "A localização social das mulheres": Harding, *The Feminist Standpoint Theory Reader*, 4.

136 "raça, baseada em etnia, anti-imperial": Harding, *The Feminist Standpoint Theory Reader*, 3.

137 impossibilidade de compreensão mútua: Harding, *The Feminist Standpoint Theory Reader*, 3.

137 "Na conversa cotidiana": Lidal Dror, "Existe uma Vantagem Epistêmica em Ser Oprimido?", *Noûs*, 23 de junho de 2022, 2, doi.org/10.1111/nous.12424.

138 a visão especial do grupo: Como Lidal Dror expressa esse ponto em uma avaliação crítica, o que ele chama de tese de inversão sustenta que "pessoas socialmente marginalizadas, por sua posição social, têm uma posição epistêmica superior às pessoas não oprimidas quando se trata de saber coisas sobre o funcionamento da marginalização social que as preocupam". Dror, "Vantagem Epistêmica", 2.

138 perspectiva especial das mulheres: Nessa visão, o papel integral das mulheres na reprodução e como cuidadoras do lar lhes dá uma vantagem epistêmica para entender as maneiras como o patriarcado não atende às necessidades das pessoas. Para uma discussão desse ponto, veja Elizabeth Anderson, "Epistemologia Feminista e Filosofia da Ciência", na *Stanford Encyclopedia of Philosophy*, 13 de fevereiro de 2020, plato.stanford.edu/entries/feminism-epistemology/.

138 outros filósofos feministas: Para um argumento clássico contra a ideia de que as mulheres têm um núcleo essencial, seja com base na experiência de criação de filhos ou de serem sexualmente objetificadas, veja Elizabeth V. Spelman, *Inessential Woman: Problems of Exclusion in Feminist Thought (Mulheres Não Essenciais: Problemas de Exclusão no Pensamento Feminista)* (Boston: Beacon Press, 1988).

138 ônus do cuidado: Membros de grupos privilegiados também podem fazer escolhas — como juntar-se a um movimento social que luta em nome dos oprimidos — que aumentem seu nível de compreensão das experiências de grupos menos favorecidos. Charles Mills, por exemplo, argumentou que a experiência do piquete dá às pessoas da classe trabalhadora conhecimento experiencial da opressão de classe, mas um ativista trabalhista de uma família de classe média também pode ter a mesma experiência e, muito provavelmente, extrairá as mesmas percepções dela. Charles Mills, *Blackness Visible* (Ithaca, N.Y.: Cornell University Press, 1998), 31–32. Veja também a discussão deste ponto em Dror, "Vantagem Epistêmica," 4.

138 "Você vai ter que abandonar": Rachel Fraser, entrevista por Yascha Mounk, *Persuasion*, 11 de setembro de 2021, podcast, www.persuasion.community/p/-you-just-wont-understand#details. Curiosamente, tentativas passadas das pessoas que tiveram mais influência na síntese de identidade de definir as mulheres por algum traço comum envelheceram mal, especialmente do ponto de vista dos ativistas progressistas de hoje. Ao flutuar pela primeira vez a ideia de "essencialismo estratégico" em uma entrevista, por exemplo, Spivak defendeu a definição de mulheres pelo fato de terem um clitóris, uma suposição que a maioria dos defensores da tradição agora rejeitaria veementemente. Veja a seção "A Aceitação do Essencialismo Estratégico" no capítulo 2.

139 conhecimento inacessível: Como Dror aponta, isso é especialmente importante porque algumas injustiças não são prontamente aparentes da perspectiva de uma pessoa; as desigualdades estruturais, em particular, só são evidentes ao comparar como diferentes pessoas são tratadas em situações

Notas

semelhantes. Como Dror escreve, "Porque muitas opressões e injustiças são estruturais, e portanto simplesmente incapazes de serem apreciadas exceto ao ver como as instituições tratam classes inteiras de pessoas, algumas pessoas privilegiadas, com acesso superior a informações que são custosas para adquirir e processar, terão uma posição epistemicamente privilegiada. Mesmo que as pessoas marginalizadas tenham boas evidências locais, elas nem sempre estão na posição de algumas pessoas privilegiadas para acessar as informações gerais necessárias para certos julgamentos sobre o funcionamento da marginalização social". Dror, "Vantagem Epistêmica," 7.

139 "Embora um trabalhador de fábrica explorado": Dror, "Vantagem Epistêmica," 5. Qualquer um que pense que esse ponto é puramente abstrato deve ler a obra de Friedrich Engels, o herdeiro de uma família que possuía fábricas têxteis tanto na Alemanha quanto na Inglaterra. Veja Friedrich Engels, *A Situação da Classe Trabalhadora na Inglaterra* (Boitempo Editorial, 2015).

139 impossível saber: Há até mesmo um limite para o quanto posso chegar a ter os mesmos sentimentos ao escolher me colocar em uma posição que me dará algumas das mesmas experiências. Pois, como Jarvis Cocker reconheceu em "Common People", uma pessoa rica que escolhe viver na pobreza (ou se juntar a um piquete) sempre terá uma linha de vida crucial:

Alugue um apartamento sobre uma loja

Corte o cabelo e arranje um emprego

Fume alguns cigarros e jogue bilhar

Finja que nunca foi à escola

Mas ainda assim você nunca acertará

Porque quando estiver deitado na cama à noite

Vendo baratas subindo na parede

Se você ligasse para o seu pai, ele poderia resolver tudo isso.

(Pulp, "Common People")

139 limites reais para a extensão: Como argumenta Uma Narayan, "Ao contrário dos 'outsiders' preocupados cujo conhecimento da experiência da opressão é sempre mais ou menos abstrato e teórico, o conhecimento dos 'insiders' é enriquecido pelas reações/respostas emocionais que a experiência vivida de opressão confere" (Uma Narayan, "Trabalhando Juntos Através da Diferença: Algumas Considerações sobre Emoções e Prática Política", *Hypatia* 3, nº 2 [1988]: 31–47, doi.org/10.1111/j.1527-2001.1988.tb00067.x). Mas, como Dror aponta, em muitos debates contemporâneos "a suposta vantagem epistêmica não se limita ao conhecimento experiencial de como é ser oprimido. Pelo contrário, os oprimidos também devem ter uma posição epistêmica superior à das pessoas não marginalizadas quando se trata de conhecer fatos descritivos e normativos sobre relações sociais, instituições sociais, pensamento social, funcionamento de sistemas de poder e o que é opressivo, em relação aos sistemas que os deixam socialmente marginalizados" (Dror, "Vantagem Epistêmica", 2).

139 o que os filósofos chamam de conhecimento "proposicional": Dror, "Vantagem Epistêmica", 15.

140 legal para trabalhadoras do sexo: Fraser, entrevista por Mounk.

140 fortes argumentos contra: Molly Smith e Juno Mac, *Revolting Prostitutes: The Fight for Sex Workers' Rights (Revolting Prostitutes: A Luta pelos Direitos das Trabalhadoras do Sexo)* (Londres: Verso, 2018). Note que não estou tomando uma posição sobre se o modelo nórdico é, considerando tudo, uma política boa.

140 "O papel da experiência na política": Fraser, entrevista por Mounk.

140 "Embora os oprimidos possam muitas vezes ter": Dror, "Vantagem Epistêmica", 3.

141 "muitas vezes querem dizer que os frutos": Fraser, entrevista por Mounk.

141 "Se você não está preparado": Ian Schwartz, "Rep. Ayanna Pressley: 'Não Precisamos de Mais Rostos Marrons que Não...,'" *Real Clear Politics*, 14 de julho de 2019, www.realclearpolitics.com/video/2019/07/14/rep_ayanna_pressley_we_dont_need_any_more_brown_faces_that_dont_want_to_be_a_brown_voice.html.

142 representa ou não representa: Pressley não está sozinha ao fazer essas afirmações. Como Lidal Dror apontou, acadêmicos frequentemente tentaram fazer uma distinção similar entre alguém que "simplesmente acontece de ser negro" e alguém que expressa uma perspectiva "verdadeiramente negra": "Muitos teóricos do ponto de vista distinguem entre a perspectiva 'mera' de um grupo marginalizado de pessoas (digamos, mulheres) e o *ponto de vista* de um povo marginalizado (digamos, o ponto de vista feminista), em que o ponto de vista denota uma maneira de olhar coletivamente alcançada e ideologicamente comprometida que está aberta para pessoas dentro e fora do grupo. Muitas vezes, então, esses teóricos afirmam que a vantagem epistêmica é concedida àqueles que possuem o *ponto de vista*, em oposição àqueles que meramente têm a *perspectiva* relevante." Dror, "Vantagem Epistêmica", 4.

142 um porta-voz legítimo: Vamos assumir que, apesar dessas dificuldades, de alguma maneira conseguimos nomear um porta-voz para cada grupo desfavorecido. Identificamos a "voz queer" legítima. Também identificamos a "voz muçulmana" legítima. Mas acontece que os representantes desses dois grupos têm uma discordância fundamental sobre uma importante questão de política pública. Isso levanta um segundo problema: de quem são as preferências que devem prevalecer agora?

Pode parecer que há uma resposta óbvia para isso. As pessoas precisariam ouvir atentamente as experiências e argumentos de ambos os grupos. Então, decidiriam qual demanda apoiar de acordo com suas próprias visões e valores. Mas, de acordo com a teoria do ponto de vista, isso está errado. Afinal, somos incapazes de entender verdadeiramente as experiências de grupos mais oprimidos e devemos abster-nos de avaliar a justiça de suas demandas por nós mesmos. Mas, então, como alguém que não é muçulmano nem queer deveria decidir entre as reivindicações rivais desses dois grupos?

No mundo real, a resposta é simples. Mesmo que afirmem que é impossível entender ou avaliar as causas de grupos mais oprimidos, virtualmente todos os adeptos da teoria do ponto de vista pensarão ser perfeitamente capazes de se relacionar com a experiência dos outros o suficiente para saber, por exemplo, que mulheres negras deficientes são mais oprimidas do que homens brancos gays. Mas isso só serve para mostrar que eles não praticam o que pregam: diante do problema da adjudicação, ouvem as demandas e experiências de ambos os grupos e então tomam uma decisão ponderada sobre o quanto cada um justifica uma reparação.

142 decano da Escola de Kennedy de Harvard: Douglas Elmendorf, "Atualizações sobre Diversidade, Inclusão e Pertencimento na HKS", 20 de outubro de 2022, www.hks.harvard.edu/announcements/updates-diversity-inclusion-and-belonging-hks.

142 presidente dos Estados Unidos: Soo Kim, "Joe Biden Dizendo 'Latinx' Provoca Zombaria Generalizada, Onda de Piadas", *Newsweek*, 25 de junho de 2021, www.newsweek.com/joe-biden-dizendo-latinx-provoca--zombaria-generalizada-onda-piadas-1604032.

142 prefira a nova locução: Marc Caputo e Sabrina Rodriguez, "Democratas Falham com a Linguagem 'Latinx'", *Politico*, 6 de dezembro de 2021, www.politico.com/news/2021/12/06/hispanic-voters-latinx--term-523776. Veja também os comentários de Ruben Gallego, um membro latino da Câmara dos Representantes que atualmente está concorrendo à indicação democrata nas eleições para o Senado dos EUA no Arizona em 2024: "Primeiro, comece não usando o termo Latinx. Segundo, temos que estar na frente deles o ano todo, não apenas nos anos eleitorais. Foi isso que fizemos no AZ". Ruben Gallego (@RubenGallego), Twitter, 4 de novembro de 2020, 14h28, twitter.com/rubengallego/status/1324071039085670401.

143 membros poderosos dentro: Isso pode parecer uma preocupação abstrata. Mas, na prática, a determinação de quem é um representante legítimo quase sempre está cheia de preconceitos e oportunismo.

Vejamos o caso de Sharice Davids, uma ex-profissional de artes marciais mistas que ingressou no Congresso em 2018 ao lado de membros do "esquadrão" como Alexandria Ocasio-Cortez e Ilhan Omar. Uma jovem lésbica nativa americana com uma história de vida fascinante e grande carisma, Davids deveria ser uma estrela em ascensão em um partido que celebra a juventude e a diversidade. Porém, enquanto Pressley, Omar e especialmente Ocasio-Cortez frequentemente aparecem nas capas de revistas glamourosas, Davids é pouco conhecida fora de seu próprio distrito. Por quê?

Uma explicação possível é que os membros do "esquadrão" vêm todos de distritos democratas e têm opiniões que os colocam na extrema esquerda do Partido Democrata. Davids, que representa o Terceiro Distrito do Kansas, vem de uma região politicamente mais heterogênea do país. Ela concorreu em uma plataforma moderada, é membro da Coalizão Democrata Centrista e garantiu sua nomeação em uma difícil disputa primária contra um candidato apoiado por Bernie Sanders.

Parte da explicação para o fato de os membros do "esquadrão" terem se tornado o rosto da delegação democrata no Congresso, embora a maioria dos americanos nunca tenha ouvido falar de Davids, é que suas opiniões são mais semelhantes às dos editores, produtores, âncoras e articulistas dos mais influentes veículos de notícias de esquerda do país. Afinal, há muito tempo é o estranho destino do socialismo americano ser muito mais popular entre os tipos de graduados de faculdades de elite que trabalham para o *The New York Times* ou a MSNBC do que entre empregadas domésticas, soldadores ou trabalhadores de fast-food.

Mas há algo mais profundo acontecendo. Nos Estados Unidos, jornalistas, especialistas em think tanks e filantropos tendem a associar eleitores e políticos não brancos a políticas de extrema esquerda. Quando ouvem Pressley ou Ocasio-Cortez, consideram que as opiniões que elas expressam são típicas de uma geração ascendente de eleitores não brancos. Quando ouvem Davids, a consideram uma exceção — alguém que pode até ser nativo americano, mas não é, como Pressley diria, uma "voz nativa americana".

A ironia amarga, é claro, é que esta é uma percepção equivocada. Longe de serem mais radicais do que os democratas brancos, por exemplo, democratas

Notas

negros e pardos são na verdade significativamente mais propensos a se considerarem moderados ou conservadores. Mesmo em questões em que os afro-americanos *tendem a ser* mais progressistas do que outros democratas, como justiça racial e reforma policial, suas opiniões são muito mais *mainstream* do que as das vozes que supostamente os representam. Enquanto a AOC e outros membros do "esquadrão" abraçaram o *slogan* "Desfinancie a Polícia", por exemplo, pesquisas mostram que a maioria dos afro-americanos é contra cortes nos orçamentos da polícia e gostaria de ter mais policiais patrulhando seus bairros. (Kim Parker e Kiley Hurst, "Crescente Parcela de Americanos Diz Querer Mais Gastos com a Polícia em Sua Área", Pew Research Center, 26 de outubro de 2021, www.pewresearch.org/fact-tank/2021/10/26/ growing-share-of-americans-say-they-want-more-spending-on-police-in- -their-area/.)

Essas distorções são, infelizmente, mais próximas de serem a regra do que a exceção. O desejo de ter uma "voz negra" ou uma "voz marrom" na mesa é compreensível. Mas será que realmente é uma surpresa que uma concepção política que reduz mais de 40 milhões de afro-americanos e mais de 60 milhões de latinos a um clichê tão simplista frequentemente falhe em capturar as opiniões reais das pessoas em nome das quais pretende falar? Esta nota baseia-se em Yascha Mounk, "Lições da Eleição de 2020: O que Democratas e Republicanos Devem Fazer Agora para Ganhar", *Wall Street Journal*, 20 de novembro de 2020, www.wsj.com/articles/lessons-of- -the-2020-election-what-democrats-and-republicans-must-now-do-to-win- 11605887801.

143 "A noção do indiferenciado": Bayard Rustin, "O Fracasso do Separatismo Negro", *Harper's Magazine*, janeiro de 1970, 27.

143 deferir a um grupo oprimido: Essa forma de construir coalizões políticas também corre o risco de perpetuar uma profunda desigualdade de *status*. Em vez de estar enraizada no reconhecimento de valores ou interesses compartilhados, a disposição para buscar um objetivo político comum é apenas uma função de uma parte reconhecer que a outra pertence a um grupo mais oprimido. Destinada a superar formas profundas de desigualdade de status, a teoria do ponto de vista faz com que seus supostos beneficiários estejam sempre conscientes de serem receptores de uma espécie de caridade política — enraizada no reconhecimento mútuo de sua inferioridade social. Para um ponto semelhante em um contexto diferente, veja Elizabeth S. Anderson, "Qual é o objetivo da igualdade?", *Ética* 109, nº 2 (1999): 287-337.

428   A Armadilha da Identidade

Capítulo 9: As Vantagens da Influência Mútua

148 um autorretrato: Cao Fei, Concurso de Plantas, Museu de Arte Hood, acessado em 30 de jan. de 2023, hoodmuseum.dartmouth.edu/objects/2018.37.32.

148 uma corda extra: Para uma menção canônica a Terpandro na história do pensamento político, veja Benjamin Constant, *A Liberdade dos Antigos Comparada com a dos Modernos* (1819). ("Entre os espartanos, Terpandro não podia adicionar uma corda à sua lira sem ofender os éforos.")

148 temores sobre as mudanças culturais: Para um contexto mais amplo sobre o fim da navegação chinesa, veja, por exemplo, Sue Gronewald: "As Viagens Ming", Ásia para Educadores, Universidade Columbia, afe.easia.columbia.edu/special/china_1000ce_mingvoyages.htm#, acessado em 24 de mar. de 2023.

148 estragar a autenticidade: *Encyclopædia Britannica*, s.v. "Antissemitismo de Wagner," acessado em 24 de mar. de 2023, www.britannica.com/biography/Richard-Wagner--compositor-alemão/Wagners--anti-semitism.

149 perigo do momento: Veja, por exemplo, Ben Zimmer, "As Origens do Insulto 'Globalista'", *Atlantic*, 14 de mar. de 2018, www.theatlantic.com/politics/archive/2018/03/as-origens- do-insulto-globalista/555479/.

149 defensores dos costumes tradicionais: Matina Stevis-Gridneff, "'Protegendo Nosso Modo de Vida Europeu'? Revolta Segue Novo Papel da UE," *New York Times*, 12 de set. de 2019, www.nytimes.com/2019/09/12/world/europe/eu-ursula-von-der-leyen-migracao.html.

149 culturas de outros: "Há uma maneira de apreciar uma cultura que respeita que ela é proibida." Nadia Khamsi, "Respeitando a Cabana," Terras Indígenas, Histórias Urbanas, acessado em 24 de jan. de 2023, indigenouslandurbanstories.ca/portfolio-item/sweat-lodge/.

149 "Escola de Estudos Culturais de Birmingham": Sean Johnson Andrews, "A Escola de Estudos Culturais de Birmingham," em *Enciclopédia de Comunicação Oxford Research*, 27 de out. de 2020, doi.org/10.1093/acrefore/9780190228613.013.44.

150 "Quem representa quem": Sabine Wilms, "Orientalismo, Apropriação Cultural e Pensamento Crítico (Parte Um)," Produções Happy Goat, 22 de jan. de 2017, www.happygoatproductions.com/blog/2017/1/22/orientalism-cultural-appropriation-and-critical-thinking-part-one; Vinay Lal, "História da Índia Britânica [LEC 02]," YouTube, 26 de jan. de 2014, www.youtube.com/watch?v=q3eiZjzhRGg. (Inicia em 46:18.)

Notas

150 "em cada apropriação cultural": Robert S. Nelson e Richard Shiff, *Critical Terms for Art History* (*Termos Críticos para História da Arte*), 2ª ed. (Chicago: University of Chicago Press, 2003), 172.

150 contratos de livro cancelados: Veja, por exemplo, Andrew R. Chow, "Restaurante Lucky Lee's Provoca Debate sobre Apropriação Cultural," *Time*, 10 de abril de 2019, time.com/5567450/lucky-lees-chinese-food-appropriation/; e Alexandra Alter, "Autora de YA Retira Sua Estreia Após Acusações de Racismo Pré-Publicação," *New York Times*, 31 de jan. de 2019, www.nytimes.com/2019/01/31/books/amelie-wen-zhao-blood-heir-ya-author-pulls-debut-accusations-racism.html.

150 permitindo um escritor não judeu: Shiryn Ghermezian, "Revista Bon Appetit Edita Artigo sobre Humantaschen para 'Melhor Transmitir' Feriado de Purim e Cultura Judaica," Algemeiner.com, 12 de fev. de 2021, www.algemeiner.com/2021/02/12/bon-appetit-magazine-edits-hamantaschen-article-to-better-convey-purim-holiday-and-jewish-culture/.

150 solidéu: Armin Langer, "Deixe-nos, Judeus, com nossos Kipás!" *Spiegel Online*, 25 de abril de 2018, www.spiegel.de/kultur/gesellschaft/berlin-deutsche-sollten-keine-kippa-tragen-a-1204689.html.

150 E no Reino Unido: Eromo Egbejule, "Dia Mundial do Jollof: #Ricegate de Jamie Oliver e Outros Escândalos," *Guardian*, 22 de ago. de 2016, www.theguardian.com/world/2016/aug/22/world-jollof-day-jamies-oliver-rice-scandals; Frances Perraudin, "Gordon Ramsay Defende Novo Restaurante em Briga de Apropriação Cultural," *Guardian*, 14 de abril de 2019, www.theguardian.com/food/2019/apr/14/gordon-ramsay-defends-lucky-cat; "Adele Acusada de Apropriação Cultural por Foto no Instagram," *Guardian*, 1º de set. de 2020, www.theguardian.com/music/2020/sep/01/adele-accused-of-cultural-appropriation-over-instagram-picture.

151 roubar as músicas: Brian Ward, "Campeão ou Plagiador? Relação Ambígua de Elvis Presley com a América Negra," *Conversation*, 14 de ago. de 2017, theconversation.com/champion-or-copycat-elvis-presleys-ambiguous-relationship-with-black-america-82293.

151 "Cinco de Drinko": Samantha Schmidt, "Fraternidade Baylor Realiza Festa 'Cinco de Drinko'. Estudantes Vestidos como Empregadas, Trabalhadores da Construção," *Washington Post*, 3 de mai. de 2017, www.washingtonpost.com/news/morning-mix/wp/2017/05/03/baylor-frat-holds-drinko-de-mayo-party-dressed-as-maids-construction-workers-students-say/.

430   A Armadilha da Identidade

151 "Meu pai é pintor": Schmidt, "Fraternidade Baylor".

152 propriedade intelectual legítima: Veja a discussão dessas reivindicações, e uma crítica a elas, em Kristen A. Carpenter, Sonia K. Katyal e Angela R. Riley, "Em Defesa da Propriedade," *Yale Law Journal* 118, nº 6 (abril de 2009): 1022–255, www.yalelawjournal.org/article/in-defense-of-property.

152 forma de opressão: Erich Hatala Matthes, "Apropriação Cultural e Opressão," Estudos Filosóficos 176, nº 4 (2018): 1003–13, doi.org/10.1007/s11098-018-1224-2.

152 interfere na "intimidade": C. Thi Nguyen e Matthew Strohl, "Apropriação Cultural e a Intimidade de Grupos," *Estudos Filosóficos* 176, nº 4 (jan. de 2019): 981–1002, doi.org/10.1007/s11098-018-1223-3.

152 "mistura seu trabalho": John Locke, *Segundo Tratado sobre o Governo Civil*, trad. Marsely de Marco Dantas (Edipro, 2014), 11–12.

153 criticado severamente: Veja, por exemplo, Conor Friedersdorf, "Briga de Comida no Oberlin College," *Atlantic*, 21 de dez. de 2015, www.theatlantic.com/politics/archive/2015/12/the-food-fight-at-oberlin-college/421401/. Para outro caso envolvendo duas mulheres administrando um caminhão de burritos, veja Tim Carman, "Deveriam Chefs Brancos Vender Burritos? Controvérsia Reveladora de um Restaurante de Portland," *Washington Post*, 26 de mai. de 2017, www.washingtonpost.com/news/food/wp/2017/05/26/should-white-chefs-sell-burritos-a-portland-restaurants-revealing-controversy/.

154 "Tentando encontrar algo autenticamente primordial": Kwame Anthony Appiah, "O Caso da Contaminação," *New York Times*, 1º de jan. de 2006, www.nytimes.com/2006/01/01/magazine/the-case-for-contamination.html.

155 primeiro criou o rebozo: "Decifrar os vários fios da história do rebozo é complexo. A multiplicidade de influências foi global — seda e lenços chineses, ikate do Sudeste Asiático, xales que chegaram com o galeão de Manila, vestimentas tecidas pré-hispânicas e designs espanhóis e mouros." Marion Oettinger e Lee Boltin, *Folk Treasures of Mexico: The Nelson Rockefeller Collection* (*Tesouros Folclóricos do México: A Coleção Nelson A. Rockefeller*) (Houston, Tex.: Arte Público Press, 2010).

155 inapropriado para mulheres brancas: Veja, por exemplo, Montse Olmos e Mayte Acolt, "O Rebozo & Além: Apropriação Cultural & Parto," *Seus Parceiros de Parto*, 3 de mai. de 2021, podcast, yourbirthpartners.org/rebozo-appropriation/; e "A Loucura pelo Rebozo e Trabalhadores do Parto Não Latinos: Bini Birth," *Bini Birth | Educação*

para o Parto e Treinamento de Doula, 13 de jan. de 2020, binibirth.com/
the-rebozo-craze-and-non-latinx-birth-workers/.

155 os "proprietários" coletivos: Na verdade, alguns defendem essa posição: Sammitha Sreevathsa, "Dança Clássica e Apropriação: Como Pensar Sobre um Campo Cujas Fundações Repousam na Violência Cultural," *Firstpost*, 1º de dez. de 2019, www.firstpost.com/living/classical-dance-and-appropriation-how-to-think-about-a-field-whose-foundations-rest-on--cultural-violence-7708381.html.

156 originário da Espanha: "Cochinita Pibil," *DishRoots*, 30 de jul. de 2018, www.dishroots.com/post/cochinita-pibil.

157 ***The Toronto Star***: "um local moderno de propriedade de brancos na Ossington está vendendo caldo de ossos em frente ao Golden Turtle Pho. também sexualizando o molho 'jerk' e o molho de pho e fazendo 'bolinhos superfoods' para lucro? gente, estou enojada" (Evy Kwong [@EVYSTADIUM], Twitter, 18 de nov. de 2020, 12:15 p.m., twitter.com/EVYSTADIUM/status/1329110893133783040). Veja também "ATUALIZAÇÃO: A loja Permission, que dividia o espaço com aquele local, está encerrando imediatamente a parceria" (Evy Kwong [@EVYSTADIUM], Twitter, 19 de nov. de 2020, 1:45 p.m., twitter.com/EVYSTADIUM/status/1329496148353101826).

157 ***de músicos negros:*** Matthew Swayne, "Como o Racismo dos Anos 1950 Ajudou a Tornar Pat Boone uma Estrela do Rock," InnerSelf.com, acessado em 24 de mar. de 2023, innerself.com/social/culture-wars/14776-how-the-1950s-racism-helped-make-pat-boone-a-rock-star.html.

158 ***aproveitando os frutos merecidos***: Michael Harriot, "Os 10 Maiores Roubos Culturais da História Negra," *Root*, 30 de mai. de 2019, www.theroot.com/the-10-biggest-cultural-thefts-in-black-history-1835106474. Da mesma forma, o termo "apropriação cultural" não captura adequadamente a injustiça do fato de que obras de arte-chave de antigas colônias britânicas, como Índia e Quênia, são de propriedade do Museu Britânico. O problema não é que seja inerentemente inadequado que obras de arte de um país sejam de propriedade ou exibidas nas instituições culturais de outro país; é que muitas dessas obras de arte foram adquiridas sob circunstâncias profundamente injustas. Os problemas em questão incluem roubo de propriedade e os males mais amplos da dominação colonial, uma realidade vívida que a fala sobre "apropriação cultural" faz mais para encobrir do que revelar.

158 ***Cultura Tradicional Polonesa:*** A maior religião na Polônia é o catolicismo romano, o país usa o sistema numérico árabe, letras que são baseadas

432   A Armadilha da Identidade

(com pequenas alterações) no alfabeto latino e sua culinária faz uso pesado de batatas.

158 *era hibridismo cultural:* "[Bagdá dos séculos VIII e IX] desfrutava de uma atmosfera pluralista, cosmopolita e multiconfessional com reuniões étnicas e religiosas multiculturais de muçulmanos, cristãos, judeus, zoro-astrianos, pagãos, árabes, persas, bem como várias populações asiáticas." Reuven Snir, "'A Delícia dos Olhos': Bagdá na Poesia Árabe," *Orientalia Suecana* 70 (2021): 12–52, doi.org/10.33063/diva-437598.

Capítulo 10: Fale Livremente

161 *na Europa Central:* Yascha Mounk, *The Populist Curtain* (*A cortina populista*), *BBC Radio* 4, www.bbc.co.uk/programmes/m00048p9.

162 *pessoas de Bangkok:* Para mais informações sobre o estado da liberdade de expressão internacionalmente, veja os relatórios anuais da organização sem fins lucrativos Freedom House. O relatório de 2022 da Freedom House, por exemplo, atribuiu à Turquia uma pontuação de 5/16 na categoria "Liberdade de Expressão e Crença". Sob o presidente Erdoğan, "os meios de comunicação são frequentemente censurados, multados ou fechados, e jornalistas são detidos regularmente", e o governo "monitora mais de 45 milhões de contas de mídia social", punindo arbitrariamente aqueles que criticam o Estado. "Turquia: Relatório de País Liberdade no Mundo 2022", Freedom House, acessado em 5 de jan. de 2023, freedomhouse.org/country/turkey/freedom-world/2022.

162 *restringir como funcionários públicos:* Sobre os esforços recentes para banir certas formas de conteúdo na educação pública, veja David French, "Liberdade de Expressão para Mim, Mas Não Para Você", *Atlantic*, 11 de abr. de 2022, newsletters.theatlantic.com/the-third-rail/email/1eff62d6-d95e-49f2-8e85-5a8ac4333206. Sobre restrições à liberdade de expressão relacionadas ao aborto, veja Yascha Mounk, "Por que a Liberdade de Expressão É a Próxima Luta do Aborto", *Atlantic*, 1º de set. de 2022, www.theatlantic.com/ideas/archive/2022/08/freedom-speech-mississippi-abortion-rights/671202/.

162 *discurso que proíbem:* Veja, por exemplo, Adam Steinbaugh, "Por que a Traição da Flórida à Primeira Emenda para 'Parar o Acordado' Deveria Preocupar a Todos, Incluindo Conservadores", Fundação para Direitos Individuais e Expressão, 29 de nov. de 2022, www.thefire.org/

news/why-floridas-betrayal-first-amendment-stop-woke-should-concern--everyone; Conor Friedersdorf, "A Polícia do Discurso de Ron DeSantis Pode Prejudicar Também a Direita", *Atlantic*, 22 de nov. de 2022, www.theatlantic.com/ideas/archive/2022/11/ron-desantis-individual-freedom--act-free-speech/672211; e Yascha Mounk, "Como Salvar a Liberdade Acadêmica de Ron DeSantis", *Atlantic*, 7 de mar. de 2023, https://www.theatlantic.com/ideas/archive/2023/03/ron-desantis-book-illiberal-policies-florida-education/673297/.

162 ***proibiram qualquer material didático:*** "Tennessee SB0623: 2021–2022: 112ª Assembleia Geral", LegiScan, 2021, legiscan.com/TN/text/SB0623/id/2409134.

162 ***estado da Flórida:*** Ian Millhiser, "O Problema Constitucional com o Projeto 'Não Diga Gay' da Flórida", *Vox*, 15 de mar. de 2022, www.vox.com/2022/3/15/22976868/dont-say-gay-florida-unconstitutional-ron--desantis-supreme-court-first-amendment-schools-parents.

162 ***constituições de todos os cinquenta estados:*** Veja David Schultz, "Disposições Constitucionais Estaduais sobre Direitos Expressivos", *The First Amendment Encyclopedia*, set. 2017, www.mtsu.edu/first-amendment/article/874/state-constitutional-provisions-on-expressive-rights.

163 **ser ofensivo é uma ofensa:** Yascha Mounk (@Yascha_Mounk), Twitter, 21 de fev. de 2021, 20h51, twitter.com/Yascha_Mounk/status/1363667618608087042. De acordo com a lei inglesa, ser ofensivo não é de fato uma ofensa criminal. Mas o fato de uma força policial ter produzido e exibido publicamente outdoors afirmando isso mostra o quão confusas se tornaram as fronteiras do que pode ser dito e quão facilmente cidadãos desafortunados poderiam se tornar alvos de uma investigação policial por comportamento que não é de fato ilegal. E embora a frase exata do *outdoor* exibido pela polícia de Merseyside seja errônea, muitos cidadãos britânicos foram de fato punidos por uma ampla variedade de discursos, frequentemente em circunstâncias muito preocupantes. Veja, por exemplo, Kenan Malik, "O 'Pug Nazista': Ofender É Inevitável e Muitas Vezes Necessário em uma Sociedade Plural", *Guardian*, 25 de mar. de 2018, theguardian.com/commentisfree/2018/mar/25/being--offensive-should-not-be-illegal-in-society-that-defends-free-speech; e Scott Shackford, "Ela Postou Letras de Rap para Lembrar um Adolescente Morto, então o Reino Unido a Processou por Discurso de Ódio", *Reason*, 23 de abr. de 2018, reason.com/2018/04/23/she-posted-rap-lyrics-to-remember-a-dead/.

434 A Armadilha da Identidade

163 **mercadorias antifascistas:** Derek Scally, "Homem É Levado a Tribunal por Uso Antinazista da Suástica," *Irish Times*, 27 de set. de 2006, www.irishtimes.com/news/man-faces-court-for-anti-nazi-use-of-swastika-1.1007969. Embora um juiz tenha decidido que os adesivos não violaram as leis antissuástica da Alemanha, a ambiguidade desse tipo de lei continua tendo um efeito intimidador. Veja também DW Staff, "Imagens Antinazistas," *DW*, 15 de mar. de 2007, www.dw.com/en/germany-allows-anti-nazi-swastikas/a-2385967.

163 **investigou os editores:** "Queer.de: Pode Bento XVI Ser Postumamente Chamado de Incitador Homofóbico?," *Der Spiegel*, 9 de jan. de 2023, www.spiegel.de/panorama/darf-benedikt-xvi-posthum-als-homophober-hetzer-bezeichnet-werden-a-8815a43d-2956-4cd4-b2e5-458ff63a0ee0.

163 **ministro do governo criticado:** Adam Satariano e Christopher F. Schuetze, "Onde o Discurso de Ódio Online Pode Levar a Polícia à Sua Porta," *New York Times*, 23 de set. de 2022, www.nytimes.com/2022/09/23/technology/germany-internet-speech-arrest.html.

163 **prometeram banir:** Por exemplo, Mark Zuckerberg testemunhou no Congresso que o Facebook tornou "o combate à desinformação e o fornecimento de informações autorizadas uma prioridade para a empresa." Danielle Abril, "O que os CEOs das Big Tech Dirão a um Congresso Zangado sobre a Regulação da Desinformação e do Extremismo," *Fortune*, 24 de mar. de 2021, https://fortune.com/2021/03/24/facebook-alphabet-twitter-ceos-congressional--hearing-testimony-misinformation-extremism-online-big-tech-congress/.

163 **o que eles consideram "desinformação":** Para uma declaração de alguns dos problemas com o conceito de "desinformação," que argumentava, em última análise, que o conceito poderia ser útil se fosse aplicado com mais rigor, veja Conor Friedersdorf, "Como 'Grande Desinformação' Pode Superar Seus Céticos," *Atlantic*, 21 de abr. de 2022, https://www.theatlantic.com/ideas/archive/2022/04/anti-disinformation-laws-social-media/629612/. Além disso, observe que o público em geral não tem muita clareza sobre o que constitui "desinformação" ou "notícias falsas". De acordo com uma pesquisa de 2017 realizada pela Gallup e pela Knight Foundation, 48 por cento acreditam que "pessoas que conscientemente apresentam informações falsas como se fossem verdadeiras" são "sempre" *fake news*, e outros 46 por cento acreditam que são "às vezes" *fake news*. Mais surpreendentemente, 28 por cento dos entrevistados disseram que "histórias precisas que apresentam um político ou grupo político de forma negativa" são sempre *fake news*, e outros 50% disseram que às vezes são. "Não Surpreendentemente, É Difícil Definir

Notas

'Fake News'," Projeto de Literacia em Notícias, acessado em 24 de mar. de 2023, newslit.org/tips-tools/did-you-know-negative-light/.

163 **limitação artificial da discussão:** Cristiano Lima, "Facebook Não Considera Mais a Covid 'Fabricada pelo Homem' uma Ideia Insana," *Politico*, 26 de mai. de 2021, www.politico.com/news/2021/05/26/facebook-ban-covid-man-made-491053.

163 **escândalos em torno do filho:** Elizabeth Dwoskin, "Facebook e Twitter Tomam Medidas Incomuns para Limitar a Propagação da História do *New York Post*," *Washington Post*, 15 de out. de 2020, www.washing-tonpost.com/technology/2020/10/15/facebook-twitter-hunter-biden/. É razoável discordar sobre a importância da história original sobre Hunter Biden no *New York Post*. Mas as principais redes sociais tomaram a medida altamente incomum de suspender a conta de uma fonte de notícias de longa data com a justificativa de que a alegação principal, de que informações recu-peradas do laptop de Hunter Biden eram autênticas, era falsa. Como relatos posteriores do *New York Times* e de outros veículos de mídia confirmaram, isso não era verdade. Veja, por exemplo, Katie Brenner, Kenneth P. Vogel e Michael S. Schmidt, "Hunter Biden Pagou a Conta de Impostos, Mas a Ampla Investigação Federal Continua," *New York Times*, 16 de mar. de 2022, www.nytimes. com/2022/03/16/us/politics/hunter-biden-tax-bill-investigation.html.

163 **remover episódios de programas:** Para citar apenas alguns exem-plos, em agosto de 2021, o Comedy Central removeu o episódio de *The Office* "Diversity Day", que satiriza a superficialidade dos esforços corpo-rativos de diversidade e inclusão, de sua programação (Carly Mayberry, "Comedy Central Cede à Cultura do Cancelamento, Remove Episódio de 'The Office' de sua Programação", Newsweek, 30 de ago. de 2021, www. newsweek.com/comedy-central-caves-cancel-culture-removes-episode-office-line-1623873). Em junho de 2020, a HBO Max adquiriu *South Park*, mas não permitiu a transmissão de cinco dos episódios mais controversos (Randall Colburn, "South Park Agora está no HBO Max — com Cinco Episódios Ausentes", *The A.V. Club*, 25 de jun. de 2020, www.avclub.com/hbo--max-removes-all-south-park-episodes-referencing-the-1844162728). Por fim, vários episódios de *30 Rock* foram retirados da sindicação e removidos dos serviços de *streaming*, incluindo Hulu e Amazon Prime, porque apre-sentavam uma representação satírica de um personagem usando *blackface* (Ryan Reed, "'30 Rock' Episódios com Blackface Removidos da Transmissão, Sindicação," *Rolling Stone*, 22 de jun. de 2020, rollingstone.com/tv-movies/tv-movie-news/30-rock-blackface-episodes-pulled-1019167/).

436   A Armadilha da Identidade

163 **cancelou o lançamento:** O autor Kosoko Jackson cancelou a publicação de *A Place for Wolves*, um romance para jovens adultos que havia recebido extensos elogios antecipados, após a reação pública que se seguiu a uma resenha no Goodreads criticando a representação dos muçulmanos no livro. Katy Waldman, "No universo J.A., Onde Está a Linha entre a Crítica e a Cultura do Cancelamento?", *New Yorker*, 21 de mar. de 2019, www.newyorker.com/books/under-review/in-ya-where-is-the-line-between-criticism-and-cancel-culture.

163 **cancelou shows de comediantes:** Por exemplo, uma apresentação de Dave Chappelle no First Avenue em Minneapolis foi cancelada após funcionários do local se oporem ao seu show. Derek Saul, "Local de Minnesota Cancela Show de Dave Chappelle enquanto Controvérsia sobre Transfobia se Agrava", *Forbes*, 22 de jul. de 2022, www.forbes.com/sites/dereksaul/2022/07/21/minnesota-venue-cancels-dave-chappelle-show-as-transphobia-controversy-boils-over/?sh=6a4dcbc52c1d.

163 **Universidades desconvidaram palestrantes:** Veja o desconvite do geofísico Dorian Abbot de uma palestra no MIT por causa de sua oposição à ação afirmativa. Michael Powell, "Escolha do Palestrante do MIT Provocou Críticas. Assim como Sua Decisão de Cancelar", *New York Times*, 20 de out. de 2021, www.nytimes.com/2021/10/20/us/dorian-abbot-mit.html; e Yascha Mounk, "Por que o Último Cancelamento no Campus É Diferente", Atlantic, 10 de out. de 2021, www.theatlantic.com/ideas/archive/2021/10/why-latest-campus-cancellation-different/620352/.

163 **demitidos sumariamente de seus empregos:** Por exemplo, o analista de dados David Shor foi demitido após tuitar um resumo de um estudo mostrando os efeitos eleitorais dos protestos violentos, e Emmanuel Cafferty, um eletricista latino, foi demitido após um ativista tirar uma foto de sua mão fazendo o símbolo OK, um símbolo branco de poder de nicho. Veja Yascha Mounk, "Parem de Demitir os Inocentes", *Atlantic*, 27 de jun. de 2020, www.theatlantic.com/ideas/archive/2020/06/stop-firing-innocent/613615.

164 **se abster de expressar:** Emily Ekins, "Pesquisa: 62% dos Americanos Dizem Ter Opiniões Políticas que Têm Medo de Compartilhar", Instituto Cato, 22 de jul. de 2020, www.cato.org/publications/survey-reports/poll-62-americans-say-they-have-political-views-theyre-afraid-share.

164 **ter se autocensurado:** "Maior Pesquisa sobre Liberdade de Expressão de Estudantes Universitários Classifica os Principais Campi para Expressão", Fundação para os Direitos Individuais e a Expressão,

29 de set. de 2020, www.thefire.org/largest-ever-free-speech-survey-of-college-students-ranks-top-campuses-for-expression/.

164 **funcionários do próprio jornal:** Os resultados completos da pesquisa interna não foram divulgados. Mas, de acordo com relatos da mídia, apenas 51% dos entrevistados concordaram com a afirmação "há livre troca de opiniões nesta empresa; as pessoas não têm medo de dizer o que realmente pensam". Veja Jon Levine, "Metade dos Funcionários do *New York Times* Sente que Não Pode Falar Livremente: Pesquisa", *New York Post*, 13 de fev. de 2021, nypost.com/2021/02/13/new-york-times-employees-feel-they-cant-speak-freely-survey/.

164 **"pratica uma tirania social":** John Stuart Mill, *Sobre a Liberdade* (L&PM, 2016), 9.

165 **direito de criticar a escravidão:** Veja, mais famosamente, Frederick Douglass, "Um Apelo pela Liberdade de Expressão em Boston (1860)", Centro Nacional da Constituição, acessado em 21 de jan. de 2023, constitutioncenter.org/the-constitution/historic-document-library/detail/frederick-douglass-a-plea-for-free-speech-in-boston-1860.

165 **se opondo à guerra:** Veja o caso emblemático Tinker *vs.* Des Moines, em que a Suprema Corte defendeu o direito dos estudantes de protestar contra a Guerra do Vietnã nas escolas. Tinker *vs.* Des Moines Independent Community School District, 393 U.S. 503 (1969).

165 **a esquerda há muito tempo defendeu:** Martin Luther King Jr. falou emocionadamente sobre o ataque à liberdade de expressão durante a Guerra do Vietnã: "A quinta vítima da guerra no Vietnã é o princípio da dissidência. Um sentimento repressivo e feio para silenciar os buscadores da paz descreve (...) pessoas que pedem um cessar-fogo no Norte como quase traidores, tolos ou inimigos venais de nossos soldados e instituições. A liberdade de expressão e o privilégio da dissidência e discussão são direitos que estão sendo abatidos por bombardeiros no Vietnã. Quando aqueles que defendem a paz são tão vilipendiados, é hora de considerar para onde estamos indo e se a liberdade de expressão não se tornou uma das principais vítimas da guerra". Martin Luther King Jr., "Martin Luther King Jr. sobre a Guerra do Vietnã" (discurso, Beverly Hills, Califórnia, 25 de fev. de 1967), Atlantic, www.theatlantic.com/magazine/archive/2018/02/martin-luther-king-jr-vietnam/552521/.

165 **"A liberdade é sem sentido":** Douglass, "Apelo pela Liberdade de Expressão em Boston (1860)".

165 **"apenas um serviço":** Alexandra Ocasio-Cortez (@AOC), Twitter, 18 de mar. de 2022, 17h50, twitter.com/aoc/status/1504938290386030598.

438   A Armadilha da Identidade

165 **"o direito de expressar preconceitos":** Owen Jones (@Owen Jones84), Twitter, 11 de set. de 2022, 13h11, twitter.com/OwenJones84/status/1569010714420838401.

165 **"No final do dia":** Ellen Pao (@ekp), Twitter, 5 de abr. de 2022, 19h31, twitter.com/ekp/status/1511486807451463680.

166 **em "Tolerância Repressiva":** Herbert Marcuse, "Tolerância Repressiva", em *A Critique of Pure* Tolerance (*Uma Crítica da Tolerância Pura*), ed. Robert Paul Wolff e Barrington Moore, 5ª ed. (Boston: Beacon Press, 1969), 81–123.

166 **definida pela dominação de classe:** A sociedade contemporânea, escreveu Marcuse, era caracterizada pela "tolerância da idiotização sistemática de crianças e adultos por meio da publicidade e propaganda". Marcuse, "Tolerância Repressiva", 83.

166 **"liberdade (de opinião, de associação, de expressão)":** Marcuse, "Tolerância Repressiva", 83.

166 **"tolerância de discurso e associação":** Uma reforma radical do sistema educacional, afirmou Marcuse, também seria extremamente importante: deveria haver "novas e rigorosas restrições ao ensino e práticas nas instituições educacionais que, por seus próprios métodos e conceitos, servem para encerrar a mente dentro do universo estabelecido de discurso e comportamento." Marcuse, "Tolerância Repressiva", 100–101.

166 **uma vanguarda intelectual:** Marcuse reafirmou essa visão em um posfácio de seu ensaio publicado em 1968: "A tolerância seria restrita em relação a movimentos de caráter demonstradamente agressivo ou destrutivo (destrutivo das perspectivas de paz, justiça e liberdade para todos). Essa discriminação também seria aplicada a movimentos que se opõem à extensão da legislação social aos pobres, fracos, deficientes. Em contraposição às veementes denúncias de que tal política eliminaria o sagrado princípio liberal da igualdade para 'o outro lado', sustento que há questões em que não há 'outro lado' em nenhum sentido mais do que formalista, ou em que 'o outro lado' é demonstradamente 'regressivo' e impede uma possível melhoria da condição humana." Marcuse, "Tolerância Repressiva", 120.

166 **"a ditadura educacional democrática":** Marcuse, "Tolerância Repressiva", 108.

166 **rejeição altamente influente:** Stanley Fish, *There's no Such Thing as Free Speech: ... And it's a Good Thing Too* (*Não Existe Liberdade de Expressão: E Isso é Bom Também*) (Nova York: Oxford University Press, 1994).

Notas

166 "conceitos abstratos como liberdade de expressão": Fish, *Não Existe...*, 102.

166 impossível traçar um limite baseado em princípios: A conclusão disso parece ser que devemos abandonar o discurso sobre "liberdade de expressão". No entanto, o próprio Fish, pelo menos em alguns momentos, chegou a uma conclusão menos radical: "A moral não é que o discurso da Primeira Emenda deva ser abandonado, pois mesmo que as fórmulas padrão da Primeira Emenda não possam e não pudessem cumprir a função esperada delas (a eliminação de considerações políticas em decisões sobre discurso), elas ainda servem a uma função que não é de todo negligenciável: elas retardam os resultados em uma área em que o medo de resultados precipitados é justificado por um longo histórico de abusos de poder. Frequentemente se diz que a história mostra (ela mesma uma fórmula) que mesmo uma restrição mínima ao direito de expressão facilmente leva a restrições cada vez maiores; e até certo ponto isso é um fato empírico (e é uma questão sobre a qual se poderia debater), há algum conforto e proteção a serem encontrados em um procedimento que exige que você pule obstáculos – faça muito trabalho argumentativo – antes que uma regulamentação de discurso possa ser permitida". Fish, *Não Existe...*, 113–14.

167 "provocar a pessoa média": "O problema com essa definição é que ela não faz distinção entre palavras de luta e palavras que permanecem seguras e meramente expressivas, mas entre palavras que são provocativas para um grupo (o grupo que se enquadra no rótulo 'pessoa média') e palavras que podem ser provocativas para outros grupos, grupos de pessoas não consideradas médias atualmente. E se você perguntar quais palavras são suscetíveis de serem provocativas para esses grupos não médios, quais são susceptíveis de serem suas palavras de luta, a resposta é qualquer coisa e tudo, pois como o juiz Holmes disse há muito tempo (em Gitlow *vs.* New York), cada ideia é um incentivo para alguém, e como as ideias vêm embaladas em frases, em palavras, cada frase é potencialmente, em alguma situação que possa ocorrer amanhã, uma palavra de luta e, portanto, uma candidata para regulação." Fish, *Não Existe...*, 106.

167 a fronteira entre: Fish também lançou um segundo ataque à liberdade de expressão, que é sutilmente distinto. De acordo com essa linha de argumentação, instituições que afirmam fazê-lo nunca tratam realmente a liberdade de expressão como um valor absoluto; quando o exercício da liberdade de expressão entra em conflito com os objetivos mais amplos de uma instituição, a instituição estabelecerá limites sobre o que pode ser dito.

440 **A Armadilha da Identidade**

Na famosa defesa da liberdade de expressão de John Milton no *Areopagitica*, por exemplo, o poeta do século XVII introduz uma grande ressalva: "o papismo e a superstição aberta" deveriam, segundo Milton, estar além do alcance da liberdade de expressão. Esse tipo de movimento, afirma Fish, é uma característica, não um defeito. "Quando a pressão vem (e mais cedo ou mais tarde sempre virá) e a instituição (seja ela Igreja, Estado ou universidade) é confrontada por comportamentos subversivos de sua razão central, ela responderá declarando 'é claro que não toleramos –, que extirpamos'" (Fish, *Não Existe...*, 104). Isso, segundo Fish, é uma espécie de regra invariável: "Quero dizer que todas as afirmações de liberdade de expressão são como as de Milton, dependentes de uma exceção que literalmente esculpe o espaço em que a expressão pode então surgir." Fish, *Não Existe...*, 103.

167 **"Liberdade de expressão", conclui Fish:** Fish, *Não Existe...*, 102. A objeção de que os limites da liberdade de expressão são completamente arbitrários parece atraente, mas, examinada mais de perto, ela não se sustenta.

Como um dos paradoxos filosóficos mais antigos aponta, é extremamente difícil saber onde está a linha entre um homem careca e um homem não careca. Se você pegasse um homem com uma cabeça cheia de cabelos exuberantes e removesse um folículo de cabelo de cada vez, sempre pareceria irracional declarar que a remoção de um único fio o tornou careca. Isso significa que um homem que teve todos os seus cabelos removidos não deve ser considerado careca? Mas embora esse paradoxo aponte para a existência de casos difíceis, cuja descrição correta é uma questão de julgamento e pode até ser um pouco arbitrária, claramente não demonstra que Zac Efron é careca ou que Bruce Willis tem uma cabeça cheia de cabelo. (Na filosofia, os enigmas lógicos introduzidos por termos vagos são frequentemente referidos pelo famoso paradoxo do sorites. Veja Dominic Hyde e Diana Raffman, "Paradoxo do Sorites", na *Stanford Encyclopedia of Philosophy*, 26 de março de 2018, plato.stanford.edu/entries/sorites-paradox/.)

O mesmo vale para a liberdade de expressão. Existem muitos casos difíceis em que é uma questão genuína de julgamento se alguma forma de expressão deve se qualificar para as proteções oferecidas pela Primeira Emenda. Imagine alguém que está enfurecido com a política adotada por uma escola local e liga para o diretor, dizendo: "Você vai pagar pelo que fez". Isso é simplesmente uma forma forte de crítica legítima? Ou isso equivale a uma ameaça concreta que vai além da expressão de discordância? Essa decisão de julgamento é genuinamente difícil. Pessoas razoáveis podem chegar a diferentes conclusões sobre isso, e críticos como Fish estão indubitavelmente certos de que as relações de poder ajudarão a determinar os limites exatos da liberdade de expressão. Mas nada disso significa que seja impossível distinguir entre um pai criticando publicamente a política da escola (um claro exercício de liberdade de expressão) e alguém fazendo uma ameaça de bomba (uma ameaça disruptiva que seria considerada ilegal).

167 **"Não devemos fetichizar o 'debate'":** Nadia Whittome (@Nadia WhittomeMP), Twitter, 23 de julho de 2020, 13:47, twitter.com/nadiawhittomemp/status/1286357272025796608?lang=en.

167 **"ideias racistas são falsas":** Twitter Together (@TwitterTogether), Twitter, 11 de junho de 2020, 19:29, twitter.com/TwitterTogether/status/1271223142493507584.

167 **"Quando é a liberdade de expressão":** Francesca Truitt, "Black Lives Matter Protests American Civil Liberties Union", *Flat Hat News,* 2 de outubro de 2017, flathatnews.com/2017/10/02/black-lives-matter-protests-american-civil-liberties-union/. Um artigo acadêmico publicado no jornal da Associação Americana de Professores Universitários é ainda mais explícito em sua rejeição à liberdade de expressão: "No final, a questão é menos sobre liberdade de expressão e mais sobre o que valorizamos. Devemos nos fazer estas perguntas fundamentais: Valorizamos a liberdade de expressão que busca promover o racismo, a homofobia, a transfobia, o preconceito, a misoginia, a cultura do estupro, a violência contra as mulheres e o desrespeito às pessoas com deficiência em nosso campus?". Reshmi Dutt-Ballerstadt, "Quando a Liberdade de Expressão Perturba as Iniciativas de Diversidade: O que Valorizamos e o que Não Valorizamos", *AAUP Journal of Academic Freedom* 9 (2018): 18.

168 **restrições formais ou informais:** Veja, por exemplo, "Uma Carta Mais Específica sobre Justiça e Debate Aberto", *Objetivo,* 10 de julho de 2020, objectivejournalism.org/2020/07/a-more-specific-letter-on-justice-and-open-debate/.

168 **"'Cultura de consequências' é necessária":** Dana Brownlee, "O 'Cancel Culture' É Realmente Apenas uma Responsabilização Há Muito Esperada para os Privilegiados?", Forbes, 1º de julho de 2021, www.forbes.com/sites/danabrownlee/2021/07/01/is-cancel-culture-really-just-long-overdue-accountability-for-the-privileged/?sh=7f03df33a22b. A escritora e acadêmica Roxane Gay concordou, opinando que "a cultura do cancelamento é esse bicho-papão que as pessoas inventaram para justificar o mau comportamento e quando seus favoritos sofrem consequências". Molly

442   A Armadilha da Identidade

Schwartz, "Roxane Gay Diz que a Cultura do Cancelamento Não Existe", Mother Jones, 5 de março de 2021, www.motherjones.com/media/2021/03/roxane-gay-says-cancel-culture-does-not-exist/.

168 **argumento a favor da liberdade de expressão:** Mill, Sobre a Liberdade. Ataques recentes à liberdade de expressão também inspiraram algumas defesas importantes da tradição. Veja, por exemplo, Timothy Garton Ash, *Free Speech: Ten Principles for a Connected World* (*Liberdade de Expressão: Dez Princípios para Um Mundo Conectado*) (New Haven, Conn.: Yale University Press, 2017); e Jacob Mchangama, *Free Speech: A History from Socrates to Social Media* (*Liberdade de Expressão: Uma História de Sócrates à Mídia Social*) (Nova York: Basic Books, 2022). Para um tratamento filosófico recente, veja David Braddon-Mitchell e Caroline West, "O que É Liberdade de Expressão?", *Revista de Filosofia Política* 12, nº 4 (2004).

168 **Dois argumentos são especialmente comuns:** Nos dois parágrafos seguintes, estou seguindo o relato clássico de John Stuart Mill em *Sobre a Liberdade*. Há também um terceiro argumento clássico a favor da liberdade de expressão, que tende a ser favorecido por liberais "deontológicos" em vez de "consequencialistas". Esse argumento enfatiza que o governo não tem o direito de tomar partido das convicções morais ou religiosas de alguns cidadãos sobre as de outros. Dar às autoridades o direito de censurar discursos supostamente nocivos violaria, nessa visão, a autonomia moral dos cidadãos comuns.

Essa ideia remonta a um longo debate sobre o que justifica o poder coercitivo exercido pelos Estados modernos. Alguns filósofos políticos, como Thomas Hobbes, acreditam que o Estado é necessário para nos proteger uns dos outros. Outros, como John Locke, acreditam que é necessário para arbitrar conflitos, porque ninguém é impassível quando se trata de seus próprios interesses. Outros ainda, incluindo aqueles preocupados com o que hoje chamaríamos de "falha do Estado", acreditam que o Estado é necessário para fornecer bens públicos essenciais, como comida e abrigo para os mais vulneráveis.

Mas o que praticamente todas as teorias filosoficamente liberais do Estado têm em comum é a convicção de que todos nascemos iguais e que isso limita o que o Estado pode legitimamente fazer conosco. O propósito de nossas instituições não é determinar a verdade sobre questões ponderosas de moralidade e teologia, nem nos dizer como levar nossas vidas. Embora os cidadãos de uma democracia liberal concordem em serem restringidos por um conjunto de leis, eles se reservam o direito de decidir sobre questões de bem ou mal, de céu ou inferno, para si mesmos.

Essa liberdade moral fundamental de pensar por nós mesmos seria intoleravelmente minada se o Estado tivesse o direito de censurar o que seus cidadãos podem ou não dizer. Cidadãos autônomos que são livres para determinar as questões mais pesadas de moralidade para si mesmos precisam preservar o direito de decidir por si próprios o que dizer e quem desejam ouvir. Qualquer Estado que reivindique o direito de determinar quais palavras são muito perigosas para seus próprios cidadãos está, portanto, ultrapassando os limites de sua autoridade legítima. Em vez de facilitar as condições que nos permitem levar nossas vidas em paz e prosperidade, ele reivindica injustamente para si o papel de um educador instruindo seus filhos desgarrados.

169 **"Verdade, assim mantida":** Mill, *Sobre a Liberdade*, 34. Verdades vivas são capazes de resistir a ataques e motivar nossas ações. No entanto, uma vez que elas se tornam sagradas, e qualquer expressão de discordância é censurada, elas se transformam em fórmulas vazias às quais apenas prestamos homenagem superficial. Quando circunstâncias alteradas permitem àqueles que discordam da ideia apresentar seus argumentos contra ela, algumas frases mantidas por repetição dificilmente conseguirão repelir o desafio. E como tabus raramente duram para sempre, o preço de proteger uma ideia hoje pode ser enfraquecê-la amanhã.

Talvez queiramos acrescentar que se torna fácil entender mal tanto a natureza quanto as implicações de uma visão que raramente ou nunca é contestada. Tome um exemplo do último capítulo: se aceitarmos que a apropriação cultural é ruim sem pensar por que deveria ser, acabaremos "problematizando" algumas formas de influência mútua que são na verdade completamente inofensivas — tudo isso enquanto deixamos de entender o que torna outras práticas, que por acaso não se enquadram na categoria de "apropriação cultural", profundamente injustas.

169 **Ter tais bases tão frágeis:** Por isso, de acordo com Mill, aqueles que são fortemente comprometidos com uma crença particular deveriam acolher a discordância, mesmo que sua ideia realmente seja verdadeira. "Se não existirem oponentes de todas as verdades importantes," sugeriu Mill, "é indispensável imaginá-los e municiá-los com os argumentos mais fortes que o mais habilidoso advogado do diabo possa conjurar." Mill, *Sobre a Liberdade*, 36.

169 **Mudar de opinião:** Em 1996, 27% dos americanos apoiavam o reconhecimento legal do casamento gay. Em 2021, o apoio aumentou para um recorde de 70%. Justin McCarthy, "Recorde de 70% nos EUA apoia o casamento entre pessoas do mesmo sexo", Gallup, 8 de junho de 2021, news.gallup. com/poll/350486/record-high-support-same-sex-marriage.aspx.

444　A Armadilha da Identidade

169 **Resistir a ideias perniciosas:** O terceiro argumento tradicional dos defensores filosóficos da liberdade de expressão ainda mantém sua relevância hoje. Também me preocupo com que Estados que não respeitam os limites de sua autoridade legítima corram o perigo de violar a autonomia moral de seus cidadãos. Os Estados modernos desempenham legitimamente uma grande variedade de papéis ambiciosos, desde a manutenção da lei e da ordem até a provisão de um Estado de bem-estar social. Contudo, um funcionário do governo determinar o que posso ou não posso ler é ele entender mal seu papel, que é servir a mim e aos meus compatriotas, não julgar nossas opiniões.

170 **Parecem entrar em conflito:** Nos Estados Unidos, a administração de Abraham Lincoln restringiu significativamente a liberdade de expressão e a imprensa durante a Guerra Civil. Da mesma maneira, no Reino Unido, Winston Churchill restringiu a livre expressão durante a Segunda Guerra Mundial. No entanto, enquanto alguns limites estreitos à liberdade de expressão, como informações sobre movimentos de tropas ou abrigos antiaéreos que representariam uma ameaça clara à segurança nacional, podem ser justificados em emergências genuínas, amplos limites à liberdade de expressão têm sérias desvantagens, mesmo em tempos de guerra. Na verdade, as democracias muitas vezes superam as autocracias na batalha em parte porque a atenção pública para falhas militares pode ajudar esses países a superar fraquezas. Veja, por exemplo, David Runciman, *The Confidence Trap: a History of Democracy in Crisis from World War I to the Present* (*A Armadilha da Confiança: Uma História da Democracia em Crise da Primeira Guerra Mundial ao Presente*) (Princeton, N.J.: Princeton University Press, 2013). Veja também George Orwell, "A Liberdade de Imprensa", *Times Literary Supplement*, 15 de setembro de 1972, www.orwellfoundation.com/the-orwell-foundation/orwell/essays-and-other-works/the-freedom-of-the-press/; e George Orwell, "Poesia e o Microfone", *New Saxon Pamphlet*, nº 3 (março de 1945), www.orwellfoundation.com/the-orwell-foundation/orwell/essays-and-other-works/poetry-and-the-microphone/.

170 **Permitir a verdade:** Note que essa possibilidade não contradiz o argumento de Mill, corretamente compreendido. Ele estava bem ciente de que mesmo em uma sociedade com liberdade de expressão as falsidades muitas vezes podem persistir por muitas décadas ou séculos. O que ele mantinha é que a ausência de censura preservará uma chance razoável para a verdade emergir após um longo período de tempo, algo que seria menos provável se certas visões pudessem ser proibidas de serem consideradas completamente.

Notas

A natureza dessa afirmação ainda é essencialmente empírica, e algumas pessoas sem dúvida contestarão sua precisão, mas é muito mais sutil e sofisticada do que as simples rejeições do "mercado de ideias" sugeririam.

171 **cientistas políticos e sociólogos organizacionais:** Esse argumemto é mais famosamente destacado pelo sociólogo Robert Michels na forma do que ele chama de "deslocamento de objetivos": "Há um processo de 'deslocamento de objetivos' pelo qual os objetivos originais, muitas vezes radicais ou idealistas, da organização são substituídos pelos objetivos menores necessários para manter a organização e manter a liderança no poder" (Martin Slattery, "A Lei de Ferro da Oligarquia", em *Key Ideas in Sociology* [Cheltenham, Reino Unido: Nelson Thornes, 2003], 52–55). Embora as conclusões mais amplas de Michels sejam controversas, o fenômeno do deslocamento de objetivos "foi demonstrado em configurações organizacionais amplamente variadas". Kees Huizinga e Martin de Bree, "Explorando o Risco de Deslocamento de Objetivos em Agências Reguladoras de Fiscalização: Uma Abordagem de Ambiguidade de Objetivos," *Public Performance and Management Review* 44, nº 4 (2021): 868–98, doi.org/10.1080/15309576.2021.1881801.

171 **instituições sociais influentes:** O impulso para consolidar o poder foi reconhecido pelos Pais Fundadores há séculos. É por isso que, no Artigo Federalista Nº 51, James Madison insistiu que "deve-se fazer a ambição contrabalançar a ambição. O interesse do homem deve estar ligado aos direitos constitucionais do lugar. Pode ser um reflexo da natureza humana que tais dispositivos sejam necessários para controlar os abusos do governo". James Madison, *Federalist Paper* Nº 51 (1788), Bill of Rights Institute, billofrightsinstitute.org/primary-sources/federalist-no-51.

172 **censurando pontos de vista impopulares:** O que Fish e Marcuse compartilham é a convicção de que códigos de discurso provavelmente serão escritos por pessoas cujo julgamento moral e político é superior ao daqueles que são vinculados por eles. Fish, por exemplo, argumenta: "Para o repórter estudantil que reclama que, após a promulgação de um código de discurso na Universidade de Wisconsin, agora há algo em sua mente enquanto escreve, alguém poderia responder: 'Sempre houve algo em sua mente, e talvez seja melhor ter esse código em sua mente do que qualquer outra coisa que estivesse lá antes'" (Fish, *Não Há...*, 111). Mas essa confiança na superioridade do julgamento do censor baseia-se na suposição implícita de que são pessoas como Fish e Marcuse que terão a oportunidade de escrever as regras, algo que seria improvável de acontecer se sua rejeição à liberdade de expressão fosse adotada de forma mais ampla.

446   A Armadilha da Identidade

Isso permanece verdadeiro hoje. Muitos oponentes progressistas da liberdade de expressão simultaneamente endossam duas posições. Partindo do pessimismo que é parte fundamental da síntese de identidades, eles retratam suas sociedades como fundamentalmente podres, racistas ou supremacistas brancas. Ao mesmo tempo, aceitam a criação de autoridades burocráticas, seja no campus ou no Vale do Silício, que restringiriam o que as pessoas podem dizer. Mas eles parecem nunca refletir seriamente sobre como a primeira proposição mina o apoio à segunda. Se os Estados Unidos são profundamente racistas, sexistas, transfóbicos e supremacistas brancos, por que eles deveriam confiar nas pessoas mais poderosas do país para tomar decisões boas ou bem-intencionadas sobre que tipo de discurso proibir?

A resposta a essa pergunta é sociológica, não filosófica. Grupos progressistas geralmente começam a advogar severas restrições à liberdade de expressão dentro de espaços e instituições nas quais desfrutam de muito poder, como campi universitários. Eles então aplicam essas mesmas preferências à sociedade como um todo, aparentemente sem perceber que um princípio que pode servir a seus objetivos políticos dentro de uma instituição na qual eles estão efetivamente no comando provavelmente terá consequências muito diferentes dentro de um país grande e variado no qual suas opiniões políticas são altamente impopulares.

172 **perigo de (tentativas de) golpes:** Sobre a influência corrosiva da polarização partidária na estabilidade democrática, veja Jennifer McCoy et al., "Reduzindo a Polarização Perniciosa: Uma Análise Histórica Comparativa da Depolarização," *Carnegie Endowment for International Peace*, 5 de maio de 2022, carnegieendowment.org/2022/05/05/reducing-pernicious-polarization-comparative-historical-analysis-of-depolarization-pub-87034; e Yascha Mounk, "A Espiral da Perigosa Polarização," *Atlantic*, 21 de maio de 2022, www.theatlantic.com/ideas/archive/2022/05/us-democrat-republican-partisan-polarization/629925/.

173 **persuadir seus compatriotas:** A ideia básica de que elites políticas são menos propensas a aceitar eleições democráticas como um mecanismo para determinar quem deve governar quando uma derrota nas urnas acarretaria grandes custos para eles é aceita há muito tempo por cientistas sociais. De acordo com Daron Acemoglu e James A. Robinson, por exemplo, as elites econômicas em ditaduras são muito mais propensas a aceitar uma transição democrática quando a riqueza e a renda são distribuídas de maneira relativamente igualitária, porque o governo democrático sob tais circunstâncias é menos propenso a levar a políticas públicas fortemente redistributivas. Veja

Notas 447

Daron Acemoglu e James A. Robinson, "Uma Teoria de Transições Políticas," *American Economic Review* 91, nº 4 (2001): 938–63. Veja também Carles Boix, *Democracy and Redistribution* (*Democracia e Redistribuição*) (Cambridge: Cambridge University Press, 2003).

Um tipo de custo decorrente de perder eleições é econômico. Porém, por uma simples extensão, os custos esperados de serem governados por uma facção política diferente em termos de fatores não econômicos, como poder falar livremente ou não ter que temer ir para a prisão, também devem reger a disposição dos perdedores em aceitar o resultado das eleições políticas. A literatura empírica sobre justiça de transição, por exemplo, sugere que certas formas de anistia para aqueles responsáveis por crimes políticos em um regime não democrático anterior podem contribuir para a estabilidade dos sistemas democráticos subsequentes porque reduzem seu incentivo para militarem contra as novas instituições. Como descobriu uma recente meta--análise, "processos judiciais aumentam as proteções à integridade física, enquanto anistias aumentam a proteção dos direitos civis e políticos." Geoff Dancy et al., "Por Trás das Grades e Acordos: Novas Descobertas sobre Justiça de Transição em Democracias Emergentes," *International Studies Quarterly* 63, nº 1 (março de 2019): 99–110, doi.org/10.1093/isq/sqy053.

173 **motivo para ir até o fim:** Esta explicação também esclarece como responder a uma das objeções mais comuns à manutenção de direitos abso-lutos à liberdade de expressão em certas esferas. De acordo com uma objeção desse tipo, os riscos da competição política são muito sérios para permitir que atores mal-intencionados ajam livremente. Em um momento em que políticos extremistas estão em ascensão e democracias liberais estão ameaçadas em todos os continentes, pode parecer especialmente perigoso permitir que os inimigos da liberdade expressem suas opiniões. Mas esse argumento tem dois gumes. O fato de que o próximo governo possa ser ativamente hostil às instituições políticas que garantem nossa liberdade, ou aos direitos de grupos marginalizados, também é a razão pela qual é tão perigoso normalizar restri-ções à liberdade de expressão.

Uma característica importante desse argumento é que ele se aplica a restrições tanto formais quanto informais à liberdade de expressão. Os riscos das eleições são aumentados de forma especialmente grave se alguém tiver boas razões para temer que uma vitória de seu oponente possa resultar em sua prisão por criticar o novo governo (como frequentemente ocorre em "regimes autoritários competitivos", como Tailândia e Paquistão). Porém, maneiras menos formais de suprimir a fala também aumentam o incentivo

448   A Armadilha da Identidade

para se manter no poder por meios ilícitos. Se um político e seus apoiadores temem que perder o poder resultará em serem excluídos das oportunidades de apresentar seus argumentos nas principais plataformas de mídia social, efetivamente encerrando sua capacidade de se comunicar com uma audiência em massa, eles também podem passar a duvidar que terão outra chance de recuperar o poder na próxima eleição.

173 **construção de novos lares:** "As políticas que regulam o uso da terra e a produção habitacional tornam extremamente difícil adicionar mais lares em locais desejáveis." Jenny Schuetz, "Políticas Disfuncionais Quebraram a Cadeia de Suprimentos Habitacionais dos Estados Unidos," *Brookings*, 22 de fevereiro de 2022, www.brookings.edu/blog/the-avenue/2022/02/22/dysfunctional-policies-have-broken-americas-housing-supply-chain/.

174 **família havia perecido:** A exposição foi mostrada pela primeira vez em Hamburgo na primavera de 1995 e provocou um debate acalorado porque afetou um mito popular segundo o qual soldados comuns não haviam participado do Holocausto. Para uma boa visão em inglês da exposição e do debate sobre ela, veja Michael Z. Wise, "Amargura Ronda Mostra Sobre o Papel da Wehrmacht," *New York Times*, 6 de novembro de 1999, www.nytimes.com/1999/11/06/arts/bitterness-stalks-show-on-role-of-the-wehrmacht.html.

175 **regras extremamente vagas:** Por exemplo, Joseph Kelly foi condenado por violar a Lei de Comunicações de 2003 no Reino Unido depois de tuitar: "O único soldado britânico bom é um morto, queime, velho, queime". David Meikle, "Escocês Publica 'O Único Soldado Britânico Bom É um Morto' Depois da Morte do Capitão Tom", *Daily Record*, 31 de janeiro de 2022, www.dailyrecord.co.uk/news/scottish-news/scot-posted-only-good-brit-26099298.

175 **categorias vagas de discurso:** Yascha Mounk, "A Alemanha Está Passando dos Limites com Sua Lei de Discurso de Ódio Online?", *New Republic*, 3 de abril de 2018, newrepublic.com/article/147364/verboten-germany-law-stopping-hate-speech-facebook-twitter.

176 **expressando suas opiniões odiosas:** De acordo com um argumento influente contra a Primeira Emenda, restrições absolutas à regulamentação da liberdade de expressão tornam as instituições cúmplices das piores formas de expressão que elas licenciam. Quando os estados permitem que seus cidadãos neguem o Holocausto, ou universidades dão uma plataforma a palestrantes preconceituosos, argumenta-se, acabam concedendo a essas visões uma forma de legitimidade. Mas há maneiras para governos e instituições negarem o conteúdo do discurso nocivo sem chegar ao ponto de proibi-lo

completamente. Seria, por exemplo, violar a Primeira Emenda para funcionários do governo punir cidadãos por expressar opiniões especialmente nocivas, mas, como argumentou o teórico político Corey Brettschneider, não minaria a obrigação do Estado de promover a livre expressão se eles negassem tais opiniões de forma oficial. Da mesma maneira, acredito que presidentes de universidades devem garantir que palestrantes controversos convidados para o campus por departamentos acadêmicos ou grupos de estudantes tenham a oportunidade de se expressar, mas quando palestrantes especialmente nocivos vêm ao campus, nada os impede de serem os primeiros a protestar pacificamente contra o conteúdo de suas opiniões de uma maneira que não perturbe o evento. Veja Corey Lang Brettschneider, *When the State Speaks, What Should It Say? How Democracies Can Protect Expression and Promote Equality* (Princeton, N.J.: Princeton University Press, 2016); e Yascha Mounk, "Corey Brettschneider sobre Liberdade de Expressão", *The Good Fight*, 23 de julho de 2022, podcast, www.persuasion.community/p/brettschneider#details.

176 **adotar proteções robustas:** A chamada Declaração de Chicago elaborada pela Universidade de Chicago (e adotada por várias outras universidades) é um bom ponto de partida. A declaração promete que "o compromisso fundamental da Universidade é com o princípio de que o debate ou a deliberação não podem ser suprimidos porque as ideias apresentadas são consideradas ofensivas, imprudentes, imorais ou equivocadas por alguns ou até mesmo pela maioria dos membros da comunidade universitária". "Relatório do Comitê sobre Liberdade de Expressão," Universidade de Chicago, acessado em 22 de janeiro de 2023, provost.uchicago.edu/sites/default/files/documents/reports/FOECommitteeReport.pdf.

176 **duvidar de um consenso popular:** Fish poderia responder que essa postura é incoerente. Em sua visão, as universidades só podem adotar normas de liberdade de expressão em prol de algum objetivo social maior. E assim que esclarecem esse objetivo social maior, haverá momentos em que certas formas de discurso entrarão em conflito com elas. Contudo, isso não distingue entre exemplos particulares de discurso e as regras que seriam necessárias para poder suprimi-las. Sem dúvida, existem muitas formas de expressão com as quais os professores se envolvem que não favorecem o propósito tradicional da universidade, que é produzir conhecimento. Porém, permitir que presidentes de universidades demitam professores por "discurso errado" — o que, na prática, significa discurso impopular — minaria esse propósito muito mais. Em outras palavras, a questão correta é quais políticas instituições

450 **A Armadilha da Identidade**

como universidades devem adotar. E, contrariamente ao que sugere Fish, a melhor política para as universidades adotarem se quiserem cumprir seus objetivos principais é manter a liberdade acadêmica.

177 **opiniões políticas dos funcionários:** Em Washington, D.C., "filiação política" é uma classe protegida de acordo com a Lei de Direitos Humanos de 1977. Veja "Traços Protegidos em DC," Escritório de Direitos Humanos de D.C., acessado em 25 de janeiro de 2023, ohr.dc.gov/protectedtraits. Em Seattle, a ideologia política — definida como "qualquer ideia ou crença, ou corpo coordenado de ideias ou crenças, relacionadas ao propósito, conduta, organização, função ou base de governo e instituições e atividades relacionadas, seja ou não característico de qualquer partido político ou grupo" — é protegida. Título 14 - Direitos Humanos, Capítulo 14.06: Práticas de Acomodações Públicas Injustas, Código Municipal de Seattle, acessado em 25 de janeiro de 2023, library.municode.com/wa/seattle/codes/municipal_code?nodeId=TIT14HURI_CH14.06UNPUACPR&showChanges =true.

177 **confiança para se expressar:** Para uma defesa dessa posição, veja Zaid Jilani, "Uma Melhor Solução para a Cultura do Cancelamento," *Persuasion*, 6 de julho de 2020, www.persuasion.community/p/a-better-remedy-for-cancel-culture.

177 **proibidos de usar esses serviços:** Para uma discussão sobre esse assunto, veja Todd Zywicki, "A Cultura do Cancelamento Chega aos Bancos," *Newsweek*, 13 de janeiro de 2022, www.newsweek.com/cancel-culture-comes-banking-opinion-1668200.

177 **como outros serviços públicos:** As leis que regem os serviços públicos variam de estado para estado. Em Nova York, por exemplo, as empresas de gás, eletricidade e vapor podem recusar (em tempo hábil) o serviço apenas por motivos relacionados a segurança, greves trabalhistas, problemas físicos como condições climáticas, falta de pagamento de taxas ou falta de cumprimento de requisitos de construção. Departamento de Serviços Públicos, "Guia do Consumidor: Seus Direitos como Cliente Residencial de Gás, Eletricidade ou Vapor de Acordo com a HEFPA," acessado em 23 de janeiro de 2023, dps.ny.gov/consumer-guide-your-rights-residential-gas--electric-or-steam-customer-under-hefpa.

178 **um vazamento acidental:** Lima, "Facebook Não Trata Mais Covid de 'Origem Humana' Como uma Ideia Absurda."

178 **levado a sério nos mais altos escalões:** Julian E. Barnes, "Revisão de Inteligência Não Chega a Conclusão Firme sobre Origens do Coronavírus,"

New York Times, 27 de agosto de 2021, www.nytimes.com/2021/08/27/us/ politics/covid-origin-lab-leak.html.

178 **Musk comprou a empresa:** A hipocrisia também é evidente nas ações do próprio Musk, que suspendeu as contas de vários jornalistas por supostamente colocá-lo em perigo ao compartilhar sua localização, embora não haja evidências de que qualquer um deles tenha feito isso. Paul Farhi, "Musk Suspende Jornalistas do Twitter, Alega Perigo de 'Assassinato'," *Washington Post*, 15 de dezembro de 2022, www.washingtonpost.com/media/2022/12/15/ twitter-journalists-suspended-musk/.

178 **adotar voluntariamente restrições rigorosas:** Para uma declaração forte dessa posição, veja David French: "Os 'Arquivos do Twitter' Mostram que É Hora de Reimaginar a Liberdade de Expressão Online," *Persuasion*, 12 de dezembro de 2022, www.persuasion.community/p/the-twitter-files--show-its-time-to. É perfeitamente aceitável para plataformas de mídia social se concentrarem em formas particulares de conteúdo, autorrotulando--se como progressistas ou conservadoras. Mas, nesse caso, a analogia com editores tradicionais fica ainda mais clara. Portanto, as plataformas de mídia social com uma inclinação política explícita devem poder excluir conteúdo de que não gostam, mas precisamente por isso elas não devem usufruir das proteções da Seção 230, como outros editores.

178 **comportamento ilegal, extremo ou incivilizado:** Para uma discussão sobre como as plataformas de mídia social podem continuar a censurar formas de expressão, como difamação ou pornografia infantil, que são realmente ilegais, sem terem que agir como censores ideológicos, veja David French, "Um Melhor Modo de Banir Alex Jones," *New York Times*, 7 de agosto de 2018, www.nytimes.com/2018/08/07/opinion/alex-jones-infowars-facebook.html.

179 **critério neutro em relação ao conteúdo:** Ação legislativa semelhante também pode ajudar a limitar até que ponto outros atores sociais poderosos podem minar uma cultura de liberdade de expressão. Virtualmente todas as principais universidades nos Estados Unidos, por exemplo, recebem financiamento público significativo. O governo federal já exige que as universidades sigam regras extensas sobre muitas coisas — desde as equipes esportivas que mantêm até a maneira como investigam alegados delitos sexuais — se desejam continuar recebendo dinheiro dos contribuintes. Uma dessas regras deveria garantir que as universidades mantenham uma genuína cultura de liberdade acadêmica, impedindo que discriminem seus alunos, funcionários ou professores com base em suas opiniões políticas.

452 A Armadilha da Identidade

179 **"a tendência da sociedade":** Mill, *Sobre a Liberdade*, 9.

180 **quatro sinais de alerta:** Jonathan Rauch, "A Checklist da Cultura do Cancelamento," *Persuasion*, 6 de agosto de 2020, www.persuasion. community/p/a-cancel-culture-checklist-c63. A lista completa de Rauch inclui dois critérios adicionais: ostentação moral ("a exibição de indignação moral para impressionar o próprio grupo de pares, dominar outros, ou ambos") e verdade aparente (uma falta de preocupação com a veracidade de uma acusação).

180 **"é sobre moldar o campo de batalha da informação":** Rauch, "Checklist da Cultura do Cancelamento."

Capítulo 11: O Argumento a Favor da Integração

183 **"a mistura na escola":** John Dewey, Democracia e Educação (Ática, 2008), 21–22.

183 **"nosso objetivo é ter um país":** Larry King, "Entrevista com Barack Obama," Larry King Live, CNN, 19 de outubro de 2006, edition.cnn.com/TRANSCRIPTS/0610/19/lkl.01.html.

183 **"quando as crianças aprendem e brincam":** Barack Obama, "Proclamação Presidencial—60º Aniversário de Brown *v.* Board of Education," National Archives and Records Administration, 15 de maio de 2014, obamawhitehouse.archives.gov/the-press-office/2014/05/15/presidential-proclamation-60th-anniversary-brown-v-board-education.

184 **Posey experienciou em Atlanta:** Veja Introdução.

184 **universidades estão construindo dormitórios:** Veja Dion J. Pierre, "Demandas por Alojamento Segregado no Williams College Não São Novidade," *National Review*, 8 de maio de 2019, www.nationalreview.com/2019/05/american-colleges-segregated-housing-graduation-ceremonies/.

184 **realização de cerimônias de formatura separadas:** Meimei Xu, "Graduandos Negros, Latinx, LGBTQ e de Primeira Geração Celebram em Cerimônias de Afinidade da Universidade," Harvard Crimson, 27 de maio de 2022, www.thecrimson.com/article/2022/5/27/affinity-graduations-2022/. (Embora os eventos tenham sido oficialmente organizados por estudantes, a administração da universidade forneceu financiamento e apoio administrativo para eles.)

184 **aulas de educação física:** Adam Barnes, "Controvérsia Eclode após Universidade da Ivy League Excluir Pessoas Brancas de Nova Aula,"

The Hill, 5 de maio de 2021, https://thehill.com/changing-america/respect/equality/551951-controversy-erupts-after-ivy-league-university-excludes/.

184 **apresentação de Aleshea Harris:** Após uma reação pública negativa, uma porta-voz do Centro Nacional de Artes tranquilizou o público de que "não haverá *checkpoints* para os detentores de ingressos do Black Out Night" para verificar se eles têm as credenciais raciais necessárias. David Millward, "Teatros Causam Revolta com Política de Audiência Exclusivamente Negra," *Telegraph*, 29 de janeiro de 2023, www.telegraph.co.uk/world-news/2023/01/29/theatres-spark-outrage-black-only-audience-policy/.

184 **escolas religiosas financiadas pelo Estado:** Para uma discussão sobre o multiculturalismo e as escolas religiosas financiadas pelo Estado britânico, veja Yascha Mounk, *O Grande Experimento: Por que Democracias Diversificadas Fracassam e Como Podem Triunfar* (São Paulo: Companhia das Letras, 2024), 158–159.

184 **"se envolver em trabalho de identidade racial":** Cheryl E. Matias e Janiece Mackey, "Desconstruindo a Branquitude no Ensino Antirracista: Introduzindo a Pedagogia Crítica da Branquitude," *Urban Review* 48, nº 1 (2015): 48, doi.org/10.1007/s11256-015-0344-7.

185 **liberdade de associação:** Miller McPherson, Lynn Smith-Lovin e James M. Cook, "Birds of a Feather: Homofilia em Redes Sociais," *Annual Review of Sociology* 27 (agosto de 2001): 415–444, doi.org/10.1146/annurev.soc.27.1.415.

185 **"A raça é filha do racismo":** Ta-Nehisi Coates, *Entre o Mundo e Eu* (Objetiva, 2015), 7.

185 **"consideramos natural":** Kimberlé Crenshaw, "Mapeando as Margens: Interseccionalidade, Política de Identidade e Violência Contra Mulheres de Cor," *Stanford Law Review* 43, nº 6 (1991), 1296.

186 **o que eles chamam de "criação da raça":** Karen E. Fields e Barbara Jeanne Fields, *Racecraft: The Soul of Inequality in American Life* (*Criando a Raça: A Alma da Desigualdade na Vida Americana*) (Londres: Verso, 2022), 74.

186 **"Eu não vou mais me envolver em":** Thomas Chatterton Williams, *Self-Portrait in Black and White: Unlearning Race* (*Autorretrato em Preto e Branco: Desaprendendo a Raça*) (Nova York: W. W. Norton, 2020), 49. Veja também Conor Friedersdorf, "Desvendando a Raça," *Atlantic*, 16 de novembro de 2019, www.theatlantic.com/ideas/archive/2019/11/thomas-chatterton-williams-self-portrait-black-white/601408/.

186 **"Não são fundamentalmente":** Isaac Chotiner, "Thomas Chatterton Williams sobre Raça, Identidade e 'Cultura do Cancelamento'",

454 A Armadilha da Identidade

New Yorker, 22 de julho de 2020, www.newyorker.com/news/q-and-a/thomas-chatterton-williams-on-race-identity-and-cancel-culture.

186 **Seguindo a liderança:** Para mais sobre Spivak e o papel que o conceito de "essencialismo estratégico" desempenhou na formação da síntese de identidade, veja o capítulo 2.

186 **abraçar categorias socialmente construídas:** Crenshaw, "Mapeando as Margens", 1296–98. Essas ideias agora se tornaram o senso comum nas organizações que oferecem oficinas sobre raça e identidade nas escolas de elite dos Estados Unidos. Pegue os materiais de treinamento usados pela Pollyanna, uma organização sem fins lucrativos que trabalhou com escolas de Harvard-Westlake a Horace Mann e Vermont Academy, para introduzir seu "Currículo de Alfabetização Racial". A apresentação começa com a rejeição da raça como uma categoria biológica. Como o antropólogo biológico Alan Goodman argumentou, "A raça não é baseada em biologia, mas é uma ideia que atribuímos à biologia". Mas então ela rapidamente passa para a importância de afirmar, não negar, a construção social da raça: "Mesmo que biológica/geneticamente falsa, a raça é uma das construções sociais mais poderosas dos últimos quatrocentos anos". Por esse motivo, a organização encoraja seus alunos a adotar uma abordagem "tanto/quanto": embora a raça tenha sido "criada como uma ferramenta de discriminação", os alunos devem considerá-la "uma fonte significativa de sua identidade". Todas as citações são de Monique Vogelsang, "Evento para Pais/Responsáveis do Ensino Fundamental: Visão Geral do Currículo de Alfabetização Racial", Pollyanna, bbk12e1-cdn.myschoolcdn.com/ftpimages/98/misc/misc_238556.pdf. Lista de escolas para as quais a Pollyanna trabalha retirada de Charles Fain Lehman, "Escola Preparatória de NYC Adota Questionável Currículo Antirracismo", *City Journal*, 15 de março de 2021, www.city-journal.org/nyc-prep-school-admins-adopt-questionable-anti-racism-curriculum.

186 **importância dessas categorias:** Essa ambivalência em relação ao papel da identidade também é evidente no trabalho de acadêmicos como Tommie Shelby, que buscam combinar uma explicação simpática do nacionalismo negro com uma defesa dos princípios liberais. Veja Tommie Shelby, *We who are Dark: The Philosophical Foundations of Black Solidarity* (*Nós, que Somos Negros: As Fundações Filosóficas da Solidariedade Negra*) (Cambridge, Mass.: Belknap Press da Harvard University Press, 2007). Shelby argumenta em favor de uma solidariedade fundamentada em uma experiência comum de opressão, em contraste com a posição de que "a identidade negra coletiva é essencial para uma sólida solidariedade negra". Tommie Shelby,

Notas

"Fundamentos da Solidariedade Negra: Identidade Coletiva ou Opressão Comum?", *Ética* 112, nº 2 (2002): 233, doi.org/10.1086/340276.

187 **a identidade étnica recua:** Essa crença está entrelaçada com o profundo pessimismo expresso por Derrick Bell, que afirmou que "as pessoas negras nunca alcançarão plena igualdade neste país". Derrick Bell, "O Racismo Está Aqui para Ficar: E Agora?", *Howard Law Journal* 35, nº 1 (Outono de 1991): 79. Veja também o capítulo 3 deste livro.

187 **O dano exigia uma lesão física:** Em um contexto acadêmico, a ideia filosófica de dano tem sido objeto de considerável escrutínio, com alguns argumentando que o conceito é incoerente. Veja, por exemplo, Ben Bradley, "Acabando com o Dano", *Philosophy and Phenomenological Research* 85, nº 2 (2012): 390–412, doi.org/10.1111/j.1933-1592.2012.00615.x.

187 **o preconceito poderia consistir em vieses implícitos:** O conceito de viés implícito foi acolhido por figuras de destaque como Barack Obama e Hillary Clinton. No entanto, há poucas evidências de uma conexão forte entre preconceito implícito e comportamento discriminatório, ou da promessa de que reduções no preconceito implícito possam diminuir tal comportamento. Veja, por exemplo, Jesse Singal, *The Quick Fix: Why Fad Psychology Can't Cure Our Social Ills* (*A Solução Rápida: Por que a Psicologia da Moda Não Pode Curar Nossos Problemas Sociais*) (Nova York: Farrar, Straus and Giroux, 2021), cap. 6; Heather Mac Donald, "A Falsa 'Ciência' do Preconceito Implícito", *Wall Street Journal*, 9 de outubro de 2017, www.wsj.com/articles/the-false--science-of-implicit-bias-1507590908; e Patrick S. Forscher et al., "Uma Meta-análise de Procedimentos para Mudar Medidas Implícitas", *Journal of Personality and Social Psychology* 117, nº 3 (2019): 522–59, doi.org/10.1037/pspa0000160.

187 **exemplos paradigmáticos de "microagressão":** Veja, por exemplo, Derald Wing Sue et al., "Microagressões Raciais na Vida Cotidiana: Implicações para a Prática Clínica", *American Psychologist* 62, nº 4 (2007), bem como exemplos da aplicação dessa ideia como "Ferramenta: Reconhecendo Microagressões e as Mensagens que Elas Enviam."

187 **sofrendo danos graves:** Para mais informações sobre isso, veja Greg Lukianoff e Jonathan Haidt, *The Coddling of the American Mind: How Good Intentions and Bad Ideas Are Setting Up a Generation for Failure* (*O Mimo da Mente Americana: Como Boas Intenções e Ideias Ruins Estão Preparando uma Geração para o Fracasso*) (Nova York: Penguin Press, 2019).

187 **forma cada vez mais difusa:** Lukianoff e Haidt, *O Mimo da Mente Americana*, 6.

456   A Armadilha da Identidade

187 **Campi de universidades de elite:** Em 2015, minorias raciais representavam 43 por cento dos estudantes que ingressavam nas faculdades da Ivy League, uma porcentagem muito maior do que algumas décadas atrás. "Universidades da Ivy League Preparam-se para Escrutínio sobre Raça nas Admissões", *NBCNews.com*, 7 de ago. de 2017, www.nbcnews.com/news/nbcblk/ivy-league-schools-brace-scrutiny-over-race-admissions-n790276.

188 **o mundo corporativo:** De acordo com um relatório recente, por exemplo, 46 por cento dos membros recém-nomeados dos conselhos de administração das empresas da S&P 500 eram de grupos raciais ou étnicos historicamente sub-representados em 2022. Veja Hope King, "Representação de Gênero nos Conselhos do S&P 500 Alcança Novo Marco", *Axios*, 2 de nov. de 2022, www.axios.com/2022/11/02/board-diversity-sp-500-spencer-stuart. No entanto, a composição geral da liderança corporativa da América continua sendo significativamente menos diversa do que a composição demográfica do país.

188 **as instituições permaneceram hostis:** Um dos primeiros casos de assédio sexual nos Estados Unidos (Miller *vs.* Bank of America, 1976) envolveu Margaret Miller, uma jovem afro-americana que trabalhava no Bank of America. O supervisor de Miller apareceu em sua casa sem ser convidado, dizendo a ela: "Nunca me senti assim por uma garota negra antes", e prometendo a ela um emprego melhor se ela fosse sexualmente "cooperativa". Depois que ela rejeitou seus avanços, seu supervisor a demitiu. Embora haja menos dados sobre assédio racial, é claro que o assédio sexual era bastante comum à medida que as mulheres entravam na força de trabalho. Uma pesquisa na conferência de 1980 do Projeto de Emprego em Minas de Carvão descobriu que 54 por cento das mineiras haviam sido abordadas por um chefe, 76 por cento abordadas por um colega de trabalho e 17 por cento haviam sido "atacadas fisicamente". Carrie N. Baker, "Raça, Classe e Assédio Sexual na Década de 1970", *Feminist Studies*, 30, nº 1 (Primavera de 2004): 10, 16, www.jstor.org/stable/3178552.

188 **universidades, fundações e corporações:** A partir da década de 1960, o treinamento em diversidade estava centrado na legislação antidiscriminação (mais proeminentemente a Lei de Igualdade Salarial de 1963 e o Título VII da Lei de Direitos Civis de 1964) promulgada naquela década. Na década de 1980, o objetivo dos esforços de diversidade começou a se tornar um pouco mais ambicioso, tentando fomentar a cooperação e o respeito no local de trabalho. Bridget Read, "Dentro do Complexo Industrial de Diversidade, Equidade e Inclusão em Expansão", *Cut*, 26 de mai. de 2021, www.thecut.com/

Notas

article/diversity-equity-inclusion-industrial-companies.html. Veja também Frank Dobbin e Alexandra Kalev, "Por que o Treinamento em Diversidade não Funciona? O Desafio para a Indústria e Academia", *Anthropology Now* 10, nº 2 (Abril de 2018): 48–55, doi.org/10.1080/19428200.2018.1493182.

188 **grupo no Williams College:** Coalition Against, "Uma Carta Aberta aos Fiduciários da Williams", *Williams Record*, 17 de abr. de 2019, williams-record.com/73648/opinions/an-open-letter-to-the-trustees-of-williams/.

188 **"caucus baseado em raça":** Matt Markovich, "Treinamento em Diversidade Segregado na Prefeitura de Seattle Causa Controvérsia", KOMO, 9 de jul. de 2020, komonews.com/news/local/segregated-diversity-training-seattle-city-hall-stirs-controversy.

188 **abraçou tendências separatistas:** Daniel Patrick Moynihan, *Miles to Go: A Personal History of Social Policy* (*Milhas a Percorrer: Uma História Pessoal da Política Social*) (Cambridge, Mass.: Harvard University Press, 1996).

189 **"Queremos racializar os brancos":** John Yemma, "Estudos de 'Branquitude', uma Tentativa de Cura", *Boston Globe*, 21 de dez. de 1997, A1. Tranquilizadoramente, Flint enfrentou resistência na época. Noel Ignatiev, um pesquisador do Instituto W. E. B. Du Bois de Harvard, comentou no mesmo artigo que "conceder qualquer validade à branquitude como categoria é perpetuar a injustiça".

189 **Como ela escreve em Fragilidade Branca:** Robin J. DiAngelo, *White Fragility: Why it's so Hard for White People to Talk About Racism* (*Fragilidade Branca: Por que É Tão Difícil para Pessoas Brancas Conversar Sobre Racismo*) (Boston: Beacon Press, 2018), xiv.

189 **mundo da pedagogia progressista:** Paul Sperry, "Escola K–8 de Elite Ensina a Estudantes Brancos que Eles Nascem Racistas", *New York Post*, 1 de jul. de 2016, nypost.com/2016/07/01/elite-k-8-school-teaches-white-students-theyre-born-racist/.

190 **meu último livro:** Veja Mounk, *O Grande Experimento*, especialmente o cap. 3.

190 **41 por cento dos graduandos:** "Diversidade na Universidade Johns Hopkins: Uma Análise Detalhada", *CollegeVine* (blog), 1 de jan. de 2021, blog.collegevine.com/johns-hopkins-university-diversity-statistics/.

191 **favorecem o grupo interno:** Para uma introdução a este aspecto da psicologia de grupo, veja Jonathan Haidt, A Mente Moralista: Por que Pessoas Boas São Segregadas por Política e Religião (Alta Cult, 2020), caps. 9 e 10. Veja também Mounk, *O Grande Experimento*, cap. 1.

458 A Armadilha da Identidade

191 **grupos que são pacíficos:** Para alguma literatura relevante em ciências sociais sobre essas questões, veja Muzafer Sherif, B. Jack White e O. J. Harvey, "Status in Experimentally Produced Groups", *American Journal of Sociology* 60, nº 4 (1955): 370–79, doi.org/10.1086/221569; Orlando Patterson, "Context and Choice in Ethnic Allegiance: A Theoretical Framework and Caribbean Case Study", in *Ethnicity: Theory and Experience*, ed. Nathan Glazer e Daniel Patrick Moynihan (Cambridge, Mass.: Harvard University Press, 1975), 305; Yan Chen e Sherry Xin Li, "Group Identity and Social Preferences", *American Economic Review* 99, nº 1 (Jan. 2009): 431–57, doi.org/10.1257/aer.99.1.431; Rogers Brubaker e Frederick Cooper, "Além da 'Identidade'", *Theory and Sociology* 29, nº 1 (Fev. 2000): 1–47; Daniel N. Posner, "The Political Salience of Cultural Difference: Why Chewas and Tumbukas Are Allies in Zambia and Adversaries in Malawi", *American Political Science Review* 98, nº 4 (2004): 529–45, doi.org/10.1017/s0003055404041334.

192 **ajudar outras pessoas a superar:** Gordon W. Allport, *The Nature of Prejudice* (*A Natureza do Preconceito*) (Boston: Addison-Wesley, 1954).

192 **os psicólogos sociais demonstraram minuciosamente:** A meta-análise de Thomas Pettigrew e Linda Tropp de 2006, que incluiu 515 estudos sobre a teoria do contato entre grupos, descobriu que o contato geralmente reduz o preconceito entre grupos, especialmente quando as quatro condições-chave de Allport são cumpridas. Thomas F. Pettigrew e Linda R. Tropp, "Um Teste Meta-analítico da Teoria do Contato Intergrupal", *Journal of Personality and Social Psychology* 90, nº 5 (Maio de 2006): 751–83, doi.org/10.1037/0022-3514.90.5.751.

192 **visões mais positivas:** "Quanto mais frequentes e intensos os contatos com civis alemães mais velhos, mais favoráveis eram as opiniões em relação ao povo alemão." Samuel A. Stouffer, *American Soldier: Combat and Its Aftermath* (*O Soldado Americano: Combate e Seus Efeitos Posteriores*) (Nova York: John Wiley and Sons, 1949), 570.

192 **projetos habitacionais integrados:** Morton Deutsch e Mary Evans Collins, *Interracial Housing: A Psychological Evaluation of a Social Experiment* (*Moradia Interracial: Uma Avaliação Psicológica de um Experimento Social*) (Minneapolis: University of Minnesota Press, 1951). Para um caso semelhante, veja também Daniel M. Wilner, Rosabelle Price Walkley e Stuart W. Cook, *Human Relations in Interracial Housing: A Study of the Contact Hypothesis* (*Relações Humanas em Moradia Inter-racial*) (Minneapolis: University of Minnesota Press, 1955).

Notas

192 **na Irlanda do Norte:** Fiona A. White et al., "Melhorando as Relações Intergrupais Entre Católicos e Protestantes na Irlanda do Norte via e-Contact", *European Journal of Social Psychology* 49, nº 2 (2019): 429–38, doi.org/10.1002/ejsp.2515.

192 **com colegas negros:** Allport, *Natureza do Preconceito*, 274.

193 **garantir que o contato entre grupos:** É importante observar que, embora essas condições ajudem a garantir e maximizar o efeito positivo do contato entre grupos, o contato geralmente tem um efeito positivo mesmo se elas não forem totalmente atendidas. Como Pettigrew e Tropp afirmam, "Elas são condições facilitadoras que aumentam a tendência para que resultados positivos do contato surjam". Pettigrew e Tropp, "Teste Meta-analítico", 766.

193 **as autoridades relevantes:** Essa formulação das quatro condições sob as quais a teoria do contato entre grupos funciona bem se baseia em Allport, *A Natureza do Preconceito*, e em trabalhos posteriores de Thomas Pettigrew, especialmente Thomas F. Pettigrew, "Teoria do Contato entre Grupos," Revisão Anual de Psicologia 49 (Fev. 1998): 65–85, doi.org/10.1146/annurev.psych.49.1.65. Para mais detalhes sobre a teoria do contato entre grupos, veja Mounk, *Grande Experimento*, 87–92.

194 **líderes de equipes esportivas:** Não surpreendentemente, há amplas evidências de que os esportes em equipe atuam na redução do preconceito entre grupos. Veja Kendrick T. Brown et al., "Companheiros de Equipe dentro e fora do Campo? Contato com Companheiros de Equipe Negros e as Atitudes Raciais de Estudantes Atletas Brancos," *Revista de Psicologia Social Aplicada* 33, nº 7 (2003): 1379–403, doi.org/10.1111/j.1559-1816.2003.tb01954.x.

194 **"pedagogia do quebra-cabeça":** Elliot Aronson e Shelley Patnoe, *Cooperation in the Classroom: The Jigsaw Method* (*Cooperação na Sala de Aula: O Método do Quebra-Cabeça*) (Londres: Pinter & Martin, 2011).

195 **conflitos sociais abrangentes:** Como um modelo influente coloca, afirmar que "somos todos americanos" equivale à "negação das experiências raciais das pessoas de cor" e "negação da necessidade de agir contra o racismo." Derald Wing Sue, *Microaggressions in Everyday Life* (*Microagressões no Cotidiano*) (Hoboken, N.J.: John Wiley & Sons, 2020), 38.

196 **sinais sutis de preconceito:** Por exemplo, um guia de microagressões da Universidade da Califórnia, Santa Cruz, afirma que perguntar "Como você ficou tão bom em matemática?" comunica que "pessoas de cor geralmente não são tão inteligentes quanto brancos". "Ferramenta: Reconhecendo Microagressões e as Mensagens que Elas Enviam."

460 A Armadilha da Identidade

196 **denunciar seus colegas de classe:** Ashe Schow, "Universidade Introduz Site para Denunciar Microagressões," *Washington Examiner*, 24 de fevereiro de 2016, https://www.washingtonexaminer.com/university-introduces-website-to-report-microaggressions.

197 **a distinção central:** Michael Lind, *The Next American Nation: The New Nationalism and the Fourth American Revolution* (*A Próxima Nação Americana: O Novo Nacionalismo e a Quarta Revolução Americana*) (Nova York: Free Press, 1995).

197 **86 por cento dos americanos:** "Estatísticas Históricas do Censo sobre Totais Populacionais por Raça, de 1790 a 1990, e por Origem Hispânica, de 1970 a 1990, para os Estados Unidos, Regiões, Divisões e Estados," Census.gov.

197 **indicadores de autoidentificação:** De acordo com alguns estudiosos, isso começou a mudar nos anos entre guerras. Ronald Bayor, por exemplo, descreve a visão ortodoxa de que, embora muitas pessoas brancas ainda se associassem ao seu grupo étnico, "entre as Guerras Mundiais I e II, ou no mais tardar na década de 1950, esses grupos de imigrantes principalmente do Sul e do Leste Europeu (também alemães, e antes os irlandeses) basicamente viram sua identidade baseada na nacionalidade desaparecer e, como resultado das tensões com os afro-americanos, uniram-se em um grupo de identidade branca." Ronald H. Bayor, "Outro Olhar sobre 'Branquitude': A Persistência da Etnicidade na Vida Americana," *Journal of American Ethnic History* 29, nº 1 (Jan. 2009): 13–30, doi.org/10.2307/40543562.

197 **treinamentos corporativos de diversidade:** Os defensores da síntese de identidades provavelmente responderiam que isso é ingênuo: que os americanos de ascendência europeia já se veem, principalmente, como brancos. Mas essa resposta não é muito convincente. Afinal, muitas das prescrições do separatismo progressista são fundamentadas na suposição de que educadores esclarecidos precisam incentivar as pessoas a "acolher a raça" e "reconhecer sua herança europeia". Mas, é óbvio, tal incentivo para se autodefinir como (primeiro, e mais importante) branco não seria necessário se as pessoas já o fizessem. Qualquer que seja a extensão precisa em que alguns americanos já se identifiquem primariamente como brancos, a questão é se o melhor curso de ação é diminuir ou intensificar essa tendência.

197 **definir a filiação:** Muitos conflitos ao longo da história opuseram grupos diversos e multiétnicos uns aos outros e tiveram pouco a ver com nossa compreensão moderna de raça. Por exemplo, "Os estudiosos geralmente concordam que as culturas grega e romana não pensavam em termos de raça e

etnia: os antigos talvez pensassem mais em termos de fronteiras, conquistas e alianças, idioma e comunicação". Rebecca Stuhr e Cheyenne Riehl, "Diversidade nas Prateleiras: Etnicidade no Mundo Antigo", Bibliotecas da Penn, 2 de setembro de 2020, www.library.upenn.edu/blogs/libraries-news/diversity-stacks-ethnicity-ancient-world.

198 **grupo mais saliente:** "Foi encontrado um viés mínimo de favoritismo pelo grupo em crianças pequenas — mesmo em crianças de três anos de idade — destacando a natureza profundamente arraigada desse viés entre os humanos." Scott Barry Kaufman, "O Favoritismo pelo Grupo É Difícil de Mudar, Mesmo Quando os Grupos Sociais Não Têm Significado," *Scientific American* (blog), 7 de junho de 2019, blogs.scientificamerican.com/beautiful-minds/in-group-favoritism-is-difficult-to-change-even-when-the--social-groups-are-meaningless/.

198 **identificar-se como branco:** Embora eu tenha colocado esse argumento com referência aos Estados Unidos, reservas semelhantes sobre incentivar as pessoas a "assumir" sua identidade como brancos são ainda mais fortes para o Reino Unido. Como apontou o escritor britânico-nigeriano Tomiwa Owolade, quando os britânicos discutem raça, "agora falamos com sotaque americano" (Tomiwa Owolade, "Por Favor, Pare de Impor Visões Americanas Sobre Raça a Nós," *Persuasion*, 1 de outubro de 2020, www.persuasion.community/p/please-stop-imposing-american-views.) Porém, na verdade, a história da Grã-Bretanha é muito diferente. Nos Estados Unidos, muitas pessoas da classe trabalhadora definiam-se como brancas para enfatizar o abismo social que as separava dos escravos e (mais tarde) dos imigrantes não brancos. Contudo, a Grã-Bretanha era, até recentemente, muito mais etnicamente homogênea. Sem um contraponto claro dentro de seu próprio país, seus residentes tinham menos motivos para se definir como brancos. Isso sugere que tentativas de enfraquecer a autoidentificação branca podem ser mais bem-sucedidas na Grã-Bretanha do que nos Estados Unidos, e que tentativas de fortalecê-la podem ser ainda mais contraproducentes.

198 **"Não tenho certeza":** Bayard Rustin, "O Fracasso do Separatismo Negro," *Harper's*, jan. 1970, p. 31.

199 **competição interétnica destrutiva:** Para uma versão mais extensa desse argumento, consulte Mounk, *O Grande Experimento*, capítulo 9.

199 **Em grande parte da Europa:** Somente entre 1990 e 2015, o percentual de imigrantes na UE quase dobrou, crescendo de 5,6% para 10,4% ("Estatísticas de Imigração da União Europeia 1960-2023", MacroTrends, acessado em 23 de jan. de 2023, www.macrotrends.net/countries/EUU/

462 A Armadilha da Identidade

european-union/immigration-statistics). O crescimento na população imigrante é ainda mais marcante quando comparamos os números do período pós-guerra imediato com 2022.

199 **antes predominantemente europeia:** Em 1980, Os EUA eram quase 80% brancos. A partir de 2019, são 60% brancos. William H. Frey, "A Nação Está se Diversificando Ainda Mais Rápido do que o Previsto, de Acordo com Novos Dados do Censo", Brookings, 1 de jul. de 2020, www.brookings.edu/research/new-census-data-shows-the-nation-is-diversifying-even-faster--than-predicted/.

199 **legado da segregação:** Até uma década atrás, a maioria dos estudantes negros no Nordeste frequentava uma escola que era de 90 a 100% negra. Em grandes cidades com grandes populações negras, 89% das empresas de propriedade de negros tinham forças de trabalho que eram pelo menos 75 por cento não brancas, enquanto 58 por cento das empresas de propriedade de brancos tinham forças de trabalho totalmente brancas. Elizabeth Anderson, *The Imperative of Integration* (*O Imperativo da Integração*) (Princeton, N.J.: Princeton University Press, 2013), 26.

199 **mensagem de reconciliação racial:** Mais de 90 por cento dos frequentadores de igrejas frequentam uma igreja em que pelo menos 80 por cento da congregação compartilha sua raça. Anderson, *Imperativo da Integração*, 26.

200 **A segregação residencial é menor:** Elizabeth D. Huttman, Segregação Residencial Urbana de Minorias na Europa Ocidental e nos Estados Unidos (Durham, N.C.: Duke University Press, 1991).

200 **As elites europeias permanecem:** Mounk, *O Grande Experimento*, capítulo 8.

200 **diferentes grupos étnicos:** "Crianças euro-americanas que frequentam escolas homogêneas exibiram preconceito racial em suas interpretações de situações ambíguas, assim como em suas avaliações de amizade entre pessoas de diferentes raças. No entanto, não foi encontrado preconceito nas interpretações e avaliações de crianças euro-americanas ou afro-americanas de escolas heterogêneas." Heidi McGlothlin e Melanie Killen, "Como a Experiência Social Está Relacionada às Atitudes Intergrupos das Crianças", *European Journal of Social Psychology* 40, nº 4 (2010): 625–34, doi.org/10.1002/ejsp.733.

200 **provavelmente carentes de recursos:** Por exemplo, "Residir em bairros negros segregados está associado a resultados de saúde precários. As taxas de mortalidade são mais altas, quanto maior for a porcentagem de

Notas

negros em um bairro, tanto para residentes negros quanto brancos, após controlar o *status* socioeconômico". Anderson, *O Imperativo da Integração*, 30. Consulte as seções 2.2–2.4 de *O Imperativo da Integração* de forma mais ampla.

200 **"Se uma empresa é predominantemente branca":** Anderson, *O Imperativo da Integração*, 34.

200 **acesso a instituições de elite:** Por exemplo, a reação à coeducação em Dartmouth no início dos anos 1970 foi feroz em muitos casos. Um time esportivo fez circular uma lista intitulada "Por que a Cerveja É Melhor que as Mulheres" que incluía itens como "Quando sua cerveja fica sem gás você pode jogá-la fora" e "Cerveja não exige igualdade." "Por que a Cerveja é Melhor que as Mulheres", acessado em 24 de mar. de 2023, Arquivo Vertical "Mulheres de Dartmouth", Biblioteca de Coleções Especiais Rauner, Dartmouth College, exhibits.library.dartmouth.edu/s/coeducation/item/2721.

200 **maior parte do seu tempo:** Existe um equilíbrio crucial aqui. Para qualquer indivíduo, é legítimo passar a maior parte do seu tempo com membros de um grupo subnacional definido por religião, cultura ou até mesmo etnia compartilhada. Porém, se a maioria dos cidadãos fizesse essa escolha, isso teria sérias consequências adversas para as perspectivas das democracias diversas. Para mais informações, consulte Mounk, *O Grande Experimento*, especialmente o capítulo 6.

201 **sofreram séculos de injustiça:** Por razões relacionadas, algumas instituições que atendem predominantemente a um determinado grupo religioso ou étnico podem ser legítimas. Pais que têm fortes convicções religiosas, por exemplo, têm o direito de educar seus filhos em escolas privadas que enfatizam esses valores. Da mesma maneira, faculdades e universidades historicamente negras, como Howard e Morehouse, foram fundadas em um momento em que seus alunos eram excluídos da maioria das instituições de ensino superior do país; elas agora continuam a desempenhar um papel importante ao oferecer oportunidades de ascensão social para estudantes afro-americanos. Para uma defesa perspicaz do nacionalismo negro de uma perspectiva liberal, consulte Shelby, *Nós que Somos Negros*.

201 **origens muito diferentes:** Dalton Conley, "Quando os Colegas de Quarto Eram Aleatórios," *New York Times*, 29 de agosto de 2011, www.nytimes.com/2011/08/29/opinion/when-roommates-were-random.html.

201 **colegas de quarto de pensamento semelhante:** "Na última década, os estudantes começaram a 'se conhecer' — mesmo que apenas digitalmente — muito antes de chegar ao campus. Para a maioria das faculdades,

464   **A Armadilha da Identidade**

é bastante comum ter um grupo designado no Facebook para as turmas de calouros (geralmente não afiliado à instituição). Aqui, os alunos podem conversar, planejar seu primeiro semestre e, em alguns casos, encontrar um colega de quarto." Jeremy Bauer-Wolf, "Duke University Impede Estudantes de Escolherem Seus Colegas de Quarto no Primeiro Ano," *Inside Higher Ed*, 2 de março de 2018, www.insidehighered.com/news/2018/03/02/ duke-university-blocks-students-picking-their-roommates-freshman-year.

201 **propensos a se integrar:** Ao final do primeiro semestre, estudantes de graduação do primeiro ano com colegas de quarto de raças diferentes atribuídos aleatoriamente relataram atitudes mais positivas em relação a outros grupos raciais do que aqueles com colegas de quarto da mesma raça. Natalie J. Shook, Patricia D. Hopkins e Jasmine M. Koech, "O Efeito do Contato entre Grupos na Atitude do Grupo Secundário e na Orientação Social Dominante," *Group Processes and Intergroup Relations* 19, nº 3 (junho de 2015): 328–42, doi. org/10.1177/1368430215572266.

201 **do que separar:** Como argumentou Ron Daniels, presidente da Universidade Johns Hopkins, por volta da virada do século XXI, muitos estudantes começaram a "se afastar... para enclaves de familiaridade. E as universidades realmente incentivaram essas tendências ao remover políticas em áreas como moradia, refeições e cursos que antes serviam para unir os alunos." Ronald J. Daniels, *What Universities Owe Democracy* (*O Que as Universidades Devem à Democracia*), com Grant Shreve e Phillip Spector (Baltimore: Johns Hopkins University Press, 2021), 195.

202 **escolas públicas locais:** "A forte dependência de financiamento local (...) está no cerne dos problemas de financiamento escolar. Pesquisas abrangentes têm exposto os desafios associados a esse sistema americano único de financiamento de escolas públicas. Nossas nações ocidentais pares veem as escolas públicas como mais uma responsabilidade nacional e fornecem recursos de acordo". Sylvia Allegretto, Emma García e Elaine Weiss, "O Financiamento da Educação Pública nos EUA Precisa de uma Reformulação: Como um Papel Maior do Governo Federal Aumentaria a Equidade e Protegeria as Crianças do Desinvestimento Durante as Quedas," Instituto de Política Econômica, 12 de julho de 2022, www.epi.org/ publication/public-education-funding-in-the-us-needs-an-overhaul/.

202 **leis de zoneamento rigorosas:** Jerusalem Demsas, "As Regras de Moradia Racistas da América Realmente Podem Ser Corrigidas", *Vox*, 17 de fevereiro de 2021, www.vox.com/22252625/america-racist-housing-rules-how-to-fix.

Capítulo 12: O Caminho para a Igualdade

205 **distribuição de ventiladores:** Lisa Rosenbaum, "Enfrentando a Covid-19 na Itália — Ética, Logística e Terapêutica na Linha de Frente da Epidemia," *New England Journal of Medicine* 382, nº 20 (2020): 1873–75, doi. org/10.1056/nejmp2005492.

205 **Países como o Canadá:** "A imunização começará com a chegada de doses limitadas, priorizadas para populações de alto risco, como idosos, residentes e funcionários de moradias coletivas, como instalações de cuidados de longo prazo, trabalhadores de saúde da linha de frente e povos indígenas em comunidades remotas e isoladas." "Plano de Imunização contra a Covid-19 do Canadá: Salvando Vidas e Meios de Subsistência," Governo do Canadá, 18 de dezembro de 2020, https://www.canada.ca/en/public-health/services/diseases/2019-novel-coronavirus-infection/canadas-response/canadas-covid-19-immunization-plan.html.

205 **A Itália desenvolveu:** Paola D'Errigo et al., "Estratégia de Vacinação da Itália: Planejamento Cuidadoso e Construção de Confiança," *Think Global Health*, 11 de março de 2021, www.thinkglobalhealth.org/article/italys-vaccination-strategy-careful-planning-and-building-trust.

205 **Unidades de terapia intensiva:** Lydia Ramsey Pflanzer, "Hospitais Podem Ser Sobrecarregados com Pacientes e Ficar sem Leitos e Ventiladores, à Medida que o Coronavírus Empurra o Sistema de Saúde dos EUA para Seus Limites," *Business Insider*, 11 de março de 2020, www. businessinsider.com/coronavirus-intensive-care-unit-shortages-of-ventilators-staff-space-2020-3.

205 **médicos e enfermeiros:** Na maioria dos lugares, os residentes de instituições de cuidados de longo prazo também faziam parte do primeiro grupo prioritário, pois uma grande parcela das mortes por COVID-19 ocorreu nesses locais.

205 **probabilidade de morrer:** "Desde o início da pandemia, pessoas com 65 anos ou mais estão em maior risco de hospitalização e morte devido à Covid-19 em comparação com outros grupos etários e representam quase 80 por cento de todas as mortes por Covid-19 até 29 de setembro de 2021, taxa semelhante à observada em uma análise da KFF de julho de 2020." Meredith Freed, Juliette Cubanski e Tricia Neuman, "Mortes por Covid-19 entre Idosos Durante o Surto da Variante Delta Foram Mais Altas em Estados com Menores Taxas de Vacinação," *KFF*, 1º de outubro de 2021, www.kff.org/policy-watch/covid-19-deaths-among-older-adults-

466   A Armadilha da Identidade

during-the-delta-surge-were-higher-in-states-with-lower-vaccination-rates/.

205 **Em suas recomendações preliminares:** Veja, por exemplo, Matthew Yglesias, "Dê a Vacina para os Idosos," *Slow Boring*, 18 de dezembro de 2020, www. slowboring.com/p/vaccinate-elderly; e Kelsey Piper, "Quem Deve Receber a Vacina Primeiro? O Debate sobre as Diretrizes de um Painel do CDC, Explicado," *Vox*, 22 de dezembro de 2020, www.vox.com/future-perfect/22193679/who-should-get-covid-19-vaccine-first-debate-explained.

206 **As considerações éticas:** Os parágrafos na p. 206 são uma versão editada e expandida de Yascha Mounk, "Por que Estou Perdendo a Confiança nas Instituições," *Persuasion*, 23 de dezembro de 2020, www.persuasion. community/p/why-im-losing-trust-in-the-institutions.

206 **apresentação ao Comitê Consultivo:** Kathleen Dooling, "Alocação Faseada de Vacinas Covid-19," Centers for Disease Control, 23 de novembro de 2020, www.cdc.gov/vaccines/acip/meetings/downloads/slides-2020-11/COVID-04-Dooling.pdf.

206 **morrer de covid:** No caso de uma vacina que bloqueia a infecção, priorizar os idosos evitaria de 0,5 a 2,0 por cento mais mortes em comparação com planos que priorizam adultos de alto risco ou trabalhadores essenciais. No caso de uma vacina que bloqueia a doença, evitaria de 2,0 a 6,5 por cento mais mortes. Dooling, "Alocação Faseada," 20–21.

206 **ponto de vista científico:** Dooling, "Alocação Faseada," 22.

207 **deu ambas as alternativas:** Dooling, "Alocação Faseada," 23.

207 **"grupos étnicos e raciais minoritários":** Dooling, "Alocação Faseada," 31.

207 **três pontos para trabalhadores essenciais:** Dooling, "Alocação Faseada," 32.

207 **ACIP aceitou unanimemente:** Mounk, "Por que Estou Perdendo a Confiança nas Instituições."

207 **discriminação racial inscrita:** Ross Douthat, "Quando Você Não Pode Apenas 'Confiar na Ciência'", *New York Times*, 19 de dezembro de 2020, www.nytimes.com/2020/12/19/opinion/sunday/coronavirus-science.html; Yglesias, "Dê a Vacina para os Idosos."

207 **proporção de latinos:** Veja também Yglesias, "Dê a Vacina para os Idosos". Como se constatou, as desvantagens práticas do plano endossado pelo CDC acabaram sendo mais significativas. Ao descer a escada etária em pequenos incrementos, outros países conseguiram garantir que a maioria dos que eram elegíveis para a vacina em qualquer momento também fosse capaz

Notas

de marcar uma consulta. Nos Estados Unidos, por outro lado, a maioria dos estados acabou com regras que tornaram uma grande parte da população elegível para a vacina ao mesmo tempo. O resultado previsível foi que aqueles com os maiores recursos — como redes sociais ricas que os informavam sobre as consultas disponíveis e conexões de internet de alta velocidade que lhes permitiam clicar rapidamente — foram capazes de reservar uma parcela maior das consultas. No final, a regra que deveria aumentar a equidade não apenas levou a mortes evitáveis por não colocar os mais vulneráveis na frente da fila; também pode ter contribuído para uma distribuição mais desigual da vacina entre os grupos raciais.

207 **Emitiu novas:** Nessas novas diretrizes, trabalhadores essenciais colocados na Fase 1b ainda foram priorizados em relação àqueles com 65 a 74 anos, aqueles de 16 a 64 com condições de alto risco ou outros colocados na Fase 1c. "Categorias de Trabalhadores Essenciais: Vacinação contra Covid-19," Centers for Disease Control and Prevention, acessado em 24 de março de 2023, www.cdc.gov/vaccines/covid-19/categories-essential-workers.html.

208 **governador de Vermont:** Phil Galewitz, "Vermont Dará Prioridade a Residentes Minoritários para Vacinas contra Covid," *Scientific American*, 6 de abril de 2021, www.scientificamerican.com/article/vermont-to-give-minority-residents-priority-for-covid-vaccines/.

208 **a política mostrou-se controversa:** Jordan Williams, "Governador de Vermont Condena Resposta 'Racista' ao Estado Priorizar a Vacinação em Comunidades Minoritárias," *Hill*, 6 de abril de 2021, thehill.com/homenews/state-watch/546672-vermont-governor-condemns-racist--response-to-state-prioritizing/.

208 **empresas de propriedade de mulheres:** "O Boom de Pequenas Empresas Sob a Administração Biden-Harris," Casa Branca, abril de 2022, www.whitehouse.gov/wp-content/uploads/2022/04/President-Biden-Small-Biz-Boom-full-report-2022.04.28.pdf.

209 **excluídos dos plenos direitos civis:** *Encyclopædia Britannica*, s.v. "Escravidão nos Estados Unidos," acessado em 24 de março de 2023, www.britannica.com/topic/African-American/Slavery-in-the-United-States.

209 **imigrantes da China:** "Lei de Exclusão de Chineses (1882)," Administração Nacional de Arquivos e Registros, acessado em 24 de março de 2023, www.archives.gov/milestone-documents/chinese-exclusion-act.

209 **americanos de origem japonesa:** Para uma visão geral do internamento japonês durante a Segunda Guerra Mundial, consulte Roger Daniels

468 A Armadilha da Identidade

e Eric Foner, *Prisoners Without Trial: Japanese Americans in World War II* (Nova York: Hill and Wang, 1995).

209 **lutaram contra essas injustiças:** Por exemplo, líderes cívicos e ativistas judeus estiveram envolvidos desde o início do Movimento pelos Direitos Civis; o assistente social Henry Moskowitz foi um dos quatro fundadores judeus da National Association for the Advancement of Colored People (NAACP) em 1909. "NAACP: Um Século na Luta pela Liberdade Fundação e Primeiros Anos," Biblioteca do Congresso, 21 de fevereiro de 2009, https://www.loc.gov/exhibits/naacp/founding-and-early-years.html.

209 **"Os americanos que atravessaram essa ponte":** Barack Obama, "Comentários do Presidente no 50º Aniversário das Marchas de Selma a Montgomery," 7 de março de 2015, Administração Nacional de Arquivos e Registros, obamawhitehouse.archives.gov/the-press-office/2015/03/07/remarks-president-50th-anniversary-selma-montgomery-marches.

209 **juízes federais nomeados:** No caso Fisher *vs.* University of Texas, um dos conflitos mais recentes em torno das admissões conscientes de raça nas universidades, o juiz Kennedy foi o único juiz nomeado por republicanos a se alinhar com a maioria para manter a consideração da raça pela Universidade do Texas no processo de admissão. Fisher *vs.* University of Texas, 579 U.S. __ (2016).

210 **"classificações raciais e étnicas, por mais convincentes que sejam":** Grutter *vs.* Bollinger, 539 U.S. 306, 342 (2003).

210 **"25 anos a partir de agora":** Grutter, 539 U.S. at 343.

210 **lançou um ataque radical:** Veja parte I.

210 **tornou-se tabu reivindicar:** Maia Niguel Hoskin, "A Cegueira à Cor Perpetua o Racismo Estrutural," *Forbes*, 28 de setembro de 2022, www.forbes.com/sites/maiahoskin/2022/09/28/newsflash-color-blindness--perpetuates-structural-racism/?sh=61bd6d11ae91; "Como É o Racismo? Cegueira à Cor," Universidade Estadual de Fitchburg: Recursos Antirracismo, acessado em 24 de março de 2023, fitchburgstate.libguides.com/c.php?g=1046516&p=7616506.

210 **"seres raciais/culturais":** Brendan O'Neill, "Códigos Universitários Tornam a 'Cegueira à Cor' uma Microagressão," *Reason*, 5 de agosto de 2015, reason.com/2015/08/05/speech-codes-and-humanism/.

210 **"A linguagem da cegueira à cor":** Ibram X. Kendi, *Como Ser Antirracista* (Alta Cult, 2020), 9.

210 **ideia de cegueira à cor:** Dani Bostick, "Como a Cegueira à Cor É Realmente Racista," *Huffington Post*, 11 de julho de 2016, www.huffpost.com/entry/how-colorblindness-is-actually-racist_b_10886176.

Notas

211 **um marxista negro:** Yascha Mounk, "Adolph Reed Jr. sobre Raça e Classe na América," *Persuasion*, 21 de maio de 2022, www.persuasion. community/p/reed#details.

211 **"Estou orgulhoso de estar ao lado de":** "Comentários da Vice-presidente Harris no Evento do Fundo de Geração de Oakland," Casa Branca, 12 de agosto de 2022, www.whitehouse.gov/briefing-room/ speeches-remarks/2022/08/12/remarks-by-vice-president-harris-at-oakland-generation-fund-event/.

211 **"o Governo Federal [a] buscar":** "Ordem Executiva sobre o Avanço da Equidade Racial e Apoio às Comunidades Carentes Através do Governo Federal," Casa Branca, 20 de janeiro de 2021, www.whitehouse.gov/ briefing-room/presidential-actions/2021/01/20/executive-order-advancing--racial-equity-and-support-for-underserved-communities-through-the--federal-government/.

211 **buscar "consciente da raça":** Mesmo quando as políticas não são conscientes da raça, os democratas agora frequentemente as moldam como se fossem. Veja, por exemplo, Marc Novicoff, "Pare de Vender Políticas Cegas à Raça como Iniciativas de Equidade Racial," *Slow Boring*, 20 de fevereiro de 2021, www.slowboring.com/p/race-blind-policies-racial-equity.

211 **exceções para os siques:** O exemplo dos siques e capacetes foi discutido em grande detalhe por teóricos políticos debatendo o "multiculturalismo" na década de 1990. Veja, por exemplo, Will Kymlicka, *Multicultural Citizenship* (*Cidadania Multicultural*) (Oxford: Clarendon Press, 1996), 31.

211 **tais políticas explicitamente:** Tanto as políticas sensíveis à raça quanto as políticas conscientes da raça visam promover a equidade. O termo "políticas sensíveis à raça" geralmente se refere às políticas que fazem com que a maneira como o estado trata os indivíduos dependa de sua raça. O termo "políticas conscientes da raça" geralmente se refere à avaliação do efeito que uma política tem sobre diferentes grupos demográficos sem explicitamente fazer com que o tratamento dos indivíduos dependa de suas identidades atribuídas. A decisão de Vermont de tornar residentes não brancos elegíveis para uma vacina antes dos residentes brancos é um exemplo de política sensível à raça; a recomendação do ACIP de priorizar trabalhadores essenciais em relação aos idosos porque eles são mais etnicamente diversos é um exemplo de política consciente da raça.

211 **o preditor mais forte:** Até 6 de dezembro de 2022, as taxas de mortalidade entre pessoas negras e hispânicas eram 1,6 e 1,7 vezes maiores do que as de pessoas brancas, enquanto entre aquelas com 65 a 74 anos e 75 a 84 anos,

470 A Armadilha da Identidade

as taxas de morte eram 60 e 140 vezes maiores do que as de pessoas de 18 a 29 anos, respectivamente. Para idade, veja "Risco de Infecção, Hospitalização e Morte por Covid-19 por Grupo Etário," Centros de Controle e Prevenção de Doenças, acessado em 24 de janeiro de 2023, www.cdc.gov/coronavirus/2019- -ncov/covid-data/investigations-discovery/hospitalization-death-by-age. html. Para raça, veja "Risco de Infecção, Hospitalização e Morte por Covid-19 por Raça/Etnia," Centros de Controle e Prevenção de Doenças, acessado em 24 de janeiro de 2023, www.cdc.gov/coronavirus/2019-ncov/covid-data/ investigations-discovery/hospitalization-death-by-race-ethnicity.html. Para uma visão mais ampla dos fatores de risco de mortalidade, veja Zelalem G. Dessie e Temesgen Zewotir, "Fatores de Risco Relacionados à Mortalidade por Covid-19: Uma Revisão Sistemática e Meta-análise de 42 Estudos e 423.117 Pacientes," *BioMed Central*, 21 de agosto de 2021, bmcinfectdis.biomedcentral.com/articles/10.1186/s12879-021-06536-3.

212 **políticas neutras em relação à raça:** Como Heather McGhee afirma, "Em vez de serem cegos para a raça, a cegueira à cor faz as pessoas serem cegas para o racismo, relutantes em reconhecer onde seus efeitos moldaram as oportunidades." Heather McGhee, "Por que Dizer 'Eu Não Vejo Raça de Forma Alguma' Só Torna o Racismo Pior," Ideas.Ted.Com, 3 de março de 2021, ideas.ted.com/why-saying-i-dont-see-race-at-all-just-makes-racism-worse/.

212 **impulsionando as oportunidades:** Para um dos muitos artigos que exploram políticas raciais cegas, veja Adia Harvey Wingfield, "O Fracasso da Política Econômica Cega para a Raça," *Atlantic*, 16 de fevereiro de 2017, www. theatlantic.com/business/archive/2017/02/race-economic-policy/516966/.

212 **escritor Ralph Leonard:** Ralph Leonard (@buffsoldier_96), "A resolução da cegueira à cor de tratar todos como cidadãos, e não como portadores de 'culturas' específicas ou meras representações de 'raças', é valiosa," Twitter, 19 de julho de 2019, 16:52, twitter.com/buffsoldier_96/ status/1152320415752228867.

213 **estão sofrendo discriminação:** Leonard, "A resolução da cegueira à cor."

213 **"tratar todos igualmente":** Leonard, "A resolução da cegueira à cor."

213 **propensos a usar crack:** Joseph J. Palamar et al., "Uso de Cocaína em Pó e Crack nos Estados Unidos: Um Exame do Risco de Prisão e Disparidades Socioeconômicas no Uso," Dependência de Drogas e Álcool 149 (2015): 108–16, doi.org/10.1016/j.drugalcdep.2015.01.029.

214 **visam aliviar a pobreza:** Leonard mesmo utiliza o termo "cegueira à raça" para políticas que eu chamaria de "neutras em relação à raça". Não

Notas

se trata de uma diferença filosófica profunda. Mas como a cegueira à raça agora é entendida como cegueira ao racismo, é provável que leve exatamente à confusão entre percepção e ação que estou tentando evitar.

214 **contribuição genuína para a sociedade:** Para uma defesa do valor da meritocracia, compreendida corretamente, veja o capítulo 13.

215 **classe média não branca:** Veja, por exemplo, Richard V. Reeves e Camille Busette, "A Classe Média Está se Tornando Plural em Relação à Raça, Assim como o Resto da América," *Brookings*, 27 de fevereiro de 2018, www.brookings.edu/blog/social-mobility-memos/2018/02/27/the-middle-class-is-becoming-race-plural-just-like-the-rest-of-america/.

215 **crescente subclasse branca:** Veja, por exemplo, Lauren Gurley, "Quem Tem Medo da Pobreza Rural? A História Por Trás dos Pobres Invisíveis da América," *American Journal of Economics and Sociology* 75, nº 3 (maio de 2016): 589–604, doi.org/10.1111/ajes.12149.

215 **americanos estão na pobreza:** "Taxa de Pobreza por Raça/Etnia," KFF, 2021, www.kff.org/other/state-indicator/poverty-rate-by-raceethnicity/.

215 **política antipobreza:** Para chegar a esses números, multipliquei a estimativa total da população dos Estados Unidos pela porcentagem da população que é branca (ou negra) e pela porcentagem da população branca (ou negra) que vive na pobreza. Para estimativas da população total e da composição demográfica da América, veja "Dados Rápidos: Estados Unidos," U.S. Census Bureau, www.kff.org/other/state-indicator/poverty-rate-by-raceethnicity/, www.census.gov/quickfacts/fact/table/US/PST045221/.

215 **vivem em bairros carentes:** Em 2010, as pessoas negras eram quase quatro vezes mais propensas do que as pessoas brancas a viver em bairros com taxas de pobreza superiores a 40 por cento. Sean F. Reardon, Lindsay Fox e Joseph Townsend, "Composição de Renda do Bairro por Raça e Renda Familiar, 1990–2009," Anais da Academia Americana de Ciências Políticas e Sociais 660, nº 1 (setembro de 2015): 78–97, doi.org/10.1177/0002716215576104.

216 **os ancestrais foram vítimas:** Sem dúvida, haveria todo tipo de dificuldades práticas em descobrir como tais reparações deveriam ser distribuídas. Talvez essas dificuldades sejam tão proibitivas a ponto de invalidar todo o projeto. Ou talvez sejam uma razão para direcionar as reparações de forma mais ampla para comunidades que contenham muitos descendentes de escravos — mesmo que isso signifique que algumas pessoas que se enquadram nessa categoria não recebam nenhuma ajuda, enquanto outras que não se enquadram sejam incluídas inadvertidamente.

472 **A Armadilha da Identidade**

No entanto, mesmo que aceitemos a necessidade de tais compromissos práticos e concessões para tornar as reparações viáveis, o princípio que torna o caso das reparações plausível é muito diferente daquele que supostamente motiva políticas sensíveis à raça; na linguagem da filosofia política, trata-se do campo da justiça "reparadora". Segue-se, então, que mesmo aqueles que consideram o caso das reparações convincente não devem chegar à conclusão de que as políticas públicas em geral precisam ser sensíveis a características imutáveis como a raça.

217 **"O ideal disparitário":** Adolph Reed Jr. e Walter Benn Michaels, "O Problema com a Disparidade", *Common Dreams*, 15 de agosto de 2020, www.commondreams.org/views/2020/08/15/trouble-disparity. Como Reed e Michaels continuam a dizer, "Não apenas um foco no esforço para eliminar as disparidades raciais não nos levará na direção de uma sociedade mais igualitária, isso nem mesmo é a melhor maneira de eliminar as próprias disparidades raciais (...) É praticamente impossível imaginar uma estratégia séria para conquistar os tipos de reformas que realmente melhorariam as condições dos trabalhadores negros e pardos sem conquistá-las para todos os trabalhadores".

217 **O outro problema com a equidade:** Para uma visão geral dessa objeção, veja a seção 6.1, "Tipos de Igualitarismo", em Stefan Gosepath, "Igualdade", na *Stanford Encyclopedia of Philosophy*, 26 de abril de 2021, plato. stanford.edu/entries/equality/.

218 **De forma semelhante, na Índia:** Soumya Shankar, "A Lei de Cidadania da Índia, em Conjunto com o Registro Nacional, Poderia Facilitar o Direcionamento Discriminatório do BJP aos Muçulmanos", *Intercept*, 30 de janeiro de 2020, theintercept.com/2020/01/30/india-citizenship-act-caa-nrc-assam/.

219 **o estado trata os cidadãos:** Outro problema é que muitas das políticas que são projetadas para ajudar grupos desfavorecidos acabam prejudicando-os de maneiras inesperadas. Oportunidades competitivas como bolsas de estudo e vagas em universidades de alto ranking, por exemplo, são valiosas em parte porque servem como um sinal para futuros empregadores. Se um candidato, no passado, ganhou uma honra prestigiada ou frequentou uma faculdade com políticas de admissão altamente competitivas, ele deve ser muito talentoso.

Alguns economistas acreditam que a ação afirmativa pode minar esse sinal. Se os empregadores sabem que as pontuações médias do SAT dos estudantes negros em faculdades de elite são significativamente mais baixas do que as dos estudantes de outros grupos demográficos, eles podem desconsiderar seu sucesso — mesmo ao avaliar a candidatura de um candidato que não se beneficiou de modo algum da ação afirmativa. Políticas que ajudam alguns membros de grupos historicamente desfavorecidos podem simultaneamente prejudicar outros membros desse mesmo grupo.

Veja, por exemplo, Bruce Wydick, "Ação Afirmativa em Admissões Universitárias: Examinando os Efeitos no Mercado de Trabalho de Quatro Políticas Alternativas", *Contemporary Economic Policy* 20, nº 1 (2002): 12–24, doi.org/10.1093/cep/20.1.12; Bruce Wydick, "As Preferências Baseadas em Raça Perpetuam a Discriminação contra Grupos Étnicos Marginalizados?", *Journal of Developing Areas* 42, nº 1 (2008): 165–81, doi.org/10.1353/jda.0.0024; e Terry Eastland, "O Caso Contra a Ação Afirmativa", *William and Mary Law Review* 1992, nº 34 (1992): 33–52, doi.org/10.3817/0992093145.

219 **para candidatos asiáticos-americanos:** Em um estudo que examinou dados de admissões do outono de 1997, os asiáticos que foram admitidos em faculdades de elite tiveram cerca de 140 pontos a mais no SAT do que os estudantes brancos admitidos. Veja Scott Jaschik, "Os Números e os Argumentos sobre Admissões Asiáticas", *Inside Higher Ed*, 7 de agosto de 2017, www.insidehighered.com/admissions/article/2017/08/07/look-data-and-arguments-about-asian-americans-and-admissions-elite.

219 **em critérios flexíveis:** Jay Caspian Kang, "Onde a Ação Afirmativa Deixa os Asiático-Americanos?", *Revista New York Times*, 28 de agosto de 2019, www.nytimes.com/2019/08/28/magazine/affirmative-action-asian-american-harvard.html. Em teoria, é claro que é possível separar esses dois pontos. Harvard e Princeton poderiam dar uma vantagem a estudantes negros ou pardos sem ao mesmo tempo tornar artificialmente difícil para os estudantes asiático-americanos obterem admissão. No entanto, a ciência social também sugere que, na prática, nunca será fácil garantir que políticas sensíveis à raça que favoreçam um grupo minoritário sub-representado em posições de poder não tenham efeitos perversos sobre outros grupos minoritários sub-representados em posições de poder — ou até mesmo venham a contrariar diretamente suas intenções originais.

219 **ter um interesse:** É, por exemplo, sugestivo que as mesmas políticas recebam mais apoio com uma moldura baseada em classe do que com uma moldura baseada em raça. Veja Micah English e Joshua Kalla, "Quadros de Igualdade Racial e Apoio a Políticas Públicas: Evidências Experimentais de Pesquisas por Enquetes", Preprints da OSF, 23 de abril de 2021, doi:10.31219/osf.io/tdkf3.

474   A Armadilha da Identidade

219 "Você quer uma sociedade": Citado em Carol M. Allen, *Ending Racial Preferences: The Michigan Story* (*Terminando com Preferências Raciais: A História de Michigan*) (Lanham, Md.: Lexington Books, 2009), 2.

220 **Salve o Nosso Estado:** "Proposição 187 da Califórnia", Ballotpedia, acessado em 24 de março de 2023, ballotpedia.org/California_Proposition_187,_Prohibit_Persons_in_Violation_of_Immigration_Law_from_Using_Public_Healthcare,_Schools,and_Social_Services_Initiative (1994).

220 **maioria dos californianos:** "Proposição 209 da Califórnia, Iniciativa de Ação Afirmativa (1996)", Ballotpedia, acessado em 24 de março de 2023, ballotpedia.org/California_Proposition_209,Affirmative_Action_Initiative (1996).

220 **maioria de sua população:** Hans Johnson, Eric McGhee e Marisol Cuellar Mejia, "População da Califórnia", Instituto de Política Pública da Califórnia, jan. 2022, www.ppic.org/publication/californias-population/; Eric McGhee, "Geografia Política da Califórnia 2020", Instituto de Política Pública da Califórnia, fev. 2020, www.ppic.org/publication/californias-political-geography/.

220 **com exceção de:** Lista de Governadores da Califórnia, Biblioteca Estadual da Califórnia, acessado em 24 de março de 2023, governors.library.ca.gov/list.html.

220 **principais atores institucionais:** Os apoiadores incluíam Twitter, Wells Fargo e Reddit. Para uma lista completa, veja "Proposição 16 da Califórnia, Revogação da Emenda da Ação Afirmativa da Proposição 209 (2020)", *Ballotpedia*, acessado em 25 de jan. de 2023, ballotpedia.org/California_Proposition_16,Repeal_Proposition_209_Affirmative_Action_Amendment(2020).

220 **eles superaram os oponentes em gastos:** Os apoiadores arrecadaram mais de US$ 25 milhões em comparação com aproximadamente US$ 1,75 milhão dos oponentes. "Proposição 16 da Califórnia, Revogação da Emenda da Ação Afirmativa da Proposição 209 (2020)".

220 **manter a proibição:** "Resultados das eleições ao vivo: Resultados da Califórnia de 2020", *Politico*, acessado em 24 de março de 2023, www.politico.com/2020-election/results/california/.

221 **enfrentando os problemas profundos:** Veja, por exemplo, Sherif Girgis, "História de Dobbs e o Futuro do Aborto e do Direito à Privacidade", SCOTUSblog, 28 de junho de 2022, www.scotusblog.com/2022/06/dobbss-history-and-the-future-of-abortion-and-privacy-law/.

Notas

221 **uma maior compreensão:** Para uma versão influente dessa declaração, veja Jeremy Waldron, "O Núcleo do Argumento Contra a Revisão Judicial", Yale Law Journal 115 (2005): 1346–406.

221 **conjunto de critérios:** Adarand Constructors Inc. *vs.* Peña, 515 U.S. 200 (1995).

221 **"O governo pode tratar as pessoas":** Adarand Constructors Inc., 515 U.S. at 227.

221 **servir um "interesse premente":** Adarand Constructors Inc., 515 U.S. at 227.

221 **ser "estritamente adaptado":** Adarand Constructors Inc., 515 U.S. at 227.

222 **"Aplicamos escrutínio rigoroso":** City of Richmond *vs.* J. A. Croson Co., 488 U.S. 469 (1989).

222 **limites muito mais rigorosos:** Adam Liptak, "Suprema Corte Parece Pronta para Derrubar Admissões Universitárias Baseadas em Raça", *New York Times*, 31 de out. de 2022, www.nytimes.com/2022/10/31/us/supreme-court-harvard-unc-affirmative-action.html.

222 **provavelmente será anunciado:** Students for Fair Admissions *vs.* President and Fellows of Harvard College, citação pendente.

Capítulo 13: Racismo Estrutural, Gênero e Meritocracia

226 **adicionar um novo conceito:** O racismo estrutural é frequentemente visto como similar ou sinônimo ao racismo institucional. O termo "racismo institucional" remonta ao Black Power de Stokely Carmichael e Charles V. Hamilton: "[O racismo institucional] é menos evidente, muito mais sutil, menos identificável em termos de indivíduos específicos cometendo os atos. Mas não é menos destrutivo para a vida humana. [Ele] origina-se da operação de forças estabelecidas e respeitadas na sociedade, e assim recebe muito menos condenação pública do que o primeiro tipo. Quando (...) quinhentos bebês negros morrem a cada ano por falta de comida, abrigo e instalações médicas adequadas, e milhares são destruídos e mutilados física, emocional e intelectualmente devido às condições de pobreza e discriminação na comunidade negra, isso é uma função do racismo institucional". Stokely Carmichael e Charles V. Hamilton, Black Power: *A Política de Libertação nos Estados Unidos* (Editora Jandaíra, 2021), 1.

476 A Armadilha da Identidade

226 **"políticas e práticas que existem":** *Dicionário Cambridge*, s.v. "racismo sistêmico", acessado em 24 de março de 2023, dictionary.cambridge. org/dictionary/english/systemic-racism.

227 **"Racismo", um guia online:** "Dismantling Racism Works Web Workbook", dRworksBook, acessado em 24 de março de 2023, www. dismantlingracism.org/. Veja também Yascha Mounk, "A Inconveniência Política do Tiroteio em Jersey City", *Atlantic*, 12 de dezembro de 2019, www. theatlantic.com/ideas/archive/2019/12/political-inconvenience-jersey-city-shooting/603472/.

227 **"É literalmente impossível":** Manisha Krishnan, "Caros Brancos, Por Favor, Parem de Fingir que o Racismo Reverso É Real", *Vice*, 2 de outubro de 2016, www.vice.com/en/article/kwzjvz/dear-white-people-please-stop-pretending-reverse-racism-is-real.

227 **"Judeus, como pessoas brancas":** Farah Stockman, "Marcha das Mulheres Abalada por Acusações de Antissemitismo", *New York Times*, 23 de dezembro de 2018, www.nytimes.com/2018/12/23/us/womens-march-anti-semitism.html.

228 **ainda mais "próximo do branco":** Ari Blaff, "Branqueamento do Sucesso", *Tablet*, 15 de novembro de 2021, www.tabletmag.com/sections/news/articles/whitewashing-asian-americans.

228 **onda de crimes de ódio:** Veja, por exemplo, Masood Farivar, "O Ódio Contra Asiáticos Ultrapassa Linhas Raciais e Étnicas", *VOA*, 24 de março de 2021, www.voanews.com/a/usa_anti-asian-hate-crime-crosses-racial-and-ethnic-lines/6203679.html. Para uma explicação de como o mesmo mecanismo também pode encorajar a mídia a minimizar os ataques contra judeus, veja Mounk, "A Inconveniência Política do Tiroteio em Jersey City".

228 **subvertendo normas de gênero tradicionais:** Veja, por exemplo, Judith Butler, Problemas de Gênero: Feminismo e Subversão da Identidade (Civilização Brasileira, 2003).

228 **são profundamente infelizes:** Essa profunda infelicidade é evidente ao se ler os relatos de participantes transgêneros em um grupo focal do Pew de 2022. "Desde pequeno, por volta do jardim de infância ou primeira série (...) eu estava [fascinado] com como algumas pessoas eram meninas pequenas e outras eram meninos pequenos, e isso estava na minha mente constante- mente. E comecei a me sentir muito desconfortável, apenas existindo como uma menina pequena" (Homem trans, início dos trinta anos). "Eu sempre soube desde pequena. Não tenho certeza da idade, mas sempre soube que, quando vestia roupas de menino, me sentia muito desconfortável" (Mulher

Notas

trans, final dos trinta anos). Veja Travis Mitchell, "As Experiências, Desafios e Esperanças de Adultos Transgêneros e Não Binários dos EUA", Projeto de Tendências Sociais e Demográficas do Pew Research Center, 7 de junho de 2022, www.pewresearch.org/social-trends/2022/06/07/the-experiences--challenges-and-hopes-of-transgender-and-nonbinary-u-s-adults/.

229 **"Uma visão binária simples":** Agustín Fuentes, "A Ciência Biológica Rejeita o Sexo Binário, e Isso É Bom para a Humanidade", *Scientist*, 12 de maio de 2022, www.the-scientist.com/news-opinion/biological-science-rejects--the-sex-binary-and-thats-good-for-humanity-70008.

229 **um determinante-chave:** Vera Regitz-Zagrosek, "Diferenças entre Sexo e Gênero na Saúde," *EMBO Reports* 13, nº 7 (2012): 596–603, doi. org/10.1038/embor.2012.87.

229 **uma condição intersexo:** Veja, por exemplo, Leonard Sax, "Quão Comum É a Intersexualidade? Uma Resposta a Anne Fausto--Sterling," *Journal of Sex Research* 39, nº 3 (Jan. 2002): 174–78, doi.org/10.1080/ 00224490209552139. A determinação do percentual exato é complicada porque depende da definição precisa de "intersexo". No entanto, de acordo com a maioria dos especialistas, "uma criança nasce de forma tão atípica em termos de genitália que um especialista em diferenciação sexual é chamado entre 1 em 1500 a 1 em 2000 nascimentos". "Quão Comum é a Intersexualidade?", *Intersex Society of North America*, acessado em 18 de jan. de 2023, isna.org/faq/frequency/.

230 **"História! Dra. Rachel Levine":** GLAAD (@glaad), Twitter, 24 de março de 2021, twitter.com/glaad/status/1374840653704728578.

230 **demandas do sexo:** Não estou respondendo a um espantalho aqui. Veja, por exemplo, este artigo em uma revista médica proeminente recomendando que "questões sobre sexo atribuído ao nascimento [em um contexto médico] sejam abandonadas": Ash B. Alpert, Roman Ruddick, e Charlie Manzano, "Repensando as Questões sobre Sexo Atribuído ao Nascimento," *British Medical Journal* 373, nº 8294 (2021), doi.org/10.1136/bmj.n1261.

230 **vantagens físicas significativas:** Stephanie Burnett, "Atletas Trans Têm uma Vantagem Injusta?," *DW*, 24 de julho de 2021, www.dw.com/en/fact-check-do-trans-athletes-have-an-advantage-in-elite-sport/a-58583988.

231 **o sonho americano:** Esse elemento do sonho americano está presente desde sua concepção. Quando o historiador James Truslow Adams cunhou o termo pela primeira vez, escreveu que é o "sonho de uma terra em que a vida deveria ser melhor e mais rica e mais plena para todos, com oportunidades para cada um de acordo com a capacidade ou conquista. É um sonho difícil

478   A Armadilha da Identidade

de interpretar adequadamente pelas classes altas europeias, e muitos de nós mesmos nos tornamos cansados e desconfiados disso. Não é um sonho apenas de carros e salários altos, mas um sonho de ordem social em que cada homem e cada mulher devem ser capazes de alcançar a plena estatura de que são inerentemente capazes e ser reconhecidos pelos outros pelo que são, independentemente das circunstâncias fortuitas de nascimento ou posição". James Truslow Adams, *The Epic of America* (A Saga dos Estados Unidos) (Boston: Little, Brown, 1931), 404.

231 **rendimentos da maioria dos americanos:** Drew DeSilver, "Para a Maioria dos Trabalhadores dos EUA, os Salários Reais Mal Mudaram em Décadas," Pew Research Center, 7 de agosto de 2018, www.pewresearch. org/fact-tank/2018/08/07/for-most-us-workers-real-wages-have-barely-budged-for-decades/.

231 **Enquanto isso, os custos:** "O Custo de Viver na América: Ajudando as Famílias a Avançarem," Casa Branca, 11 de agosto de 2021, www.whitehouse. gov/cea/written-materials/2021/08/11/the-cost-of-living-in-america-helping-families-move-ahead/.

231 **um padrão de vida decente:** Veja, por exemplo, Ben S. Bernanke e Peter Olson, "Os Americanos Estão Melhor do que Há Uma Década ou Duas?," Brookings, 19 de outubro de 2016, www.brookings.edu/blog/ben-bernanke/2016/10/19/are-americans-better-off-than-they-were-a--decade-or-two-ago/; e Devon Haynie, "Uma Anomalia Global, os EUA Declinam no Relatório Anual de Qualidade de Vida," *U.S. News & World Report*, 11 de setembro de 2020, www.usnews.com/news/best-countries/articles/2020-09-11/a-global-anomaly-the-us-declines-in-annual-quality-of-life-report.

231 **uma entrevista viral:** Sean Illing, "Como a Meritocracia Prejudica Todos — Até os Vencedores," *Vox*, 21 de outubro de 2019, www.vox.com/identities/2019/10/21/20897021/meritocracy-economic-mobility-daniel-markovits.

231 **Michael Sandel argumenta:** Michael J. Sandel, *A Tirania do Mérito* (Civilização Brasileira, 2020), 14.

231 **"A verdade objetiva, como o mérito":** Richard Delgado e Jean Stefancic, *Teoria Crítica da Raça: Uma Introdução* (Contracorrente, 2021), 104.

232 **"a promessa da igualdade":** Naa Oyo Kwate e Ilan H. Meyer, "O Mito da Meritocracia e a Saúde dos Afro-americanos," *American Journal of Public Health* 100, nº 10 (2010): 1831–34, doi.org/10.2105/ajph.2009.186445.

232 **um consultor de negócios:** Tim Enwall, "Carta Aberta ao Meu CEO Branco, Colegas de VC: 'Meritocracia' É Provavelmente uma Crença Racista,"

Medium, 14 de junho de 2020, tenwall.medium.com/open-letter-to-my-white-
-ceo-vc-colleagues-meritocracy-is-likely-a-racist-belief-ad7a72dbee92.

232 **uma grande vantagem:** Sandel, *Tirania do Mérito*.

232 **estudar ou se esforçar:** Os efeitos negativos de sistemas não meritocráticos no desenvolvimento econômico e na boa governança são amplamente
observados. Por exemplo, cientistas políticos explicaram as lutas econômicas
da Grécia, em parte, apontando para sua falta de uma burocracia meritocrática. Veja, por exemplo, Francis Fukuyama, *Ordem e Decadência Política:
Da Revolução Industrial à Globalização da Democracia* (Rocco Digital, 2018),
76–77.

233 **aspirações legítimas de milhões:** Para a melhor afirmação dessa
posição, veja Adrian Wooldridge, *The Aristocracy of Talent* (*A Aristocracia do
Talento*) (Nova York: Skyhorse, 2021).

PARTE IV: Em Defesa do Universalismo

239 **o melhor guia:** Para uma história canônica do liberalismo, veja
Edmund Fawcett, *Liberalismo: A Vida de uma Ideia* (Edições 70, 2022). Para
uma história intelectual mais focada nas permutações do significado da
palavra, veja Helena Rosenblatt, *A História Perdida do Liberalismo: da Roma
Antiga ao Século XXI* (Alta Cult, 2022). Para textos clássicos na tradição
liberal, veja, por exemplo, Benjamin Constant, *A Liberdade dos Antigos
Comparada à dos Modernos* (Edipro, 2019); e John Rawls, *O Liberalismo
Político* (WMF Martins Fontes, 2011). Para defesas recentes de uma pers-
pectiva filosófica, veja Francis Fukuyama, *Liberalismo e Seus Descontentes*
(*Dom Quixote*, 2022); e de uma perspectiva empírica, Deirdre McCloskey,
*Why Liberalism Works: How True Liberal Values Produce a Freer, More Equal,
Prosperous World for All* (New Haven, Conn.: Yale University Press, 2019).

240 **tende a ser de direita:** John Lichfield, "Chame Emmanuel Macron
do que Quiser—Mas Não de 'Liberal,'" Politico, 5 de fevereiro de 2019, www.
politico.eu/article/call-emmanuel-macron-any-name-you-like-but-not-
-liberal-lef-right-division-politics/.

240 **No Reino Unido:** Michael Goldfarb, "Liberal? Estamos Falando
da Mesma Coisa?," *BBC News*, 20 de julho de 2010, www.bbc.com/news/
world-10658070.

240 **frequentemente rotulados de "liberais":** Para uma versão
desse argumento, veja David Greenberg, "Pare de Chamar Bernie

480 A Armadilha da Identidade

Sanders e Alexandria Ocasio-Cortez de Liberais," *Washington Post*, 12 de setembro de 2019, www.washingtonpost.com/outlook/2019/09/12/stop-calling-bernie-sanders-alexandria-ocasio-cortez-liberals/.

Capítulo 14: Uma Resposta à Síntese de Identidades

241 **O movimento, Richard Delgado:** Richard Delgado e Jean Stefancic, *Teoria Crítica da Raça: uma introdução*, 25.

241 **tão consistentemente focado:** "Buscar liberais iluministas para progredir na questão racial é como buscar progresso na questão racial com os segregacionistas da era Jim Crow." Ibram X. Kendi (@DrIbram), Twitter, 20 de julho de 2020, 9:11 da manhã, twitter.com/dribram/status/1281576823256743936.

242 **"reconstrução racional de uma entidade":** Hannes Leitgeb e André Carus, "Rudolf Carnap—Metodologia," in: *Stanford Encyclopedia of Philosophy* (ed. de outono de 2022), ed. Edward N. Zalta e Uri Nodelman, plato.stanford.edu/entries/carnap/methodology.html#RatiReco. Uma reconstrução racional desse tipo, Carnap admitiu, jamais poderia esperar capturar toda a complexidade do original. Na verdade, o mesmo conjunto de pensamentos pode até mesmo estar sujeito a diferentes reconstruções. Como observa a *Stanford Encyclopedia of Philosophy*, "O resultado de uma reconstrução racional difere do *input* ou *reconstruendum* ('Esse ponto de vista permite e até mesmo requer desvios da construção do processo real de cognição,' §143) e é consistente com uma 'multiplicidade de possibilidades' (§92) em relação ao procedimento para realizar a reconstrução racional" (Leitgeb e Carus, "Carnap"). Mas isso não significa que a reconstrução produzida seja arbitrária; "novas definições devem ser superiores às antigas em clareza e precisão, e, acima de tudo, devem encaixar-se em uma estrutura sistemática de conceitos." Rudolf Carnap, *The Logical Structure of the World*; and, *Pseudoproblems in Philosophy*, trans. Rolf A. George (Chicago: Open Court, 2003), 5.

242 **avaliar suas principais reivindicações:** Hannes Leitgeb e André Carus, "A Reconstrução de Teorias Científicas," in: *Stanford Encyclopedia of Philosophy*, 2020, plato.stanford.edu/entries/carnap/reconstruct-sci-theories.html.

242 **sua lógica subjacente:** O foco diferente de cada capítulo me leva a enfatizar diferentes aspectos da ideologia. Mas ainda há alguma sobreposição

importante. Por exemplo, a preferência por normas, regras e leis que distinguem explicitamente entre diferentes pessoas com base em sua identidade é um fio vermelho que reaparece em cada parte do livro: como a "rejeição de soluções neutras" na parte I; como um ênfase retórica na "equidade" na parte II; como o argumento para "políticas públicas sensíveis à raça" na parte III; e, nessa seção, como a necessidade de fazer com que o tratamento do Estado de cada cidadão dependa de sua identidade atribuída.

243 **para fatos religiosos:** William R. Downing, ed., "O que É História da Igreja?," in: *Notes on Historiography and Early Church History* (*Notas sobre Historiografia e História das Primeiras Igrejas*) (Morgan Hill, Califórnia: Igreja Batista da Graça Soberana do Vale do Silício, 2014), 6; William R. Downing, ed., "O Cânone das Escrituras," in *Notas sobre Historiografia e História das Primeiras Igrejas*, 112–19.

243 **grandes eventos históricos:** Para a defesa canônica da filosofia da história marxista do ponto de vista da filosofia analítica, veja G. A. Cohen, *A Teoria da História de Karl Marx: Uma Defesa* (Editora da Unicamp, 2014). Para uma história clássica escrita com pressuposições (amplamente) marxistas, veja Eric Hobsbawm, *A Era das Revoluções: 1789–1848* (Paz e Terra, 2015); e Eric Hobsbawm, *A Era do Capital: 1848–1875* (Paz e Terra, 2012).

243 **um prisma particular:** Veja, por exemplo, o foco na identidade na arqueologia moderna: Stone Age Herbalist, "O Surgimento dos Arqueólogos Anônimos," UnHerd, 3 de dezembro de 2022, unherd.com/2022/12/o-surgimento-de-arqueologos-anonimos/.

243 **os linguistas chamam isso:** Um linguista influente distinguiu entre três tipos de interrupções: (1) interrupções neutras não relacionais, que podem, por exemplo, servir para esclarecer o que o falante está dizendo; (2) interrupções de relação de rapport, que servem para afirmar o que o falante está dizendo e construir uma conexão mais profunda, e (3) interrupções de poder relacional, que podem servir para afirmar poder sobre o falante. Embora o terceiro tipo de interrupção seja de fato comum e possa implicar uma dinâmica racial perniciosa, a comunicação eficaz requer interrupções ocasionais do tipo 1 e uma amizade genuína quase sempre envolve interrupções do tipo 2. Veja Julia A. Goldberg et al., "Interrompendo o Discurso sobre Interrupções: Uma Análise em Termos de Atos Relacionalmente Neutros, de Poder e de Rapport-Orientados," *Journal of Pragmatics* 14, n⁰ 6 (dezembro de 1990), www.sciencedirect.com/science/article/pii/037821669090045F.

244 **todo o aparato:** Jesse Singal, "'White Fragility' É um Livro Totalmente Bizarro e Pernicioso e É um Sinal Terrível que Tantos Americanos o

482 A Armadilha da Identidade

Amam," Bloqueado e Reportado, episódio 17, 19 de junho de 2020, podcast, www.blockedandreported.org/p/early-access-episode-17-white-fragility--cb8#details. Da mesma maneira, a maioria dos espectadores entendeu que Will Smith dar um tapa em Chris Rock na cerimônia do Oscar de 2022 foi uma violação direta da norma importante de que você não responde a uma piada que considera rude recorrendo à violência física. No entanto, muitos adeptos da síntese de identidade acreditavam que as ações de Smith eram mais justificáveis porque Rock havia feito uma piada sobre o cabelo de sua esposa, Jada, que é negra; de fato, alguns membros do "Esquadrão" de esquerda na Câmara dos Deputados inicialmente tuitaram em apoio às ações de Smith. "Reps. Ayanna Pressley, Jamaal Bowman Tweet, Then Delete, Defense of Will Smith's Oscars Slap," NBCNews.com, 28 de março de 2022, www.nbcnews. com/politics/politics-news/reps-ayanna-pressley-jamaal-bowman-tweet-delete-defense-will-smiths-os-rcna21787.

244 **regras neutras apenas servem:** Veja o capítulo 12 para uma discussão sobre políticas conscientes de identidade. Veja os capítulos 1 e 3 para as origens intelectuais da rejeição de valores universais e regras neutras.

244 **defendiam a liberdade de expressão:** Veja, por exemplo, Harry Blain, "Por que a Esquerda Precisa Reabraçar a Primeira Emenda," openDemocracy, 15 de maio de 2017, www.opendemocracy.net/en/transformation/why-left-needs-to-re-embrace-first-amendment/.

244 **elas apenas encobrem:** Veja a parte III. Compare também Billie Murray, "As Consequências Antidemocráticas do Sistema de 'Mais Discurso'," *Comunicação e Democracia* 56, nº 2 (2022): 198–204, doi.org/10.1080/276711 27.2022.2141720.

245 **Esse princípio ajuda a justificar:** Veja a introdução e o capítulo 12. Para entender como essas três alegações funcionam em conjunto, é útil revisitar o trabalho de Derrick Bell, o fundador da teoria crítica da raça. Como descrevi na parte I, Bell era um advogado dos direitos civis que gradualmente passou a acreditar que muitos esforços de dessegregação no sul dos Estados Unidos foram um erro grave. Essa posição pode parecer profundamente contraintuitiva à primeira vista, mas uma consideração dos três postulados-chave da síntese de identidades ajuda a explicar como ele chegou à sua conclusão.

Bell iniciou sua carreira acadêmica com uma análise cética das origens do caso Brown *vs.* Board of Education, a decisão da Suprema Corte que declarou inconstitucional a segregação racial na educação pública. Na época, muitos estudiosos do direito explicavam a decisão como decorrente da profunda tensão entre as regras universais encapsuladas na Constituição e na Décima Quarta Emenda e as práticas evidentemente discriminatórias que persistiam no sul dos Estados Unidos. Enquanto isso, muitos historiadores e cientistas sociais enfatizavam a organização disciplinada do movimento pelos direitos civis e as transformações sociais trazidas pela Segunda Guerra Mundial. Mas Bell acreditava que tais explicações eram ingênuas porque não se concentravam na maneira como os grupos de identidade e seus interesses estão no centro dos desenvolvimentos históricos mais importantes. Como os brancos detinham virtualmente todo o poder na América dos anos 1950, uma decisão histórica como a do caso Brown *vs.* Board of Education deve ter sido em seu próprio interesse racial. A verdadeira motivação para a dessegregação, argumentou Bell, era servir aos interesses dos brancos, melhorando a imagem internacional dos Estados Unidos e facilitando o desenvolvimento do Cinturão do Sol. (Veja Derrick A. Bell Jr., "Brown *vs.* Board of Education e o Dilema da Convergência de Interesses," *Harvard Law Review* 93, nº 3 (jan. 1980): 524–27.) Segundo Bell, a chave para entender como uma das decisões mais importantes da Suprema Corte na história norte-americana poderia ter acontecido consistia, como o primeiro postulado da reconstrução racional da síntese de identidade implicaria, em examinar a motivação dos juízes "através do prisma de grupos de identidade como raça, religião, gênero e orientação sexual".

Bell prosseguiu argumentando que a interpretação convencional dos efeitos do caso Brown *vs.* Board of Education era igualmente ingênua. Liberais e progressistas celebraram a decisão como um grande avanço. Eles assumiram que uma regra universal, que prometia dar acesso às mesmas escolas para crianças independentemente da raça, seria suficiente para tratar as pessoas de forma justa. Mas na realidade, Bell afirmava, o caso Brown *vs.* Board não fez praticamente nada para melhorar a situação dos afro-americanos. Em vez disso, ele apontou, as regras aparentemente neutras deram enormes vantagens aos professores brancos em relação aos negros, obrigaram os estudantes negros a viajar longas distâncias para escolas onde sofriam discriminação persistente e ainda permitiam que muitos pais brancos enviassem seus filhos para escolas que mal tinham alunos negros. Segundo Bell, as novas regras neutras, como o segundo postulado da reconstrução racional da síntese de identidade implicaria, "apenas serviam para obscurecer as formas como grupos privilegiados dominam aqueles que são marginalizados".

Essas premissas levaram Bell a concluir que a solução convencional para o problema da segregação escolar é equivocada. Como as regras neutras apenas

484 A Armadilha da Identidade

servem para perpetuar a opressão de grupos de identidade desfavorecidos, seria um erro lutar para integrar as escolas, como ele próprio havia se esforçado como advogado da NAACP. Em vez disso, os ativistas deveriam ter se concentrado desde o início em criar escolas que fossem separadas, mas verdadeiramente iguais. (Bell, "Dilema da Convergência de Interesses," 528–32.) Hoje, é hora de corrigir esse erro adotando políticas públicas "sensíveis à raça" que visam explicitamente remediar a opressão tratando os membros de diferentes grupos de forma diferente entre si. Bell passou a acreditar, como o terceiro postulado da reconstrução racional da síntese de identidades implicaria, que "para construir um mundo justo, devemos adotar normas e leis que explicitamente façam com que a maneira como o Estado trata cada cidadão — e como os cidadãos tratam uns aos outros — dependa dos grupos de identidade aos quais eles pertencem".

246 **A resposta liberal:** Note, no entanto, que essa resposta à síntese de identidades não equivale a uma reconstrução racional do liberalismo em si.

246 **grupos raciais ou religiosos:** A situação é ainda mais complicada pelo fato de que os grupos não são o fim de tudo na vida humana. Embora a maioria das pessoas seja motivada na maior parte do tempo pela sua lealdade a um grupo definido por critérios étnicos, religiosos, ideológicos ou culturais, outros buscam seu próprio interesse individual; acreditam que a justiça exige que sirvam aos interesses de um grupo ao qual não pertencem, ou tentam tratar todas as pessoas igualmente, quaisquer que sejam os grupos aos quais pertencem.

246 **torna os liberais filosóficos:** Para uma das melhores críticas desse ponto de vista "monomaniaco", veja Jonathan Haidt, "Monomania é iliberal e estupefaciente", *Persuasion*, 1 de outubro de 2021, www.persuasion. community/p/haidt-monomania-is-illiberal-and.

247 **ajuda a estruturar:** Veja, por exemplo, Dietrich Rueschemeyer, "Por que e como as ideias importam", em *The Oxford Handbook of Contextual Political Analysis*, ed. Robert E. Goodin e Charles Tilly (Oxford: Oxford University Press, 2006), 227–51.

248 **obscurecer as formas:** Veja, por exemplo, L. Taylor Phillips, Pamela M. Hong e Clayton D. Peoples, "Como e Por que os Ricos Tentam Encobrir seus Privilégios", Society for Personality and Social Psychology, 12 de abril de 2021, spsp.org/news-center/character-context-blog/ how-and-why-wealthy-try-cover-their-privileges.

248 **comunidades historicamente marginalizadas:** Veja Becky Pettit e Bruce Western, "Prisão em Massa e o Curso da Vida: Desigualdade Racial

Notas

e de Classe na Incarceração dos EUA", *American Sociological Review* 69, nº 2 (2004): 151–69, doi.org/10.1177/000312240406900201.

248 compromisso com valores universais: Veja, por exemplo, Dorothy Ross, "Lincoln e a Ética da Emancipação: Universalismo, Nacionalismo, Excepcionalismo", *Journal of American History* 96, nº 2 (2009): 379–99, doi. org/10.1093/jahist/96.2.379; e Carlos A. Ball, resenha de "Essencialismo e Universalismo na Filosofia dos Direitos Gays: Liberalismo Encontra a Teoria Queer", de Ladelle McWhorter e David A. J. Richards, *Law and Social Inquiry* 26, nº 1 (2001): 271–93, www.jstor.org/stable/829050.

248 alimentou a derrubada: Aos 21 anos, no ano de 1848, por exemplo, um homem chamado Jyotirao Phule, de Pune, Índia, encontrou pela primeira vez os *Direitos do Homem* de Thomas Paine. O efeito de Paine sobre Phule foi enorme. Como um amigo próximo de Phule colocou, ao contrário de muitos de seus contemporâneos, "Jotiba e seus amigos não se tornaram cristãos. O motivo para isso foi que eles haviam obtido um ou dois livros de um grande revelador da verdade dos EUA. Esse homem era Thomas Paine". Inspirado pelo universalismo de Paine, Phule começou a lidar com as profundas injustiças do sistema de castas da Índia. No final, tornou-se um influente reformador social, mirando no sistema de castas e nos papéis de gênero antiquados, e uma das figuras mais importantes da história indiana. Rosalind O'Hanlon, *Caste, Conflict, and Ideology: Mahatma Jotirao Phule and Low Caste Protest in NineteenthCentury Western India* (Bombay: Orient Longman, 1985).

248 tocando a consciência: Mesmo a defesa de questões áridas como a reforma do serviço civil dos Estados Unidos do final do século XIX foi impulsionada por um profundo compromisso com o universalismo e a justiça. "É difícil para os norte-americanos que vivem no primeiro quarto do século XXI entender as emoções que a Reforma do Serviço Civil despertou no último quarto do século XIX (...). [M]ilhares, até milhões, alinharam-se por trás (...) de três princípios fundamentais da democracia americana: primeiro, que a oportunidade seja igual para todos os cidadãos; segundo, que apenas os meritórios sejam nomeados; terceiro, que nenhum funcionário público deva sofrer por suas crenças políticas" (Edmund Morris, *The Rise of Theodore Roosevelt — A Ascensão de Theodore Roosevelt* [Nova York: Modern Library, 2001], 404–5). Para mais discussões sobre os fatores que influenciaram a reforma do serviço civil, veja o capítulo 10 de Francis Fukuyama, *Ordem e Decadência Política: Da Revolução Industrial à Globalização da Democracia* (Rocco Digital, 2018).

249 casamentos entre membros: Justin McCarthy, "Aprovação dos EUA para Casamento Inter-racial em Novo Recorde de 94 por Cento," Gallup, 10

486   **A Armadilha da Identidade**

de setembro de 2021, news.gallup.com/poll/354638/approval-interracial-
-marriage-new-high.aspx.

249 **mesmo origem étnica:** Yascha Mounk, *O Grande Experimento*, cap. 8.

249 **era profundamente imoral:** Para os Estados Unidos, veja "Direitos
LGBT", Gallup, 13 de julho de 2022, news.gallup.com/poll/1651/gay-lesbian-
rights.aspx. Para o Reino Unido, veja Ben Clements e Clive D. Field, "As
Pesquisas—Tendências: Opinião Pública sobre Homossexualidade e Direitos
Gays na Grã-Bretanha", *Public Opinion Quarterly* 78, nº 2 (2014): 523–47,
www.jstor.org/stable/24545938.

249 **Hoje, a maioria dos cidadãos:** Para os Estados Unidos, veja "Direitos
LGBT", Gallup. Para a Europa Ocidental, veja "A Maioria dos Europeus
Central e Oriental se Opõe ao Casamento entre Pessoas do Mesmo Sexo,
Enquanto a Maioria dos Europeus Ocidentais Apoia", Projeto de Religião
e Vida Pública do Pew Research Center, 24 de outubro de 2018, www.
pewresearch.org/religion/2018/10/29/eastern-and-western-europeans-
differ-on-importance-of-religion-views-of-minorities-and-key-social-issues
/pf-10-29-18_east-west_-00-04/.

249 **ampliaram sua concepção:** Até 2020, apenas 31 por cento, 32
por cento e 25 por cento dos britânicos, franceses e alemães, respectivamente, relatam que é muito/algo importante nascer no país para
ser britânico/francês/alemão. (Shannon Greenwood, "Opiniões sobre
Identidade Nacional Tornando-se Mais Inclusivas nos EUA e na Europa
Ocidental", Projeto de Atitudes Globais do Pew Research Center, 5 de maio
de 2021, www.pewresearch.org/global/2021/05/05/views-about-national-
-identity-becoming-more-inclusive-in-us-western-europe/.) Veja também
Bruce Stokes, "O que é preciso para ser verdadeiramente 'um de nós'" Pew
Research Center, 1 de fevereiro de 2017, e Mounk, *O Grande Experimento*,
cap. 8.

249 **acreditem que o casamento inter-racial:** McCarthy, "Aprovação
dos EUA para Casamento Interracial."

249 **experimentar mobilidade ascendente:** Veja, por exemplo, Doris
Oberdabernig e Alyssa Schneebaum, "Catching Up? The Educational Mobility
of Migrants' and Natives' Children in Europe," *Applied Economics* 49, nº 37
(2017): 3716, doi.org/10.1080/00036846.2016.1267843; Cris Beauchemin,
"França: Resultados de Mobilidade Intergeneracional de Nativos com
Pais Imigrantes," em Chegando lá? Estudos de Países sobre Mobilidade
Intergeneracional e Filhos de Imigrantes, OCDE, 28 de maio de 2018, www.
oecd-ilibrary.org/sites/9789264301030-en; Tony Sewell et al., Comissão

sobre Disparidades Raciais e Étnicas: O Relatório, Comissão do Governo do Reino Unido, março de 2021, assets.publishing.service.gov.uk/government/uploads/system/uploads/attachment_data/file/974507/20210331_-CRED_Report-FINAL-_Web_Accessible.pdf. Compare também Lucas G. Drouhot e Victor Nee, "Assimilação e a Segunda Geração na Europa e na América: Dinâmicas Sociais de Mistura e Segregação Entre Imigrantes e Nativos," *Annual Review of Sociology* 45, nº 1 (2019): 177–99, doi.org/10.1146/annurev-soc-073117-041335.

249 **experimentar mobilidade social:** Ran Abramitzky et al., "Mobilidade Intergeneracional de Imigrantes nos Estados Unidos ao Longo de Dois Séculos," *American Economic Review* 111, nº 2 (2021): 580–608, doi:10.1257/aer.20191586.

249 **agora ganham tanto:** Sobre mulheres asiático-americanas, veja "Ganhos Semanais Habitual dos Trabalhadores Assalariados: Primeiro Trimestre de 2021," Bureau of Labor Statistics, tabela 3, acessado em 27 de setembro de 2021, www.bls.gov/news.release/pdf/wkyeng.pdf. Compare também os dados anteriores em "Mulheres e Homens Asiáticos Ganham Mais do que Seus Pares Brancos, Negros e Hispânicos em 2017," U.S. Bureau of Labor Statistics, acessado em 27 de janeiro de 2023, www.bls.gov/opub/ted/2018/asian-women-and-men-earned-more-than-their-white-black-and-hispanic-counterparts-in-2017.htm. Para nigerianos-americanos, veja B. Joseph, "Por que os Imigrantes Nigerianos São um dos Grupos Étnicos Mais Bem-Sucedidos nos EUA," Medium, 2 de julho de 2018, medium.com/@joecarleton/why-nigerian-immigrants-are-the-most-successful-ethnic--group-in-the-u-s-23a7ea5a0832. Para indo-americanos, veja "Indianos nos EUA Mais Ricos com Renda Média Domiciliar de $123.700: Relatório," *Economic Times*, 25 de agosto de 2021, economictimes.indiatimes.com/nri/migrate/indians-in-us-wealthier-with-average-household-earning-of-123700-report/articleshow/85623601.cms?from=mdr.

250 **ganham salários mais baixos:** Veja a nota de rodapé "muito menos riqueza" na página 313.

250 **em bairros carentes:** Veja, por exemplo, "Causas e Consequências de Bairros Separados e Desiguais," Urban Institute, acessado em 24 de março de 2023, www.urban.org/racial-equity-analytics-lab/structural-racism-explainer-collection/causes-and-consequences-separate-and-unequal-neighborhoods.

250 **grande classe média afro-americana:** Para uma versão mais detalhada deste argumento, consulte Mounk, *O Grande Experimento*, capítulo 8.

488   A Armadilha da Identidade

250 **mediana de americanos negros:** 55,6 por cento dos afro-americanos ou negros têm empregos de colarinho branco (vendas e escritório e gerência, profissional e afins). ("Características da Força de Trabalho por Raça e Etnia, 2020," U.S. Bureau of Labor Statistics, 1º de novembro de 2021, www.bls.gov/opub/reports/race-and-ethnicity/2020/home.htm, Gráfico 3.) Dados do censo mostram que 54 por cento dos negros vivem nos subúrbios, um aumento de 43 por cento em 2010. ("População Negra Continua a Crescer nos Subúrbios e a Diminuir nas Cidades nos EUA," *Los Angeles Times*, 14 de março de 2022, www.latimes.com/world-nation/story/2022-03-14/census-black-population-grows-suburbs-shrinks-cities.) Houve um aumento de 30,5 por cento nos salários horários ajustados para a inflação; uma diminuição de um terço nas taxas de pobreza federal (de 35 para 21 por cento); e um aumento de seis vezes na riqueza de 1968 a 2016 para pessoas negras. John Schmitt e Valerie Johnson, "Afro-americanos Estão Melhor em Muitos Aspectos, Mas Ainda Sofrem com a Desigualdade Racial," Instituto de Política Econômica, 26 de fevereiro de 2018, www.epi.org/publication/50-years-after-the-kerner-commission/.

250 **otimista em relação ao futuro:** Carol Graham e Sergio Pinto, "Esperanças e Vidas Desiguais nos EUA: Otimismo, Raça, Lugar e Mortalidade Prematura," *Journal of Population Economics* 32 (2019): 665–733, link.springer.com/article/10.1007/s00148-018-0687-y. Como argumentei na parte III, políticas neutras em relação à raça, como assistência médica universal e investimentos mais altos em educação, podem garantir que países como os Estados Unidos aproveitem ao máximo esses primeiros sinais de progresso, aumentando enormemente as oportunidades econômicas para grupos historicamente marginalizados sem colocá-los em conflito com outros grupos étnicos em uma luta de soma zero por poder e recursos.

Capítulo 15: Uma Breve Defesa da Alternativa Liberal

253 **A maioria das sociedades na história:** Certamente, historiadores e antropólogos descobriram algumas sociedades interessantes que parecem ter tido características que poderíamos admirar. Essas culturas, que geralmente permaneceram muito pequenas, eram supostamente igualitárias ou sexualmente liberadas, racialmente tolerantes ou espiritualmente abertas. Mas mesmo se aceitarmos, às vezes, descrições tendenciosamente otimistas delas como verdadeiras, eram pequenas, de vida curta e muito pobres.

Uma visão mais crua revela que todas elas sofriam de alguma combinação de uma vida muito curta, altas taxas de crimes violentos e muitas outras características terríveis que, se algum de nós pensasse seriamente em viver nelas, rapidamente superariam as características que gostamos de celebrar. Os Mbuti, por exemplo, são frequentemente celebrados por terem uma sociedade em que "uma mulher não é de forma alguma inferior socialmente a um homem", mas numa inspeção mais próxima descobre-se que eles sancionavam "uma certa quantidade de espancamento de esposa". Holden Karnofsky, "As Relações de Gênero Pré-agrícolas Parecem Ruins", *Cold Takes*, 19 de outubro de 2021, www.cold-takes.com/hunter-gatherer-gender-relations-seem-bad/.

253 **pequeno grupo com vastos poderes:** Para uma boa visão geral, veja Daron Acemoglu e James A. Robinson, *O Corredor Estreito: Estados, Sociedades e o Destino da Liberdade* (Intrínseca, 2022). Algumas evidências sugerem que as sociedades pré-agrícolas eram comparativamente igualitárias, embora também sofressem com taxas muito altas de violência. Veja, por exemplo, D. W. Harding, "Hierárquico ou Igualitário?", em *Rewriting History: Changing Perceptions of the Past* (*Reescrevendo a História: Mudando Percepções do Passado*) (Oxford: Oxford University Press, 2020).

253 **envolvidas em conflitos endêmicos:** Veja Steven Pinker, *Os Anjos Bons da Nossa Natureza: Por que a Violência Diminuiu* (Companhia das Letras, 2017).

253 **normas da comunidade:** Consulte a ideia da "jaula de normas" introduzida por Acemoglu e Robinson em *O Corredor Estreito*.

253 **cruzados cristãos convertidos:** Veja Christopher Tyerman, *A Guerra de Deus: Uma Nova História das Cruzadas* (Imago, 2010), 159.

253 **campanhas de erradicação:** Benjamin Madley, *An American Genocide: The United States and the California Indian Catastrophe* (*Um Genocídio Americano: Os Estados Unidos e a Catástrofe Indígena na Califórnia*), 1846–1873 (New Haven, Conn.: Yale University Press, 2017).

253 **sistema rígido de castas:** Susan Bayly, *Caste, Society and Politics in India from the Eighteenth Century to the Modern Age* (*Casta, Sociedade e Política na Índia do Século XVIII à Era Moderna*) (Cambridge: Cambridge University Press, 1999).

253 **vastos projetos de construção:** "Grande Muralha da China", History.com, 24 de agosto de 2010, www.history.com/topics/ancient-china/great-wall-of-china.

253 **travaram guerra endêmica:** Richard Reid, "Guerra na África Pré-colonial", em *The Encyclopedia of War*, ed. Gordon Martel (Malden, Mass.: Wiley-Blackwell, 2011), doi.org/10.1002/9781444338232.wbeow687.

490   A Armadilha da Identidade

253 **Escravos têm existido:** Consulte, por exemplo, *Encyclopædia Britannica*, s.v. "A Lei da Escravidão", acessado em 24 de março de 2023, www.britannica.com/topic/slavery-sociology/The-law-of-slavery.

254 **continua a existir:** Alexis Okeowo, "Combatente da Liberdade", *New Yorker*, 1 de setembro de 2014, www.newyorker.com/magazine/2014/09/08/freedom-fighter.

254 **falhou em entregar:** Consulte, por exemplo, Karlsson Klas-Göran e Michael Schoenhals, Crimes Contra a Humanidade Sob Regimes Comunistas: Revisão de Pesquisa (Estocolmo: Living History Forum, 2008); e Stéphane Courtois et al., *O Livro Negro do Comunismo: Crimes, Terror, Repressão* (Bertrand Brasil, 1999).

255 **um conjunto de instituições:** Para uma visão geral de algumas boas defesas recentes do liberalismo, consulte a nota de rodapé "o melhor guia" na parte IV, p. 370.

255 **viver com medo:** Daron Acemoglu e James A. Robinson, *Por que as Nações Fracassam: As Origens do Poder, da Prosperidade e da Pobreza* (Intrínseca, 2022).

255 **problema fundamental da política:** Outra questão crucial, é claro, é sobre quem está incluído no "povo", o grupo que é considerado parte daqueles que devem ser governados. De fato, as injustiças mais profundas na história da democracia liberal muitas vezes decorreram não de como trataram aqueles que consideravam parte do povo, mas sim de como trataram aqueles, como os metecos na Grécia Antiga ou os afro-americanos nos Estados Unidos iniciais, que não consideravam parte do povo. Esse é um problema que todas as tradições políticas, incluindo o liberalismo, enfrentam. Para mais sobre este tema no contexto do liberalismo, consulte Michael J. Sandel, *Liberalism and the Limits of Justice* (*Liberalismo e os Limites da Justiça*) (Cambridge: Cambridge University Press, 2010); Michael J. Sandel, "Argumento Moral e Tolerância Liberal: Aborto e Homossexualidade", *California Law Review* 77, nº 3 (1989): 521, doi.org/10.2307/3480558; e Michael Walzer, *Esferas da Justiça: Uma Defesa do Pluralismo e da Igualdade* (WMF Martins Fontes, 2003).

255 **resolver essa tensão:** A grande contribuição histórica de Thomas Hobbes consiste em reconhecer esse conjunto de *insights* fundamentais. Lidando com as implicações da Guerra Civil Inglesa e o fracasso histórico das cidades-estado italianas, ele pensou que repúblicas autogovernadas não poderiam resolver o problema da estabilidade política; daí sua preferência por uma monarquia em relação a um sistema parlamentar. Mas, embora favorecesse

o absolutismo político, Hobbes pavimentou o caminho para pensadores subsequentes, que se tornaram mais otimistas sobre a capacidade de repúblicas autogovernadas de manter a estabilidade política, para defender algo que se parece reconhecivelmente com a democracia liberal. Nesse sentido, Hobbes foi, de certa forma, apesar de si mesmo, um dos principais fundadores da tradição liberal. Para uma interpretação convincente de Hobbes nessa linha, veja a introdução de Richard Tuck à edição inglesa de *Leviatã*: Thomas Hobbes, *Leviathan*, ed. Richard Tuck (Cambridge: Cambridge University Press, 1996).

256 **um argumento poderoso:** À primeira vista, isso pode parecer expressar ceticismo em relação às reivindicações de verdades científicas. Mas isso é uma compreensão equivocada da natureza do empreendimento científico. Obviamente, há muitas circunstâncias em que leigos têm boas razões para deferir ao julgamento de especialistas treinados. No entanto, a razão pela qual a ciência historicamente avançou tanto e merece deferência dentro de limites razoáveis é que o método científico — com mecanismos como revisão por pares e seu ceticismo radical em relação à sabedoria recebida — é baseado em uma noção de igualdade. Para uma excelente explicação do método científico, consulte Jonathan Rauch, *The Constitution of Knowledge: A defense of truth* (*A Constituição do Conhecimento: Uma Defesa da Verdade*) (Washington, D.C.: Brookings Institution Press, 2021).

257 **compromisso com a igualdade política:** Os detratores do liberalismo frequentemente afirmam que esse compromisso com os direitos individuais ignora a importância que as crenças religiosas e os laços pessoais desempenham na vida da maioria das pessoas. Mas isso é entender mal a natureza da tradição. Os liberais percebem que muitas pessoas dão importância fundamental às exigências de sua fé ou aos ditames de sua consciência. Eles também têm plena consciência de que poucas pessoas se reinventam completamente aos 18 anos, como se não estivessem inseridas em redes de profunda afetividade e parentesco com as comunidades em que cresceram. De fato, é exatamente por isso que os liberais insistem tanto no direito à liberdade de expressão e de culto, de associação e de reunião. A alternativa exigiria colocar os grupos no cerne do governo, dando-lhes o poder de governar sobre seus membros. Mas isso violaria flagrantemente o princípio da igualdade, porque reintroduziria o princípio da hierarquia natural que supostamente permite a um sacerdote governar sobre seu rebanho ou ao líder de um grupo cultural dizer aos seus membros como viver. (Para uma versão mais detalhada desse argumento, consulte o capítulo 4 do meu último livro, *O Grande Experimento*.)

492   A Armadilha da Identidade

257 **governo que se abstenha:** Isso não quer dizer que os liberais sejam incapazes de reconhecer a necessidade de algumas acomodações em relação às minorias religiosas, como as razoáveis isenções que os siques devem desfrutar dos requisitos de uso de capacetes ao andar de moto. Para uma explicação mais profunda da visão liberal sobre políticas específicas para grupos, consulte o capítulo 12.

258 **um incentivo para cumprir:** Veja, por exemplo, Francis Fukuyama, *Ordem e Decadência Política*, capítulos 1 e 8–13; e Joseph A. Schumpeter, *Capitalismo, Socialismo e Democracia* (Editora Unesp, 2017), especialmente "Outra Teoria da Democracia".

258 **para autodeterminação coletiva:** Amartya Sen, *Poverty and Famines: An Essay on Entitlement and Deprivation* (*Pobreza e Fome: Ensaio sobre Direito e Privação*) (Oxford: Oxford University Press, 1982).

259 **formas de parcialidade governamental:** Veja, por exemplo, Johan Brosché, "Conflito sobre os Bens Comuns: Viés Governamental e Conflitos Comunitários em Darfur e no Leste do Sudão," *Ethnopolitics*, 19 de janeiro de 2022, 1–23, doi.org/10.1080/17449057.2021.2018221.

259 **sustentar bens públicos-chave:** Acemoglu e Robinson, *Por que as Nações Fracassam*; e Acemoglu e Robinson, *Corredor Estreito*.

259 **diferentes de alguma maneira saliente:** Se os cidadãos se veem como membros de grupos díspares e concorrentes, a sociedade está propensa a conflitos. É por isso que, como um estudo constatou, "avançar no *status* nacional" e "cultivar atributos comuns" são "importantes para evitar conflitos internos." Nicholas Sambanis e Moses Shayo, "Identificação Social e Conflito Étnico," *SSRN Electronic Journal* 107, nº 2 (maio de 2013): 319, doi. org/10.2139/ssrn.1955111.

259 **que já é próspero:** Para um argumento de que a democracia tem causas exógenas, implicando que a prosperidade é mais provável de levar a uma democracia estável do que a democracia de levar à prosperidade, veja Adam Przeworski e Fernando Limongi, "Modernization: Theories and Facts" (Modernização: Teorias e Fatos), *World Politics* 49, nº 2 (1997): 155–83; e Adam Przeworski, Fernando Limongi e Salvador Giner, "Political Regimes and Economic Growth" (Regimes Políticos e Crescimento Econômico), in *Democracy and Development: Proceedings of the IEA Conference Held in Barcelona, Spain* (Democracia e Desenvolvimento: Atas da Conferência do IEA Realizada em Barcelona, Espanha) (Londres: Palgrave Macmillan, 1995), 3–27. Para uma resposta, veja Carles Boix e Susan C. Stokes, "Democratização Endógena", *World Politics* 55, nº 4 (2003): 517–49.

Notas

260 **evitar o terrível sofrimento:** Para uma forte declaração recente dessa posição, veja Martin Wolf, *The Crisis of Democratic Capitalism* (*A Crise do Capitalismo Democrático*) (Nova York: Penguin Press, 2023).

260 **os destinos dos sonhos:** Uma pesquisa Gallup realizada entre 2013 e 2016, perguntando aos potenciais migrantes para qual país eles gostariam de se mudar, descobriu que 21 por cento escolheram os Estados Unidos, 6 por cento a Alemanha e 5 por cento cada o Canadá, a França e o Reino Unido. Menos de 10 por cento escolheram países que não fossem democracias liberais. Neli Esipova, Julie Ray e Anita Pugliese, "Número de Migrantes Potenciais em Todo o Mundo Supera 700 Milhões", Gallup, 8 de junho de 2017, news.gallup.com/poll/211883/number-potential-migrants-worldwide-tops-700--million.aspx?g_source=World&g_medium=newsfeed&g_campaign=tiles.

260 **Dos trinta países:** As exceções são Cingapura (classificada em 12º) e os Emirados Árabes Unidos (classificados em 26º). "Statistical Annex: Human Development Index and Its Components" (Anexo Estatístico: Índice de Desenvolvimento Humano e Seus Componentes), em *Human Development Report* 2021/2022: Uncertain Times, Unsettled Lives: Shaping Our Future in a Transforming World (Relatório de Desenvolvimento Humano 2021/2022: Tempos Incertos, Vidas Instáveis: Moldando Nosso Futuro em um Mundo em Transformação) (Nova York: UNDP, 2022), 272.

261 **maior expectativa de vida:** Apenas a China aparece, classificando-se em 29º. "Expectativa de Vida ao Nascer" (indicador), OECD (2023), acessado em 29 de janeiro de 2023, doi:10.1787/27e0fc9d-en.

261 **maior PIB per capita:** Malta, Islândia, Macau, San Marino, Brunei e Luxemburgo têm todos populações abaixo de quatro milhões. Veja PIB per capita por país 2023, acessado em 29 de janeiro de 2023, worldpopulationreview.com/country-rankings/gdp-per-capita-by-country. (Dados agregados do World Economic Outlook, outubro de 2022.)

261 **recursos de que precisam:** Para argumentos relacionados, veja John Rawls sobre "bens primários" em John Rawls, Uma Teoria da Justiça (Martins Fontes, 2019); bem como Amartya Sen e Martha Nussbaum sobre capacidades: Amartya Sen, "Direitos Humanos e Capacidades", *Journal of Human Development* 6, nº 2 (2005): 151–66; e Martha C. Nussbaum, "Capacidades como Direitos Fundamentais: Sen e Justiça Social", in: *Capabilities Equality* (*Igualdade de Capacidades*), ed. Alexander Kaufman (Nova York: Routledge, 2006), 54–80.

494   A Armadilha da Identidade

Conclusão: Como Escapar da Armadilha da Identidade

265 **vida de classe média alta:** Patel descreve sua experiência com a síntese de identidade em Eboo Patel, "O que eu quero que meus filhos aprendam sobre o racismo americano," *New York Times*, 10 de maio de 2022, www.nytimes.com/2022/05/10/opiniõn/race-teaching-school.html; as páginas 265–67, incluindo citações de Patel, são baseadas nesse artigo. Veja também seu último livro: Eboo Patel, *We Need to Build: Field Notes for Diverse Democracy (Precisamos construir: Notas de Campo para Uma Democracia Diversa)* (Boston: Beacon Press, 2022), e sua entrevista com o autor: "Em que uma Visão Excessivamente Pessimista dos EUA erra," *Persuasion*, 30 de julho de 2022, podcast, www.persuasion.community/p/patel.

267 **Maurice Mitchell passou por:** Mitchell descreve sua experiência com a síntese de identidades em Maurice Mitchell, "Construindo Organizações Resilientes: Rumo à Alegria e ao Poder Duradouro em um Momento de Crise," *Nonprofit Quarterly*, 29 de novembro de 2022, nonprofitquarterly.org/building-resilient-organizations-toward-joy-and-durable-power-in-a-time--of-crisis/.

267 **"Executivos em justiça social profissional":** Mitchell, "Construindo Organizações Resilientes."

268 **incentivando seus alunos:** Zach Goldberg e Eric Kaufmann, "Sim, a Teoria Crítica da Raça está sendo ensinada nas escolas," *City Journal*, 20 de outubro de 2022, www.city-journal.org/yes-critical-race-theory-is-being-taught-in-schools.

268 **formas de apropriação cultural:** Para um exemplo, veja Julia Halperin, "Como a Controvérsia de Dana Schutz—e Um Ano de Reavaliação—Mudaram os Museus Para Sempre," *Artnet News*, 6 de março de 2018, news.artnet.com/art-world/dana-schutz-controversy-recent-protests-changed--museums-forever-1236020.

268 **treinamentos de diversidade, equidade e inclusão:** Christopher F. Rufo, "O Regime DEI," *City Journal*, 13 de julho de 2022, www.city-journal.org/the-diversity-equity-and-inclusion-regime.

268 **políticas públicas sensíveis à identidade:** A administração Biden tem focado explicitamente na equidade desde o primeiro dia. Veja, por exemplo, "Promovendo Equidade e Justiça Racial Através do Governo Federal," Casa Branca, acessado em 24 de março de 2023, www.whitehouse.gov/equity/. Da mesma maneira, o Comitê Nacional Democrata recentemente afirmou que "políticas neutras em relação à raça não são suficientes para

Notas

corrigir disparidades baseadas em raça." Veja "Curando a Alma da América," Comitê Nacional Democrata, acesso em 24 de março de 2023, democrats.org/where-we-stand/party-platform/healing-the-soul-of-america/.

268 **queimas cerimoniais encenadas:** Thomas Gerbet, "Escolas destroem 5000 livros considerados prejudiciais aos povos indígenas, incluindo *Tintim* e *Astérix*," Radio-Canada, 7 de setembro de 2021, ici.radio-canada.ca/nouvelle/1817537/livres-autochtones-bibliotheques-ecoles-tintin-asterix-ontario-canada. Suzy Kies, que foi copresidente da comissão dos povos indígenas no Partido Liberal do Canadá em 2019, aconselhou um conselho escolar católico a queimar, reciclar ou enterrar mais de 4.700 livros. Após não ser encontrado nenhum registro da ancestralidade indígena de Kies, o Partido Liberal condenou suas ações e ela renunciou pouco depois. Kevin J. Jones, "'Especialista' Indígena Aconselhou Queima de Livros em Escolas Católicas," Agência Católica de Notícias, 6 de outubro de 2021, www.catholicnewsagency.com/news/249209/indigenous-expert-who-advised-book-burnings-at-catholic-schools-in-canada-draws-scrutiny.

268 **renunciar ao cargo de professora:** Richard Adams, "Professora de Sussex Renuncia Após Disputa Sobre Direitos Transgêneros," *Guardian*, 28 de outubro de 2021, www.theguardian.com/world/2021/oct/28/sussex-professor-kathleen-stock-resigns-after-transgender-rights-row.

268 **banda de rock foi cancelada:** "Bar de Zurique Cancela Show de Músicos—Por Causa de Rastafáris," *Switzerland Times*, 17 de agosto de 2022, switzerlandtimes.ch/local/zurique-bar-cancela-show-de-musicos-por-causa-de-rastafaris/.

268 **homem branco para traduzir:** Nicole Daniels, "Deveriam Escritores Brancos Traduzir a Obra de um Autor Negro?," *New York Times*, 31 de março de 2021, www.nytimes.com/2021/03/31/learning/should-white-writers-translate-a-black-authors-work.html.

269 **"Todos nós vivemos no campus":** Andrew Sullivan, "Todos Nós Vivemos no Campus Agora," *Intelligencer*, 9 de fevereiro de 2018, nymag.com/intelligencer/2018/02/we-all-live-on-campus-now.html.

269 **relutantes em expressar:** Um artigo de Ryan Grim no *The Intercept* viralizou porque apresentava muitas citações de líderes de organizações progressistas que descreviam os efeitos destrutivos da síntese de identidades em suas organizações, dando voz a um sentimento difuso que muitos tinham há muito tempo. Ryan Grim, "Colapsos Paralisaram Grupos de Defesa Progressistas em um Momento Crítico da História Mundial," *Intercept*, 13 de junho de 2022, theintercept.com/2022/06/13/

496   A Armadilha da Identidade

progressive-organizing-infighting-callout-culture/. Veja também o capítulo 7.

269 **pânicos morais nas mídias sociais:** Líderes institucionais também estão ficando mais conscientes dos riscos da cultura de denúncia durante o processo de contratação. Um deles comentou: "Agora estou em um ponto em que a primeira coisa que penso sobre um candidato a emprego é: 'Quão provável é que essa pessoa desestabilize minha organização por dentro?'" Grim, "Colapsos."

269 **compelir funcionários públicos estaduais:** Veja, por exemplo, Anemona Hartocollis, "Após uma Luta Legal, Oberlin Diz que Pagará $36,59 Milhões a uma Padaria Local," *New York Times*, 8 de setembro de 2022, www.nytimes.com/2022/09/08/us/oberlin-bakery-lawsuit.html; Pacific Legal Foundation, "Ação Judicial Contra a Cidade de Seattle por Ambiente de Trabalho Hostil Causado por Treinamento de 'Equidade Racial' Difuso," 16 de novembro de 2022, pacificlegal.org/press-release/ lawsuit-filed-against-city-of-seattle-for-hostile-workplace-caused-by- -pervasive-racial-equity-training/; e Michael Paulson, "Funcionário do New 42 Processa por Viés em Treinamento de Diversidade," *New York Times*, 9 de junho de 2022, www.nytimes.com/2022/06/09/theater/new-42-diversity- -lawsuit.html.

269 **em contraste com o *ethos* "woke":** Veja, por exemplo, Helen Holmes, "Como Dimes Square se Tornou o Bairro de Nova York que Amamos Odiar," *Daily Beast*, 11 de agosto de 2022, www.thedailybeast.com/ how-dimes-square-became-the-new-york-neighborhood-we-love-to-hate; Ben Smith, "Eles Tiveram uma Pandemia Divertida. Você Pode Ler Sobre Isso na Imprensa," *New York Times*, 7 de março de 2021, www.nytimes. com/2021/03/07/business/media/the-drunken-canal-media-nyc.html; Aidan Walker, "Dimes Square," Know Your Meme, 17 de agosto de 2022, knowyourmeme.com/memes/subcultures/dimes-square.

270 **caminho para o mainstream:** Veja, por exemplo, Megan Twohey e Christina Jewett, "Eles Pausaram a Puberdade, mas Há um Custo?," *New York Times*, 14 de novembro de 2022, www.nytimes.com/2022/11/14/health/ puberty-blockers-transgender.html; Katie J. M. Baker, "Quando Estúdantes Mudam de Identidade de Gênero, e os Pais Não Sabem," *New York Times*, 22 de janeiro de 2023, www.nytimes.com/2022/11/14/health/puberty-blockers- -transgender.html; John McWhorter, "O Wokeness Está Simplificando a Doutrina Americana," *New York Times*, 26 de outubro de 2021, www.nytimes. com/2021/10/26/opinion/wokeness-america.html; e Conselho Editorial, "A

América Tem um Problema de Liberdade de Expressão," *New York Times*, 18 de março de 2022, www.nytimes.com/2022/03/18/opinion/cancel-culture-free-speech-poll.html.

270 **"às vezes as pessoas só querem":** "Conselhos de Obama para os Democratas," *Pod Save America*, 15 de outubro de 2022, crooked.com/podcast/obamas-advice-for-democrats/.

270 **"Na década de 1960, os radicais de esquerda":** David Brooks, "Assim É Como o Wokeness Termina," *New York Times*, 13 de maio de 2021, www.nytimes.com/2021/05/13/opinion/this-is-how-wokeness-ends.html.

270 **enraizado na ideologia:** O cientista político Ruy Teixeira adota uma postura semelhante: Ruy Teixeira, "Ruy Teixeira Pergunta se a América Alcançou o 'Pico Woke'," *Economist*, 19 de outubro de 2022, www.economist.com/by-invitation/2022/10/19/ruy-teixeira-asks-whether-america-has-reached-peak-woke.

270 **Outras normas iliberais:** Por exemplo, os democratas no Congresso abandonaram rapidamente um programa especial de assistência a empréstimos para minorias raciais depois que ele enfrentou desafios legais. Maeve Sheehey, "Democratas Abandonam Auxílio a Empréstimos com Base em Raça Após Agricultores Brancos Processarem," *Bloomberg Law*, 22 de agosto de 2022, news.bloomberglaw.com/social-justice/democrats-pivot-on-race-based-loan-relief-as-white-farmers-sue.

271 **de escolas locais:** Hannah Natanson e Moriah Balingit, "Pegos nas Guerras Culturais, Professores Estão Sendo Forçados a Deixar Seus Empregos," *Washington Post*, 16 de junho de 2022, www.washingtonpost.com/education/2022/06/16/teacher-resignations-firings-culture-wars/.

272 **para estúdios de yoga:** Kat Rosenfield, "O Mundo Cruel do Yoga," UnHerd, 12 de maio de 2022, unherd.com/2022/05/the-cruel-world-of-yoga/.

272 **comunidades construídas em torno de jogos eletrônicos:** Lewis Pennock, "Empresa de Jogos Eletrônicos Demite Mulher Depois que Ativista Trans a Rotula Publicamente de 'Transfóbica' por Seguir Contas Conservadoras e 'Demonstrar Empolgação por Jogo de Harry Potter'," *Daily Mail*, 25 de janeiro de 2023, www.dailymail.co.uk/news/article-11675683/Video-game-company-fires-employee-follows-conservative-Twitter-accounts.html.

272 **focadas em costura:** Calla Wahlquist, "Desavença: Comunidade de Costura Online em Guerra por Apropriação Cultural," *Guardian*, 1º de junho de 2019, www.theguardian.com/lifeandstyle/2019/jun/01/stitch-up-online-sewing-community-at-war-over-cultural-appropriation.

498   A Armadilha da Identidade

272 **eletricista latino que foi demitido:** Yascha Mounk, "Parem de Demitir os Inocentes," *Atlantic*, 27 de junho de 2020, www.theatlantic. com/ideas/archive/2020/06/stop-firing-innocent/613615. Veja também Anne Applebaum, "Os Novos Puritanos," *Atlantic*, 31 de agosto de 2021, theatlantic.com/magazine/archive/2021/10/new-puritans-mob-justice-canceled/619818.

274 **as questões mudaram radicalmente:** Por exemplo, até recentemente, em 2008, nem Barack Obama nem Hillary Clinton apoiavam o casamento gay. "Quadro de Fatos: Visões dos Candidatos Presidenciais sobre Casamento Gay," *Reuters*, 15 de maio de 2008, www.reuters.com/article/us-usa-politics-gaymarriage/factbox-presidential-candidates-views-on-gay--marriage-idUKN1534301220080516.

275 **formas normais de persuasão são fúteis:** John McWhorter, Racismo Woke: Como a Militância Traiu o Movimento Antirracista (Avis Rara, 2024). Segundo McWhorter, "Estamos testemunhando o nascimento de uma nova religião, assim como os romanos testemunharam o nascimento do cristianismo" (McWhorter, *Racismo Woke*, 23–24). Esta afirmação, ele enfatiza, não é hiperbólica: "Eu não quero dizer que [essa] ideologia é 'como' uma religião (...). Eu quero dizer que ela realmente é uma religião" (McWhorter, *Racismo Woke*, 23). "Superstição, clero, pecaminosidade, um impulso proselitista, uma aversão ao impuro — está tudo lá", McWhorter escreve em sua prosa caracteristicamente afiada. "Eles pensam em tudo isso como lógica encarnada. Mas também assim, liderando com entusiasmo a Inquisição Espanhola, fez Torquemada" (McWhorter, *Racismo Woke*, 26). Assim como é inútil discutir com pessoas que têm fortes crenças religiosas, conclui McWhorter, é um erro tentar convencer defensores da (o que eu chamo de) síntese de identidades pelo poder do argumento.

275 **mudaram de opinião:** Taylor Orth, "Sobre Quais Questões Políticas os Americanos Mudam de Opinião e Por Quê," YouGovAmerica, 16 de agosto de 2022, today.yougov.com/topics/politics/articles-reports/2022/08/16/how-often-and-why-do-americans-change-their-minds.

275 **tendência a minimizar:** Diane Lowenthal e George Loewenstein, "Os Eleitores Podem Prever Mudanças em Suas Próprias Atitudes?," *Psicologia Política* 22, nº 1 (Março 2001): 65–87, doi.org/10.1111/0162--895x.00226; Jordi Quoidbach, Daniel T. Gilbert e Timothy D. Wilson, "A Ilusão do Fim da História," *Science* 339, nº 6115 (2013): 96–98, doi.org/10.1126/science.1229294; Gregory B. Markus, "Estabilidade e Mudança em Atitudes Políticas: Observado, Recordado e 'Explicado'," *Political Behavior* 8, nº 1 (1986): 21–44, doi.org/10.1007/bf00987591.

275 **deslocamento para a direita:** Veja, por exemplo, Benny Geys, Tom-Reiel Heggedal e Rune J. Sørensen, "Idade e Escolha de Votos: Há um Movimento Conservador Entre os Eleitores Mais Velhos?," *Estudos Eleitorais* 78 (2022): 102485; e Joe Chrisp e Nick Pearce, "Poder dos Idosos: Rumo a uma Economia Política dos Eleitores Mais Velhos no Reino Unido," *Political Quarterly* 90, nº 4 (2019): 743–56. Note que há algumas evidências de que os *millennials* no Reino Unido e nos Estados Unidos podem estar quebrando a tendência ao se tornarem mais conservadores à medida que envelhecem a um ritmo muito mais lento. Veja, por exemplo, John Burn-Murdoch, "Os *Millennials* Estão Quebrando a Mais Antiga Regra na Política," *Financial Times*, 30 de dezembro de 2022, www.ft.com/content/c361e372-769e-45cd-a063-f5c0a7767cf4.

275 **De acordo com um estudo recente:** Stephen Hawkins et al., "Desativando as Guerras da História: Encontrando Terreno Comum no Ensino da História Nacional da América," More in Common, acessado em 24 de março de 2023, www.historyperceptiongap.us/.

277 **para contrariar a polarização:** Stephen Hawkins et al., "Tribos Ocultas: Um Estudo da Paisagem Polarizada da América," More in Common, 2018, hiddentribes.us/media/qfpekz4g/hidden_tribes_report.pdf.

277 **céticos em relação a normas de longa data:** A descrição dos ativistas progressistas no relatório é muito semelhante, embora é claro não seja idêntica, ao que eu chamaria de defensores da síntese de identidades. Os ativistas progressistas, diz o relatório, "são céticos em relação à autoridade e às normas tradicionais. Eles veem esses valores como estabelecidos por grupos socialmente dominantes, como homens brancos heterossexuais, em benefício próprio. Os ativistas progressistas procuram corrigir a marginalização histórica de grupos com base em sua raça, gênero, sexualidade, riqueza e outras formas de privilégio". Hawkins et al., "Tribos Ocultas," 10.

277 **menos propensos do que os brancos a compartilhar:** Em comparação com o norte-americano médio, os ativistas progressistas eram "onze por cento mais propensos a serem brancos" e "duas vezes mais propensos a terem concluído o ensino superior" (Hawkins et al., "Tribos Ocultas", 30). Enquanto isso, outras pesquisas mostraram maiorias robustas de norte--americanos de todos os grupos demográficos se opondo a políticas públicas sensíveis à raça ou preocupados com que o policiamento da linguagem tenha ido longe demais. Longe de colocar os brancos contra os não brancos, a luta sobre a armadilha da identidade pode ser mais bem compreendida como uma guerra civil cultural entre diferentes facções da elite predominantemente

branca dos Estados Unidos. Veja Vianney Gómez, "O Público dos EUA Continua a Ver Notas e Pontuações de Testes como Fatores Principais na Admissão Universitária," Pew Research Center, 26 de abril de 2022, www. pewresearch.org/fact-tank/2022/04/26/u-s-public-continues-to-view-grades-test-scores-as-top-factors-in-college-admissions/; Scott Jaschik, "Pesquisa Mostra que o Público Não Favorece a Ação Afirmativa," *Inside Higher Ed*, 2 de maio de 2022, www.insidehighered.com/admissions/article/2022/05/02/poll-finds-public-doesnt-favor-affirmative-action; e Yascha Mounk, "Os Americanos Desgostam Fortemente da Cultura do PC," *Atlantic*, 10 de outubro de 2018, www.theatlantic.com/ideas/archive/2018/10/large-majorities-dislike-political-correctness/572581/.

277 **"maioria silenciosa":** Veja, por exemplo, Matthew D. Lassiter, *The Silent Majority: Suburban Politics in the Sunbelt South* (*A Maioria Silenciosa: Política Suburbana no Sul do Cinturão do Sol*) (Princeton, N.J.: Princeton University Press, 2007).

278 **Alguns pensadores marxistas:** Por exemplo, Marcuse é fundamental para entender a oposição da síntese de identidades à liberdade de expressão. Veja o capítulo 10. Da mesma maneira, Freire é frequentemente invocado por defensores do separatismo progressista; veja o capítulo 11 e o apêndice.

278 **por que escritores marxistas:** Veja Olúfẹ́mi O. Táíwò, Elite Capture: *How the Powerful Took Over Identity Politics (and Everything Else)* (*Captura da Elite: Como os Poderosos Tomaram Conta da Política de Identidade — e de Tudo Mais*) (Chicago: Haymarket Books, 2022); bem como Yascha Mounk, "A Política de Classe e Raça Estão em Tensão?," *The Good Fight*, 25 de junho de 2022, podcast, 56:41, www.persuasion.community/p/taiwo#details.

278 **"A disposição para catalogar":** Adolph L. Reed, Introdução a *Class Notes: Posing as Politics and Other Thoughts on the American Scene* (*Notas de Classe: Posando como Política e Outros Pensamentos sobre a Cena Americana*) (Nova York: New Press, 2000), 19.

278 **Alguns conservadores se enquadram:** Isso é particularmente verdadeiro para a direita na Europa. Veja, por exemplo, "Como a Política Identitária Está Mudando a Europa," *Economist*, 28 de março de 2018, www.economist.com/europe/2018/03/28/how-identitarian-politics-is-changing--europe; e Thomas Chatterton Williams; "As Origens Francesas de 'Você Não nos Substituirá'," *New Yorker*, 27 de novembro de 2017, www.newyorker.com/magazine/2017/12/04/the-french-origins-of-you-will-not-replace-us. Uma versão desse argumento também é apresentada por Eric Kaufmann. Embora

Notas 501

seja um crítico da síntese de identidades que é ele próprio multirracial, Kaufmann abraça a necessidade de grupos étnicos brancos adotarem uma forma de essencialismo estratégico próprio. Veja Eric Kaufmann: *Whiteshift: Populism, Immigration, and the Future of White Majorities* (*Whiteshift: Populismo, Imigração e o Futuro das Maiorias Brancas*) (Nova York: Abrams Press, 2019).

278 **princípios conservadores clássicos:** Blake Smith, "Os Conservadores Precisam do Multiculturalismo," UnHerd, 14 de setembro de 2021, unherd.com/2021/09/conservatives-need-multiculturalism/.

279 **tais conservadores céticos:** Para uma excelente visão geral do debate entre a direita pós-liberal e a direita liberal, veja Benjamin Wallace-Wells, "David French, Sohrab Ahmari e a Batalha pelo Futuro do Conservadorismo", *New Yorker*, 12 de setembro de 2019, www.newyorker. com/news/the-political-scene/david-french-sohrab-ahmari-and-the-battle- -for-the-future-of-conservatism. Para uma crítica à ideia de Vermeule de "constitucionalismo do bem comum", veja Garrett Epps, "O Constitucionalismo do Bem Comum É uma Ideia Tão Perigosa Quanto Pode Ser", *Atlantic*, 3 de abril de 2020, www.theatlantic.com/ideas/archive/2020/04/common-good- -constitutionalism-dangerous-idea/609385/. Veja também James Chappel, "Empurrando para a Teocracia: A Guerra de Adrian Vermeule Contra o Liberalismo", *Dissent*, Primavera de 2020, www.dissentmagazine.org/ article/nudging-towards-theocracy. Sobre Curtis Yarvin, veja Damon Linker, "O Traficante da Pílula Vermelha", *Persuasion*, 23 de janeiro de 2023, www. persuasion.community/p/the-red-pill-pusher.

279 **"direita pós-liberal":** David French, "Uma Defesa Cristã do Libera- lismo Clássico Americano", *Dispatch*, 31 de outubro de 2021, thedispatch. com/newsletter/frenchpress/a-christian-defense-of-american-classical/.

279 **enfatizou a irrelevância:** Veja, por exemplo, Donald S. Lutz, "A Influência Relativa dos Escritores Europeus no Pensamento Político Americano do Final do Século XVIII", *American Political Science Review* 78, nº 1 (1984): 189–97, doi.org/10.2307/1961257. Para um uso canônico dessa ideia na tradição judaica, veja Abraham Joshua Heschel, "Religião e Raça" (discurso, Chicago, 14 de janeiro de 1963), Voices of Democracy, voicesofde- mocracy.umd.edu/heschel-religion-and-race-speech-text/.

279 **"não há judeu":** Gálatas 3:28. Pontos similares são repetidos ao longo das Escrituras, incluindo em Efésios 6:8 ("Sabendo que qualquer coisa boa que alguém faça, ele receberá do Senhor, quer seja escravo ou livre") e Coríntios 12:13 ("Pois, em um só Espírito, fomos todos batizados em um corpo, quer

502 A Armadilha da Identidade

judeus, quer gregos, quer escravos, quer livres; e a todos nós foi dado beber de um só Espírito")[12].

279 **do islamismo ao budismo:** Por exemplo, em uma palestra de 1998, o décimo quarto Dalai Lama disse que "no cerne do Budismo está a ideia de que o potencial para o despertar e a perfeição está presente em todo ser humano e que realizar esse potencial é uma questão de esforço pessoal. O Buda proclamou que cada indivíduo é mestre do próprio destino, destacando a capacidade que cada pessoa tem de alcançar a iluminação. Nesse sentido, a visão de mundo budista reconhece a fundamental igualdade de todos os seres humanos". Dalai Lama XIV Bstan-dzin-rgya-mtsho, "Budismo, Valores Asiáticos e Democracia", *Journal of Democracy* 10, nº 1 (1999): 3–7, doi:10.1353/jod.1999.0005.

279 **"o princípio da unidade":** Abdu'l-Bahá, "Abdu'l-Bahá sobre a Filosofia Divina", Biblioteca Bahá'í Online, 1998, 176, bahai-library.com/abdul-baha_divine_philosophy. Versão eletrônica da tradução para o inglês de Elizabeth Fraser Chamberlain, publicada em 1918.

280 **"Não é o mesmo sol":** Abdu'l-Bahá, "Abdu'l-Bahá sobre a Filosofia Divina".

280 **consenso entre os críticos:** John Rawls utilizou a ideia de um "consenso sobreposto" como termo de arte em sua defesa do liberalismo político. Veja John Rawls, O Liberalismo Político (WMF Martins Fontes, 2011), bem como John Rawls, "A Ideia de um Consenso Sobreposto", *Oxford Journal of Legal Studies* 7, nº 1 (1987): 1–25. Meu uso do termo aqui é mais coloquial.

280 **deformaram sua erudição:** Comunicação pessoal.

281 **que eu uma vez chamei de 180ismo:** Yascha Mounk, "Os Perigos do 180ismo", *Persuasion,* 25 de junho de 2021, www.persuasion.community/p/mounk-the-perils-of-180ism.

282 **adotar princípios de liberdade de expressão:** Veja, por exemplo, a "Declaração de Chicago", na nota de rodapé para "adotar proteções fortes", página 355.

282 **uma grande organização sem fins lucrativos:** Comunicação pessoal.

283 **intimidar seus colegas:** Veja, por exemplo, Grim, "Colapsos"; Joe Pompeo, "'É Caos': Nos Bastidores da Saída de Donald McNeil do *New York Times*", *Vanity Fair,* 10 de fevereiro de 2021, www.vanityfair.com/news/2021/02/behind-the-scenes-of-donald-mcneils-new-york-times-exit;

---

[12] Tradução direta do original em inglês. (N.T.)

e Katie Robertson e Benjamin Mullin, "Brigas Internas Ofuscam Grandes Planos no *Washington Post*", *New York Times*, 17 de junho de 2022, www.nytimes.com/2022/06/17/business/media/sally-buzbee-washington-post.html.

283 **diretrizes de mídia social:** Muitas vezes, as diretrizes que existem são vagas e com múltiplas interpretações. Veja "Recomendações para o Uso de Mídia Social no National Desk", do Comitê Nacional de Mídia Social para Steven Ginsberg (editor nacional) e Lori Montgomery (editora nacional adjunta), 20 de abril de 2020, www.documentcloud.org/documents/21582916-washington-post-social-media-guidelines (de Karl Bode, "Editores do *New York Times* Ainda Não Entendem Como o Twitter ou a Internet Funcionam", *Techdirt*, 13 de abril de 2022, www.techdirt.com/2022/04/13/new-york-times-editors-still-dont-understand-how--twitter-or-the-internet-work/).

Este livro foi impresso nas oficinas gráficas da Editora Vozes Ltda.,
Rua Frei Luís, 100 – Petrópolis, RJ.